KRAMERS WOORDENBOEK

Engels-Nederlands
Nederlands-Engels

GW00694550

SAMENSTELLERS

Leiding en eindredactie:
Hanny Demeersseman

Redactie:
Ingo Mackintosh
Piet Vermeer

Bandontwerp:
Helen Howard

Zetwerk: Koninklijke Van de Garde, Zaltbommel
Druk: Bercker, Kevelaer

ISBN 90-274-7923-2
NUR 627

© 2000 Het Spectrum B.V.
Zevenentwintigste druk

INHOUD

LIJST VAN GEBRUIKTE AFKORTINGEN

~	herhaling trefwoord
[de]	niet-onzijdig Nederlands zelfstandig naamwoord
[het]	onzijdig Nederlands zelfstandig naamwoord
Amer	Amerikaans
bez vnw	bezittelijk voornaamwoord
bijw	bijwoord
bn	bijvoeglijk naamwoord
Br	Brits
comp	computer
cul	culinair
elektr	elektriciteit
fig	figuurlijk
fotogr	fotografie
gemeenz	gemeenzaam
jur	juridisch
kaartsp	kaartspel
luchtv	luchtvaart
med	medisch
mil	militair
muz	muziek
mv	meervoud
onoverg	onovergankelijk
overg	overgankelijk
pers vnw	persoonlijk voornaamwoord
recht	rechtspraak
rk	rooms-katholiek
rtv	radio en televisie
sbd	somebody
scheepv	scheepvaart
scheik	scheikunde
sth	something
sp	sport, spel
taalk	taalkunde
telw	telwoord
tsw	tussenwerpsel
univ	universiteit
v	vrouwelijk
vnw	voornaamwoord
voegw	voegwoord
vz	voorzetsel
wisk	wiskunde
ww	werkwoord
ZA	Zuid-Afrikaans
zn	zelfstandig naamwoord

Engels-Nederlands

A prima, uitmuntend (op rapport)

a, an een; per

A.A. = 1 *Automobile Association* (soort ANWB in Engeland); 2 *Alcoholics Anonymous*, Anonieme Alcoholisten

aback terug, achteruit; *to be taken ~*, verbluft staan, geschokt zijn

abandon verlaten, opgeven; *~ oneself*, zich overgeven (aan)

abandonment overgave; staking, het opgeven; verlatenheid

abashed beschaamd

abate verminderen, lenigen

abatement vermindering, korting

abbey abdij

abbot abt

abbr. = *abbreviation*, afkorting

abdicate afstand doen

abdomen onderbuik

abduction ontvoering

aberration afdwaling, afwijking

abet ophitsen, aanzetten

abeyance *in ~*, vacant, opgeschort; *keep in ~*, in reserve houden

abhor verfoeien, verafschuwen

abhorrence afgrijzen

abide (abided; abided) uitstaan, harden; *~ by*, zich houden aan

ability bekwaamheid; kunnen

abject verachtelijk, laag

abjure afzweren

ablaze in lichterlaaie

able bekwaam; *be ~*, kunnen

able-bodied sterk en gezond

abnormal abnormaal

abnormality abnormaliteit, onregelmatigheid

aboard aan boord; *go ~*, embarkeren; *all ~!* instappen!

abode verblijfplaats

abolish afschaffen

abolition afschaffing

abominable afschuwelijk

aborigines *mv* Aboriginals

abort aborteren; stopzetten

abortion abortus; mislukking

abortive mislukt; vruchteloos

abound overvloeien van

about ongeveer; omheen, rondom; bij; betreffende; *be ~ to*, op 't punt staan om

about-face ommezwaai

above boven, meer dan; omhoog; *~ all*, vooral

above-board eerlijk

above-mentioned bovenvermeld

abrasion ontvelling

abreast naast elkaar; *keep ~ of*, op de hoogte blijven van

abridge af-, be-, verkorten

abroad van huis, buitenslands; in omloop

abrogate afschaffen

abrupt bruusk; plotseling

abscess abces, gezwel

abscond er vandoor gaan

absence afwezigheid

absent afwezig

absent-minded verstrooid

absolute(ly) *bn bijw* absoluut, volstrekt; onbeperkt

absolution vrijspraak

absolve vrijspreken; de absolutie geven

absorb opnemen, opslurpen

absorption opname

abstain zich onthouden

abstinence onthouding

abstract abstract; *zn* abstract kunstwerk; uittreksel; *ww* uitnemen, onttrekken

abstracted absent, afgeleid, in gedachten

abstraction abstractie

abstruse duister, ondoorzichtig

absurd ongerijmd, dwaas

absurdity ongerijmdheid; dwaasheid

abundance overvloed

abundant overvloedig

abuse *zn* misbruik, belediging, misstand; *ww* misbruiken, beledigen

abusive wreed, gewelddadig; grof, bele-

digend
A.C. *alternating current*, wisselstroom
academic(al) academisch
academy academie; school
accede (to) aanvaarden, toetreden
accelerate versnellen, bespoedigen
acceleration versnelling; bespoediging
accelerator gaspedaal
accent accent; klemtoon
accentuate nadruk leggen op
accept accepteren, aannemen
acceptable acceptabel
acceptance ontvangst, accept
access toegang
accession toetreding
accessory bijkomend; medeplichtig; *zn* accessoire
accident ongeluk; toeval
accidental *bn* toevallig; bijkomstig; bij toeval
acclamation bijval, applaus
accommodate schikken; onderdak schenken; aanpassen; bijleggen
accommodating inschikkelijk
accommodation aanpassing; plaats, ruimte; onderdak
accompaniment begeleiding
accompany begeleiden; vergezellen
accomplice medeplichtige
accomplish volbrengen
accomplished talentvol
accomplishment voltooiing; prestatie; talent
accord overeenstemming; *of one's own* ~, spontaan; *ww* toestaan, verlenen; (overeen)stemmen
accordance overeenstemming
according to overeenkomstig, volgens; naar gelang, dat...
accordingly dienovereenkomstig, dus
accost aanspreken
account rekening; rekenschap; verslag; *of no* ~, onbeduidend; *ww* rekenen; ~*for*, rekenschap geven van; voor zijn rekening nemen;
account current rekening-courant

account number rekeningnummer
accountable verantwoordelijk
accountant boekhouder; *chartered* ~, accountant
accoutrement toebehoren, spullen
accredit officieel aannemen, accrediteren
accrue aangroeien
accumulation ophoping
accurate nauwkeurig, stipt
accusation beschuldiging
accuse beschuldigen
accused beklaagde
accustom gewennen
accustomed gewoon
ace aas; uitblinker
acerbity wrange humor
ache *zn* pijn; *ww* pijn doen
achieve volbrengen, presteren
achievement verrichting, prestatie; wapenfeit
Achilles tendon achillespees
acid zuur, scherp
acidity zuurheid
acknowledg(e)ment erkentenis; erkenning; erkentelijkheid; ontvangstbevestiging
acknowledge er-, bekennen; berichten
acme toppunt, glanspunt
acorn eikel
acquaint (with) bekend maken (met)
acquaintance bekendheid, kennis; bekende
acquiesce toestemmen
acquire verkrijgen
acquisition aanschaffing, verwerving
acquit vrijspreken; ontslaan; ~ *oneself*, zich kwijten van
acquittal vrijspraak
acre oppervlaktemaat van ± 0,4047 ha
acrid wrang; bitter
acrimonious scherp, bits
across dwars, kruiselings; aan (naar) de overkant; *to run* ~, tegen het lijf lopen
across the street overkant (aan de -)
act *zn* handeling; akte; bedrijf (toneelstuk); *ww* handelen, opvoeren, acteren

action handeling, daad, actie; werking; gevecht
active werkzaam, bedrijvig
activity werkzaamheid; activiteit
actor toneelspeler
actress toneelspeelster
actual werkelijk, feitelijk
actuality werkelijkheid
actuate in beweging brengen
acumen scherpzinnigheid
acute scherp, scherpzinnig; acuut, hevig
A.D. *Anno Domini* in het jaar des Heren
adapt aanpassen, bewerken
adaptation aanpassing, bewerking
adapter adapter
add bijvoegen, optellen
add up optellen (plus)
addict verslaafde
addition bij-, toevoeging; optelling
additional extra, bijkomend
addle in de war brengen; ~ brained warhoofdig
address *zn* adres; toespraak; *ww* adresseren, aan-, toespreken; (zich) wenden tot
address adres
addressee geadresseerde
adduce aanvoeren (bv. redenen)
adept ervaren; *zn* ingewijde
adequate voldoende; doelmatig, geschikt
adhere aanhangen; gedragen naar
adherent aanhanger
adhesion aankleving; adhesie
adhesive tape plakband
adjacent aangrenzend
adjoin grenzen aan
adjourn uitstellen, verdagen
adjournment uitstel
adjudge verklaren
adjunct toevoegsel, aanhangsel; assistent; (*gram*) bepaling
adjust regelen, in orde brengen, instellen, aanpassen
adjustment aanpassing
adjutant adjudant
administer beheren; toedienen

administration bestuur, beheer
administrator beheerder, administrateur
admirable bewonderenswaardig
admiral admiraal
admiration bewondering
admire bewonderen
admissible toelaatbaar
admission toelating, entree, toegang; ~fee, toegangsprijs
admission number toegangsnummer
admit toelaten, aannemen; toegeven
admittance toegang, toelating; *no* ~, verboden toegang
admonish vermanen
admonitory vermanend
ado *without further* ~, zonder verder oponthoud
adolescent *bn* opgroeiend; *zn* puber
adopt aannemen; adopteren
adoptive aangenomen; ~ *parents*, pleegouders
adoration aanbidding
adore aanbidden
adorn versieren, tooien
adrift drijvend, vlot
adroit behendig, handig
adult volwassene; *bn* volwassen
adulteration geknoei, gepruts
adultery overspel, echtbreuk
advance vordering, voortgang; voorschot; *in* ~, bij voorbaat; *ww* vorderen, vooruitbrengen, verhaasten; bevorderen; voorschieten; vooruitkomen
advancement bevordering
advantage voordeel
advantageous voordelig
adventure *zn* avontuur; *ww* op avontuur gaan
adventurer avonturier
adventurous gewaagd; avontuurlijk
adverb bijwoord
adversary tegenstander
adverse vijandig, negatief
adversity tegenspoed
advert letten op
advertise aankondigen; adverteren; te

9

koop lopen met
advertisement advertentie
advice raad, advies
advisable raadzaam
advise aanraden; berichten
advisedly welberaden
adviser adviseur
advocate *zn* verdediger; voorstander; *ww* bepleiten; voorstaan
aerial *bn* lucht-; bovengronds; *zn* antenne
aerodrome klein vliegveld
aeronautics ontwerp en bouw van vliegtuigen
aeroplane vliegtuig
aerosol spuitbus
aesthetics esthetica
afar ver, in de verte
affable vriendelijk, minzaam
affair zaak; (buitenechtelijke) verhouding
affect werken op, beïnvloeden, aandoen, bewegen; veinzen
affectation gemaaktheid
affected gemaakt, geveinsd
affection toegenegenheid
affectionate liefhebbend, toegenegen
affiliation aansluiting, connectie, band; filiaal
affinity affiniteit, verwantschap
affirm bevestigen, bekrachtigen
affirmative *bn* bevestigend; *zn* bevestiging
affix *ww* aanhechten; *zn* achtervoegsel
afflict bedroeven, kwellen, teisteren
affliction droefheid, kwelling
affluence overvloed, weelde
affluent rijk, welvarend
afford verschaffen; veroorloven
affront belediging; *ww* beledigen
afield *far* ~ ver weg
afire in brand
aflame in brand, vlammend, in lichterlaaie
afloat vlot, drijvend
afoot te voet
aforesaid voornoemd

afraid bevreesd, bang; *be* ~ bang zijn
afresh opnieuw, wederom
African Afrikaan(s)
after daarna, later, nadat, na
after all per slot van rekening, toch (nog)
after-care nazorg
aftermath gevolgen *mv*, nasleep
afternoon middag, namiddag; *in the* ~ 's middags
aftershave aftershave
afterward(s) naderhand
again weer, opnieuw; ~ *and* ~ telkens weer, herhaaldelijk
against tegen, aan
age leeftijd; ouderdom; tijdperk; eeuw; *to (be) come of* ~, meerderjarig worden; *under* ~, minderjarig
aged oud, bejaard
agency agentschap; bureau; bemiddeling
agenda agenda (v. vergadering)
agent geheim agent; middel
agglomeration opeenhoping
aggravate verergeren
aggressive agressief; strijdlustig
aggrieved gekrenkt
aghast ontzet, verbijsterd
agile rap, vlug; intelligent
agility vlugheid, rapheid
agitation beroering, onrust
agitator opruier
ago geleden; *a week* ~, een week geleden
agonize worstelen, zichzelf kwellen
agony kwelling, marteling
agree overeenkomen; toestemmen; het eens worden; ~*d!*, akkoord!
agreeable aangenaam; overeenkomstig
agreement afspraak (akkoord), overeenkomst, verdrag; vergelijk
agriculture landbouw
aground aan de grond, gestrand
ahead vooruit, voorwaarts
aid hulp; *first* ~, eerste hulp (bij ongelukken); *ww* helpen, bijstaan
AIDS aids
ail schelen, schorten

ailing ziekelijk; verzwakt
aim streven, doel; *ww* mikken; ~ *at*, streven naar
air lucht; melodie; *by* ~, per vliegtuig; *ww* luchten; uitzenden
air filter luchtfilter
air force luchtmacht
air hostess luchtstewardess
air pump luchtpomp
air raid luchtaanval
air sick luchtziek
air sick(ness) luchtziek(te)
airbase luchtbasis
airbed luchtbed
airborne lucht(landings-)
air-conditioned met lucht die constant op eenzelfde vochtigheidsgraad en temperatuur wordt gehouden
air-conditioning airconditioning
air-cooled luchtgekoeld
aircraft vliegtuig(en) *(mv)*
aircraft carrier vliegtuigmoederschip
airily luchtig
airing 't ventileren; *take an* ~, een luchtje scheppen
airline lucht(vaart)lijn
airliner passagiersvliegtuig
airmail luchtpost
airplane vliegtuig
airport vliegveld
airport tax luchthavenbelasting
airstrip landingsstrook
airtight luchtdicht
airway luchtvaartlijn
airways ademhalingsstelsel
airy ruim, luchtig; luchthartig
aisle zijbeuk (v. kerk); pad
Aix-la-Chapelle Aken
ajar op een kier, half open
akimbo in de zij(den)
akin verwant
alacrity bereidvaardigheid; levendigheid; opgewektheid
alarm *zn* alarm; wekker; schrik, verontrusting; *ww* alarmeren, verontrusten
alarm clock wekker

alarming verontrustend
alas helaas!
album album, plaat
alcohol alcohol
alcoholic alcoholisch
alcove alkoof
alder elzenboom
alderman wethouder, schepen
ale bier
alert *bn* waakzaam, vlug; *zn* alarm; *be on the* ~, op zijn hoede zijn
alibi alibi
alien vreemd, buitenlands
alienate vervreemden
alight aangestoken, brandend; *ww* uitstappen, landen
alike gelijk, eender, evenzeer
alimentary voedend; ~ *canal* spijsverteringskanaal
alimony alimentatie
alive levend, levendig; krioelend (van)
all al(le), geheel, gans, allemaal; ~ *but*, nagenoeg, bijna; ~ *of us*, wij allen; ~ *the better*, des te beter; ~ *over*, geheel en al; *at* ~, over het geheel genomen; *not at* ~, *in* het geheel niet; *after* ~, per slot van rekening
all clear veilig signaal na luchtalarm; toestemming
all right alles in orde! begrepen!
All Saints' Day Allerheiligen
All Souls' Day Allerzielen
all the time steeds
allege aanhalen, beweren
allegiance trouw
allegory zinnebeeldige voorstelling, allegorie
allergic allergisch (*to* voor)
alleviate verzachten
alley steeg; laan; doorgang
alliance verbond
all-in alles inbegrepen
allocation toewijzing
allotment aandeel; toewijzing; perceel, volkstuintje
allow toestaan, veroorloven; erkennen

allowance toelage, vergoeding; *make ~ for*, in aanmerking nemen
alloy gehalte
all-round veelzijdig, volleerd, van alle markten thuis
allude zinspelen, doelen op
allure allure, aantrekkingskracht
allurement verlokking
allusion zinspeling
alluvium aanslibbing, aangeslibd land
ally *zn* bondgenoot; *ww* (zich) verbinden; *the Allied forces*, de geallieerden
almanac almanak
almighty almachtig; *the Almighty*, de Almachtige
almond amandel
almost bijna
alms aalmoes
aloft omhoog, boven, in de lucht
alone alleen; eenzaam
along langs, voort, door; *~ with*, samen met; *take ~*, meenemen
alongside langszij; naast
aloof afzijdig; gereserveerd; afstandelijk
aloud hardop
alphabetical alfabetisch
Alps (the) de Alpen *mv*
already al, reeds
also ook, eveneens, bovendien
altar altaar
alter veranderen, wijzigen
alterable veranderlijk
alteration verandering
altercation twist
alternate *bn* afwisselend; *ww* (elkaar) afwisselen; *on ~ days*, om de andere dag
alternating current wisselstroom
alternative alternatief, keus (uit twee)
alternator dynamo
although (al)hoewel, ofschoon
altitude hoogte
altogether over het geheel; helemaal, volkomen
always altijd
a.m. = *ante meridiem*, vóór de middag, 's ochtends

am *I am* ik ben
amalgamate fuseren; mengen
amass ophopen, verzamelen
amateur amateur
amaze verbazen
amazement verbazing
ambassador ambassadeur, afgezant
amber amber, barnsteen
ambiguity dubbelzinnigheid
ambition aspiratie; eerzucht
ambitious ambitieus; eerzuchtig; groots
ambulance ambulance, ziekenwagen, ziekenauto
ambush hinderlaag
ameliorate verbeteren
amendment verbetering; amendement
amends *make ~* goedmaken
amenities faciliteiten
America; U.S.A. Amerika
amiable beminnelijk, vriendelijk
amicable vriendschappelijk
amid(st) te midden van
amiss verkeerd, mis
amity vriendschap, vrede
ammunition munitie
amnesty amnestie
amok *run ~*, amok maken
among(st) onder, tussen
amorous hartstochtelijk
amount som; bedrag, hoeveelheid; *ww* bedragen
amphetamines *mv* wekaminen *mv*, pep-middelen *mv*
amphibian amfibie; amfibievliegtuig
ample wijd, ruim, breed(voerig)
amplification uitbreiding; *rtv* versterking
amplifier geluidsversterker
amplitude omvang; geluidssterkte
amuse vermaken
amusement vermaak, tijdverdrijf
amusement park pretpark
an een (vóór klinker)
anaemia bloedarmoede
anaesthesia narcose, verdoving
analogous overeenkomstig
analogy overeenkomst

antithesis

analysis ontleding
anathema ban, vloek
anatomy ontleedkunde, anatomie
ancestor voorvader
ancestry voorvaderen *mv*
anchor anker
anchorage ankerplaats, ankergeld
anchovy ansjovis
ancient oud; klassiek
anciently eertijds, in vroegere tijden
ancillary ondergeschikt, hulp; bijkomend
and en
and so on (etc.) enzovoort (enz.)
anew opnieuw
angel engel
anger boosheid, woede
angle hoek; *fig* gezichtspunt
angler visser
Anglican Anglicaans
angling hengelsport
angry kwaad (boos)
anguish angst, pijn, leed
animal *zn* dier; *bn* dierlijk
animate *ww* bezielen; *bn* levend
animated bezield, levendig, opgewekt
animation bezieling; enthousiasme; te-
kenfilm(kunst)
animator vervaardiger van tekenfilms
animosity verbittering, wrok
anise anijs
ankle enkel (van voet)
annals *mv* jaarboeken, geschiedboeken
mv
annex *ww* aanhechten, bijvoegen; *zn* bijlage; dependance
annexation bijvoeging, aanhechting; annexatie
annihilate vernietigen
anniversary verjaardag, jaarfeest
annotation aantekening
announce aankondigen
announcement mededeling
announcer (rtv) omroeper
annoy ergeren, hinderen; *to be annoyed*,
zich ergeren, boos zijn
annoyance ergernis; last

annoying lastig, hinderlijk, vervelend
annual jaarlijks; éénjarig
annuity annuïteit
annul ongeldig, nietig verklaren
annunciation verkondiging; *Annunciation (day)*, Maria Boodschap
anomalous afwijkend
anomaly afwijking, onregelmatigheid
anon. = *anonymous*, anoniem
another een ander; nog een
answer antwoord; *ww* antwoorden; zich
verantwoorden wegens; ~ *the door*,
opendoen
answer antwoord
answerable verantwoordelijk
answering machine antwoordapparaat
ant mier
antagonist tegenstander
Antarctic zuidpool
antecedent *bn* voorafgaand; *zn* voorganger
antediluvian van voor de zondvloed,
zeer oud; ouderwets
antelope antilope
antenna antenne, voelhoorn
anterior voorste
anthem koorzang, lofzang; *national ~*,
volkslied
anthology bloemlezing
anthracite antraciet
antibody antistof
anticipate vooruitlopen op; verwachten
anticipation afwachting; *in ~ of*, in afwachting van
anticorrosive *bn zn* roestwerend (middel)
antidote tegengif
anti-freeze antivries
antipathy antipathie, aversie
antipodean uit, betreffende Australië en
Nieuw-Zeeland
antiquarian oudheidkundige, antiquaar,
antiquair; *bn* oudheidkundig
antique *zn* antiquiteit; *bn* ouderwets
antiques antiek
antiquity Oudheid; ouderdom
antithesis antithese, tegenstelling

13

Antwerp Antwerpen
anus anus
anvil aambeeld
anxiety benauwdheid, zorg; verlangen
anxious bezorgd; verlangend
any enig; een, iemand; nog; ~*one*, ~*body*, iemand, een ieder
anyhow hoe 't ook zij
anything iets; alles; ~ *but*, alles behalve
anyway hoe dan ook
anywhere ergens; overal
A.P. = *Associated Press*
apace snel, vlug
apart afzonderlijk; ~*from*, afgezien van
apartment appartement; ~ *building*, ~ *house*, flatgebouw
apathetic ongevoelig, lusteloos
apathy ongevoeligheid, lusteloosheid
ape *ww* na-apen; *zn* mensaap; na-aper
aperitif aperitief
aperture opening
apex punt, top
apiece het stuk, per stuk
apologies excuses
apologize zich verontschuldigen
apology verontschuldiging; verdediging
apoplexy beroerte; woede
apostasy afvalligheid
apostate afvallige
apostle apostel
apostrophe apostrofteken
appal verschrikken, ontstellen
apparatus toestel, apparaat; gereedschappen; organen *mv*
apparent blijkbaar
apparition (geest)verschijning
appeal *zn* beroep, appel; ~ *for mercy*, verzoek om gratie; aantrekkingskracht; *ww* een beroep doen op; appelleren; aantrekken
appear verschijnen; schijnen
appearance verschijning, schijn; *to keep up* ~*s*, de schijn ophouden
appease kalmeren, sussen, lessen, stillen
appendectomy blindedarmoperatie
appendix blindedarm; toevoegsel

appertain toebehoren
appetite eetlust, trek; begeerte
applaud toejuichen, applaudisseren
applause toejuiching, applaus
apple appel
apple juice appelsap
apple pie appeltaart; *in* ~ *order*, in de puntjes
apple sauce appelmoes
appliance toepassing; toestel
applicable toepasselijk
applicant sollicitant
application gebruik, toepassing; vlijt, ijver; sollicitatie; ~ *form*, aanvraagformulier; computerprogramma
apply gebruiken, toepassen; aanbrengen; ~ *to*, zich wenden tot; ~ *for*, aanvragen
appoint bepalen; benoemen, aanstellen
appointment bepaling, afspraak; beschikking; benoeming; *by appointment*, volgens afspraak; *by* ~ *to his (her) Majesty*, hofleverancier
apposition (*gram*) bijstelling
appraisal schatting, waardering
appraise schatten
appreciate waarderen; begrippen hebben voor; in prijs doen stijgen
apprehend aanhouden, gevangen nemen; bevatten, begrijpen; vrezen
apprehension gevangenneming; begrip; vrees
apprentice leerjongen
apprenticeship leertijd
apprise kennis geven van
approach *zn* (be)nadering, toegang; aanpak; *ww* (be)naderen, gelijken
approbation goedkeuring; *on* ~, op zicht
appropriate geschikt, bestemd; *ww* toe-eigenen; bestemmen
approval goedkeuring, instemming; *on* ~, op zicht
approve goedkeuren
approximate *ww* naderen, naderbij brengen; benaderen; *bijw* bij benadering
après-ski après-ski

apricot abrikoos
April april
April Fool's Day de eerste april
apron schort
apt bekwaam, geschikt
aptitude geschiktheid, bekwaamheid
aquatic water-
aqueduct waterleiding
Arab Arabier; Arabisch
arbiter (scheids)rechter
arbitrary willekeurig
arbitration arbitrage
arbour prieel
arc boog (v. cirkel)
arcade winkelgalerij, booggang
arch *zn* boog; *ww* welven
archaic verouderd
archbishop aartsbisschop
archipelago archipel
architect architect
architecture bouwkunde
archives *mv* archief
archway boog, gewelfde gang
Arctic noordelijk; noordpool-
ardent vurig, hartstochtelijk
ardour hitte, ijver, vuur, passie
arduous steil; moeilijk
are we, you ~ wij zijn, jij, jullie, u bent
area oppervlakte; open plek, streek, gebied, terrein
Argentine Argentijns; the ~, Argentinië
argue betwisten, redeneren; ruzie maken
argument bewijsgrond, argument; discussie; ruzie
arid dor; bar
aridity dorheid, droogte
arise (arose; arisen) ontstaan, opstaan
aristocracy aristocratie
arithmetic rekenkunde
ark ark; *fig* toevluchtsoord
arm arm; tak; wapen; ~s, wapenschild;
ww (be)wapenen
armament(s) bewapening; wapenwed-
loop
armature wapenrusting; bewapening;

anker
armchair leun(ing)stoel
armistice wapenstilstand
armour wapenrusting; *ww* pantseren
armpit oksel
army leger
aroma geur
arose zie *arise*
around rondom
arouse opwekken
arrange (rang)schikken; afspreken, tot
een vergelijk komen
arrangement schikking, regeling; akkoord
arrant doortrapt, verstokt
array verzameling; rangschikking; *ww*
(rang)schikken; tooien
arrest *zn* arrest; arrestatie; *ww* tegenhouden; arresteren; fascineren
arrival aankomst
arrive aankomen; gebeuren; "er komen"
arrogant aanmatigend
arrow pijl
arsenic rattenkruit
arson brandstichting
art kunst
arterial road hoofdverkeersweg
arteriosclerosis aderverkalking
artery slagader
artful listig, handig; elegant
article lidwoord; artikel
articulate duidelijk uitspreken; uitdrukken; *bn* gearticuleerd
artifice kunstgreep, list
artificial kunstmatig, kunst-; ~ teeth, valse tanden
artillery artillerie
artisan handwerksman
artist kunstenaar, kunstenares
artistic artistiek
artless ongekunsteld, naïef
as aangezien, daar; zo als, gelijk; ~ for, ~
to, wat betreft; ~ soon ~, zodra als; ~
though, ~ if, alsof; ~ yet, nog
as if alsof
ascend opstijgen, (op)klimmen; beklim-

men
ascendancy overwicht, invloed, prestige
ascendant opgaand; *zn* ascendant
ascension bestijging; Hemelvaart
Ascension Day Hemelvaartsdag
ascertain nagaan, vaststellen
ascribe toeschrijven; aanhangen
aseptic steriel
ash es(boom); as
ashamed beschaamd
ashes *mv* as
ashore aan land, aan wal; *washed ~*, gestrand
ashtray asbakje
Asia Azië
Asian Aziatisch
aside ter zijde, op zij
ask verzoeken (vragen)
askew scheef, schuin
asleep in slaap
asparagus asperge
aspect aspect, (onder)deel; voorkomen;
aanblik; gezichtspunt
asphyxiate doen stikken, verstikken
aspiration streven, aspiratie
aspire streven, trachten
aspirin aspirine
ass ezel; kont
assail aanvallen
assailant aanvaller
assassin politieke moordenaar
assassinate vermoorden
assault aanvallen, -randen; *zn* aanval,
storm; *by ~* stormenderhand; *sexual ~*
aanranding
assay proef, toets; *ww* toetsen, keuren
assemble samenkomen; monteren
assembly vergadering; *~line* lopende
band
assent toestemming; *ww* toestemmen,
instemmen
assert handhaven; beweren, verklaren
assertion bewering; verklaring
assertive assertief
assess evalueren; schatten
assessment evaluatie; schatting

assets *mv* activa *mv*; bezit
assiduity ijver, naarstigheid
assiduous ijverig, naarstig
assign aanwijzen, bestemmen
assignation rendez-vous
assimilate gelijk maken; opnemen, assi-
mileren
assist helpen; bijwonen
assistance bijstand, hulp
assistant helper, assistent
assize rechtszitting
associate metgezel, compagnon, collega;
ww in verband brengen met; *~ with* omgaan met
association vereniging
assort uitzoeken, sorteren; bij elkaar passen
assortment sortering
assuage verzachten, lenigen
assuasive verzachtend
assume aannemen, aanvaarden; zich
aanmatigen
assumption aanneming, onderstelling;
A~, Maria-Hemelvaart
assurance verzekering; zelfvertrouwen;
assurantie
assure verzekeren
assured zeker, stellig; zelfverzekerd
aster aster
asterisk sterretje (*)
astern achterin, achteruit (v. schip)
asthma astma
astonish verbazen, verwonderen
astonishment verbazing
astounding(ly) *bn bijw* verbazingwekkend
astray *go ~*, spoorloos raken; *lead ~*, misleiden
astride schrijlings, wijdbeens
astringent *bn* stelpmiddel
astronomy sterrenkunde
astute scherpzinnig, sluw
asunder middendoor
asylum asiel, toevluchtsoord; gesticht;
apply for ~, asiel aanvragen
at tot, te, in, van, bij, aan, naar, om,

over; ~*first*, eerst; ~ *the very first*, in het begin; ~*present*, nu; ~ *most*, op zijn meest; ~ *length*, eindelijk
ate zie *eat*
athlete atleet
athletic atletisch; ~*s*, atletiek
atlas atlas
atmosphere sfeer; atmosfeer
atom atoom
atom bomb atoombom
atomic energy atoomenergie
atomizer verstuiver
atone boeten
atonement boete; verzoening
atop boven op
atrocious afgrijselijk
atrocity wandaad
atrophy uittering
attach vastmaken, hechten
attachment verbinding; verknochtheid; beslaglegging; accessoire (v. apparaat, machine)
attack aanval
attain bereiken, verkrijgen
attempt *zn* poging; *ww* trachten
attend vergezellen; bijwonen; ~ *to*, aandacht schenken aan; verplegen
attendance aanwezigheid; bediening; geleide, gevolg
attendant *zn* bediende; oppasser; *bn* dienstdoend; begeleidend
attention oplettendheid, aandacht
attentive(ly) aandachtig
attenuate *ww* verdunnen, dun worden; verzwakken, reduceren; *bn* dun
attest betuigen, getuigen
attestation attest; getuigschrift
attic zolder(kamer)
attire uitdossen, optooien; *zn* kleding
attitude houding; ~ *of mind*, denkwijze
attorney procureur; *Attorney General*, procureur-generaal
attract aantrekken
attraction aantrekkelijkheid; aantrekkingskracht; (toeristische) attractie
attractive aantrekkelijk

attractiveness aantrekkingskracht
attribute toeschrijven
auburn goud-, kastanjebruin
auction veiling
audacious gedurfd, gewaagd
audacity gewaagdheid
audible hoorbaar
audience publiek; audiëntie
auditor toehoorder; accountant
auditory *zn* gehoorzaal; toehoorders *mv*; *bn* hoor-
augment vermeerderen, verhogen
augmentation vermeerdering, verhoging
August augustus
august verheven, hoog
aunt tante
auspices steun, auspiciën
auspicious gunstig
austere streng, sober
Australia Australië
Austria Oostenrijk
authentic(al) echt, authentiek
author schrijver, auteur, bedenker
authority gezag, macht; *from* (on) *good* ~ uit goede bron
authorization machtiging
automobile auto(mobiel)
autumn herfst
auxiliary hulp-; *zn* helper; hulptroep
avail baat, nut; *ww* baten; ~ *oneself of* benutten
available aanwezig, beschikbaar, voorradig; geldig
avalanche lawine
avarice gierigheid
avaricious gierig
avenge wreken
avenue wijze, methode; *Amer* brede boulevard of straat
aver betuigen, verzekeren
average *bn* gemiddeld; *zn* gemiddelde; *ww* gemiddeld halen, zijn, etc.
aversion afkeer
avert afwenden
aviation luchtvaart, vliegsport
avid enthousiast; begerig

17

avoid vermijden
avouch (for) instaan (voor), waarborgen
avow bekennen
avowal bekentenis
await verwachten, wachten
awake *ww* **(awoke** of **awaked; awoke)**
wekken; wakker worden; *bijw* wakker
awaken wekken
award uitspraak; beloning, prijs; *ww* toekennen
aware bewust (van), gewaar
away weg, voort
away game uitwedstrijd

awe ontzag; *ww* ontzag inboezemen
awful(ly) *bn bijw* ontzagwekkend; vreselijk; reuze-
awhile voor enige tijd
awkward onhandig, lomp; gênant; ongemakkelijk
awl els (priem)
awning dekzeil
awoke zie *awake*
awry scheef, krom, verkeerd
axe bijl
axis, axle as (spil)

b

B.A. = *Bachelor of Arts*, kandidaat in de
letteren
babble gesnap, gebabbel
baboon baviaan
baby klein kind, baby
babysitter oppas
bachelor vrijgezel; *univ* kandidaat
bacillus bacil
back *zn* rug; achterkant; *at the ~*, aan de
achterkant; *in the ~*, achterin; *sp* achter-
speler; *bijw* terug; *far ~*, heel lang geleden; *bn* achter, verwijderd; *ww* doen
teruggaan; achteruitrijden; steunen; wedden op
back of the head achterhoofd
back seat achterbank
back talk brutaal antwoord
back wheel achterwiel
backache rugpijn
backbite (backbit; backbitten) (be)laste-
ren
backbone ruggengraat; basis, kracht
backcomb terugkammen
backdoor achterdeur
backfire terugslaan (v. motor); mislopen
background achtergrond
back-pedal brake terugtraprem
backroom achterkamer
backside achterste
18

backward achterlijk, traag; achterover;
achterwaarts
backwater dood water; geïsoleerde
plaats
backyard achtertuin
bacon spek
bad kwaad, slecht, ziek, erg, ernstig
bad luck pech
bade zie *bid*
badge insigne, onderscheidingsteken
badger *zn* das (dier); *ww* lastig vallen
badly kwalijk, slecht, erg
baffle verbijsteren
bag tas, zak
baggage bagage
bagpipe doedelzak
bail *zn* borg(tocht); *ww ~ out*, (financieel)
helpen, de borgtocht betalen
bailiff rentmeester; gerechtsdienaar,
deurwaarder, baljuw
bait (lok)aas; ophitsen, sarren
baize baai (ook de stof)
bake bakken, braden
baker bakker
bakery bakkerij
baking bak-; *~ heat*, gloeiende hitte
balance balans; evenwicht; batig saldo;
ww in evenwicht houden; opwegen tegen; afsluiten; vereffenen; *~ of payments*,

betalingsbalans; ~ *of trade*, handelsbalans

balance sheet balans; *draw up the* ~ balans opmaken

balcony balkon

bald kaal

bale baal

baleful verderfelijk, slecht

balk balk; rug tussen twee voren; *ww* verijdelen; weigeren

ball bal; kogel; kluwen

ball bearing kogellager

ballad ballade; liedje

ballet ballet

balloon (lucht)ballon

ballot stembriefje; ballotage; loting; *ww* stemmen; balloteren; loten

ballpoint balpen

ballroom danszaal

balm balsem

Baltic Sea Oostzee

bamboo bamboe

ban *zn* ban; verbod; *ww* verbieden

banal banaal

banana banaan

band groep, bende; muziekgroep, muziekkorps

bandage *zn* verband, zwachtels; *ww* verbinden

bandit bandiet

bandy *ww* (woorden) wisselen; *zn* ijshockey (stick)

bane verderf; vergif

bang *zn* slag, bons; knal; ponyhaar; *ww* slaan, bonzen, dreunen

bangle armband; voetring

banish verbannen, bannen

banister stijl; ~s, trapleuning

bank bank (voor geld); oever; berm

bank card bankpas

bank holiday *Br* algemene vrije dag

banker bankier

banknote bankbiljet

bankrupt bankroet, failliet

bankruptcy bankroet

banner vaan

banns huwelijksafkondiging

banquet banket (feestmaal)

bantam kemphaan (*let en fig*)

banter gekscheren, schertsen

baptism doop

baptize dopen

bar staaf, stang, tralie; balie; advocatuur; bar; reep (chocolade); hindernis; maat (streep)

barb weerhaak; ~ed wire, prikkeldraad

barbaric, barbarous barbaars

barbecue *zn* barbecue; *ww* barbecuen

barber herenkapper

bare naakt, kaal, bloot

barefaced onbeschaamd

barefoot(ed) op blote voeten

barehanded met de blote handen

bareheaded blootshoofds

barely ternauwernood, nauwelijks

bargain *zn* koopje; *ww* afdingen

barge (woon)schuit; aak, sloep

bark *zn* bast, schors; *ww* blaffen; brullen

barkeeper barkeeper

barley gerst

barmaid barvrouw, barmeisje

barn schuur

barometer barometer

baron baron

baronet niet-adellijke, die het erfelijke predikaat *Sir* vóór zijn doopnaam voert

barracks *mv* kazerne

barrage stuwdam; *mil* bombardement

barrel vat; geweerloop

barrel organ draaiorgel

barren dor, kaal; onvruchtbaar

barricade *zn* barricade; *ww* versperren

barrier slagboom; hinderpaal; barrière

barrister *Br* advocaat

barter *zn* ruilhandel; *ww* (ver)ruilen, kwanselen, sjacheren

basal fundamenteel

base *bn* slecht, laag; *zn* basis

baseball *sp* honkbal

base-line basis; achterlijn; *mil* operatielijn

basely op een lage wijze

basement grondslag; souterrain, kelder

19

baseness laagheid; onechtheid
bashful bedeesd; verlegen
basic fundamenteel, elementair, grond-
basin bekken, bassin, waskom
basis *(mv* bases) basis, grondslag
basket korf, mand
basketball basketbal
Basle Bazel
bass bas; baars
bastard bastaard
bat vleermuis; kolf, slaghout
batch troep, partij
bath bad; *have/take a ~,* baden
bath salts badzout
bath towel badhanddoek
bathe baden; betten
bathing bag badtas
bathing cap badmuts
bathing pool zwembassin
bathing suit badpak
bathroom badkamer; *Amer* toilet
battalion bataljon
batter *zn* beslag (van gebak); *ww* beu-
ken, havenen; bonzen op; mishandelen
battery batterij, ook: accu
battle veldslag, strijd
battle dress veldtenue
battlefield slagveld
battleship slagschip
Bavaria Beieren
bawdy liederlijk, ontuchtig
bawl schreeuwen, tieren
bay *zn* baai, golf; uitbouw; vos (paard);
laurier; *bn* bruinrood; *ww* aanblaffen
bayonet bajonet
bazaar bazaar
BBC = *British Broadcasting Company,*
Britse staatzender
be zijn
be (was; been) zijn, wezen; worden; duren; *to ~ sold (let)* te koop (huur)
beach strand
beach chair strandstoel
beachhead *mil* landingshoofd
beacon baken
bead kraal; druppeltje

beak snavel, bek
beam *zn* balk; straal; *~ of light,* lichtbundel; *ww* stralen
bean boon; *brown ~s,* bruine bonen;
white ~s, witte bonen
bear *zn* beer; *ww* **(bore; borne)** dragen,
verdragen; gedragen; voortbrengen; *~
away,* behalen; *~ back,* terugdrijven;
terugwijken; *~ off,* wegvoeren, afwenden; *~ out* bevestigen; *~ with,* geduldig
zijn met; *~ witness,* getuigen
beard baard
bearer drager; houder
bearing houding; gedrag; lager
bearskin berenvel; berenmuts
beast beest
beastly beestachtig
beat (beat; beaten) *ww* kloppen, slaan,
verslaan; *zn* slag, klap, tik; ronde, wijk (v.
politieagent)
beau *(mv* beaux) vriendje, vrijer
beautiful prachtig, mooi
beauty schoonheid
beauty parlour schoonheidssalon
beaver bever; vilt
became zie *become*
because omdat, want; *~ of,* wegens
beckon wenken
become (became; become) worden; goed
staan; betamen, passen
becoming passend, betamelijk; netjes,
flatteus
bed bed; bedding
bed bed
bedclothes *mv* beddengoed
bedlam chaos
bedpan (onder)steek
bedrid(den) bedlegerig
bedroom slaapkamer; *single, double ~,*
één-, tweepersoonsslaapkamer
bedside lamp bedlamp
bedspread sprei
bee bij (insect)
beech beuk(enboom)
beef rundvlees
beef cube bouillonblokje**

beef tea bouillon
beefsteak runderlap
beehive bijenkorf; ~ *chair*, strandstoel
been zie *be*
beer bier
beet(root) beetwortel, biet
beetle kever, tor
befall (befell; befallen) treffen; overkomen; gebeuren
befit betamen
before vóór (v. tijd en plaats); eerder; in het bijzijn van
beforehand vooruit, vooraf
beg bedelen; verzoeken, vragen
began zie *begin*
beggar bedelaar
begin (began; begun) beginnen
beginner beginneling
beginning begin, aanvang
beguile charmeren; verlokken
begun zie *begin*
behalf *on ~ of*, ten bate (behoeve) van, in naam van
behave oneself zich gedragen
behaviour gedrag
beheld zie *behold*
behind achter
behindhand achter, niet bij; achterstallig; traag, laat
behold (beheld; beheld) aanschouwen, waarnemen
being *zn* bestaan, wezen; *ww* zijnde
belated verlaat
belch *zn* oprisping; *ww* oprispen
belfry klokkentoren
Belgian *bn* Belgisch; *zn* Belg
Belgium België
belie verloochenen; ontkrachten
belief geloof
believe geloven; *make ~*, net doen alsof
belittle verkleinen, kleineren
bell bel, klok; *(scheepv) six bells*, *mv* zes glazen (halve uren)
bellboy *Amer* piccolo
bellicose oorlogszuchtig
belligerent agressief

bellow loeien, bulderen
bellows *mv* blaasbalg
belly buik
bellyache buikpijn
belong behoren; ergens thuishoren
belongings *mv* bezittingen *mv*
beloved *bn* bemind; *zn* beminde
below beneden
belt riem (ceintuur), gordel; *mil* koppel; zone; *ww* omgorden
bemoan bejammeren
bench bank; rechtbank; *be on the ~*, rechter zijn
bend *zn* bocht, kromming; *ww* **(bent; bent)** buigen, krommen
beneath beneden, onder
benediction zegening; *rk* lof
baloney *Amer gemeenz* onzin
benefaction weldaad
benefactor weldoener
beneficent weldadig
benefit *zn* voordeel; uitkering; benefiet; *ww* voordeel hebben (van)
benevolence welwillendheid
benign goedaardig
bent *zn* neiging; overtuiging; *bn* verbogen; zie ook *bend*
benumb verkleumen
bequeath nalaten, vermaken
bequest legaat
bereave (bereft; bereft) beroven
bereavement zwaar verlies
bereft zie *bereave*
beret baret, alpinopet
Berlin Berlijn
berry bes
berth *(scheepv)* hut, kooi, couchette; ligplaats
beseech (besought; besought) smeken
beside naast, bij
besides bovendien; behalve
besiege belegeren
besmirch besmeuren
besought zie *beseech*
bespeak (bespoke; bespoken) getuigen van

bespoke department maatafdeling
best best; *to make the ~ of it* het beste ervan maken; *to the ~ of my belief* naar mijn beste weten
best man getuige (bij huwelijk)
bestial beestachtig
bestow geven, schenken
bestowal gift
bet *zn* weddenschap; *ww* wedden
betray verraden; *~ one's duty*, zijn plicht verzaken
betrayal verraad
better *bn* beter; *ww* verbeteren; genezen
better, bettor wedder
between tussen
beverage drankje
bewail betreuren
beware (of) oppassen, zich hoeden (voor)
bewilder verbijsteren
bewitch betoveren
beyond boven, buiten; voorbij
bias geer; neiging; vooroordeel, partijdigheid
bib slabbetje
bible bijbel
biblical bijbels
bicker kibbelen
bicycle fiets
bicycle chain fietsketting
bicycle pump fietspomp
bicycle rack fietsenrek
bicycle repairer fietsenmaker
bicycle shed, shelter rijwielbewaarplaats
bicycle shop rijwielhandel
bid (bade; bidden) *ww* verzoeken, nodigen; *~ good morning*, *~ farewell*, goedemorgen wensen, afscheid nemen; **bid (bid; bid)** bieden; pogen; *zn* bod; poging
bidder *the highest* ~ de meestbiedende
bide verbeiden, wachten
bier (lijk)baar
bifocal dubbelfocus
big dik, groot, zwaar
biggest grootste
bigness dikte, grootte

bigot bevooroordeeld persoon
bigwig hoge piet
bike fiets
bikini bikini
bilateral tweezijdig
bilberries bosbessen
bile gal
bilious galachtig
Bill Willem, Wim
bill rekening; aanplakbiljet; biljet; wetsontwerp; snavel; *~ of exchange* wissel
billboard aanplakbord
billet *zn mil* kwartier; *ww* inkwartieren
billiards biljart
billion biljoen; *Amer* miljard
bin *zn* bak, kist, container; *ww* weggooien
bind (bound; bound) binden, inbinden; bekrachtigen
binding *bn* (ver)bindend; verplichtend; *zn* (boek)band; omboordsel
binoculars *mv* verrekijker
biography levensbeschrijving, biografie
birch berk
bird vogel, *~ of prey*, roofvogel
bird's-eye view perspectief in vogelvlucht
birth geboorte; afkomst
birth certificate geboorteakte
birth control geboortebeperking
birthday verjaardag
birthmark moedervlek
birthplace geboorteplaats
biscuit biscuit; koekje
bishop bisschop; loper (in het schaakspel)
bishopric bisdom
bit *zn* beetje, stuk; *to do their ~*, hun steentje bijdragen; *ww zie bite*
bitch teef
bite *zn* beet, hap; *ww* (**bit; bitten**) bijten, toehappen; invreten
bitter bitter, scherp; (bitter) bier
bitumen asfalt
blab verklappen
black zwart, donker
black and white photo zwartwitfoto

black market zwarte markt
blackberry braam
blackbird merel
blackboard schoolbord
blacken zwart maken
blackguard schurk
blackhead mee-eter
blackmail chantage
blackout *mil* verduistering; stroomuitval; tijdelijk verlies van bewustzijn
blacksmith smid
bladder blaas
blade spriet, halm; lemmet; schouderblad; scheermesje
blamable berispelijk
blame *zn* beschuldigen; afkeuren; *zn* schuld (verantwoordelijkheid)
blameless onberispelijk
bland saai, duf; smakeloos (v. eten)
blank *bn* wit, bleek; open; beteuterd, wezenloos; *zn* leemte, opening, spatie, leeg vlak; losse flodder
blanket deken
blare loeien, schetteren
blasphemy godslastering
blast ontploffing; ~ *of air*, luchtstroom
blast furnace hoogoven
blatant schreeuwerig; opvallend
blaze *zn* brand; *in a* ~, in lichterlaaie; *ww* (op)vlammen, schitteren
bleach blonderen; bleken
bleak kil, koud, guur; kaal; somber
bleat blaten
bleed (bled; bied) bloeden; aderlaten
blemish smet, klad, vlek
blend (blent; blent) (ver)mengen
bless zegenen
blew zie *blow*
blighter *Br* schooier, kerel
blind *zn* zonneblind; *bn* blind
blindfold blinddoeken
blindly blindelings
blindness blindheid
blink knipperen (met ogen)
bliss zaligheid, geluk
blissful zalig, gelukkig

blister blaar
blitz hevige luchtaanval; stunt
blizzard sneeuwstorm
bloat opzwellen
block *zn* blok; *ww* afsluiten, blokkeren
blockade blokkade
blockhead domkop
block-up versperring
bloke *Br* kerel, vent
blond blond
blood bloed
blood vessel bloedvat
bloodthirsty bloeddorstig
bloody bloedig
bloom *zn* bloesem; bloei; *ww* bloeien
blooming bloeiend; verduiveld, vervloekt
blossom bloesem
blot *zn* klad, (inkt)vlek; *ww* bekladden; vloeien
blotting paper vloeipapier
blouse blouse
blow *zn* slag, klap; windvlaag; *ww* **(blew; blown)** blazen, waaien
blow-dry föhnen
blow-up vergroting (v. foto)
bludgeon knuppel, ploertendoder; *ww* neerslaan
blue *bn* blauw; (*fig*) somber, verdrietig; *zn, the* ~*s*, Amerikaanse muzieksoort
blue ribbon blauwe wimpel
bluebottle bromvlieg
bluestocking blauwkous
bluff *zn* gebluf; *bn* openhartig, ronduit; *ww* bluffen
bluish blauwachtig
blunder flater
blunt *bn* bot, stomp; lomp, dom; *ww* verstompen
bluntly ronduit
blurry onduidelijk, vaag
blurt out er uitflappen
blush blos; *ww* blozen
bluster *zn* razen, bulderen, tieren
boar beer (mannetjesvarken); wild zwijn
board *zn* plank; kost; kostgeld; boord; bestuur, college; ministerie; ~ *and lodg-*

ing, kost en inwoning; *ww* instappen, aan boord gaan

boarder kostganger

boarding card instapkaart

boarding house pension

boarding-school kostschool

boast *zn* opschepperij, grootspraak; *ww* bluffen, opscheppen

boat boot

boat excursion boottocht

boat race roeiwedstrijd

boat train boottrein

boat trip rondvaart

boat trip boottocht

boatswain bootsman

bob *zn* pagekopje; korte staart; shilling; *ww* op en neer gaan

bobby politieagent

bodice lijfje

bodily lichamelijk, compleet

body lichaam, romp; lijk; organisatie, groep; massa

bodyguard lijfwacht

bog moeras, laagveen

Bohemian Bohemer; bohémien; *bn* Boheems

boil koken (water); *zn* steenpuist

boiled gekookt

boiler kook-, stoom-, waterketel; warmwaterreservoir

boiling-point kookpunt

Bois-le-Duc 's-Hertogenbosch

boisterous onstuimig, luidruchtig

bold vrijmoedig; vet (v. drukletter)

bold-faced onbeschaamd

Bolshevik bolsjewiek

bolster peluw; *ww* versterken, verhogen

bolt *zn* bout; grendel; bliksemstraal; sprong; *ww* grendelen; er vandoor gaan; op hol slaan; ~ *upright*, kaarsrecht

bomb bom

bombardment bombardement

bombastic hoogdravend

bomber, bombing plane bommenwerper

bomb-proof bomvrij

bonbon bonbon

bond band; obligatie; schuldbrief; verplichting

bone bot (been); graat; balein

bones *mv* gebeente

bonfire vreugdevuur

bonnet *Br* muts; kap, motorkap

bonny *Schots* aardig, lief

bony been(achtig); vol graten

booby prize poedelprijs

booby-trap valstrikbom

book *zn* boek; *ww* boeken; ~ *for A*, een kaartje nemen naar A; ~ *in advance* (*seats*), (plaatsen) bespreken

book token/certificate boekenbon

bookbinder boekbinder

bookcase boekenkast

book-end boekensteun

booking/box office loket (voor kaartjes), bespreekbureau

book-keeper boekhouder

bookseller boekhandelaar

bookshop boekhandel

bookstall boekenstalletje

boom *zn* (haven) boom; hoogconjunctuur; toename; *ww* daveren; reuze succes hebben

boon geschenk, gunst

boor lomperd, pummel

boost versterken, verhogen; *zn* zetje

boot *Br* kofferbak; laars

booth kraam; cabine

bootlace schoenveter

bootleg illegaal

boot-polish schoensmeer

boots laarzen

booty buit

border *zn* rand, boord, grens; *ww* (be)grenzen

bore *zn* vervelend, lastig persoon; *ww* boren; vervelen; zie ook *bear*

boredom verveling

born geboren; *not* ~ *yesterday*, (*fig*) niet van gisteren

borne zie *bear*

borough (deel)gemeente

borrow from lenen van, ontlenen aan

bosom boezem; borst; schoot (kerk; familie)
boss baas, werkgever; *ww* besturen, de baas spelen
B. O. T. = *Board of Trade*, Ministerie van Handel
botany plantkunde
botch *zn* knoeiwerk; *ww* verknoeien
both allebei, beide; ~ ... *and*, zowel...als
bother hinderen; vervelen; zaniken; moeite doen
bottle fles; *one-trip* ~, wegwerpfles
bottle of (half a) een halve fles
bottleneck (*fig*) vernauwing; knelpunt
bottle-opener flesopener
bottom *zn* grond, bodem; *scheepv* kiel; *bn* onderste, laagste
bottomless bodemloos
bought zie *buy*
bounce (op)springen; op en neer gaan; reflecteren; *zn* stoot
bound *zn* grens; *bijw* bestemd (voor); *ww* zie *bind*
boundary grens(lijn)
boundless grenzeloos
bountiful rijk, rijkelijk
bow boog, strijkstok, buiging, boeg; *ww* buigen
bowels *mv* ingewanden *mv*, *move one's* ~, z'n behoefte doen
bowl *zn* schaal, kom; *ww* bowlen
bowler bolhoed; *sp* werper (cricket)
bow-window rond uitspringend venster, erker
box doos, koffer; bak; loge; hokje, vakje
boy jongen; bediende
boyhood jongensjaren *mv*
Bp. = *bishop*, bisschop
bra beha
brace *zn* paar, koppel; bretel; beugel; *ww* spannen, versterken
bracelet armband
bracket haakje; categorie
brag opscheppen
braid *zn* vlecht; boordsel; *ww* vlechten
brain brein, hersenen *mv*

brainwave (lumineus) idee
brake *zn* rem; *ww* remmen
brake block remblokje
brake cable remkabel
brake disc remschijf
brake light remlicht
brake oil remolie
brake pads remblokken
branch tak; (leer)vak; filiaal
branch office bijkantoor
brand brandmerk; merk, soort
brandish zwaaien (met)
brand-new spiksplinternieuw
brandy cognac; brandewijn
brass geelkoper; brons; blaassectie (v. orkest)
brave *ww* trotseren; *bn* dapper
bravery moed, dapperheid
brawl razen, tieren
brawny gespierd, sterk
brazen onbeschaamd
breach breuk; bres; schending
bread brood
bread (half a loaf of) een half brood
bread (wholemeal) volkorenbrood
bread bin broodtrommel
breadth breedte
bread-winner kostwinner
break (broke; broken) *ww* breken, afbreken; pauzeren; kapotgaan/maken; schenden; beëindigen; *zn* onderbreking, pauze
breakdown in(een)storting; panne
breakdown lorry kraanwagen
breakers *mv* branding
breakfast ontbijt
breakfast (have) ontbijten
breakthrough *mil* doorbraak
breakwater golfbreker; strandhoofd
breast(s) borst
breath adem; *a ~ of*, een beetje
breathe ademen; fluisteren
bred zie *breed*
breeches *mv* korte (rij)broek
breed (bred; bred) telen, (aan)fokken
breeder fokker
breeding opvoeding, beschaving

25

breeze koelte; bries
brethren *mv* broederen *mv*
brevity kortheid
brew brouwen
brewer brouwer
brewery brouwerij
bribe omkopen
brick baksteen
bricklayer metselaar
brickwork metselwerk
bridal bruids-
bride bruid
bridegroom bruidegom
bridesmaid bruidsmeisje
bridesman getuige v.d. bruidegom
bridge brug; *kaartsp* bridge
bridle toom, teugel; *ww* beteugelen
brief kort, beknopt
briefcase aktetas
brigand (struik)rover, bandiet
bright helder, schitterend; pienter; opgewekt
brighten ophelderen; opvrolijken
brilliancy glans; schittering
brilliant *bn* schitterend; *zn* briljant
brim rand
brimful boordevol
brine pekel, zilt water
bring (brought; brought) (mee)brengen; halen, aanvoeren
bring back terugbrengen
brink rand, kant
brisk levendig, wakker, vlug
bristle *zn* stoppel; (borstel)haar; *ww* overeind staan, zetten
Britain Groot Brittannië
British Brits
Briton Brit
brittle bro(o)s, breekbaar
broach aanbreken
broad breed, wijd; grof, ruw
broadcast uitzenden, omroepen
broaden (zich) verbreden
broadminded onbekrompen
brochure brochure
broil *zn* ruzie, tumult; *ww* roosteren; *zn*
gebraden vlees
broke zie *break*; blut, aan lager wal
broken gebroken, kapot; zie *break*
broken-down defect
broken-hearted diep bedroefd
broker makelaar
brokerage makelarij; makelaarsloon, courtage
bronze *bn* brons; *ww* bronzen
brooch broche
brood *zn* broedsel; *ww* broeden
brook *zn* beek; *ww* tolereren
broom bezem; brem
Bros. = *Brothers*, gebroeders
broth bouillon
brother broer, broeder
brotherhood broederschap
brother-in-law zwager
brought zie *bring*
brow wenkbrauw; kruin, top
browbeat intimideren
brown bruin
brown (bread) bruin brood
browse *fig* inkijken, rondkijken; grazen
Bruges Brugge
bruise *zn* kneuzing; *ww* kneuzen
brunch ontbijtlunch
brush *zn* borstel, stoffer; penseel, kwast; kreupelhout; schermutseling; *ww* afborstelen, strijken langs; ~ *up*, opfrissen
brushwood kreupelhout
Brussels Brussel; ~ *sprouts*, *mv* spruitjes *mv*
brutal beestachtig, woest
brute *zn* bruut, woesteling; *bn* dierlijk, woest
Bt. = *Baronet*, z.a.
bubble bobbel, (lucht)bel
bubble gum klapkauwgom
buccaneer boekanier
buck *Amer* dollar
bucket emmer
buckle *zn* gesp; *ww* gespen
bud *zn* knop; (*Amer*) maatje; *ww* uitbotten
Buddhism Boeddhisme

buddy *gemeenz* broer, kerel, maat(je)
budge (zich) verroeren
budget begroting, budget
buff *zn* enthousiasteling; *bn* zeemkleurig, lichtgeel; gespierd
buffalo buffel
buffer buffer
buffet restauratie, buffet
buffet car restauratiewagen
buffoon hansworst, clown
bug insect; computerstoring
buggy buggy
bugle (jacht)hoorn
bugler hoornblazer
build (built; built) bouwen
building gebouw
bulb bloembol; gloeilamp
bulb-grower (bloem)bollenkweker
bulge (op)zwellen; uitpuilen
bulk omvang, grootte
bulkhead *scheepv* schot
bulky dik, groot, lijvig
bull stier
bulldog buldog
bullet (geweer)kogel
bulletin bulletin
bull's-eye luchtgat; roos (schietschijf)
bully *zn* bullebak; *ww* intimideren
bulwark bolwerk
bumblebee hommel
bump *zn* buil, knobbel; hobbel; stoot; *ww* hotsen, stoten
bumper bumper
bumpkin pummel
bun broodje
bunch bos, tros; troep, groep
bundle bundel, bos
bungalow bungalow
bungle (ver)knoeien
bunk kooi (v. schip, caravan); ~ *bed*, stapelbed
bunny konijn
buoy boei
buoyancy stuwkracht; opgewektheid
burden *zn* last, vracht; *ww* belasten
burdensome lastig, zwaar

burglar inbreker
burglary inbraak
burgundy bourgogne(wijn)
burial begrafenis
burly zwaarlijvig, groot, dik
burn *zn* brandwond; *ww* **(burnt of burned; burnt)** branden, verbranden
burn ointment brandzalf
burnish polijsten
burnt zie *burn*
bursary studiebeurs
burst *zn* barst; *ww* **(burst; burst)** barsten
bury bedekken, begraven
bus bus
bus connection busverbinding
bus station busstation
bus stop bushalte
bush struik, kreupelhout
bushel schepel
busily druk, bezig
business bezigheid, zaak; zaken *mv*, handel, bedrijf
business class businessklasse
business hours kantooruren *mv*, openingstijden
business trip zakenreis
businesslike zaakkundig, zakelijk
bust *zn* buste, borstbeeld; *ww* kapotmaken; *bn* failliet
bustle *zn* gewoel; *ww* zich reppen
busy bezig, druk
busybody bemoeial
but maar; behalve
butane gas campinggas
butcher slager
butler butler
butt doel, mikpunt; kolf; *Amer* kont
butter boter; *a packet of* ~, een pakje boter
butter bean witte boon
buttercup boterbloem
butterfly vlinder
buttermilk karnemelk
buttock bil
button knop, knoop
buttonhole knoopsgat

27

buxom mollig
buy (bought; bought) kopen
buyer koper
buzz gonzen, zoemen
by door, bij; per; ~ *heart*, van buiten; ~
himself, alleen; *day* ~ *day*, dag aan dag; ~
the way, à propos!; *one* ~ *one*, een voor
een; ~ *sea*, over zee; *~far*, verreweg; ~ *no
means*, geenszins; ~ *and* ~, straks; ~ *and*

large, over 't geheel genomen; ~ *the* ~,
tussen twee haakjes
bye! dag! (tot ziens)
bygone vroeger, voorbij
bypass zn rondweg; hartoperatie; *ww*
vermijden
bystander toeschouwer
bystreet zijstraat, achterstraat

C

cab taxi; cabine (v. vrachtwagen)
cabaret cabaret
cabbage kool (groente)
cabin hut, kajuit
cabinet kabinet, kast; ministerraad
cable kabel; tv per kabel; telegram
cable railway kabelspoorweg
cache geheime bergplaats
cackle kakelen
cad ploert, schoft
caddie golfjongen
cadre kader
cafeteria cafetaria
cage kooi
cajole vleien
cake koek, gebak, taart
calamity ramp
calculate berekenen
calculation berekening
caldron ketel
calendar kalender
calf (*mv* **calves**) kalf; kalfsleer; kuit
calibre kaliber, formaat
call zn roep, geroep; bezoek; telefoontje;
take the ~, de telefoon aannemen; *ww*
roepen, benoemen, bezoeken; afkondigen (staking); opbellen; ~ *for*, vragen
naar; ~ *into question*, in twijfel trekken;
be called, heten
call box *Br* telefooncel
call boy piccolo
calling roeping; beroep
callosity eelt; (*fig*) hardvochtigheid
28

call-up oproep
calm zn kalmte, windstilte; *bn* kalm; *ww*
bedaren
calor gas butagas
calumniate lasteren
calumny Laster(praat)
came zie *come*
camel kameel
camera fototoestel, camera; *35 mm* ~,
kleinbeeldcamera
cameraman cameraman
camomile kamille
camp zn kamp, legerplaats; *ww* legeren;
kamperen
camp bed kampeerbed
camp stool vouwstoeltje
campaign campagne; veldtocht
camper camper
camphor kamfer
camping equipment kampeerbenodigdheden
camping shop kampwinkel
camping site camping
campus terrein behorende bij universiteit, hogeschool of school
camshaft nokkenas
can zn kan; bus; blikje; *ww* inblikken;
(could) kunnen
Canadian Canadees
canal kanaal, vaart, gracht
canary kanarievogel
cancel schrappen, annuleren, afzeggen
cancer kanker

cancerous kankerachtig
candid oprecht, openhartig
candidate kandidaat
candle kaars
candlestick kandelaar
candy *Amer* snoepgoed
cane riet; wandelstok
cannibal kannibaal
cannon kanon; carambole
canoe *zn* kano; *ww* kanoën
cant jargon; hellend vlak
canteen kantine; veldfles
canter korte galop
canvas zeildoek; doek, schilderij
canvass (stemmen) werven; uitpluizen
canyon ravijn
cap pet, muts, kap
capable bekwaam; in staat tot
capacity bekwaamheid; hoedanigheid; aanleg
cape kaap
Cape Town Kaapstad
capital *zn* kapitaal; hoofdstad; hoofdletter; *bn* hoofd-; uitmuntend
capitalism kapitalisme
capitulation capitulatie
capoc kapok
caprice bevlieging, gril
capricious grillig, nukkig
capsize kapseizen; omslaan
capsule capsule
capt. = *captain*, kapitein; *sp* aanvoerder
caption titel, onderschrift
captive gevangene
captivity (krijgs)gevangenschap
capture *zn* vangst; *ww* vangen
car kar, wagen, tram; auto; *oncoming ~*, tegenligger
car documents autopapieren
car hire autohuur
car park *Br* parkeerplaats
car park attendant *Br* parkeerwacht
car sick wagenziek
car trouble pech
carafe karaf
caravan karavaan; woonwagen; kam-

peerwagen, caravan
carbon koolstof
carbonic acid koolzuur
carbuncle karbonkel, steenpuist
carburetor carburator
carcass karkas, geraamte
card (speel)kaart; visitekaartje; bankkaart; kompasroos; *no cards*, enige kennisgeving
card index kaartregister
cardboard karton
cardiac patient hartpatiënt
cardigan (dames)vest
cardinal *bn* voornaamst, hoofd-; *zn* kardinaal
care zorg, moeite; ~ *of*, per adres; *ww* zorgen, zich bekommeren, geven om; *take ~*, zorgen; oppassen
career carrière, loopbaan; *in full~*, in volle vaart
careful zorgvuldig
careful (be) oppassen
careful! pas op!
careless zorgeloos, nonchalant
caress *zn* liefkozing; *ww* liefkozen
caretaker *Br* huisbewaarder
cargo (scheeps)lading
cargoboat vrachtboot
carload wagenvracht
carnation anjer; vleeskleur
carnival carnaval
carnivorous vleesetend
carol lied, vreugdezang
carp karper
carpenter *zn* timmerman; *ww* timmeren
carpet tapijt, karpet
carpetbag reistas, valies
car-radio autoradio
carriage wagen, wagon, rijtuig
carriageway rijweg; *dual ~*, weg met gescheiden rijbanen
carrier vrachtrijder, besteller; drager; bagagedrager; postduif
carrier bag draagtas
carrot wortel, peen
carry dragen, brengen; ~ *off*, wegvoeren

29

carrying agent expediteur
carrying capacity laadvermogen
cart kar, wagen
carte, à la ~ à la carte
cartel kartel
cartilage kraakbeen
carton kartonnen doos
cartoon politieke spotprent; tekenfilm; striptekening
cartridge patroon; cassette (voor foto's)
carve graveren; houtsnijden
cascade watervalletje
case tas, kist, doos; overtrek, koker; (ziekte)geval; proces; naamval
cash zn (contant) geld, kas; ~ *on delivery*, rembours; ww incasseren, innen (cheque)
cash dispenser geldautomaat
cash price prijs bij contante betaling
cashbook kasboek
cashier kassier
casing omhulsel, koker, kozijn
casino casino
cask vat
cassation cassatie
casserole braad-, stoofpan
cassette tape geluidsbandje
cast zn worp, gooi; gietvorm, afgietsel; (toneel) bezetting; ww (cast; cast) werpen; gieten (ijzer); afdanken; (stem) uitbrengen
cast iron gietijzer
castaway verstoteling, schipbreukeling
castigate kastijden; tuchtigen
casting gietsel; casting
castle kasteel
castor oil wonderolie
castor sugar poedersuiker
casual toevallig
casualty ongeval; sterfgeval, verlies, slachtoffer
casualty list, list of casualities *mil* verlieslijst
cat kat
catalogue catalogus
cataract waterval; grauwe staar
catarrh slijmvliesontsteking

catastrophe ramp
catch zn vangst; ww **(caught; caught)** vangen, betrappen; inhalen, raken
catching besmettelijk
catchup ketchup
catchword kreet, leus
categorical uitdrukkelijk
category klasse, categorie
cater leveren, zorgen voor, maaltijden verzorgen
caterpillar rups; ~*wheel*, rupsband
cathedral kathedraal
Catholic katholiek
catnap dutje
cattle vee
caught zie *catch*
cauliflower bloemkool
causal oorzakelijk
cause zn oorzaak, reden; ww veroorzaken
caution voorzichtigheid; borgtocht; ww waarschuwen
caution! voorzichtig!
cautious voorzichtig
cavalry cavalerie
cave zn hol, grot; ww ~*in*, instorten
cavern spelonk, hol
cavity holte; gaatje
CD cd
CD player cd-speler
C. E. = *civil engineer*, civiel-ingenieur
cease ophouden met, staken; (be)eindigen
ceaseless onophoudelijk
cede afstaan, toegeven
ceiling plafond, zoldering; hoogtegrens; maximum stijghoogte (vliegtuig); uiterste grens (prijzen, lonen)
celebrate vieren
celebrated beroemd
celebrity beroemdheid
celerity spoed
celery selderie, selderij
celestial hemels
celibacy ongehuwde staat
cell cel

cellar kelder
cellular cellulair; *Amer*, ~ *phone*, mobiele telefoon
cement cement
cemetery begraafplaats
censor *zn* censor; *ww* censureren
censure berisping, afkeuring; *ww* bekritiseren, afkeuren
centenary *bn* honderdjarig; *zn* eeuwfeest
centimeter centimeter
central heating centrale verwarming
centrality centrale ligging
centralize centraliseren
centre *zn* centrum; middelpunt; (voetbal) midvoor; ~ *of gravity*, zwaartepunt; *ww* (zich) concentreren, zich richten op
century eeuw
ceramic aardewerk
cereals graangewassen, havervlokken *mv*
cerebral hersen-
ceremonial ceremonieel
ceremonious vormelijk, plechtig
ceremony plechtigheid; ceremonieel
certain zeker; bepaalde
certificate *zn* getuigschrift, attest, certificaat, akte; *ww* diplomeren
certify verzekeren, getuigen
cf. = *confer* (*compare*), vergelijk
ch. = *chapter*, hoofdstuk
chafe schaven; ergeren; sarren
chafer (mei)kever
chaff *zn* kaf; *ww* plagen
chafing dish komfoor
chain *zn* ketting, keten; *ww* ketenen
chair *zn* (voorzitters)stoel; *take a* ~, ga zitten; *ww* voorzitter zijn
chair (high) kinderstoel
chair lift stoeltjeslift
chairman voorzitter
chalk *zn* krijt; *ww* witten; aankalken, opschrijven
chalky krijtachtig
challenge *zn* uitdaging; *ww* uitdagen
challenge cup wisselbeker
chamber kamer; ~ *of commerce*, kamer v. koophandel

chambermaid kamermeisje
chamois leather zeemleer
champagne champagne
champion kampioen
chance toeval; kans; geluk; *by* ~, toevallig; *ww* gebeuren
chancellor kanselier; *Chancellor of the Exchequer*, Minister van Financiën
chancery kanselarij
change *zn* verandering, wisselgeld; *ww* verwisselen, veranderen; overstappen; verversen
change gear schakelen (auto)
change the oil olie verversen
changeable veranderlijk
changeover aflossing, omschakeling; ~ *switch*, schakelaar
changing room kleedkamer
channel vaargeul; kanaal
chant *zn* liedje; *ww* zingen, opdreunen
chaotic chaotisch, verward
chap kerel
chapel kapel, kerk
chaplain kapelaan
chaplet bloemenkrans
chapter hoofdstuk
char verkolen, schroeien
character letter; karakter
characteristic karakteristiek, kenmerkend
characterize kenmerken
charcoal houtskool
charge *zn* opdracht; lading, last, beschuldiging; aanval; *ww* laden, beladen; beschuldigen; aanvallen
charitable liefdadig, menslievend
charity liefdadigheid, barmhartigheid
charm charme, betovering; toverspreuk; *ww* charmeren, bekoren; betoveren
charming charmant
charter *zn* charter, patent; *ww* bevrachten; inhuren
charter flight chartervlucht
chase *zn* jacht; *ww* (na)jagen; achtervolgen
chasm kloof, spleet
chassis chassis, onderstel

31

chaste kuis
chastise kastijden
chastity kuisheid
chat *zn* gekeuvel, babbeltje; *ww* keuvelen
chatter kakelen; snateren
chatterbox kletskous
chatty spraakzaam
cheap goedkoop
cheat *zn* bedrog; bedrieger, afzetter, valse speler; *ww* bedriegen; spieken
check *zn* controle; reçu; belemmering; *sp* schaak; cheque; *ww* beteugelen; controleren; aanslaan (op kassa); ~ *in*, binnenkomen; ~ *out*, weggaan
checked geruit
check-in desk incheckbalie
checkmate schaakmat
checkup controle, medisch onderzoek
cheek wang, brutaliteit
cheer *zn* vrolijkheid, blijdschap; *ww* verheugen, toejuichen; ~ *up*, opvrolijken
cheerful vrolijk
cheers! proost!; doeg!
cheese kaas
cheese roll broodje kaas
chemist scheikundige; *Br* apotheker, drogist
chemistry scheikunde
cheque cheque
cheque book chequeboek
cherish koesteren; liefhebben
cherries kersen
cherry kers
chess schaakspel; *play (at)* ~, schaken
chessboard schaakbord
chest kist, koffer; borstkas
chest borst
chestnut kastanje
chew kauwen
chewing gum kauwgom
chicken kip
chickenpox waterpokken *mv*
chicory andijvie
chide (chid; chidden) berispen
chief voornaamste, opperste; hoofd, aan-

voerder
chiefly voornamelijk; hoofdzakelijk
chieftain (opper)hoofd
child (*mv* children) kind
child seat kinderzitje
childbed kraambed
childhood jeugd
childish kinderachtig
childless kinderloos
childlike kinderlijk
children's clothes kinderkleding
children's film kinderfilm
children's game kinderspel
children's menu kindermenu
child's seat kinderzitje (op fiets)
chill *zn* koude; verkoeling; huivering; *bn* koud, kil
chilled gekoeld
chilly kil; koud
chime klokkenspel; *ww* luiden, klinken
chimney schoorsteen
chimney sweep(er) schoorsteenveger
chimney-piece schoorsteenmantel
chin kin
China *zn* China; c~, porselein; *bn* porseleinen
Chinese Chinees
chink spleet, kloof
chip spaander; computerchip
chips *Br* patates frites; *Amer* chips
chiropodist pedicure
chirp tjilpen
chisel beitel
chivalry ridderlijkheid
chlorine chloor
chock-full stampvol
chocolate chocolade
chocolate milk chocolademelk (warm)
choice *zn* keus, keur, selectie; *bn* select
choir koor (kerk)
choke *zn* choke; *ww* verstikken; smoren, onderdrukken, zich verslikken
choose (chose; chosen) kiezen
chop *zn* kotelet; *ww* kappen, hakken
chopping block hakblok
choral (*muz*) koraal

chord (*muz*) akkoord
chorus refrein; koor (toneel)
chose zie *chose*
chosen uitverkoren; uitgelezen; zie ook *choose*
christening doop
Christian *zn* christen; *bn* christelijk
Christian name doopnaam
Christmas kerstmis
Christmas carol kerstlied
chronic langdurig
chronicle kroniek
chronology chronologie
chubby mollig
chuck *zn* klopje; gooi; *ww* gooien; de bons geven
chuckle gniffelen
chum kameraad
chump uilskuiken
chunk brok, homp
church kerk
church service kerkdienst
churchyard kerkhof
churn *zn* kam; *ww* omwoelen
chute glijbaan, koker; parachute
cider cider, appelwijn
cigar sigaar
cigarette sigaret
cigarette lighter aansteker
cigarette paper(s) vloeitje (v. shag)
Cinderella assepoester
cinders as
cinema bioscoop
cinnamon kaneel
cipher geheimschrift, code; *a mere ~*, een vent van niks
circle *zn* cirkel; gezelschap; *ww* omringen, (rond)draaien
circuit circuit; tournee; parcours; rondrit, rondvlucht
circular *bn* rond; *zn* circulaire
circular-letter circulaire
circular-ticket rondreisbiljet
circulate circuleren, in omloop zijn
circulation omloop
circumference omtrek

circumscribe beperken
circumspect omzichtig, voorzichtig
circumstance omstandigheid
circumstantial omstandig; bijkomstig
circumvent misleiden; omzeilen
circus circus
cistern (water)bak, stortbak (wc)
cite dagvaarden; citeren
citizen burger
citizenship burgerrecht
city grote stad; binnenstad
civic burgerlijk
civil burger-, burgerlijk; beleefd, beschaafd; *~ code*, Burgerlijk Wetboek; *~ servant*, ambtenaar; *~ service*, ambtenarenapparaat
civilian burger
civility beleefdheid
civilization beschaving
civvy street (*gemeenz*) burgermaatschappij
clad gekleed
claim *zn* eis; bewering; *ww* (op)eisen; vorderen; beweren
claimant, claimer eiser
clairvoyant helderziend
clamber klauteren
clammy klam, klef
clamorous luidruchtig
clamour geroep, getier
clamp (wiel)klem
clan stam; geslacht
clandestine heimelijk
clang schelle klank
clap klappen, slaan
claret bordeauxwijn
clarify ophelderen; zuiveren
clarinet klarinet
clash klinken, kletteren; stoten, botsen (met)
clasp *zn* gesp; omhelzing; *ww* omklemmen; omhelzen
clasp knife knipmes
class klasse; klas; les(uur)
classic klassiek
classify rangschikken

33

clatter ww klateren, kletteren; zn gekletter

clause clausule; *gram* bijzin

clavicle sleutelbeen

claw klauw, poot

clay klei

clean bn schoon, rein; ww schoonmaken, reinigen, ontvlekken

clean (dry-) chemisch reinigen

cleaning, cleansing schoonmaak

cleanse reinigen, zuiveren

clean-shaven gladgeschoren

clear bn helder; duidelijk; veilig; ww ophelderen; vereffenen; vrijmaken

clearance sale uitverkoop

clearing open plek in bos

clear-sighted schrander

cleave (cleaved of cleft; cleaved of cleft) kloven; aanhangen

cleft kloof, barst

clemency genade

clergy geestelijkheid

clergyman geestelijke, dominee

clerical geestelijk; administratief

clerk klerk, kantoorbediende; receptionist

clever knap, slim

click zn klik; geklik; ww klikken

client cliënt, klant

cliff steile rots; rotswand (aan zee)

climate klimaat

climb klimmen; beklimmen

climbing boots bergschoenen

cling (clung; clung) aanhangen; zich vastklemmen

clinic kliniek

clip zn knijper; fragment (film, muziek); ww knippen

cloak mantel

cloakroom garderobe

clock klok

clod (aard)kluit; sufferd

clog blok; klomp

cloister kloostergang, klooster

close bn dicht, nauw; benauwd; ww sluiten

closed dicht

close-fitting nauwsluitend

closely dicht, nauw; ~ *shut*, potdicht

closest dichtstbijzijnd

closet kast; opslagkamertje, kabinet

closure sluiting

cloth lap, doek; stof (textiel)

clothe kleden

clothes kleding

clothes kleren

clothes peg wasknijper

clothing (be)kleding

clothing shop kledingzaak

cloud wolk

clouded bewolkt

cloudless onbewolkt

cloudy bewolkt

clout zn gewicht, invloed; ww slaan

clove kruidnagel

clover klaver

clownish boers; clownachtig

club knuppel; golfstok; club; ~s, klaveren

clue aanwijzing, sleutel

clump cluster

clumsy lomp, onhandig

clung zie *cling*

cluster tros; groep, troep

clutch zn greepkoppeling; ww grijpen

clutch operating cable koppelingskabel

clutter zn warboel; ww volproppen

C. O. = *Commanding Officer*

c/o = *care of*, per adres, p.a.

Co = 1 *county*; 2 *company*

coach touringcar, bus; koets; wagon; *sp* trainer

coagulate stollen, stremmen

coal (steen)kool, kolen *mv*

coal mine, coal pit kolenmijn

coal scuttle kolenemmer

coalition verbond, coalitie

coarse grof

coast kust

coastal kust-

coastal town kustplaats

coaster kustvaarder

coat jas; mantel; pels; ~ *of arms*, wa-

pen(schild)
coat hanger kleerhanger
coax overreden, overhalen
cobble, cobblestone straatkei
cobweb spinnenweb
cock *zn* haan; *ww* richten
cockchafer meikever
Cockney geboren Londenaar; cockney-dialect
cockpit cockpit
cockroach kakkerlak
cocksure zelfverzekerd
cocoa cacao
coconut kokosnoot
cocoon cocon
C. O. D. = *cash on delivery*, onder rembours
code wetboek; code
code number (*tel*) netnummer
codfish kabeljauw
cod-liver oil levertraan
coerce dwingen, afdwingen
coercion dwang
coffee koffie
coffee (black) zwarte koffie
coffee (white) koffie met melk
coffee cream koffiemelk
coffee with cream koffie met room
coffee with milk and sugar koffie met melk en suiker
coffee with sugar koffie met suiker
coffer geldkist
coffin doodskist
cog tand (van rad)
cogitate overpeinzen
cognate verwant
cohere samenhangen
coherence samenhang
coil kronkeling; spiraal; klos; spiraaltje
coin *zn* munt; *ww* munten; verzinnen
coincidence samenloop, toeval
cold *zn* koude; verkoudheid; *bn* koud; *catch a ~,* verkouden worden; *have a ~,* verkouden zijn
cold store koelhuis
coldness koude; koelheid

collaborate samenwerken; heulen (met de vijand)
collapse *ww* ineenzakken, instorten; *zn* instorting
collapsible opvouwbaar; klap-
collar boord; halsband
collarbone sleutelbeen
collateral onderpand
colleague collega
collect verzamelen; (af)halen
collection verzameling; lichting
collective gezamenlijk
college college; (afdeling v.) universiteit
collide botsen
collie Schotse herdershond
colliery kolenmijn
collision botsing; aanvaring
colloquy gesprek
Cologne Keulen
colon dubbele punt; dikke darm
colonel kolonel
colony kolonie
colour *zn* kleur; verf; huidskleur; *ww* blozen
colour blind kleurenblind
colour film kleurenfilm
colour print kleurenfoto
colour TV kleuren-tv
coloured *a ~ man,* kleurling
colourful kleurrijk
colt veulen
column zuil, kolom; column (in krant); colonne
comb kam
combination combinatie, mengsel
combine verbinden, combineren, verenigen
combustible brandbaar
combustion verbranding
come (came; come) komen; *~ at,* bereiken; *~ back,* terugkomen; *~ to,* bijkomen; *~ of,* afstammen
come along! kom (mee)!
come here! kom (hier)!
come in! binnen!
comeback terugkeer

come-down tegenvaller
comedy komedie
comet komeet
comfort zn troost; gemak; welgesteld-
heid; comfort; ww troosten
comfortable comfortabel; welgesteld; op
z'n gemak
comic bn komisch, grappig; zn stripverhaal
coming zn komst; bn toekomstig
comma komma
command zn bevel, gezag, commando,
leiding; ww bevelen, overzien
commander bevelhebber; commandant;
gezagvoerder; ~-in-chief, opperbevelhebber
commandment bevel, gebod
commemorate herdenken, gedenken;
vieren
commence beginnen
commend (aan)prijzen
commendable prijzenswaardig
comment zn aantekening, uitleg; commentaar; ww opmerken
commentary commentaar, radio/televi-
siereportage
commerce handel, verkeer
commercial handels-
commercial traveller handelsreiziger
commiseration medelijden
commission last, lastbrief; aanstelling als
officier; opdracht; commissie; provisie
commissioner commissionair
committee comité, commissie
commodious ruim
commodity koopwaar
common gemeen(schappelijk); gewoon;
openbaar
common sense gezond verstand
commonplace zn gemeenplaats; bn alledaags
commons mv House of C~, Lagerhuis
commonwealth gemenebest
commotion opschudding
communication communicatie; mededeling; verbinding

communicative spraakzaam
communion gemeenschap]; Avondmaal;
Communie
communism communisme
community gemeenschap, gemeente
commute forenzen; verwisselen
commuter forens
compact compact, klein, beknopt
companion makker, kameraad; metgezel
companionable kameraadschappelijk;
gezellig
company gezelschap; bedrijf
comparative bn vergelijkend; zn vergrotende trap
compare vergelijken
comparison vergelijking
compartment afdeling, coupé; vak
compass zn omvang; kompas; ww omvatten
compassion medelijden, begrip
compassionate medelijdend, begripvol
compatible verenigbaar
compatriot landgenoot
compel dwingen
compendium samenvatting, beknopt
handboek
compensation vergoeding
compere presentator
compete concurreren; wedijveren; mee-
dingen
competence, competency bevoegdheid,
bekwaamheid
competent bevoegd, bekwaam
competition concurrentie, wedijver, wedstrijd
competitor concurrent; mededinger;
deelnemer
compilation compilatie
compile samenstellen, verzamelen
complacency (zelf)voldoening
complain klagen
complaint aanklacht, klacht
complaint book klachtenboek
complement aanvulling; complement
complete bn volledig, voltallig, compleet;
ww voltooien, aanvullen

completion voltooiing

complex *bn* ingewikkeld; *zn* woningcomplex; netwerk

complexion (gelaats)kleur, teint

complication verwikkeling

compliment compliment

comply ~ *with*, berusten in, zich voegen naar

component bestanddeel

compose samenstellen, vormen; opstellen; componeren; zetten (drukkerij)

composed bedaard, kalm

composer samensteller; componist

composite samengesteld

composition samenstelling, compositie; opstel

compositor (letter)zetter

composure kalmte

compound *zn* omsloten terrein; samenstelling; *ww* samenstellen, vererggeren; *bn* samengesteld

comprehend begrijpen

comprehensible begrijpelijk

comprehension begrip; realisatie

comprehensive veelomvattend, compleet; ~ *school*, (ongeveer) scholengemeenschap

compress *zn* kompres; *ww* samendrukken

comprise bevatten, samenvatten

compromise *zn* schikking; *ww* schikken; in opspraak brengen

compulsion dwang

compulsory dwingend; gedwongen, dwang-

compunction wroeging

compute berekenen

computer computer

comrade kameraad, makker

concave *bn* hol; *zn* holte

conceal verbergen, verzwijgen

concede toestaan, toegeven

conceit verwaandheid, verbeelding

conceited verwaand

conceivable denkbaar

conceive zich voorstellen, begrijpen; opvatten; zwanger worden

concentration concentratie; ~ *camp*, concentratiekamp

conception opvatting, conceptie

concern *zn* aangelegenheid; onderneming; belang; zorg; belangstelling; *ww* betreffen; raken; zich bekommeren (*about, for*, om)

concerned bezorgd; betrokken

concerning betreffende

concert concert

concerto concert (muziekstuk)

concession vergunning; concessie

conciliate verzoenen

concise beknopt, kort

conclude af-, besluiten

conclusion besluit, gevolgtrekking; slot; slotsom

conclusive afdoend

concord eendracht

concordant overeenstemmend

concourse toe-, samenloop

concrete *bn* concreet; vast; *zn* beton

concurrence samenkomst; medewerking; instemming

concurrent gelijktijdig, samenvallend

concussion hersenschudding

condemn veroordelen

condemnation veroordeling

condensation verdichting, condensatie

condensed zich verwaardigen

condescending neerbuigend

condition toestand; voorwaarde, conditie; rang, stand

conditional voorwaardelijk

condole condoleren

condolence condoleantie

condom condoom

conducive bevorderlijk

conduct *zn* gedrag; leiding; *ww* (ge)leiden

conductor conducteur; dirigent; bliksemafleider; geleidraad

conduit leiding; buis

cone kegel; sparappel; ijshoren

confection suikergoed

confectioner snoep- en chocoladeverko-

per
confectioner's (shop) snoep- en chocoladewinkel
confederate *zn* bondgenoot; *bn* verbonden
confederation bondgenootschap; (staten)bond
confer verlenen; beraadslagen, confereren; *cf.* = confer, vergelijk, vgl.
conference conferentie
confess bekennen, biechten
confession bekentenis, biecht
confessional biechtstoel; biecht
confessor biechtvader; belijder
confide vertrouwen
confidence (zelf)vertrouwen
confidential vertrouwelijk; ~ *clerk*, procuratiehouder
confine *zn* grens; *ww* bepalen; opsluiten; grenzen
confinement begrenzing; arrest; bevalling
confirm bevestigen, bekrachtigen
confiscate beslag leggen
conflagration (zware) brand
conflict botsing, conflict
confluence samenvloeiing, toeloop
conform (zich) schikken (naar); in overeenstemming brengen (met)
confound verwarren, beschamen
confounded verward, beschaamd
confuse verwarren
confusion verwarring
congeal stollen, bevriezen
congelation bevriezing, stolling
congenial aangenaam
congenital aangeboren
congestion opstopping; verkeersopstopping
conglomeration opeenhoping
congratulate gelukwensen, feliciteren
congratulation gelukwens
congratulations! gefeliciteerd!
congregate vergaderen
congress congres
congruent overeenstemmend

conic(al) kegelvormig
conjoin samenvoegen
conjugal echtelijk
conjugation vervoeging
conjure bezweren; goochelen
conjurer tovenaar, goochelaar
connect verbinden
connection samenhang; verbinding (openbaar vervoer; telefoon); familie(betrekking)
connive samenzweren; beramen
connoisseur (kunst)kenner
connotation (bij)betekenis
conquer veroveren
conqueror veroveraar; *sp* beslissende partij
conquest verovering
conscience geweten
conscientious nauwgezet
conscious bewust
consciousness bewustzijn
conscript dienstplichtige
consecrate toe-, inwijden, inzegenen
consecutive opeenvolgend; *gram* gevolgaanduidend
consecutively achtereenvolgens
consent *zn* toestemming; *ww* toestemmen
consequence gevolg, gevolgtrekking; betekenis
consequent daaruit volgend
conservation bewaring; behoud
conservative conservatief, behoudend
conservatory broeikas; muziekschool
conserve conserveren
conserves *mv* conserven *mv*
consider overwegen, beschouwen
considerable aanzienlijk, erg
considerate attent
consideration overweging
consigment overdracht, consignatie
consignee geconsigneerde, geadresseerde
consignment note vrachtbrief
consist (*of*) bestaan (uit)
consistent consequent; verenigbaar

consolation troost
console troosten
consolidate bevestigen, consolideren
consonant medeklinker; ~ *with*, overeenstemmen met
consort *zn* gemaal; *ww* omgang hebben met
conspicuous in 't oog vallend, duidelijk
conspiracy samenzwering
conspirator samenzweerder
constable politieagent
constabulary politiekorps
constancy standvastigheid
constant standvastig
constellation constellatie; sterrenbeeld
consternation ontsteltenis
constipation constipatie
constituent *zn* bestanddeel, kiezer; *bn* samenstellend
constitution gestel, gezondheid; constitutie; grondwet
constrain bedwingen; noodzaken
constrained (af)gedwongen
constraint dwang
constriction beperking, restrictie
construct bouwen
construction bouw, aanbouw; samenstelling, inrichting
consul consul
consulate consulaat
consult raadplegen
consultation consult
consultative raadgevend
consulting hours spreekuur
consumable *bn* gebruiks-
consume verbruiken, consumeren; verteren
consumer verbruiker, afnemer, consument
consummate *bn* volmaakt; *ww* voltooien
consumption consumptie, verbruik
contact *zn* aanraking, contact; *ww* zich in verbinding stellen met
contact lenses contactlenzen
contact-breaker points contactpunten
contagious besmettelijk

contain bevatten; bedwingen
container houder, reservoir; container
contaminate besmetten; bederven
contemplate overwegen; overpeinzen; beschouwen
contemporary *zn* tijdgenoot; *bn* modern; gelijktijdig
contempt verachting
contemptible verachtelijk
contend twisten
content *bn* tevreden; *ww* tevreden stellen
contented tevreden, vergenoegd
contention twist, strijd
contentment tevredenheid
contents inhoud
contest *zn* wedstrijd; *ww* bestrijden
contestable betwistbaar
context verband
contiguous aangrenzend
continent vasteland; continent
continental vastelands-; continentaal
contingent *zn* contingent; vertegenwoordiging; *bn* afhankelijk
continual aanhoudend, gestadig, voortdurend
continuation voortzetting, vervolg
continue blijven, voortzetten, vervolgen, voortduren
continuous doorlopend; voortdurend; ~ *industry*, continubedrijf
contortion verdraaiing
contour omtrek
contraceptive voorbehoedsmiddel
contraceptive pill anticonceptiepil
contract *zn* verdrag, contract; *ww* samentrekken; aangaan, sluiten
contractor aannemer
contradict tegenspreken
contradictory tegenstrijdig
contrary *bn* tegengesteld, strijdig; *zn* tegendeel
contrast tegenstelling
contribute bijdragen
contrite berouwvol
contrivance vinding, verzinsel; list
control *zn* controle; toezicht; bestuur; be-

dwang; *ww* beheersen; leiden, besturen; controleren
control tower verkeerstoren
controller beheerder, toeziener
controversy strijdpunt; dispuut
contusion kneuzing
convalescence herstel
convalescent herstellend(e)
convene samenroepen, -komen
convenient gelegen, gemakkelijk
convent klooster
convention bijeenkomst, overeenkomst, conventie
conversation conversatie
converse converseren, zich onderhouden
conversion bekering; conversie; omzetting
convert *zn* bekeerling; *ww* bekeren
convertible auto met vouwdak
convex bol
convey vervoeren; overbrengen, uiten
conveyor lopende band
convict gevangene
conviction veroordeling, overtuiging
convince overtuigen
convivial vrolijk, gezellig
convocation bijeenroeping
convoke bijeenroepen
convoy *zn* konvooi; *ww* (be)geleiden, konvooieren
convulsion stuip(trekking)
cook *zn* kok; *ww* koken (eten)
cooked gekookt
cookery book kookboek
cool *bn* koel; fris; onverschillig; brutaal; *ww* ~ (*down*), be-, verkoelen
coolant koelvloeistof
coolant duct koelwaterleiding
coolant pump waterpomp
cooled gekoeld
coolness koelheid, koelte
co-operation samenwerking
cop smeris
cope ~ *with*, 't hoofd bieden; aankunnen
copious overvloedig
copper koper; kopergeld; *gemeenz* poli-

tieagent
copperplate kopergravure
copse kreupelhout
copulation paring
copy kopie; exemplaar
copyright auteursrecht; (in boek) nadruk verboden
coquettish koket
coral koraal
cord koord, snoer, touw
cordial hartelijk
cordiality hartelijkheid
cordon *mil* kordon
core binnenste, kern; klokhuis
cork kurk
corkscrew kurkentrekker
corn koren; graan; *Amer* maïs; eksteroog, likdoorn
corn poppy klaproos
corner hoek; hoekschop
corner seat hoekplaats
cornet horen; kornet
cornflower korenbloem
coronation kroning
coroner lijkschouwer
corporal *zn* korporaal; *bn* lichamelijk
corporation genootschap, vereniging
corps korps
corpse lijk
corpulent gezet, zwaarlijvig
correct *ww* verbeteren; *bn* precies, juist
correction verbetering, terechtwijzing
correspond corresponderen; overeenkomen; aansluiten (treinen)
correspondence overeenkomst; briefwisseling
correspondence course schriftelijke cursus
corridor gang (in huis, hotel)
corroborate versterken; bekrachtigen
corrode invreten, verroesten
corrosive invretend
corrupt *bn* be-, verdorven; *ww* bederven, omkopen
corruptible omkoopbaar; bederfelijk
corruption corruptie, omkoping

cosmetic schoonheidsmiddel, cosmetisch
cosmetics cosmetica
cosmopolitan kosmopolitisch
cost *zn* prijs; kosten *mv*, uitgave; *at my ~*, op mijn kosten; *to my ~*, tot mijn schade; *ww* (**cost; cost**) kosten
costly kostbaar, duur
costume klederdracht; kostuum
cosy *bn* gezellig, behaaglijk; *zn* theemuts
cot kinderbed; vouwbedje
cottage zomerhuisje
cotton katoen
cotton wool watten
couch sofa; ligbank
cough *zn* hoest; *ww* hoesten
cough mixture hoestdrank
could zie *can*
council raad; beraadslaging
counsel raad, overleg; adviseur, advocaat
counsellor raadgever, raadsman
count *zn* graaf; *ww* tellen, rekenen
countenance gelaat; voorkomen, steun; *ww* steunen, aanmoedigen
counter *zn* fiche; teller; toonbank, balie; *ww* weerleggen, tegenspreken
counteract tegenwerken; neutraliseren
counterbalance opwegen tegen
counterfeit *ww* namaken, vervalsen; *bn* nagemaakt, vals
countermand herroepen
counter-move tegenzet
counterpane beddensprei
counterpart tegenhanger; equivalent
counting rekenen
countless talloos
country land; platteland
country life landleven
country map landkaart
country road landweg
countryhouse landhuis, villa
country-seat buitenplaats, landgoed
countryside platteland
county graafschap
couple paar, koppel, echtpaar
courage durf (moed)
courageous moedig

courier renbode, koerier
course loop, ren; wedloop; koers; cursus; gang (van maaltijd); *in due ~*, te zijner tijd
court hof, rechtbank; (binnen)plaats; *~ of arbitration*, scheidsgerecht
courteous beleefd, hoffelijk
courtesy hoffelijkheid
court-martial krijgsraad
courtship hofmakerij
courtyard binnenplaats
cousin neef, nicht (kind v. oom of tante)
covenant verdrag; overeenkomst, akte
cover *zn* deksel; bedekking; schuilplaats; (boek) omslag; (tafel) couvert; stolp; *fig* dekmantel; *ww* (be)dekken
covert heimelijk, verborgen
covetous begerig, hebzuchtig
cow *zn* koe; *ww* bang maken, intimideren
coward lafaard
cowardice laf(hartig)heid
cowardly laf, lafhartig
coy preuts
crab krab
crack *zn* krak, barst; kraan, piet; *bn* chic, best, keur-; *ww* kraken, barsten
cradle wieg; spalk
craft handwerk, ambacht; kunst, list; vaartuig
craftiness listigheid
craftsman (geschoold) arbeider, vakman
crafty listig; sluw
cram volstoppen
cramp kramp; kram
cranberry veenbes
crane kraanvogel; hefkraan
crank zwengel, handvat, kruk
crank-axle trapas
crankshaft krukas
crape krip, floers
crash botsing; geraas, gekraak; neerstorten; bankroet; krach
crash helmet valhelm
crass grof, lomp
crate krat; kist (vliegmachine)

crater krater
crave smeken; hunkeren
crawfish rivierkreeft
crawl ww kruipen, sluipen; sp crawlen
crayon (teken)krijt; pasteltekening
crazy krankzinnig
creak kraken
cream room
creamery zuivelfabriek
crease zn kreuk, plooi; ww kreuken, plooien
crease-resisting kreukvrij
create scheppen
creation schepping
creator schepper
creature schepsel
crèche crèche
credence geloof, geloofwaardigheid
credential kwalificatie; geloofsbrief
credible geloofwaardig
credit zn goede naam; krediet; ww geloven; crediteren
credit card creditcard
creditor crediteur
credulous lichtgelovig
creed geloof, belijdenis
creep (crept; crept) kruipen
creepy griezelig
cremate cremeren
cremation crematie
crept zie *creep*
crescent halve maan
cress tuinkers
crest kam, kuif, top
crestfallen teneergeslagen
crevice spleet, scheur
crew bemanning; ploeg
crib krib; kinderbedje
cricket krekel; sp cricket
cricketer cricketspeler
crime misdaad
criminal misdadiger; bn misdadig
cringe ineenkrimpen
cripple kreupel, verminkt
crisis keerpunt; crisis
crisp bn krakend; bros; fris; pittig; kroe-

zend; ww krullen
crisps chips
critic beoordelaar, criticus
critical hachelijk, kritiek
criticism kritiek
criticize beoordelen, kritiseren, hekelen
crochet-work haakwerk
crock fig wrak
crockery aardewerk
crocodile krokodil
crook kromming, bocht; oplichter
crooked krom, gebogen; verkeerd, slinks
crop oogst; krop; ww plukken, oogsten; afknippen
cross zn kruis; bn dwars, verkeerd; slecht gehumeurd; ~ *with*, boos op; ww oversteken, kruisen, tegenwerken, dwarsbomen
cross-country (sp) veldloop
cross-country bicycle crossfiets
cross-country skiing langlaufen
cross-examination kruisverhoor
crossing overweg; oversteekplaats, kruising; overtocht
crossroad zijweg
crouch bukken, kruipen
crow zn kraai; gekraai; ww kraaien
crowbar koevoet, breekijzer
crowd gedrang, menigte
crown kroon; kruin
crucial kritiek
crucible smeltkroes; vuurproef
crucifix kruisbeeld, crucifix
crude rauw, ruw, grof; onrijp
cruel wreed
cruelty wreedheid
cruet set olie- en azijnstelletje
cruise zn pleziervaart; ww kruisen
cruiser kruiser
cruising speed kruissnelheid
crumb kruimel
crumple verkreukelen
crunch kraken, knarsen
crusade kruistocht
crusader kruisvaarder
crush zn verplettering; ww verpletteren, vermorzelen

crush-room koffiekamer
crust korst
crutch kruk; *fig* steun
cry *zn* (ge)roep, (ge)schreeuw; kreet; *ww* (**cried**; **cried**) schreeuwen, huilen, roepen
crystal kristal
cub jong, welp
cube *zn* kubus; klontje (suiker); bouillonblokje; *bn* kubiek
cuckoo koekoek
cucumber komkommer
cudgel knuppel
cue wachtwoord; vingerwijzing; keu
cuff *zn* manchet; oorvijg; *ww* slaan, kloppen
culinary van de keuken, kook-
culmination hoogtepunt, culminatie
culpable schuldig, misdadig
culprit schuldige
cult cultus, eredienst
cultivate (be)bouwen, aankweken, beschaven
cultivation bebouwing; beschaving, cultuur; aankweking
culture akkerbouw; beschaving, cultuur
cumbersome hinderlijk
cumulative opeenhopend
cunning handig, listig, sluw
cup kopje, beker, kelk
cup and saucer kop-en-schotel
cupboard kast
cupola koepel (dak)
curable geneeslijk
curate hulpprediker; kapelaan
curator curator
curb toom; stoeprand
curdle stremmen (melk)
cure *zn* genezing; predikantsplaats; *ww* genezen
cured genezen
curios curiosa
curiosity nieuwsgierigheid; curiositeit
curious nieuwsgierig; curieus, zeldzaam
curl *zn* krul, kronkeling; *ww* krullen, kronkelen
curlers krulspelden

curls krullen
curly krul-, kroes-
currant aalbes; krent
currency koers, omloop, circulatie, valuta; deviezen *mv*; gangbaar geld
current actueel, gangbaar, courant; *zn* stroming, stroom, loop; *alternating ~*, wisselstroom; *continuous* (*direct*) *~*, gelijkstroom
current huidige
curry kerrie
curse *zn* vloek; *ww* vervloeken
cursory vluchtig
curt kort, kortaf
curtail beknotten, korten
curtain gordijn, scherm
curtsy buiging, revérence
curve *zn* bocht, kromming, *ww* buigen, krommen
cushion kussen; biljartband
custard vla
custodian bewaarder
custody bewaring, bewaking, hoede; hechtenis
custom gewoonte, usance, gebruik; *~s*, douane
customer klant
custom-house douanekantoor
Customs douane
customs examination douanecontrole
customs office douanekantoor
customs officer douanebeambte
cut *zn* snede, houw; snit; *ww* (**cut**; **cut**) snijden, afnemen; knippen; couperen; (*fig*) negeren; *~ down*, besnoeien; *~ off*, afsnijden, -slaan, -breken, -sluiten; *~ oneself*, zich snijden
cut-away (**coat**) jacquet
cute *gemeenz Amer* lief, schattig
cutlery bestek (mes, vork)
cutlet karbonade
cut-out uitschakelaar; vrije uitlaat; uitknipsel
cutter coupeur; kotter
cut-throat *bn* moorddadig
cutting krantenknipsel

cwt. = *hundredweight*, centenaar
cycle *zn* rijwiel, fiets; kringloop; *ww* fiet-sen
cycle fietsen
cycle track fietspad
cycling-tour fietstocht

cycling-track fietspad
cyclist wielrijder, fietser
cyclopaedia encyclopedie
cylinder cilinder
cynic(al) cynisch

d

dab *zn* por; tikje; *ww* betten
dabbler beunhaas
dad, daddy pa, pappie
daffodil gele narcis
dagger dolk, kruisje (†)
daily dagblad; *bn* dagelijks
dainty lekker; (kies)keurig; fijn, aardig, sierlijk
dairy melkerij, melkslijterij
dairy-fresh roomboter
dairy-produce zuivel
daisy madeliefje
dally stoeien; dartelen
dam dam, dijk
damage *zn* schade, beschadiging; *ww* be-schadigen, havenen
damaged beschadigd
damn vloeken, verdoemen
damp *zn* nevel; vochtigheid; *bn* vochtig
damp-proof bestand tegen vocht
damsel deerntje; juffertje
damson damastpruim
dance *zn* dans; *ww* dansen
dance hall dancing
dancer danser, danseres
dancing het dansen, gedans
dandelion paardebloem
dandruff roos (haar)
danger gevaar
dangerous gevaarlijk
dangle bengelen
Danish Deens
Danube Donau
dare durven; tarten
dare-devil waaghals
44

daring gedurfd
dark duister, donker
dark donker
darken verdonkeren, verduisteren; don-ker worden
darkness duisternis
darling lieveling
darn stoppen; ~ *it*, verdorie
darned verdomd
dash *zn* slag; *fig* zwier, elan; golfslag; *ww* slaan, botsen, kletsen
dashboard dashboard
dashing onstuimig; kranig; zwierig
data gegevens
date *zn* dagtekening; datum; afspraakje; dadel; dadelpalm; *ww* dagtekenen
date of birth geboortedatum
daub *zn* smeer; *ww* besmeren, kladschil-deren
daughter dochter
daughter-in-law schoondochter
dauntless onverschrokken
dawdle treuzelen, talmen
dawn *zn* dageraad; *ww* licht worden; dui-delijk worden
day dag
day nursery crèche
day ticket dagkaart
day-break dageraad
daylight daglicht
daytime (in the) overdag
daze verdoven; doen duizelen
dazzle verblinden; verbijsteren; ~ *lamp*, schijnwerper (v. auto)
dead dood; doods
dead heat *sp* gelijk op

dead-beat doodop
deaden (ver)doven, dempen
deadlock impasse
deadly dodelijk
deaf doof; ~ *and dumb*, doofstom
deal (dealt; dealt) *ww* ronddelen; handelen; geven (speelkaarten); *zn* hoeveelheid, transactie; *the New Deal, Amer*) de nieuwe ordening van de maatschappij
dealer handelaar; gever (van kaarten); dealer
dear lief, dierbaar, duur; *oh~!*, o jé!, o, hemel!
death dood
death penalty doodstraf
death taxes successierechten
debase verlagen; vernederen
debate *zn* debat; *ww* debatteren, betwisten
debauch *ww* verleiden, verderven; *zn* uitspatting
debilitate verzwakken
debility zwakte
debit *zn* debet; *ww* debiteren
debouch (into) uitmonden in
debt schuld (geld)
debtor debiteur, schuldenaar
début debuut
decade tiental jaren, decennium
decanter karaf
decapitate onthoofden
decay *zn* verval; *ww* vervallen; achteruitgaan
decease *zn ww* overlijden
deceit bedrog, misleiding
deceitful bedrieglijk
deceive bedriegen, misleiden
December december
decency fatsoen
decennial tienjarig
decent behoorlijk, fatsoenlijk
deception bedrog, misleiding
decide beslissen
decimetre decimeter
decision beslissing, besluit
decisive beslissend

deck dek
deckchair ligstoel
declaim opzeggen, voordragen
declaration verklaring; bekendmaking; aangifte
declare aangeven (douane); verklaren; ~ *off*, afgelasten
declination afwijking
decline *zn* verval; *ww* vervallen; afwijzen, weigeren; *gram* verbuigen
declivity helling
decoct afkoken
decompose ontbinden
decorate versieren
decoration versiering; ridderorde
decorum welvoeglijkheid, decorum
decoy *ww* lokken; *zn* lokaas; lokvogel
decrease *zn* vermindering; *ww* verminderen, afnemen
decree *zn* decreet, gebod; *ww* verordenen
decrepit afgeleefd
dedicate wijden
dedication wijding, opdracht
deduce afleiden
deduct aftrekken
deduction aftrekking; korting
deed daad; akte
deem oordelen, achten
deep donker (kleur); diep; diepzinnig
deepen verdiepen
deep-rooted ingeworteld
deer (*mv* deer) hert
defamation smaad, laster
default gebrek, fout
defeat *zn* nederlaag; *ww* verslaan
defect gebrek, defect
defective defect, gebrekkig
defence verdediging, verweerschrift; ~*s*, verdedigingswerken *mv*
defend verdedigen
defendant gedaagde
defensive defensief; verdedigend
defer uitstellen, dralen
deference eerbied, achting
defiance uitdaging, tarting

deficiency gebrek, tekortkoming; defect, deficit

deficient gebrekkig

defile *zn* bergkloof, engte; *ww* onteren

define bepalen; definiëren

definite bepaald

definition bepaling, definitie

deformity mismaaktheid

defraud bedriegen

defray bekostigen

deft handig, vaardig

defunct niet meer bestaand/actief

defy (defied; defied) trotseren; uitdagen

deg. = *degree(s)*, graad, graden

degenerate *bn* ontaard; *ww* ontaarden

degeneration ontaarding

degradation degradatie, verlaging; ontaarding

degree graad; rang, stand

deign zich verwaardigen

deity godheid

dejected neerslachtig

delay *zn* oponthoud; uitstel, vertraging; *ww* uitstellen

delectable verrukkelijk, genotvol

delegate gemachtigde, afgevaardigde

delegation afvaardiging

deleterious schadelijk

Delftware Delfts aardewerk

deliberate *bn* opzettelijk; weloverwogen; *ww* beraadslagen

deliberation overleg, beraad, beraadslaging

delicacy kiesheid; lekkernij

delicate fijn, teer; kies; lekker

delicatessen delicatessen

delicious heerlijk

delight *zn* lust, genot; genoegen; *ww* verheugen, bekoren

delightful heerlijk, verrukkelijk

delimitation afbakening

delinquent delinquent, schuldige

delirious ijlend; dol

deliver bevrijden, verlossen; overhandigen, af-, overleveren

deliverance verlossing; bevrijding, redding; uitspraak

delivery (af)levering; verlossing; bevalling

delivery van bestelwagen

delude misleiden

deluge zondvloed; overstroming

delusion waan; dwaling

demand *zn* vraag; eis; *in* ~, gezocht (v. waren); *ww* vragen, eisen

demarcation afbakening

demeanour houding, gedrag

demented krankzinnig

demerit fout, gebrek

demise overdracht; overlijden

demission afstand; ontslag

demobbed *gemeenz* gedemobiliseerd

democracy democratie

democratic(al) democratisch

demolish afbreken, slopen

demolition afbraak, sloop

demonstrate aantonen; betogen

demonstration bewijs; demonstratie; betoog

demonstrator betoger

demur aarzelen, weifelen

demure(ly) stemmig, zedig

den hol; (studie)kamer

denial ontkenning, (ver)loochening, weigering

denizen bewoner

Denmark Denemarken

denominate (be)noemen, betitelen

denominator noemer

denote aanduiden, aanwijzen

denounce aangeven; aanklagen; veroordelen, wraken

denouncement aanklacht

dense dicht; stompzinnig

density dichtheid

dent deuk

dental tand-, tanden-

dentist tandarts

dentures kunstgebit

denude ontbossen; ontnemen

denunciate aanklagen; aan de kaak stellen

denunciation aangifte; afkeuring
deny (denied; denied) ontkennen, loochenen; ontzeggen
deodorant deodorant
depart vertrekken
department werkkring, afdeling, department; ~store, warenhuis
departure vertrek
departure vertrek
depend afhangen; steunen
dependence afhankelijkheid
dependencies bijgebouwen *mv*
dependent afhankelijk
depict afbeelden
deplorable betreurenswaardig
deplore betreuren, beklagen
depose afzetten, deponeren; getuigenis afleggen
deposit *zn* storting; deposito; pand; borgsom; neerslag; *ww* in bewaring geven; storten
depot depot; (tram) remise
depravation bederf, verdorvenheid
depravity verdorvenheid
deprecate waarschuwen voor
depress (neer)drukken, neerslachtig maken
depression drukking; neerslachtigheid; depressie; malaise
deprivation beroving; ontzetting (uit ambt); verlies; gebrek
depth diepte; diepzinnigheid
deputation afvaardiging
deputy afgevaardigde, plaatsvervanger
derail ontsporen
derailleur gear derailleur
derange storen, verwarren
derby derby
derelict verlaten, onbeheerd (v. schepen)
dereliction verlating, (plichts)verzuim
derision bespotting
derisory bespottelijk, spot-
derive afleiden (uit); afstammen (van)
derogatory benadelend; vernederend
derrick (hef)kraan; boortoren
descend afdalen; neerkomen; afstammen

descendant afstammeling
descent (af)daling; afstamming
describe omschrijven
description beschrijving
desecrate ontwijden, onteren
desert *bn* woest, onbewoond; *zn* woestijn; *ww* verlaten, deserteren
deserter deserteur
deserve verdienen
design *zn* plan, bedoeling; *ww* schetsen, ontwerpen; voorhebben; bestemmen
designation aanduiding, bestemming
desirable begeerlijk, wenselijk
desire *zn* begeerte, wens; *ww* verlangen, begeren
desirous begerig
desist afzien, ophouden
desk bureau; balie
desolate verlaten; naargeestig
desolation verwoesting, verlatenheid, troosteloosheid
despair *zn* wanhoop; *ww* wanhopen
desperate wanhopig, radeloos
despicable verachtelijk
despise verachten
despite ondanks
despoil beroven, vernielen
dessert nagerecht, dessert
destination bestemming
destiny bestemming, noodlot
destitute hulpbehoevend, verstoken
destroy vernielen, vernietigen
destroyer torpedojager
destruction vernieling, vernietiging
desultory onsamenhangend; vluchtig
detach losmaken; detacheren
detachment losmaking, onverschilligheid; detachement
detail detail
details gegevens
detain ophouden, gevangen houden; aanhouden
detect ontdekken, betrappen
detective detective, rechercheur
detention gevangenhouding
deteriorate vereggeren, achteruitgaan

47

determinate bepaald, vast
determinated vastbesloten, resoluut
determination bepaling; besluit
determine bepalen, besluiten; eindigen
detest verfoeien, verafschuwen
detestable verfoeilijk
detonate ontploffen
detonation ontploffing, knal
detour omweg
detract (from) afbreuk doen (aan); verkleinen
detraction afbrekende kritiek; kleinering, kwaadsprekerij
detriment schade, nadeel
detrition afslijting
deuce twee (op dobbelstenen en speelkaarten); 40 gelijk (tennis)
devaluation devaluatie
devastation verwoesting
develop ontwikkelen
developer ontwikkelaar
development ontwikkeling; ~ (*developing*) *aid*, ontwikkelingshulp
deviate afwijken
device apparaat; uitvinding; oogmerk; list
devil duivel
devious afwijkend
devise verzinnen, uitdenken; aanstichten; legateren
devoid of verstoken van
devolve overdragen, doen overgaan; te beurt vallen
devote wijden, toewijden
devotion toewijding, godsvrucht, vroomheid
devour verslinden
devout diep religieus
dew dauw
dexterity behendigheid, handigheid
dexterous rechts; behendig
diabetes suikerziekte
diabetic suikerpatiënt
diabolic(al) duivels
diagnosis diagnose
dial *zn* zonnewijzer; wijzerplaat; *tel* num-

merschijf; *ww* een nummer draaien, opbellen; *~ling tone*, zoemertoon
dialect tongval, dialect
dialling code netnummer
dialogue dialoog, tweegesprek
diameter middellijn
diamond diamant
diaper luier
diaphanous doorschijnend
diaphragm middenrif
diarrhoea diarree
diarrhoea (something for) stopmiddel
diary agenda; dagboek
dice *zn* dobbelstenen *mv; ww* dobbelen
dictate voorzeggen; dicteren
dictation dictee, dictaat
diction uitspraak
dictionary woordenboek
did zie *do*
didactic didactisch, leer-
die (died; died) sterven, overlijden
diesel oil dieselolie
diet dieet
dietary food dieetvoeding
differ verschillen
difference verschil
different verschillend
differentiate onderscheiden
difficult lastig, moeilijk
difficulties moeilijkheden
difficulty moeilijkheid
diffident bedeesd
diffuse verspreiden; verstrooien
dig (dug; dug) *ww* graven; *zn* por, duw; *gemeenz ~s*, kamer, woning
digest verteren; systematiseren; *zn* overzicht
digestion spijsvertering
digit vingerbreedte; cijfer beneden tien
dignified waardig, deftig
dignity waardigheid
dike *zn* sloot; dijk; *ww* indijken
dilapidation verwaarlozing; verval
dilatation uitzetting
dilate uitbreiden, uitzetten
diligence ijver, vlijt

diligent ijverig, vlijtig

dilute *ww* verdunnen; *bn* verdund

dim *bn* duister, schemerig; vaag; dof; dom; *ww* verduisteren, dimmen

dimension afmeting; omvang; dimensie

diminish verminderen

diminution vermindering

diminutive verkleinwoord

dimmed headlight dimlicht

dimness duisterheid, dofheid

dimple (wang)kuiltje

din geraas, lawaai

dine eten, dineren

dining car restauratierijtuig

dining room eetzaal

dinner *Br* middagmaal; diner; *have ~*, dineren

dinner jacket smoking

dinner set eetservies

dip indopen

diphtheria difterie, difteritis

diplomat diplomaat

dire akelig, ijselijk

direct *bn* rechtstreeks; *ww* richten, besturen

direct flight non-stopvlucht

direction kant (richting); directie; bewind, bestuur, beheer; adres (van brief)

directions (for use) gebruiksaanwijzing

director directeur; bestuurder; commissaris

director directeur

directory adresboek

dirigible bestuurbaar

dirt slijk, vuil

dirty vuil, smerig

disable onbekwaam-, onschadelijk maken; buiten gevecht stellen; onttakelen (schip)

disabled invalide, verminkt; onredderd; stuk

disabled person invalide (persoon)

disadvantage nadeel

disagree verschillen, het oneens zijn

disagreeable onaangenaam

disagreement meningsverschil

disappear verdwijnen

disappeared verdwenen

disappoint teleurstellen

disappointment teleurstelling

disapprobation, disapproval afkeuring

disapprove afkeuren

disarm ontwapenen

disaster ramp, onheil

disavow ontkennen, (ver)loochenen

disavowal ontkenning, (ver)loochening

disband uiteengaan; afdanken

disbelief ongeloof

disburden ontlasten

disc zie *disk*

disc brake trommelrem

discard wegleggen; afdanken

discern onderscheiden

discernment onderscheidingsvermogen, doorzicht

discharge *zn* ontslag; kwijtschelding; losbranding; aflossing; ontlading; etter; ontlasting; *ww* ontslaan, ontheffen; afschieten; kwijtschelden; vrijspreken

disciple leerling

discipline *zn* (krijgs)tucht, discipline; *ww* tuchtigen

disclose openbaren, onthullen

disco disco

discolour verkleuren

discomfit uit 't veld slaan; verijdelen

discomfort ongemak; leed

disconcert van zijn stuk brengen

disconnect losmaken; ontbinden

discontent *zn* misnoegen, ontevredenheid; *bn* misnoegd

discontinue staken, intrekken; opzeggen (abonnement)

discord tweedracht, verdeeldheid

discordant onenig; onharmonisch

discount *zn* disconto, korting; *ww* (ver)disconteren

discourage ontmoedigen, afschrikken

discourse redevoering; preek

discourtesy onbeleefdheid

discovery ontdekking

discredit *zn* slechte naam; *ww* niet gelo-

ven
discreet voorzichtig, tactvol
discretion voorzichtigheid, tact; oordeel
discriminate onderscheiden
discuss bespreken
discussion discussie
disdain minachten, versmaden
disdainful minachtend
disease ziekte, kwaal
diseased ziek
disembarkation ontscheping, landing
disembarrass bevrijden, ontlasten; ontwarren
disembroil ontwarren
disengage los-, vrijmaken
disentangle ontwarren
disfavour ongenade
disfigure mismaken, schenden, verminken
disgrace ongenade; schande; schandvlek
disgraceful schandelijk
disguise *zn* vermomming; *ww* vermommen; verbloemen
disgust walging; afkeer; *be ~ed at*, walgen van
dish *zn* schotel, schaal, gerecht; *ww* opdissen
dish gerecht
dishcloth vaatdoek
dishearten ontmoedigen
dishonest oneerlijk
dishonour *zn* oneer; *ww* onteren; niet betalen (wissel)
dishwasher afwasmachine
disillusion ontgoocheling
disinclination tegenzin
disinclined ongenegen, afkerig
disinfect ontsmetten
disinherit onterven
disintegrate ontbinden
disinterested belangeloos
disjoin afscheiden
disk discus; schijf; plaat; (floppy) disk
dislike *zn* afkeer, tegenzin; *ww* 'n hekel hebben aan
dislocate ontwrichten

disloyal ontrouw
dismal akelig, triest
dismantle ontmantelen, demonteren
dismay verslagenheid; ontsteltenis
dismiss wegzenden; inrukken; ontslaan; zich afzetten
dismissal, dismission ontslag
dismount afstijgen
disobedient ongehoorzaam
disobey ongehoorzaam zijn
disorder *zn* wanorde; kwaal; *ww* verwarren
disorderly wan-, onordelijk
disorganize desorganiseren; ontwrichten
disown verloochenen
disparage kleineren
dispassionate bedaard, koel
dispatch *ww* (met spoed) verzenden, afhandelen; *zn* (spoed)-bericht
dispel ver-, uiteendrijven
dispensary apotheek
dispensation ontheffing
dispense uitdelen, ontheffen van
dispensing chemist apotheker
disperse verstrooien
displace verplaatsen
displaced person ontheemde
display *zn* vertoning; *ww* vertonen, etaleren; ten toon spreiden
displeasure misnoegen, ontstemming
disposal beschikking
dispose schikken, regelen; *~ of*, beschikken over; zich ontdoen van
disposed geneigd, gestemd
disposition (rang)schikking; plaatsing; regeling; aard; gezindheid
dispossession onteigening
disproportion wanverhouding
dispute redetwist, geschil; *ww* redetwisten; betwisten
disqualify onbekwaam maken; uitsluiten, diskwalificeren
disquiet verontrusten
disregard *ww* veronachtzamen; *zn* geringschatting
disreputable berucht

disrupt uitéénrukken, vanéénscheuren
dissatisfaction ontevredenheid
dissect ontleden
dissemble verhelen, (ont)veinzen
disseminate uitstrooien; verspreiden
dissension verdeeldheid
dissenter afgescheidene
dissertation verhandeling
dissimilar ongelijk
dissimulation veinzerij
dissipate verstrooien, verkwisten
dissipation verkwisting, verspilling
dissoluble oplosbaar
dissolute los(bandig), liederlijk
dissolution ontbinding, oplossing
dissolve oplossen, ontbinden
dissonance wanklank
dissuade afraden, ontraden
distance afstand
distant afgelegen; ver
distasteful onaangenaam
distil afdruipen; distilleren
distinct onderscheiden, afgezonderd;
duidelijk
distinction onderscheid; onderscheiding;
aanzien; gedistingeerdheid
distinguish onderscheiden
distinguished aanzienlijk
distort vervormen
distract afleiden (de aandacht)
distraction afleiding
distress nood, ellende
distribution uitdeling, distributie
distributor distributeur; stroomverdeler
distributor cables verdelerkabels
district wijk, district; ~ *nurse*, wijkverpleegster
distrust wantrouwen
distrustful wantrouwig
disturb storen, verstoren
disturbance verstoring, stoornis
disuse onbruik
ditch sloot, greppel
divan divan
dive duiken; zich verdiepen in; *zn Amer*
kroegje

diver duiker
diverge uiteenlopen, afwijken
divergent afwijkend
diverse verscheidene
diversion omlegging (weg), afleiding,
vermaak
divert afwenden, afleiden, vermaken
divide delen, scheiden
dividend deeltal; dividend; uitkering (bedrijf)
divine goddelijk; *ww* raden, voorspellen
diving equipment duikuitrusting
diving goggles duikbril
divining rod wichelroede
divisible deelbaar
division verdeling; afdeling, divisie
divisor deler
divorce *zn* echtscheiding; *ww* (zich laten)
scheiden
divorced gescheiden
divulge openbaren, onthullen
dizzy duizelig
do doen
do (did; done) doen, verrichten; ~ *away
with*, verwijderen, wegdoen; ~ *come!*,
kom toch!
docile volgzaam
dock dok; haven; beklaagdenbankje
docker dokwerker
dockyard scheepswerf
doctor arts, doctor, dokter
doctrine leer, leerstelsel
document stuk; document
dodge ontwijken, ontduiken
doe hinde; wijfje
dog hond; mannetje
dogged koppig; onhandelbaar
doggish honds
dog-kennel hondenhok
dogma dogma, leerstuk
doings daden, activiteiten
dole werklozenuitkering; aalmoes; *be on
the ~*, steun trekken
doleful droevig
do-little nietsdoener, leegloper
doll pop (speelgoed)

51

dollar dollar
dolorous pijnlijk, smartelijk
dome koepel; gewelf
domestic huiselijk, huishoudelijk; ~ *animal*, huisdier; ~ *science school*, huishoudschool
domicile woonplaats
dominate overheersen
dominion heerschappij; *the* ~*s*, Britse gebiedsdelen met zelfbestuur
donation gift, schenking
done gedaan; gaar; ~*for*, naar de bliksem; ~ *in*, erbij; ~ *up*, doodop; zie ook *do*
donkey ezel
donor gever, schenker; donor
don't, do not doe (het) niet, laat het
doom vonnis; (nood)lot
door deur
door handle deurkruk
door lock portierslot
doorkeeper portier
doorplate naambordje
doorway ingang, portaal; deuropening
dope *zn* drank; verdovend middel; sukkel; *ww* met een opwekkend middel behandelen
dormitory slaapzaal
dose dosis
dot stip, punt
dotage kindsheid
doting liefdevol
dotted line stippellijn
double *zn* duplicaat; dubbelganger; *bn* dubbel; *ww* verdubbelen; vouwen; (*kaartsp*) doubleren
double bed tweepersoonsbed
double entry dubbel boekhouden
double room tweepersoonskamer
double-cross dubbel spel spelen
doubt *zn* twijfel; *ww* twijfelen
doubtful twijfelachtig
doubtless ongetwijfeld
dough deeg; *gemeenz* geld
dove duif
down *zn* dons; duin; *bijw* beneden, neder
downcast neerslachtig

downfall (regen)bui; val; ondergang; instorting
downhearted ontmoedigd, gedrukt
downhill (go) bergaf (gaan)
downpour stortbui
downstairs (naar) beneden
downstairs beneden
downward naar beneden
downy donzig, donsachtig
dowry bruidsschat
doze dutten
dozen dozijn
dozy slaperig
Dr. = 1 *doctor;* 2 *debtor*
drab vaal; saai
draft ontwerp, concept; lichting; traite; *ww* ontwerpen, opstellen
drag *zn* dreg; *ww* slepen
dragon draak
drain *zn* afvoerbuis; *ww* afwateren, droogleggen
dramatist toneelschrijver
drank zie *drink*
draper manufacturier
drapery manufacturen *mv*; draperie
drastic krachtig, radicaal
draught slok, teug; trek, haal, schets; wissel; tocht; diepgang (van schip); *there is a* ~, het tocht
draught(s)man damschijf
draughts *mv* damspel
draw (drew; drawn) *ww* opnemen (geld); trekken; tekenen, schetsen; ~ *from*, ontlenen aan; ~ *off*, wegvoeren; ~ *on*, meeslepen; trekken op; ~ *up*, opstellen; *zn* trek; loterij; *sp* gelijkspel
drawback bezwaar; nadeel
drawbridge ophaalbrug
drawer lade
drawers *mv* onderbroek; zwembroekje
drawing tekening
drawing pin punaise
drawing room salon
drawl lijzig spreken
drawn onbeslist; zie ook *draw*
dread *zn* vrees; *ww* vrezen

52

dreadful vreselijk, ontzettend
dreadnought *bn* onverschrokken; *zn* groot slagschip
dream *zn* droom; *ww* **(dreamt; dreamt** of **dreamed)** dromen
dreamy dromerig
dreary ijselijk, akelig, triest
dredge *zn* sleepnet, dreg; *ww* baggeren
dredger baggermolen
dregs *mv* bezinksel
drench doorweken; drenken
dress *zn* kleding; toilet, kostuum, jurk, japon; *ww* kleden; (haar) opmaken; (wond) verbinden
dress circle (schouwburg) balkon
dress coat rok (v. heer)
dress parade modeshow
dress rehearsal generale repetitie
dresser *Amer* dressoir
dressing saladedressing; verband
dressing gown kamerjas, peignoir
dressing-case toiletnecessaire; verband-trommel
dressing-gown peignoir
dressmaker (kostuum)naaister
dress-preserver sousbras
drew zie *draw*
drift drift, stroom, koers; opeenhoping
drift-ice drijfijs
drill *zn* boor; exercitie; *ww* drillen, exerceren
drill boor
drink *zn* drankje, borrel; *ww* **(drank; drunk)** drinken
drink (soft) frisdrank
drinking chocolate chocolademelk (koud)
drinking straw rietje
drinking water drinkwater
drip druipen, neerdruppelen
dripping ~ *wet*, druipnat
drive *zn* ritje; drijfjacht; oprijlaan; *sp* slag; *ww* **(drove; driven)** drijven, aan-, voortdrijven; (auto)rijden; besturen, mennen; jagen
driver bestuurder; chauffeur

driving licence rijbewijs
driving-belt drijfriem
drizzle motregenen
droll amusant, grappig
drone gonzen, dreunen
droop kwijnen; laten hangen
drop *zn* druppel; afname; val; *ww* laten vallen; afzetten (uit auto)
dropping-bottle druppelflesje
droppings *mv* uitwerpselen *mv*
drought droogte
drove zie *drive*
drowse dommelen
drowsy slaperig
drub afrossen, ranselen
drudge zwoegen, sloven
drug verdovend middel; medicijn
druggist drogist, apotheker
drugs drugs
drugstore *Amer* drogisterij, apotheek, winkel waar van alles verkocht wordt
drum *zn* trom; *ww* trommelen
drummer drummer; slagwerker; *Amer* handelsreiziger
drumstick trommelstok
drunk dronken; zie *drink*
drunkard dronkaard
drunkenness dronkenschap
dry *bn* droog, onvermengd; *ww* **(dried; dried)** drogen; ~ *up*, uitdrogen, opdrogen
dry cleaner stomerij
dry dock droogdok
dry goods *mv* manufacturen *mv*
dry-clean stomen
dry-cleaning chemisch reinigen
dryly droogjes
dryness droogte
dubbed nagesynchroniseerd
dubious twijfelachtig
duchess hertogin
duchy hertogdom
duck eend; duik
duckling jonge eend
duckweed kroos
duct kanaal, buis, leiding
ductile sneed-, kneed-, rekbaar, buig-

zaam, handelbaar
due verschuldigd, verplicht; behoorlijk; *in ~ time*, te zijner tijd
duel tweegevecht, duel
duet duet
dug zie *dig*
dugout bomvrije schuilplaats
duke hertog
dull dof, dom, loom; suf; stomp, saai, vervelend
duly behoorlijk; zoals verwacht
dumb stom, sprakeloos
dummy stomme, blinde (kaartspel); etalagepop; model ; dommerik
dump vuilnisbelt; opslagplaats
dun *bn* donkerbruin
dunce domoor
dune duin
dung *zn* mest; *ww* mesten
dungarees *mv* overal
dungeon kerker
dupe *zn* bedrogene; *ww* bedriegen
duplicate dubbel; *zn* afschrift, duplicaat
durable duurzaam

duration duur
during tijdens, gedurende
dusk *zn* schemering; *bn* schemerachtig, donker-
dust *zn* stof; *ww* afstoffen
dustbin vuilnisbak
duster stoffer, stofdoek; stofmantel
dustman vuilnisman
dustpan vuilnisblik
dusty stoffig, bestoven
Dutch Nederlands, Hollands
Dutchman Nederlander
Dutchwoman Nederlandse
duty plicht, dienst; recht, accijns
duvet dekbed
dwarf dwerg
dwell (dwelt; dwelt) wonen
dwelling woning
dwindle afnemen, verminderen
dwt. = *pennyweight*, 1,55 g
dye verf, kleur; *ww* kleuren, verven (haar)
dynamic dynamisch
dynamo dynamo

e

e.g. = *exempli gratia*, bijvoorbeeld, bijv.
E.U. = European Union, Europese Unie
each elk, ieder
each one ieder (een ieder)
each other elkaar
eager vurig, begerig, verlangend, bereidwillig
eagle adelaar, arend
ear oor; aar
ear oor
ear aid gehoorapparaat
ear specialist oorarts
earache oorpijn
eardrum trommelvlies
earl graaf
earlobe oorlelletje
early vroeg; *at the earliest*, op zijn vroegst
54

early season voorseizoen
earmark merken; (geld) uittrekken (op begroting)
earn verdienen
earnest *zn* ernst; *bn* ernstig; oprecht
earrings oorbellen
earth *zn* aarde; grond; *ww* aarden
earthenware aardewerk
earthly aards
earthquake aardbeving
earthy aard-; aards
earwig oorworm
ease *zn* rust, gemak; *ww* verlichten, makkelijker maken
easel (schilders) ezel
east oosten
Easter Pasen
eastern oosters

easy gemakkelijk, ongedwongen
easy chair fauteuil, leunstoel
easygoing gemoedelijk
eat (ate; eaten) eten, opeten
eatable eetbaar
eatables *mv* eetwaar
eating-house eethuis
eavesdropper luistervink
ebb eb
ebony ebbenhout
eccentric zonderling; excentriek
ecclesiastic *zn* geestelijke; *bn* geestelijk
eclipse eclips, verduistering
economic economisch, staathuishoud-kundig
economical economisch (zuinig)
economist econoom
economize bezuinigen
economy economie; spaarzaamheid; be-zuiniging
ecstasy Verrukking, extase
Ed. = *Editor*; *edition*, redacteur; uitgave
eddy draaikolk; wervelwind
edge *zn* rand; snede, scherpte; *ww* scher-pen; (om)zomen
edible eetbaar
edifice gebouw
edify stichten, opbouwen
edition uitgave; druk
editor redacteur; bewerker; ~s redactie
editor-in-chief hoofdredacteur
educate opvoeden; ~d, beschaafd, ont-wikkeld
education opvoeding; onderwijs
eel paling
eerie eng, akelig
efface uitwissen
effect *zn* (uit)werking, gevolg; effect; *ww* bewerkstelligen
effective krachtig, werkzaam, doeltref-fend
effects *mv* persoonlijk eigendom
effectual krachtdadig, van kracht; doel-treffend
effectuate uitvoeren, volbrengen
efficacious doeltreffend

efficiency doeltreffendheid; nuttig effect
efficient doeltreffend
effigy afbeeldsel, beeld
effluence uitvloeisel
effort poging, inspanning
effrontery onbeschaamdheid
effusion uitstorting; ontboezeming
egg ei; *fried* ~, gebakken ei; *hard-boiled* ~, hardgekookt ei; *soft-boiled* ~, zachtge-kookt ei
egg cup eierdopje
egg spoon eierlepeltje
eggnog advocaat (drank)
egoism zelfzucht, eigenbaat
Egypt Egypte
Egyptian Egyptisch; Egyptenaar
eiderdown eiderdons; dekbed
eight acht
eight(h) acht(ste)
eighteen(th) achttien(de)
eighty tachtig
either een van beide(n); ook; ~...*or*, of...of
ejaculation uitstorting, ontboezeming; ejaculatie
eject uitwerpen
eke out aanvullen, rekken
elaborate uitvoerig
elapse verlopen
elastic veerkrachtig, elastisch
elastic luggage binders snelbinder
elated opgewonden, opgetogen
elbow elleboog
elbow chair armstoel
elder oudere; ouderling; vlier-(struik)
elderly bejaard, ouwelijk
elect *bn* uitverkoren, gekozen; *ww* kie-zen, verkiezen
election verkiezing
electric elektrisch
electrician elektricien
electricity elektriciteit, stroom
electrify elektriseren
electrocute elektrocuteren
electronic elektronisch
electronics elektronica**

elegance elegantie
elegy treurzang, elegie
elementary school basisschool
elephant olifant
elevate *bn* verheven; *ww* opheffen, verheffen
elevator *Amer* lift
eleven(th) elf(de)
eligible verkiesbaar
eliminate elimineren, terzijdestellen, uitschakelen
ellipse ellips
elm olm, iep
elongate verlengen, rekken
elope weglopen (om te trouwen)
elopement vlucht, schaking
eloquent welsprekend
else anders
elsewhere elders
elucidate ophelderen, verduidelijken
elusive ontwijkend
emaciation vermagering
email e-mail
emanate voortvloeien, voortkomen; uitstralen
emancipate bevrijden, vrijmaken; emanciperen
embalm balsemen
embank indijken, bedijken
embankment indijking; kade; (spoor)dijk
embark inschepen
embarrass in verwarring brengen; hinderen
embarrassment verlegenheid
embassy ambassade
embellish versieren, verfraaien
embezzle verduisteren (stelen)
embitter verbitteren
embody belichamen
embrace omhelzen, omvatten
embroidery borduursel
embroil verwarren; betrekken
emerge oprijzen, opduiken
emergency noodtoestand, onvoorziene gebeurtenis, spoedgeval
emergency brake noodrem

emergency exit nooduitgang
emergency number alarmnummer
emergency telephone praatpaal
emery paper schuurpapier
emetic braakmiddel
emigrant emigrant
emigrate emigreren
eminent verheven, uitstekend
emissary (af)gezant; spion
emission uitzending; uitgifte
emit uitzenden, uitgeven
emotion ontroering
emperor keizer
emphasis klemtoon, nadruk
emphatical(ly) nadrukkelijk
empire (keizer)rijk
empirical proefondervindelijk
employ *zn* dienst; *in the ~ of*, in dienst van; *ww* gebruiken, tewerkstellen
employee werknemer
employer werkgever
employment bezigheid, werk; gebruik
emporium groot warenhuis
empress keizerin
empty *bn* leeg; *ww* ledigen
emulate wedijveren
en route op doorreis
enable in staat stellen
enamel email, brandschilderwerk
encamp legeren
encampment legerplaats, kamp
enchain boeien
enchant betoveren; bekoren
encircle omsingelen, insluiten
enclose insluiten
enclosure omheining; bijlage
encompass omsluiten, omvatten
encounter *zn* ontmoeting; schermutseling; *ww* ontmoeten
encourage aanmoedigen
encroach inbreuk maken; indringen
encumber belemmeren
encumbrance belemmering, last
end *zn* einde; doel; uitslag; *ww* eindigen
endanger in gevaar brengen
endeavour *zn* poging; *ww* beproeven,

pogen
endive andijvie
endless eindeloos
endmost laatste, achterste
endorse steunen, supporten
endorsement steun, support
endow begiftigen, toerusten
endurance uithoudingsvermogen
endure verdragen, lijden, dulden
enemy vijand
energetic energiek
energy energie
enervate ontzenuwen, verslappen
enfeeble verzwakken
enforce afdwingen
enforcement afdwinging
engage verbinden, aanwerven; in beslag nemen; betrokken zijn
engagement verplichting; verloving; gevecht
engaging innemend
engender voortbrengen
engine motor, werktuig, machine, locomotief
engine mounting motorophanging
engine oil motorolie
engine trouble motorpech
engine-driver machinist
engineer ingenieur; machinist, technicus
England Engeland
English Engels
Englishman Engelsman
Englishwoman Engelse
engorge opslokken
engrave (engraved; engraven) graveren
engraving plaat, gravure
enhance verhogen, vermeerderen
enigma raadsel
enigmatic(al) raadselachtig
enjoin opleggen, gelasten
enjoy genieten; lusten
enjoy
enlarge vergroten, uitbreiden
enlargement vergroting
enlighten verlichten, voorlichten
enlist aanwerven, inschrijven; *fig* winnen

(voor een zaak); in dienst gaan
enliven opvrolijken, verlevendigen
enmity vijandschap
ennoble veredelen, adelen
enormity gruwel; grote omvang
enormous ontzaglijk; enorm
enough genoeg (voldoende)
enrage woedend maken
enrich verrijken
enrol for zich opgeven voor; zich inschrijven voor
ensign vaandel, vlag
enslave tot (zijn) slaaf maken
ensnare verstrikken
ensue volgen, voortvloeien (uit)
entail meebrengen
entangle verwarren
enter binnentreden; inklaren; boeken, noteren
enterprise *zn* onderneming, waagstuk; *ww* ondernemen
entertain onthalen; onderhouden; vermaken; er op na houden
entertainment onthaal, vermaak, amusement
entertainment centre uitgaanscentrum
enthusiasm geestdrift, enthousiasme
entice verlokken, verleiden
entire(ly) geheel, gaaf
entitled gerechtigd; getiteld
entrails *mv* ingewanden *mv*
entrance ingang, toegang; ~ *examination*, toelatingsexamen; ~*fee*, toegangsprijs
entrance ingang, toegang
entreat bidden, smeken
entry ingang; voorgerecht; inschrijving; boeking; toetreding
enumerate opsommen, optellen, samenvatten
enunciate verkondigen, uiten
envelop omwikkelen, omhullen
envelope envelop
enviable benijdenswaard
envious afgunstig
environment omgeving, milieu

57

environs *mv* omstreken *mv*
envy *zn* nijd, afgunst; *ww* benijden
epic *zn* epos; *bn* episch
epidemic *zn* epidemie; *bn* epidemisch
epilepsy vallende ziekte
episcopal bisschoppelijk
epistle brief
epoch tijdperk
equal *zn* gelijke; *bn* gelijk, even, zelfde; *ww* evenaren
equal gelijk
equator evenaar
equestrian sport paardensport
equilibrium evenwicht
equip uitdossen, uitrusten
equipage (reis)benodigdheden *mv*; equipage
equipment uitrusting
equitable billijk
equity billijkheid; gewoon aandeel
equivalent gelijkwaardig
equivocal dubbelzinnig
era periode
eradication uitroeiing
erase uitwissen
ere eer, voordat, alvorens
erect *bijw* rechtop; *ww* oprichten, bouwen; monteren
Erin (*literair*) Ierland
ermine hermelijn
erode uitslijten, wegvreten
erotic liefdes-, erotisch
err zich vergissen, een fout begaan, falen; dwalen
errand boodschap
errant dolend; zwervend; ~ *husband*, overspelige echtgenoot
error dwaling, vergissing, fout
eruption uitbarsting, uitslag
escalator roltrap
escape *zn* ontsnapping; *ww* ontvluchten
eschew schuwen
escort (gewapend) geleide
especial bijzonder
especially in het bijzonder; vooral
espionage spionage

espresso coffee espresso koffie
espy bespeuren
esquire Weledelgeboren heer (Esq., achter de naam)
essay *zn* proef, poging; essay; opstel; *ww* beproeven
essential wezenlijk, essentieel
establish vestigen, stichten; vaststellen
estate staat; rang; boedel; landgoed; plantage
esteem *zn* achting; *ww* achten, waarderen
estimate *zn* schatting, raming, waardering; *ww* schatten, waarderen
etching ets
eternal eeuwig
eternity eeuwigheid
ethic(al) ethisch
ethics (*mv*) ethica, zedenleer
Eurasian Indo-europees
euro euro (munt)
Eurocheque eurocheque
Europe Europa
European Europees; Europeaan
evacuate evacueren, uitwerpen, lozen, ontruimen
evade ontwijken
evaluate de waarde bepalen van
evaporate verdampen
evasion uitvlucht
evasive ontwijkend
eve avond, vóóravond
even *bn* gelijk, effen; *bijw* zelfs, juist
even-handed onpartijdig
evening avond
evening (in the) 's avonds
evening dress avondtoilet; rok (v. heer)
event evenement, gebeurtenis
eventful veelbewogen
eventual uiteindelijk, eind-
eventually tenslotte, uiteindelijk
ever ooit, altijd, eeuwig
everlasting eeuwigdurend
every iedere (elke)
every other day om de andere dag
everybody iedereen

everyday alledaags
everyone iedereen
everything alles
everywhere overal
evidence bewijs; getuigenis
evident klaarblijkelijk
evil *zn* kwaad; onheil; *bn* kwaad, slecht
evoke oproepen; uitlokken
evolution ontwikkeling, evolutie; ontplooiing
exact nauwkeurig, stipt, juist
exactitude nauwkeurigheid
exactly precies
exaggerate overdrijven
exaltation verheffing, geestvervoering
exalted verheven, groots
examination examen; onderzoek; verhoor; visitatie
examine onderzoeken, verhoren
example voorbeeld
exasperate verbitteren, tergen
excavate uitgraven; uithollen
excavation opgraving
exceed overtreffen, -schrijden
exceeding bijzonder, uiterst
excel overtreffen, uitmunten, uitblinken
excellence voortreffelijkheid; Excellentie
excellent uitstekend (prima)
except behalve
exception uitzondering
excerpt uittreksel; passage
excess overdaad; ~ *postage*, strafporto
excessive overdadig, overdreven
exchange *zn* wisseling; beurs; telefooncentrale; *ww* ruilen, uitwisselen, wisselen, verwisselen
exchange office wisselkantoor
exchange rate wisselkoers
exchequer schatkist
excise accijns
excision afsnijding, uitsnijding
excitation opwinding, opwekking
excite aansporen; opwekken
excited opgewonden
exclaim uitroepen
exclamation uitroep

exclude uitsluiten
exclusive uitsluitend, exclusief
excommunication (kerk)ban
excrement uitwerpsel
exculpate vrijpleiten
excursion excursie
excuse *zn* verontschuldiging; excuus; *ww* vergeven
excuse me! pardon!
execrable verfoeilijk
execute uit-, volvoeren
execution uitvoering; voltrekking, executie, terechtstelling
executive committee dagelijks bestuur
executor executeur (-testamentair)
exemplary voorbeeldig
exemption vrijstelling
exercise *zn* oefening; (lichaams)beweging; *ww* oefenen, uitoefenen; exerceren, op de proef stellen
exert aanwenden, inspannen
exert oneself zich inspannen
exertion inspanning
exhaust *ww* uitputten; leegmaken; *zn* uitlaat
exhaust pipe uitlaatpijp
exhaustion uitputting
exhibit *zn* bewijsstuk; uitstalling; tentoonstelling; *ww* tentoonstellen, tonen; overleggen
exhibition tentoonstelling
exhilarate opvrolijken
exhort aanmanen, aansporen
exhumation opgraving
exigency behoefte, nood
exile ballingschap; balling
exist bestaan
exit *bijw* (op toneel) af; *zn* aftreden; uitgang; afrit
exonerate ontlasten, ontheffen
exorbitance buitensporigheid
exotic uitheems, exotisch
expand uitbreiden; uitzetten
expansion uitbreiding; uitzetting; spankracht
expatiate *(on)* uitweiden (over)

expect verwachten
expectation verwachting
expectorate spuwen, opgeven
expediency doelmatigheid
expedient *zn* redmiddel, uitweg; *bn* doelmatig, opportuun
expedition expeditie; vaardigheid; spoed
expel verdrijven; uitwijzen
expend uitgeven, besteden
expense (on)kosten *mv*, uitgaaf; *at my ~*, op mijn kosten
expenses onkosten
expensive duur
experience *zn* ervaring; *ww* ondervinden, -gaan
experienced ervaren
experiment proef
expert *bn* bedreven; *zn* deskundige
expiation boete(doening)
expiration uitademing; afloop, vervaltijd
expire overlijden; verstrijken, vervallen
explain uitleggen, verklaren
explanation verklaring, uitlegging, uitleg
explicable verklaarbaar
explicative verklarend
explicit uitdrukkelijk, stellig
explode ontploffing, uitbarsten
exploits daden, wapenfeiten
exploration onderzoeking, verkenning
explore onderzoeken, verkennen
explosion ontploffing, uitbarsting
explosive springstof
export *zn* uitvoer; *ww* exporteren
expose uitstallen; blootstellen
exposed belicht
exposure blootstelling; *fotogr* belichting
exposure meter belichtingsmeter
expound uitleggen, uiteenzetten
express *zn* sneltrein; *bn* opzettelijk; speciaal; uitdrukkelijk; *ww* uitdrukken, uiten; *~ delivery*, expresse bestelling
express (by) expresse, per
express train sneltrein
expression uitdrukking
expressive(ly) vol uitdrukking, veelzeggend, expressief
expropriate onteigenen
expulsion uitzetting, verbanning
exquisite uitgelezen, verfijnd
extemporize improviseren
extend uitstrekken; uitbreiden
extensibility rekbaarheid
extension uitbreiding; uitgebreidheid; verlenging, verlengstuk; *gram* bepaling
extensive uitgebreid
extent uitgestrektheid, omvang
extenuate verzwakken; verzachten; *extenuating circumstances*, *mv* verzachtende omstandigheden *mv*
exterior uitwendig, uiterlijk
exterminate uitroeien
external uitwendig; uiterlijk
external (use) uitwendig (gebruik)
extinct uitgedoofd; uitgestorven
extinguish (uit)blussen, uitdoven
extinguisher blusapparaat
extirpate uitroeien
extort afpersen, afdwingen
extortion afzetterij
extra extra
extra charge toeslag
extract *ww* uittrekken (tanden); *zn* uittreksel, extract
extract a tooth trekken van een kies
extradite uitleveren
extraordinary buitengewoon
extravagant buitensporig, overdreven; verkwistend
extreme uiterste, (uit) einde
extremity uiterste, uiteinde; *~ties*, handen en voeten
extricate los-, vrijmaken
exuberant welig, overvloedig; uitbundig
exult juichen
eye oog
eye doctor oogarts
eyeball oogappel
eyebrow wenkbrauw
eyelash ooghaar, wimper

eyelid ooglid

eyewitness ooggetuige

f

F.A.P. = *First Aid Post*

F.O. = *Foreign Office*, Ministerie van Buitenlandse Zaken

f.o.b. = *free on board*, vrij aan boord, franco boord

fable fabel, verzinsel

fabric stof (textiel)

fabric softener wasverzachter

fabricate bouwen, maken; verzinnen

fabrication vervaardiging; bouw; verzinsel

fabulous fabelachtig

face *zn* gezicht; voorzijde; voorkant; lef; *ww* het hoofd bieden; front maken; gekeerd zijn naar

facilitate vergemakkelijken

facing tegenover, uitziende op

fact feit; daad; werkelijkheid

faction splintergroep

factitious(ly) nagemaakt

factor agent; factor

factory fabriek

faculty vermogen; macht; faculteit

fad gril, manie

fade verwelken, verflauwen, wegsterven

fail ontbreken; falen, mislukken; bankroet gaan

failure mislukking; fiasco; faillissement; defect

faint *bn* zwak, moedeloos, flauw; *zn*, flauwte; *ww* flauwvallen

faint flauwvallen

fair mooi; blond; billijk; eerlijk; *zn* kermis; jaarmarkt; *world* ~, wereldtentoonstelling

fairy fee

fairy-tale sprookje

faith geloof; trouw

faithful (ge)trouw; *yours ~ly*, hoogachtend

faithless trouweloos

fake vervalsing, namaak

falcon valk

fall *zn* val; daling; waterval; *ww* (**fell; fallen**) vallen, dalen, sneuvelen; ~ *for, Amer* bekoord zijn door, verliefd worden op

fall vallen

fall (water-) waterval

fallacious bedrieglijk

fallacy drogreden

fallible feilbaar

false onjuist, vals

falsehood leugen

falsify vervalsen, verdraaien

falter stamelen, stotteren

fame faam, roem

familiar gemeenzaam, bekend, vertrouwd

family familie (gezin)

family allowance kinderbijslag

family tent bungalowtent

famine hongersnood

famish uithongeren

famous beroemd

fan waaier, ventilator; bewonderaar, fan

fan belt ventilatorriem

fanatic *zn* dweper; *bn* fanatiek

fanciful fantastisch, wonderlijk, grillig

fancy *zn* verbeeldingskracht, fantasie, gril; *ww* zich verbeelden; zin (lust) hebben

fang slagtand

fanlight bovenlicht (boven deur)

fantastic denkbeeldig; fantastisch, grillig

fantasy fantasie, gril

far ver, afgelegen; *farther; farthest*, verder; verst(e)

far away ver weg

farce klucht

fare vracht; vrachtprijs; kost; tarief; *ww* ~ *well*, succesvol zijn

farewell vaarwel

far-fetched vergezocht
farm boerderij
farmer boer
farmer's wife boerin
farming landbouw
far-sighted verziend
fascination betovering, fascinatie
fashion *zn* wijze, mode; *ww* vormen
fashionable modieus; tot de grote wereld behorende
fast *ww* vasten; *bn* vast, gehecht; zeer hard; snel, vlug
fast goods snelgoed
fast-dyed kleurecht
fasten vastmaken, dichtdoen
faster sneller
fastidious kieskeurig, lastig
fat *bn* vet, vlezig, dik; *zn* vet
fatal noodlottig, dodelijk
fatality noodlot; noodlottigheid; ramp
fate noodlot; lot
father vader
fatherhood vaderschap
father-in-law schoonvader
fatherly vaderlijk
fathom *zn* Vadem (1.8 m); *ww* peilen, doorgronden
fatigue *zn* vermoeienis; *mil* corvee; *ww* vermoeien
fatness vetheid
fatuity onzinnigheid, dwaasheid
fault fout, schuld; gebrek
fault finding *bn* vitterig; *zn* gevit; vitterij
favour *zn* gunst; begunstiging; *in ~ of,* ten behoeve van; *ww* begunstigen, voortrekken
favourable gunstig; vriendelijk
favourite *zn* gunsteling, lieveling; *bn* geliefkoosd, lievelings-
fax *zn* fax; *ww* faxen
fax machine faxapparaat
fear *zn* vrees; *ww* vrezen
fearless onbevreesd
feasible doenlijk, uitvoerbaar
feast *zn* feest, gastmaal; *ww* feestvieren, smullen

feat (helden)daad, feit
feather veer, pluim
feature *zn* gelaatstrek; hoofdtrek, glanspunt, hoofdonderdeel; hoofdfilm; klankbeeld; *ww* (een film) uitbrengen; bevatten
feature(-length) *film* hoofdfilm
febrile koortsig
February februari
fecundity vruchtbaarheid
fed zie *feed*
federation verbond
fee honorarium, salaris, gratificatie; entreegeld
feeble zwak
feed (fed; fed) voeden
feeding-bottle zuigfles
feel (felt; felt) (ge)voelen, betasten
feel like zin (lust) hebben
feeling gevoel, gevoeligheid; stemming
feign veinzen
feint voorwendsel, list
felicitous goed, geschikt
felicity geluk(zaligheid)
fell vellen; zie ook *fall*
fellow maat, makker, kerel, vent; lid; gepromoveerde die een "beurs" geniet
fellow-creature medemens
fellowship kameraadschap, collegialiteit; studiebeurs
felly velg
felt vilt; zie *ook feel*
felt-tip pen viltstift
female *zn* wijfje; *bn* vrouwelijk
femininity vrouwelijkheid, verwijfdheid
fen moeras, veen
fence *zn* schutting; *ww* omheinen, verdedigen, schermen
fencing omrastering; schermkunst
fend afweren; weerstaan
ferment *zn* gisting; *ww* gisten
fern varen
ferocious woest, wreed
ferro-concrete gewapend beton
ferrous ijzerhoudend
ferry veerpont

ferryboat veerpont
fertile vruchtbaar
fertilize bevruchten
fertilizer kunstmest
fervent vurig
fervour ijver, gloed
festival feest, festival
festive feestelijk
fetch halen, brengen
fetter kluister, keten
feud vijandschap; vete
fever koorts
feverish koortsachtig, koortsig
few weinig; *a ~*, enkele
fiancee verloofde
fib *ww* jokken; *zn* leugentje
fibre vezel
fibrous vezelachtig
fickle wispelturig
fiction verdichtsel, verzinsel; romanliteratuur
fictitious denkbeeldig, vals
fiddle viool
fiddlestick strijkstok; *~s*, larie, nonsens
fidelity trouw, getrouwheid
fidgety ongedurig, gejaagd
fie foei!
field veld, akker; slagveld
fiend boze geest, duivel
fierce woest, wild, wreed
fiery vurig
fifteen vijftien
fifth vijfde
fifty vijftig
fig vijg
fight *zn* gevecht, strijd; *ww* **(fought; fought)** vechten, bevechten
figure *zn* figuur, gedaante; cijfer; *ww* vormen, afbeelden
file *zn* vijl; gelid; lias; dossier; opbergkast, archief; complete jaargang; *ww* vijlen; opslaan; rangschikken
filial kinderlijk
fill vullen; bekleden;; (bestellingen) uitvoeren; *~ in*, invullen; *~ up*, bijvullen
fillet filet

filling vulling (kies)
filling station benzinestation
film *zn* film; vlies; *ww* filmen
filter *zn* filter, zeef; *ww* zuiveren, filtreren
filter cigarette sigaret met filter
filth vuil, vuiligheid
filthy vuil, smerig
filtration filtratie
fin vin
final laatste, slot-; dodelijk
finally ten slotte
financial financieel
finch vink
find (found; found) vinden; *~ fault*, vitten
find it difficult to moeite hebben met
fine *zn* boete, bekeuring; *ww* beboeten; *bn* mooi, fijn, goed
finery opschik; mooie kleren *mv*
finger vinger
finger vinger
finish *ww* eindigen, voltooien; aflopen; afmaken; uitdrinken, leegeten; *zn* einde, slot; afwerking; eindpaal; vernis
finished afgelopen
finishing stroke genadeslag
fir den, dennenboom; zilverspar
fire *zn* vuur, brand, hitte; *ww* aan-, ontsteken; afvuren, schieten; *gemeenz* ontslaan
fire vuur
fire alarm brandalarm
fire brigade brandweer
fire engine brandspuit
fire escape brandtrap
firearm vuurwapen
fire-extinguisher blusapparaat
fireman brandweerman
fire-plug brandkraan
fireproof vuurvast, brandvrij
fire-raiser brandstichter
fire-screen vuurscherm
fireside haard
firewood brandhout
fireworks vuurwerk

firm zn firma; bn vast, hecht, ferm
firmament uitspansel, hemel
firmly vast, krachtig
first eerste, voorste; ten eerste
first aid eerste hulp
first aid kit verbandtrommel
first aid post EHBO-post
first class eerste klas; van de beste soort
first name vóórnaam
fiscal fiscaal; financieel
fish zn vis; ww vissen
fish-bone graat
fisherman visser
fishery visserij, visvangst
fishing permit visvergunning
fishing rod hengel
fishing waters viswater
fishmonger viswinkel
fission splitsing, deling
fissure kloof, spleet
fist vuist
fit zn vlaag, toeval; bn bekwaam, geschikt; ww passen; monteren, uitrusten
fit (keep) trimmen
fitness training fitness
five vijf
fix vastmaken; vaststellen; fixeren; in orde brengen
fixed vast
flabby slap, week
flag vlag
flagrant in 't oog lopend; schandalig; tergend
flail zn (dors)vlegel; ww spartelen
flake vlok; schilfer
flame zn vlam; ww vlammen
Flanders Vlaanderen
flank zijde, flank
flannel flanel; doekje
flap zn flap, slip, klep; ww klapwieken, fladderen
flare flikkeren
flash zn glans, flikkering; ww flikkeren, flitsen
flash zn flitser; ww flitsen
flashbulb flitslampje

flashcube flitsblokje
flashing light knipperlicht
flashlight zaklantaarn
flask veldfles
flat bn plat; smakeloos, flauw; saai; zn etage(woning); (muz) mol
flat-iron strijkijzer
flatter vleien
flatulent opgeblazen, winderig
flautist fluitist
flavour geur, aroma; smaak
flawless vlekkeloos, smetteloos
flax vlas
flea vlo
flea market vlooienmarkt
flee (fled; fled) vluchten
fleet zn vloot; ww voorbijsnellen
fleeting vluchtig
Flemish Vlaams
flesh vlees
fleshly vleselijk, zinnelijk
fleshy vlezig, gevleesd, dik
flew zie fly
flexible buigzaam, soepel; handelbaar
flexion buiging; verbuiging (v. spieren)
flight vlucht
flight vlucht; zwerm; eskader; regular ~, lijnvlucht
flight number vluchtnummer
flimsy voddig, dun
flinch terugdeinzen
fling zn worp; vluchtige relatie; ww (flung; flung) smijten, achteruitslaan
flint keisteen, vuursteen
flippant loslippig; luchthartig
flippers zwemvliezen
flirt zn flirt; ww flirten
flirtation flirt; geflirt
float zn vlot; boei; dobber, vlotter; drijvertje; ww drijven, dobberen
flock kudde; vlok
floe ijsschots
flog slaan, ranselen
flood zn vloed, stroom; ww onder water zetten; overstromen
floodgate sluisdeur, sluis

floodlight strijklicht
floor vloer; verdieping, etage
flop zn plof; flop, fiasco; ww ploffen; mislukken
floppy disk diskette
floral bloemen-, bloem-
florid blozend; bloemrijk
florist bloemist
flounder bot (vis)
flour meel
flourish zn glans; krul (versiering); ww bloeien, gedijen; pronken met
flow vloeien, stromen
flower(s) bloem
flowerpot bloempot
flown zie *fly*
flu griep; influenza
fluctuate op- en neergaan, schommelen
flue griep
fluent(ly) vloeiend, vlot
fluffy donzig
fluid zn vocht; bn vloeibaar
flung zie *fling*
flush zn toevloed; blos; bn even; ww stromen; blozen; doorspoelen
Flushing Vlissingen
flute fluit; groef
flutter fladderen; dwarrelen; flakkeren
fly zn vlieg; ww **(flew; flown)** vliegen, vluchten
flyer folder
flying-boat vliegboot
flywheel vliegwiel
foal veulen
foam zn schuim; ww schuimen
focus zn brandpunt; haard; ww instellen; concentreren
foe vijand
fog mist, nevel
fog lamp mistlamp
foil verijdelen
fold zn vouw; ww vouwen
foldable opvouwbaar
folder map
folding-bed opklapbed
folding-chair vouwstoel

foliage loof, lommer
follow volgen
follower volgeling
folly dwaasheid
foment aanstoken
fond (of) dol, verzot op
fondle strelen
fondly teder
food eten, voedsel
food poisoning voedselvergiftiging
foodstuffs mv levensmiddelen mv
fool bn zot, dwaas; ww foppen
foot (feet) voet; infanterie; voeteneind, voetstuk
foot-and-mouth disease mondenklauwzeer
football voetbal
foot-board treeplank
foot-brake voetrem
footing vaste voet; houvast
footman lakei, bediende
foot-mark voetspoor
footpath wandelpad
foot-path voetpad
footstool voetenbankje
for want, om, voor; ~ all, niettegenstaande; ~ shame, foei; ~fear, uit vrees; ~ want of, bij gebrek aan
for example bijvoorbeeld
for now voorlopig
forage foerage; voer
forbear (forbore; forborne) ww nalaten; zn voorvader
forbid (forbade; forbidden) verbieden
forbidding afschrikwekkend
force zn kracht, macht; ww dwingen
forces mv krijgsmacht
fore voor, vooruit
foreboding voorspelling, voorgevoel
forecast (weer)voorspelling
forefather voorvader
forefinger wijsvinger
forefront voorgevel
foregoing voorafgaand
foreground voorgrond
forehead voorhoofd

foreign buitenlands
foreign currency deviezen *mv*, buitenlands geld
foreign exchange deviezen *mv*
Foreign Office Ministerie van Buitenlandse Zaken
foreigner vreemdeling
foreman voorman, meesterknecht, ploegbaas
foremost voorste, eerste
foresee voorzien
forest woud
forestall vooruitlopen op; voorkómen
forester boswachter
foretaste voorproefje
forever (voor) eeuwig
forewheel voorwiel
forfeit *zn* boete, pand; *ww* verbeuren
forgave zie *forgive*
forge *zn* smederij; *ww* smeden; vervalsen
forgery vervalsing, valsheid in geschrifte
forget (forgot; forgotten) vergeten
forgetful vergeetachtig
forget-me-not vergeet-mij-niet
forgive (forgave; forgiven) vergeven
forgiveness vergiffenis
forgot(ten) zie *forget*
fork vork; wegsplitsing
forlorn verloren, verlaten; hopeloos, wanhopig
form *zn* vorm, gedaante; formulier; (school)klasse; *ww* vormen
formal formeel, stellig
formality formaliteit
formation vorming, formatie
former eerste; vroeger; voormalig, vorig
formidable geducht, geweldig
formula formule; recept
forsake (forsook; forsaken) verzaken, in de steek laten
forswear (forswore; forsworn) afzweren
forth voor, vooruit, voorts
forthwith onmiddellijk
fortitude vastberadenheid
fortnight veertien dagen
fortress vesting

fortuitous toevallig
fortunate(ly) gelukkig
fortune geluk, fortuin
fortune-teller waarzegster
forty veertig
forward vooruit, voorwaarts; voorste; vooruitstrevend;, vrijpostig; *ww* af-, verzenden; bevorderen; doorsturen (post/e-mail)
foster kweken; koesteren
foster-mother pleegmoeder
fought zie *fight*
foul vuil, onzuiver, bedorven; laag, gemeen, oneerlijk
found stichten; vestigen; gieten (metaal); zie ook *find*
foundation grondslag, fundament, stichting
foundling vondeling
foundry gieterij
fountain fontein
fountain pen vulpen
four(th) vier(de)
four-footed viervoetig
four-star super (benzine)
fourteen veertien
fowl gevogelte, vogel
fox vos
foyer foyer
fraction breuk; onderdeel
fractious kribbig
fracture breuk (been)
fragile breekbaar, broos, teer
fragment fragment, brok
fragrant geurig, welriekend
frail broos
frame *zn* raam; lijst (schilderij); vorm, montuur; frame; *ww* bouwen; inlijsten; in elkaar zetten
France Frankrijk
francs franken (geld)
frangible breekbaar
frank(ly) openhartig
frantic dolzinnig, hevig opgewonden, vertwijfeld
fraternal broederlijk

fraud oplichting, bedrog; bedrieger
fraudulent(ly) frauduleus
freckle sproet
free *bn* vrij, ongedwongen, gratis; *ww* bevrijden, vrijstellen
free ticket vrijkaart
free time vrije tijd
freedom vrijheid, ontheffing, vrijdom
freely vrijuit, vrij; gaarne
freemason vrijmetselaar
free-trade vrijhandel
freeze (froze; frozen) vriezen, bevriezen; (kredieten) blokkeren
freezing-point vriespunt
freight vracht, lading
French Frans
French bean snijboon
French bread stokbrood
frenzy razernij, gekte
frequent *bn* veelvuldig; *ww* regelmatig bezoeken, frequenteren
frequented veel bezocht
frequently dikwijls
fresh fris; vers; zoet (v. water)
freshman eerstejaars (stud.)
freshwater zoetwater
freshwater fish zoetwatervis
fretful prikkelbaar
friar monnik, kloosterbroeder
fricassee hachee, ragout
friction wrijving
Friday vrijdag
fridge koelkast
fried gebakken
fried egg spiegelei
friend vriend; vriendin; kennis
friendly vriendelijk
friendship vriendschap
fright schrik
fright(en) verschrikken
frightful verschrikkelijk; vreselijk
frigid koud, koel
fringe zoom, rand; franje
Frisian Fries
fritter beignet
frivolity frivoliteit

frivolous frivool; onzinnig
frock jurk, japon
frog kikker
from vanaf, vanuit
front voorkant, voorhoofd, front; voorzijde, voorgevel
front door voordeur
front forks voorvork
front light koplamp
front wheel voorwiel
frontier grens
frontispiece voorgevel; titelplaat
front-page voorpagina
frost vorst, rijp
frosty vriezend, koud
froth *zn* schuim; *ww* schuimen
frown fronsen, stuurs kijken
froze(n) zie *freeze*
frozen (food) diepvries (voedsel)
frugal matig, spaarzaam
fruit fruit; vrucht
fruitful vruchtbaar
fruition verwezenlijking, vervulling
fruit-juice vruchtensap
fruitless vruchteloos
frustrate verijdelen; frustreren
fry *zn* gebraden vlees; jonge vissen; *ww* bakken, braden
frying pan koekenpan
ft. = *foot, feet,* voet(en) (lengte-eenheid)
fuel brandstof
fuel filter brandstoffilter
fuel pump brandstofpomp
fugitive *zn* vluchteling; *bn* voortvluchtig
fulfil vervullen, volbrengen
fulfilment vervulling; voldoening
full *bn* vol, verzadigd, voltallig; *in ~*, voluit, ten volle
full board volpension
full-grown volwassen
full-length film hoofdfilm
fumble tasten; morrelen
fume *zn* damp, uitwaseming; *ww* roken, dampen
fun grap, pretje
function ambt; functie; partij; plechtig-

heid
functionary ambtenaar
fund fonds
funeral begrafenis
funfair kermis
fungus paddestoel, zwam
funicular railway kabelspoorweg
funnel trechter; pijp (van stoomboot); luchtkoker
funny grappig
fur bont (pels)
furious woedend, verwoed
furnace oven
furnish verschaffen, voorzien; meubileren
furnished gemeubileerd
furniture meubilair, huisraad

furniture-van verhuiswagen
furred met bont afgezet
furrow voor, groef, rimpel
further *bijw* verder, voorts; *ww* bevorderen
furtive heimelijk
fury woede
fuse *ww* (samen)smelten; doorslaan; *zn* lont, zekering
fusion samensmelting, fusie
fuss opschudding, rumoer
fussy druk
fusty duf, muf, ouderwets
futility nutteloosheid
future *zn* toekomst; *bn* aanstaand; volgend

g

G. P. = *General Practitioner*, huisarts
G.B. = *Great Britain*, Groot Brittannië
G.I. (Joe) Amer. soldaat
G.M.T. = *Greenwich Mean Time*
G.P.O. = *General Post Office*, hoofdpostkantoor
gad (about) (rond)zwerven
gadfly steekvlieg
gadget truc; middeltje; ding, hebbeding
gaiety vrolijkheid
gain *zn* winst, voordeel; *ww* winnen, verwerven
gait gang, tred
gaiter slobkous
galaxy melkwegstelsel
gale bries, windvlaag; storm
gall gal
gallant dapper, kranig, fier; zwierig; galant, hoffelijk
gallery galerij; tribune; schellinkje; galerie
galley galei
gallop *zn* galop; *ww* galopperen
gallows *mv* galg
galoshes overschoenen

gamble dobbelen, gokken
game spel; wedstrijd; partij (biljart, enz.); (bridge) manche; wild
gamut toonladder; volledige reeks
gang ploeg; bende, troep
gang-board loopplank
gangrene gangreen, koudvuur
gangster bandiet, bendelid
gangway pad (tussen zitplaatsen), doorgang
gaol gevangenis
gap gat, opening, gaping, hiaat
gape gapen
garage garage
garb gewaad
garbage afval, vuilnis
garbage-bin afvalbak
garden tuin
garden cress sterkers
garden party tuinfeest
gardener tuinman
gargle *zn* gorgeldrank; *ww* gorgelen
garish schel, opzichtig
garlic knoflook
garment gewaad, kleding

garnish zn versiering; ww versieren
garret vliering, zolderkamertje
garrison garnizoen
garrulous praatziek
garter kousenband
gas gas; *Amer* benzine
gas container gasfles
gas cooker gasfornuis
gas fire gashaard
gas ring gaskomfoor
gas stove gaskachel
gas tap gaskraan
gaseous gasachtig, gas-
gash snede, jaap
gasoline *Amer* benzine
gasp zn snik; ww snakken (naar adem), hijgen
gastric acid maagzuur
gasworks mv gasfabriek
gate poort, hek; ingang
gateau gebakje
gateway poort
gather vergaderen, verzamelen, plukken
gaudy opzichtig, bont
gauge ww peilen, meten; zn maat, diep-gang; (spoor)wijdte
gauze gaas
gauze bandage verbandgaas
gave zie *give*
gay vrolijk, levendig; homoseksueel
gaze staren
gear gareel, tuig; kleding; tandrad; ver-snelling
gear cable versnellingskabel
gearbox versnellingsbak
gear-case kettingkast
gearing koppeling; drijfwerk
geese mv ganzen mv
gel gel
gem kleinood; edelsteen
gender geslacht
genealogy genealogie; stamboom
general zn generaal; bn algemeen
general practitioner huisarts
generation voortbrenging; ontwikkeling; opwekking; generatie, geslacht

generosity edelmoedigheid
generous edelmoedig, gul, overvloedig
Geneva Genève
genial opgewekt; vriendelijk, joviaal
genius genie, genius, beschermgeest
genteel fatsoenlijk, net, deftig
gentle zacht, zachtzinnig
gentleman heer
gentlewoman dame
gentry deftige stand
gents herentoilet
genuine echt, onvervalst
genus geslacht
geography aardrijkskunde
geology geologie
geometry meetkunde
germ kiem
German zn Duitser; bn Duits
Germany Duitsland
germinate ontkiemen
gesticulation gebarenspel
gesture gebaar
get (got; got of **gotten)** krijgen, winnen, halen
get lost oprotten
get moving! vooruit!
get off uitstappen
get on instappen
get up opstaan
geyser geiser
ghastly afgrijselijk
gherkin augurk
ghost geest, spook
giant reus
giddiness duizeligheid
giddy duizelig; lichtzinnig
gift gift, geschenk
gifted begaafd
gigantic reusachtig
giggle giechelen
gild (gilded of **gilt; gilded** of **gilt)** vergul-den
gill kieuw
gillyflower anjelier, muurbloem
gilt verguld; zie ook *gild*
gin jenever

ginger gember
gipsy zigeuner
gird (girt; girt of girded) ~ for, voorbereiden voor
girdle zn gordel; ww omgorden, omsingelen
girl meisje
girl guide padvindster
girlfriend vriendin
Giro cheque Br girobetaalkaart
Giro cheque guarantee card Br giropas
girt zie gird
girth buikriem; omvang
give (gave; given) (ten beste) geven; ~ away, verklappen; ~ way, wijken
given gegeven; ~ to, verslaafd aan
glacier gletsjer
glad blij
gladden verheugen, verblijden
glamour betovering; schone schijn, glitter
glance zn flikkering; oogopslag; ww schitteren; kijken, opkijken
gland klier
glandular klierachtig, klier-
glare glans; schittering; woeste blik; ww schitteren; fel kijken
glass zn glas, spiegel; verrekijker; barometer; bn glazen
glasses bril
glassworks glasblazerij
glassy glazig
glaze zn glazuur; ww glaceren; glazuren
glazier glazenmaker
gleam glans, schijn
glean nalezen, opzamelen
glee vrolijkheid
glen dal; vallei
glib glibberig; gladjes
glide ww glijden; zn glij-, zweefvlucht
glider glijder; zweefvliegtuig; zweefvlieger
gliding zweefvliegen
glimmer schemeren, blinken
glimpse zn glimp; lichtstraal; ww een glimp opvangen van

glitter zn glans, luister; ww flikkeren, fonkelen
globe aardbol; bal; ballon
globular bolvormig
gloom duister-, somberheid
gloomy duister; somber, droefgeestig
glorify verheerlijken
glorious heerlijk, prachtig
glory roem, heerlijkheid
gloss zn glans; soort make-up; kanttekening; ww laten glanzen; verklaren
glossary woordenlijst
glove handschoen
glow zn hitte; gloed; ww gloeien
glue lijm; ww lijmen, plakken, kleven
gluten kleefstof
gluttonous gulzig, schrokkerig
gnarl knoest
gnat mug
gnaw (af)knagen
gnome dwerg, aardman
go gaan
go (went; gone) ww gaan, gangbaar zijn; ~ astray, kwijtraken; ~ over, repeteren; zn vaart; fut
go back teruggaan
go out uitgaan
go to wenden (tot)
goal doel(punt)
goalkeeper doelverdediger
goat geit
go-between bemiddelaar
God God
godchild petekind
goddess godin
godfather peetoom
godmother peet(tante)
godsend buitenkansje
go-getter energiek iemand; streber
goggles mv stofbril, duikbril
gold goud(en)
golden gouden, gulden
goldfish goudvis
goldsmith goudsmid
golf sp golf(spel)
golf-links sp golfterrein

gone weg; voorbij; verdwenen; zie ook
go
good zn goed; welzijn; bn goed, gunstig,
prettig, fijn
good afternoon goedemiddag
good day goedendag (begroeting)
good evening goedenavond (bij aankomst)
Good Friday Goede Vrijdag
good morning goedemorgen
good night goedenavond; welterusten;
goedenacht
good-breeding welgemanierdheid, wel-
levendheid
goodbye (goeden)dag (bij afscheid)
good-natured goedig
goodness goedheid
goodnight welterusten
goodwill welwillendheid; goodwill
goose (mv geese) gans
goose bumps kippenvel
gooseberry kruisbes
gorge zn strot; keel; bergkloof; ww opslokken; volstoppen
gorgeous prachtig, kostelijk
gospel evangelie; gospelmuziek
gossamer zn herfstdraden mv; bn ragfijn
gossip zn gepraat, gebabbel; ww babbelen, roddelen
got(ten) zie get
gourmand smulpaap
gout jicht
govern regeren, besturen
governess gouvernante
government bestuur, gouvernement; regering
governor gouverneur; bestuurder, directeur; ouwe heer
gown japon; toga
grab grijpen, graaien
grace genade, gunst; bevalligheid; tafel-
gebed
graceful elegant, sierlijk
gracious galant
gradation graadverdeling
grade graad, rang, klas

gradually trapsgewijze, langzamerhand,
geleidelijk
graduate promoveren; promovendus
graft enten
grain graan, koren; graankorrel; grein,
weefsel
gram gram
grammar grammatica
grammar school gymnasium
gramophone grammofoon
grams (100) ons (100 gram)
granary korenschuur
grand bn groots, voornaam; reuze; zn
muz vleugel
grandchild kleinkind
granddad opa
grandfather grootvader
grandmother grootmoeder
grandparents grootouders mv
granite graniet
granny oma
grant zn vergunning, verlof; studiebeurs;
ww vergunnen, toestaan
granular korrelig
grape druif
grape juice druivensap
grapefruit grapefruit
grapes druiven
graph grafiek
grapnel dreg
grapple worstelen
grasp zn greep; ww grijpen
grass gras; gemeenz marihuana
grass widow(er) onbestorven weduwe,
weduwnaar
grasshopper sprinkhaan
grate zn traliewerk, rooster; ww wrijven,
knarsen; irriteren
grateful dankbaar
grater rasp
gratification genot, voldoening; beloning; gratificatie
gratis gratis, kosteloos
gratitude dankbaarheid
gratuitous onnodig, nodeloos
gratuity fooi, gratificatie

grave *zn* graf; *bn* ernstig; zwaar; stemmig
gravel grind, kiezelzand
graveyard kerkhof
gravitation zwaartekracht
gravity gewicht, ernst; zwaartekracht; *specific ~*, soortelijk gewicht
gravy jus
gravy boat jus-, sauskom
gray grijs, grauw
graze grazen, weiden; schaven, even aanraken
grease *zn* vet, smeer; *ww* (door)smeren; omkopen
greaseproof vetvrij
greasy vet
great groot, lang
Great Britain Groot-Brittannië
great-grandfather overgrootvader
great-grandson achterkleinzoon
greatly grotendeels
greatness grootte
Greece Griekenland
greedy gulzig, hebzuchtig
Greek *zn* Griek; *bn* Grieks
green groen; onrijp, onervaren
green card *Amer* verblijfsvergunning
green peas doperwten
greengrocer groenteboer
greengrocer's shop groentewinkel
greenhorn groen, onervaren beginneling; groentje
greet groeten
greeting groet
grenade handgranaat
grew zie *grow*
grey grijs
grid rooster; patroon; netwerk
gridiron (braad)rooster; traliewerk
grief droefheid; hartzeer
grievance klacht
grievous smartelijk, pijnlijk
grill *zn* rooster, geroosterd vlees; *ww* roosteren
grill-room restaurant (voor geroosterd vlees)
grim grimmig, bars

grimace grimas
grime roet, vuil
grin *zn* grijns; *ww* grijnzen
grind (ground; ground) malen, slijpen; instampen
grindstone slijpsteen
grip greep; houvast
groan gekreun, gesteun
grocer kruidenier
groceries levensmiddelen
groin lies
groom *zn* bruidegom; stalknecht; kamerheer; *ww* verzorgen
groove groef, sponning
grope rondtasten
gross *zn* gros; *bn* dik, groot, grof, onbeschoft; bruto
grotesque grotesk, potsierlijk
grotto grot
ground grond; bodem; terrein; zie ook *grind*
ground aarde (grond)
ground floor benedenverdieping
ground glass matglas
ground plan plattegrond; basisplan
ground staff grondpersoneel
ground-colour grondverf
groundless ongegrond
groundsheet grondzeil
groundsman *sp* terreinknecht
group groep
grove bosje
grow (grew; grown) groeien
growl geknor; snauw
grown-up volwassen
growth groei, aanwas
grub larve, made; kost, eten
grudge *zn* wrok, haat; *ww* benijden, misgunnen
gruesome afgrijselijk, griezelig
gruff nors
grumble morren, knorren
grunt knorren
guarantee garantie
guarantee card betaalpas
guard *zn* wacht, beschutting, garde; con-

ducteur; *ww* hoeden, bewaken
guarded bewaakt
guardian voogd, bewaker
guards bewaking
Guelders Gelderland
guess *zn* gissing; *ww* raden, gissen
guest gast; *paying ~*, betalend logé(e)
guest room logeerkamer
guidance leiding; *vocational~*, voorlichting bij beroepskeuze
guide *zn* gids; wegwijzer; *ww* (rond)leiden
guidebook reisgids, gids
guided tour rondleiding
guide-post hand-, wegwijzer
guilder gulden
guildhall gildenhuis
guile bedrog, valsheid
guilt schuld, misdaad
guilty schuldig
guinea gienje, guinje (21 shilling, oude munt)
guinea pig Guinees biggetje; proefkonijn
guise gedaante; uiterlijk, voorkomen; schijn

guitar gitaar
gulf kolk; golf
gull zeemeeuw
gullet slokdarm, keel
gully goot, geul
gulp *zn* slok; *ww* inslikken, slikken
gum gom; *~s*, tandvlees
gumboots rubber overschoenen *mv*
gums tandvlees
gun vuurwapen, geweer, kanon
gurgle klokken (bij het drinken); rochelen; murmelen
gush gutsen, uitstromen
gusto smaak; animo
gusty stormachtig, buiig
gut darm
guts lef, fut
gutter goot, groef, geul
guttural keel-
guy vent; vogelverschrikker;
gymnasium gymnastiekschool; (buiten Engeland) gymnasium
gymnastics gymnastiek; *hygienic (remedial) ~*, heilgymnastiek

h

H.B.M. = *His (Her) Britannic Majesty*
H.E. = 1 *His Eminence*; 2 *His Excellency*
h.p. = *horsepower*, paardenkracht
H.Q. = *Head Quarters*, (*mil*) hoofdkwartier
haberdashery garen- en bandwinkel; (zaak in) herenartikelen
habit *zn* gewoonte; aanwensel; habijt; *ww make a ~ of*, een gewoonte maken van
habitable bewoonbaar
habitation woning
habitual gewoonlijk
had zie *have*
haddock schelvis
haemorrhoids *mv* aambeien *mv*
haggard wild, woest; afgetobd

haggle afdingen, pingelen
Hague (The) 's-Gravenhage
hail hagel
hail shower hagelbui
hair haar (haren)
hairbrush haarborstel
hairdo kapsel
hairdresser kapper
hairnet haarnet
hairpin haarspeld
hairpin bend haarspeldbocht
hair-splitting angstaanjagend
hairspray haarlak
hairy behaard
half *zn* helft; *bn* half
half board halfpension
half-caste halfbloed

half-pay wachtgeld; *on ~*, (op) non-actief
halfpenny halve penny
hall vestibule; hal; zaal; stadhuis; landhuis
hallmark stempel; kenmerk
hallucination zinsbedrog, hallucinatie
halo lichtkring om zon of maan; stralen-
krans, lichtkrans
halt halt houden
halt sign stopbord
ham ham
ham roll broodje ham
hamlet gehucht
hammer hamer
hammock hangmat
hamper *ww* belemmeren; *zn* dekselmand,
picknickmand
hand *zn* hand; wijzer (klok); werkman; *all
~s*, alle hens; *~ over head*, hals over kop;
shake ~s, de hand geven; *ww* overhandigen; *on the other ~*, anderzijds
hand luggage handbagage
hand over overhandigen
handbag handtas
handbasket hengselmand
handbill strooibiljet, affiche
handbook gids (boekje)
handbrake handrem
handcuff handboei
handful handvol
handhold houvast
handicap handicap; vóórgift; *fig* hindernis, nadeel
handicraft ambacht, handwerk
handkerchief zakdoek
handle *zn* handvat, hengsel; *ww* hanteren
handlebar stuur (fiets)
hand-made handgemaakt
handrail leuning
handsome mooi, fraai, knap
handwriting handschrift
handy handig
hang (hung; hung of hanged) hangen
hangar loods
hanging wardrobe hangkast
hangover kater *fig*

hanker hunkeren
haphazard willekeurig; *at ~*, op de bonnefooi
happen gebeuren
happily gelukkigerwijs
happiness geluk
happy blij, gelukkig
harass kwellen, afmatten, intimideren
harbour *zn* haven; *ww* herbergen
hard hard, streng, moeilijk, sterk; *~ by*,
dichtbij
hard labour dwangarbeid
hard luck pech
hard-boiled hardgekookt; onaandoenlijk, keihard
hard-hearted hardvochtig
hardly nauwelijks
hardware ijzerwaren *mv*; computerappa-
ratuur
hardy gehard, getrouw
hare haas
haricot bean snijboon
harm *zn* kwaad; schade; *ww* kwetsen, benadelen
harmonious harmonieus; welluidend;
evenwichtig
harmonize overeenstemmen
harmony overeenstemming, harmonie
harness (paarde)tuig
harp harp
harrow *zn* eg; *ww* pijnigen
harry kwellen, lastig vallen
harsh hard, ruw
harvest oogst
hash gehakt vlees; hachee; hasjiesj
hashish hasjiesj
hasp beugel, grendel
haste haast, spoed
hasten (zich) haasten
hat hoed
hatbox hoedendoos
hatch *zn* luik; broedsel; *ww* broeden, beramen; arceren
hatchet bijl
hate haten
hateful hatelijk; akelig

hatred haat
hatter hoedenmaker
hat-trick het maken van drie doelpunten of het achter elkaar nemen van drie wickets in één wedstrijd
haughty hoogmoedig, trots
haul trekken, slepen
haunch heup, lendenstuk
haunt rondwaren, spoken
have (got) hebben
have (had; had) hebben; *rumour has it that...* het gerucht gaat, dat...
have to moeten
havoc verwoesting
hawk havik
hawker venter, marskramer
hay hooi
hay fever hooikoorts
haystack hooiberg
hazard zn gevaar; risico; ww wagen
haze nevel, damp, mist
hazel lichtbruin
hazelnut hazelnoot
hazy nevelig, wazig
he hij
head zn hoofd, hoofdeinde v. bed; chef; kop; top; oorsprong; schuim (op bier); ~(s) or tail(s), kruis of munt; ww aansturen op
head tube balhoofd
headache hoofdpijn
headdress kapsel
headgear hoofddeksel
heading titel, opschrift; rubriek
headlights koplampen
headline kop (in krant)
headlong blindelings, roekeloos, hals over kop
headmaster schoolhoofd
headmost voorste
headphones koptelefoon
headquarters mv hoofdkwartier
headstrong koppig
head-waiter ober
heady koppig, onstuimig; duizelig
heal helen, genezen
health gezondheid

healthy gezond
heap hoop, stapel
hear (heard; heard) horen, luisteren
hearing gehoor (oor); verhoor, hoorzitting
hearse lijkkoets
heart hart; gemoed; kern; ~s, (*kaartsp*) harten *mv*
heart attack hartaanval
hearten bemoedigen, opwekken
hearth haard
heart-rending hartverscheurend
hearty hartelijk; gezond
heat zn hitte, drift; ww verhitten, opwinden; heet worden
heat wave hittegolf
heath heide
heathen zn heiden; bn heidens
heather (struik)heide
heating verwarming
heave opheffen, doen zwellen; ~ *a sigh*, zuchten
heaven hemel
heaven hemel
heavenly hemels, zalig
heavy zwaar (gewicht); zwaarmoedig
hebdomadal, -dary wekelijks
hectic koortsachtig
hedge heg, haag
hedgehog egel
heed zn oplettendheid; ww letten op
heel hiel; hak; kapje
height hoogte; toppunt
heinous gruwelijk
heir erfgenaam
heiress erfgename, erfdochter
held zie *hold*
helicopter helikopter
hell hel
hello! hallo!
helm helmstok, roer
helmet helm
help zn hulp; ww helpen, ondersteunen, bedienen
help (me)! help (mij)!
helpless hulpeloos, onbeholpen

hem *zn* zoom; *ww* omzomen
hemorrhage bloeding
hemorrhoids *mv* aambeien *mv*
hen kip, hen
hence van nu af; dientengevolge
henceforth voortaan
henhouse kippenhok
henpecked onder de pantoffel zittend
her haar *bez vnw*
herb kruid
herd *zn* kudde; *ww* hoeden
here hier
here you are alstublieft (aanbieden)
hereabout(s) hier in de buurt
hereafter hierna(maals)
hereby hierbij, bij deze
hereditary erfelijk
heredity erfelijkheid
hereof hiervan
here's to you! op uw gezondheid
heresy ketterij
heretic ketter
herewith hiermede
heritage erfdeel, erfenis
hermetic(al) luchtdicht
hermit kluizenaar
hernia breuk
hero held
heroic heldhaftig
heroism heldenmoed
heron reiger
herring haring; *kippered ~*, gezouten en gerookte haring; *red ~*, bokking
hers van haar, het hare
hesitate aarzelen
hesitation aarzeling, weifeling
heterogeneous ongelijksoortig
hew (hewed; hewn) houwen
hi! dag! (hallo)
hiatus onderbreking
hibernation overwintering
hiccough, hiccup *zn* hik; *ww* hikken
hid(den) zie *hide*
hide *zn* huid, vel; schuilplaats; *ww* **(hid; hidden)** verbergen, schuilen
hide-and-seek verstoppertje

hideous afzichtelijk
hiding schuilplaats; *go into ~*, onderduiken
higgledy-piggledy ondersteboven, schots en scheef
high hoog, verheven; luid; adellijk (v. wild)
High Church streng orthodoxe richting in de Anglicaanse kerk
high road hoofdweg, snelweg
high school middelbare school
high tension hoogspanning
high treason hoogverraad
highbrow *gemeenz* intellectueel
Highlander Hooglander
highlight hoogtepunt
highness hoogheid
high-seasoned (sterk) gekruid
high-speed train hogesnelheidstrein
highway hoofdweg, snelweg; *~ code*, verkeersvoorschriften *mv*
hike trekken, een voetreis maken; *zn* trektocht
hiker wandeltoerist, trekker
hilarity vrolijkheid
hill heuvel
hilt gevest, hecht
him hem
himself zichzelf
hind achterst, achter-
hinder hinderen, beletten
hindmost achterste
Hindoo Hindoe
hinge hengsel, scharnier
hint wenk, vingerwijzing, hint
hip heup
hire *zn* huur; *ww* huren
hire purchase huurkoop
hirsute ruig, harig, ruw
his zijn; het zijne
hiss *zn* gesis; *ww* (uit)fluiten, sissen
historian geschiedschrijver
historic historisch
history geschiedenis
hit *zn* stoot, slag, tref; *ww* **(hit; hit)** slaan, treffen

hitchhike liften
hitchhiker lifter
hither hierheen
hitherto tot hiertoe, tot nu toe
hive bijenkorf
hoard hamsteren
hoarse hees, schor
hoary grijs, wit (van haar); overbekend
hoax *zn* poets; *ww* foppen
hobble strompelen
hobby hobby
hock rijnwijn
hold *zn* handvat, houvast; steun; scheepsruim; *ww* **(held; held)** houden, vasthouden; duren; bevatten; van oordeel zijn
hold against kwalijk nemen
holdall grote reistas
hold-back beletsel
hole gat, hol, kuil
holiday vakantie
holiday (public) feestdag
holiday home vakantiehuis
holiday park bungalowpark
holiness heiligheid
Holland Holland, Nederland
hollow *zn* holte, hol; *bn* hol; geveinsd
holy heilig
holy water wijwater
homage hulde
home *zn* huis, tehuis; *at ~*, thuis; *bijw* naar huis
home-bred inlands, inheems
homelike huiselijk; gemoedelijk
homely gezellig; eenvoudig
home-match thuiswedstrijd
homesickness heimwee
homespun zelfgesponnen; *fig* eenvoudig, huisbakken
homesters, home-team *sp* thuisclub
homeward(s) huiswaarts
homicide doodslag
Hon. = *Honourable*, hooggeboren
Hon. Sec. = *Honorary Secretary*, onbezoldigd secretaris
honest eerlijk, rechtschapen
honey honing

honeycomb honingraat
honeymoon wittebroodsweken *mv*, huwelijksreis
honeysuckle kamperfoelie
honorary eervol, honorair; *~ member*, erelid
honour eer, waardigheid
honourable achtbaar, hooggeboren, eerwaarde
hood kap
hoof hoef
hook *zn* vishaak; kram; *ww* haken, verstrikken
hooligan hooligan, oproerkraaier
hoop hoepel
hooping-cough kinkhoest
hoot jouwen, schreeuwen, toeteren
hooter sirene; toeter
hop springen, huppelen
hope *zn* hoop; *ww* hopen
hopeless hopeloos
horn hoorn; voelhoorn; claxon, toeter
horrible afschuwelijk
horrible, horrid afschuwelijk, afgrijselijk, huiveringwekkend
horror huivering, afschuw
horse paard; schraag, bok
horse fly horzel
horseback *on ~*, te paard
horseback riding paardrijden
horseman ruiter
horsepower (HP) paardenkracht (pk)
horseshoe hoefijzer
hose slang (v. brandspuit)
hosiery tricotagewinkel
hospitable gastvrij
hospital ziekenhuis
hospitality gastvrijheid
host gastheer; hostie; schare
hostage gijzelaar
hostess gastvrouw; waardin
hostile vijandig
hot heet, warm, vurig
hotel hotel
hotel-keeper hotelier
hothouse broeikas

hot-water bottle (warme) kruik
hound jachthond
hour uur
hour (half an) een half uur
hourly alle uren, om het uur
house huis
house dance housen
house party houseparty
house-boat woonschuit, ark
household *zn* huishouden; *bn* huishoude-lijk
housekeeper huishoudster
housemaid werkmeid
housemate huisgenoot
house-rent huishuur
housewife huisvrouw
hover fladderen, zweven
how hoe
however niettemin, evenwel
howl gehuil, gejank; *ww* huilen
hub naaf (wiel); centrum
hubbub opschudding
huddle *zn* warboel; *ww* opeengooien, verwarren
hue tint; schakering
hug omhelzen
huge zeer groot, kolossaal
hulk wrak; ruïne; log gevaarte
hull *zn* schil; dop; *ww* pellen
hum neuriën, zoemen
human menselijk
humane menslievend, humaan
humanity mensheid; menslievendheid
humankind mensdom
humble nederig; bescheiden; gering
humbug huichelarij, bluf
humid vochtig
humiliation vernedering
humility nederigheid; bescheidenheid

humorous geestig, amusant
humour humor; stemming, humeur
humpback, hunchback bochel
hunch voorgevoel
hundred(th) honderd(ste)
hung zie *hang*
Hungarian Hongaar(s)
Hungary Hongarije
hunger honger
hungry hongerig
hungry (be) honger hebben
hunk homp; *fig* stuk, lekker ding
hunt *zn* jacht; *ww* jagen
hunter jager; jachtpaard
hunting jacht (het jagen)
hurdle horde; obstakel; *the ~s,* hordeloop
hurl werpen, slingeren
hurricane orkaan
hurry *zn* haast, gejacht; *ww* (zich) haas-ten
hurt *zn* letsel, wonde; nadeel, schade; *ww* **(hurt; hurt)** kwetsen, bezeren; schaden
hurt bezeerd
husband man (echtgenoot)
husbandry landbouw, teelt
hush stilte; ~*!,* stil, zwijg!
husk schil, bolster
hussar huzaar
hustle dringen, duwen, zich haasten
hut hut
hydrofoil draagvleugelboot
hydrophobia watervrees
hydroplane watervliegtuig
hymn kerkgezang, lofzang
hyphen koppelteken
hypnotic slaapwekkend; hypnotisch
hypocrisy huichelarij
hypocrite huichelaar

i

I ik
i.e. = *id est,* dat wil zeggen
I.O.U. = *I owe you,* ik ben u schuldig;

schuldbekentenis
I.T.V. = *Independent Television,* Onaf-hankelijke Televisie

ice ijs; *an* ~, ijsje
ice (black) ijzel
ice cube ijsblokje
ice-cream roomijs, ijsje
icicle ijskegel
icily ijzig, ijskoud
idea denkbeeld, begrip; idee
ideal *zn* ideaal; *bn* ideaal
identify identificeren; vereenzelvigen
identity card legitimatiebewijs
identity paper identiteitsbewijs
idiom taaleigen, idioom
idiot idioot *zn & bn*
idle lui, ledig
idol afgod
idolatry afgoderij, vergoding
idolize verafgoden
idyll idylle
if als, indien, of
ignition ontsteking (elektr.)
ignition cable bougiekabels
ignition key contactsleutel
ignoble onedel, laag
ignominy schande, oneer
ignorance onwetendheid
ignorant onwetend
ignore negeren
ill ziek; slecht, kwaad
ill with flu grieperig
ill-bred onopgevoed, onbeschaafd
illegal onwettig
illegible onleesbaar
illegitimate onwettig, ongeoorloofd; (kind) onecht
ill-fated ongelukkig
illicit ongeoorloofd
illicit drugs verdovende middelen
illimitable onbegrensd
illiterate ongeletterd
ill-mannered ongemanierd
ill-natured kwaadaardig
illness ongesteldheid, ziekte
illogical onlogisch
ill-timed ongelegen, ongepast
illuminate verlichten
illusion bedrog, begoocheling, illusie

illustrate opluisteren; illustreren; duidelijk maken
illustrated (magazine) geïllustreerd blad
illustrious beroemd, vermaard
ill-will kwaadwilligheid, wrok
image beeld, beeltenis
imaginary ingebeeld, denkbeeldig
imagine zich verbeelden; aannemen
imbecile zwakzinnig, imbeciel
imbue doordringen; drenken; inboezemen
imitation navolging, nabootsing
immaculate vlekkeloos, volmaakt
immaterial onbelangrijk
immature onrijp, onvolwassen
immeasurable onmeetbaar
immediate onmiddellijk; (op brieven) spoed
immediately onmiddellijk
immemorial onheuglijk
immense onmetelijk
immerse in-, onderdompelen
imminent dreigend; aanstaande
immobility onbeweeglijkheid
immobilize onbeweeglijk maken; (geld) aan de circulatie onttrekken
immoderate onmatig, overdreven
immoral onzedelijk; zedeloos
immortal onsterfelijk
immovable onbeweeglijk
impact schok, stoot; invloed
impair afbreuk doen aan
impart meedelen, verlenen
impartial onpartijdig
impassable onbegaanbaar
impassive ongevoelig, onverschillig, onaandoenlijk
impatience ongeduld
impatient ongeduldig
impeachment aanklacht en vervolging
impeccable onberispelijk
impede verhinderen, beletten
impediment beletsel; belemmering
impel aandrijven
impend boven 't hoofd hangen, dreigen
impenetrable ondoordringbaar, ondoor-

grondelijk
imperative *zn* noodzakelijk; *zn* gebieden-
de wijs
imperceptible onmerkbaar
imperfect onvolmaakt, onvolkomen
imperial keizerlijk
imperil in gevaar brengen
imperishable onvergankelijk
impermeable ondoordringbaar
impertinent onbeschaamd
imperturbable onverstoorbaar
impetuous onstuimig, heftig
impetus prikkel, aandrift, vaart
impious goddeloos, profaan
implacable onverzoenlijk
implement gereedschap, werktuig
implicate inwikkelen; betrekken in
implicit daaronder begrepen, impliciet;
stilzwijgend; onvoorwaardelijk
implore afsmeken
imply inhouden, impliceren
impolite onbeleefd
import *zn* invoer, import; *ww* importeren
import duty invoerrechten
importance belangrijkheid; gewicht
important belangrijk
importation invoer
importer importeur
importune lastig vallen
impose opleggen
impossible onmogelijk
impostor bedrieger
impotence onmacht; onvermogen; mach-
teloosheid; impotentie
impoverish verarmen
impracticable ondoenlijk, onuitvoerbaar;
onbegaanbaar
impractical onbruikbaar, onpraktisch
impregnate bevruchten; verzadigen, im-
pregneren
impress (be)indrukken; imponeren; inprenten, duidelijk maken
impression indruk; afdruk
impressive indrukwekkend
imprint *ww* drukken; inprenten; *zn* stempel, indruk
80

imprison gevangen zetten
improbable onwaarschijnlijk
improper onbehoorlijk, ongeschikt
improve verbeteren
improvement verbetering
improvident zorgeloos
imprudent onvoorzichtig
impudent onbeschaamd
impulsion aandrang, impuls
impunity straffeloosheid
impure onrein
impute wijten
in *vz* in, naar, bij, voor; *bijw* binnen, tehuis
in front vooraan
in front of vóór (plaats)
in spite of ondanks
inability onvermogen
inaccessible ontoegankelijk, ongenaakbaar
inaccurate onnauwkeurig
inactive werkeloos, op non-actief
inadequate onvoldoende, ontoereikend
inadmissible ontoelaatbaar
inalienable onvervreemdbaar
inanimate levenloos; onbezield
inanition uitputting
inapt ongeschikt
inaudible onhoorbaar
inauguration installatie, inwijding; inhul-
diging
in-between tussenpersoon
incalculable onberekenbaar, onschatbaar
incandescent gloeiend
incapable onbekwaam
incarnation incarnatie, vleeswording;
verpersoonlijking
incautious onvoorzichtig
incendiary brand-; ~ *bomb*, brandbom
incense *zn* wierook; *ww* bewieroken; razend maken
incentive prikkel, aansporing
incertitude onzekerheid
incessantly aanhoudend, onophoudelijk
inch duim (2,54 cm)
incident voorval, incident

incidental(ly) toevallig; terloops
incision insnijding
incite aansporen, aanhitsen
incitement aansporing
incivility onbeleefdheid
inclement meedogenloos; guur
inclination helling; neiging
incline neigen, overhellen
include insluiten, behelzen
included inbegrepen
including ingesloten, inbegrepen; tot en met
inclusive ingesloten
incoherent onsamenhangend
incombustible onbrandbaar
income inkomen, inkomsten *mv*
income tax inkomstenbelasting
incomparable onvergelijkelijk
incompetent onbevoegd, incompetent
incomplete onvolkomen, onvolledig
incomprehensible onbegrijpelijk
inconceivable ondenkbaar
incongruous ongelijk(soortig), onverenigbaar; ongepast
inconsequent inconsequent
inconsiderable onbeduidend
inconsiderate onbezonnen, ondoordacht
inconsistent onverenigbaar; inconsequent
inconstant onbestendig; ongedurig, veranderlijk
incontestable onbetwistbaar
inconvenient ongelegen, lastig
incorporation inlijving; erkenning als rechtspersoon
incorrect onnauwkeurig, onjuist
incorrigible onverbeterlijk
increase *zn* aanwas, toeneming; *ww* aangroeien, toenemen
incredible ongelooflijk
incredulous ongelovig
incriminate beschuldigen
incubate (uit)broeden; ontwikkelen
incur zich blootstellen aan, zich op de hals halen
incurable ongeneeslijk

indebted verschuldigd
indecent obsceen, onfatsoenlijk
indecisive besluiteloos
indeed inderdaad, dan ook
indefatigable onvermoeibaar
indelible onuitwisbaar
indelicate grof, gênant
indemnity schadeloosstelling
indent (in)deuken
indenture contract
independence onafhankelijkheid
indescribable onbeschrijfelijk
indestructible onverwoestbaar
indeterminate onbepaald
index *zn* index; wijzer, wijsvinger; register; klapper; *ww* in een register inschrijven; alfabetiseren
index figure indexcijfer
India India
Indian *bn* Indisch, Indiaans; ~ corn, maïs; *zn* Indiër; Indiaan
indicate aanwijzen
indicator richtingaanwijzer; indicatie
indictment (akte van) beschuldiging
indifferent onverschillig
indigenous inheems, inlands
indigent straatarm
indigestion slechte spijsvertering
indignation verontwaardiging
indignity vernedering
indiscreet onvoorzichtig; onbescheiden
indispensable onontbeerlijk, onmisbaar
indisposed onwel; ongesteld
indisposition lichte ziekte; onwelwillendheid
indissoluble onoplosbaar
indistinct onduidelijk
individual *zn* individu; *bn* individueel
indivisible ondeelbaar
indolent traag, lui
Indonesia Indonesië
indoor binnenshuis, huis; ~ training, (kamer)gymnastiek, training binnenshuis
indoors binnen
indubitable ontwijfelbaar
induce veroorzaken; bewegen tot

indulge toegeven; verwennen
indulgent toegeeflijk, inschikkelijk
industrial industrieel
industrious ijverig
industry naarstigheid; nijverheid, industrie; bedrijf
ineffective zonder uitwerking
inefficacious ondoeltreffend
inefficient onbruikbaar, ongeschikt; onefficiënt
inequality ongelijkheid
inert log, loom, traag, inert
inevitable onvermijdelijk
inexact onjuist, onnauwkeurig
inexcusable onvergeeflijk
inexhaustible onuitputtelijk
inexorable onverbiddelijk, onvermijdelijk
inexpensive goedkoop
inexperienced onervaren
inexplicable onverklaarbaar
inexpugnable onaantastbaar
inextinguishable onblusbaar
infallible onfeilbaar
infamous berucht
infamy schande, beruchtheid
infancy kindsheid; beginfase
infant zuigeling; kind
infant school kleuterschool
infantile paralysis kinderverlamming
infantry infanterie
infect besmetten
infection infectie, besmetting
infelicitous ongelukkig
infer besluiten, afleiden
inference gevolgtrekking
inferior *zn* mindere, ondergeschikte; *bn* minder, ondergeschikt; minderwaardig, inferieur
inferiority complex minderwaardigheidscomplex
infernal hels
infertile onvruchtbaar
infidel ongelovig(e)
infidelity ontrouw, ongeloof
infinite oneindig
infirm zwak

infirmary ziekenhuis; ziekenzaal
infirmity gebrekkigheid, gebrek
inflammation ontvlamming, ontsteking
inflammation ontsteking (infectie)
inflate opblazen; oppompen; opdrijven v. prijzen
inflexible onbuigbaar, -zaam
inflict opleggen (straf)
inflow toevloed
influence invloed
influential invloedrijk
influenza griep
influx stroom, toevloed
inform mededelen, op de hoogte brengen, melden, inlichten
informality informaliteit
information inlichting, informatie
infraction inbreuk, schennis
infrangible onbreekbaar
infrequent zeldzaam
infringe inbreuk maken op
infuse ingieten; inboezemen
infusible onoplosbaar; onsmeltbaar
infusion toevoeging; aftreksel
ingenious vindingrijk, vernuftig
ingenuous ongekunsteld, openhartig, naïef
ingratitude ondankbaarheid
inhabit bewonen
inhabitant inwoner
inhale inademen
inharmonious onwelluidend; onevenwichtig
inherit erven
inheritance erfenis
inheritance tax successiebelasting
inhibit verbieden, verhinderen; stuiten, remmen
inhuman onmenselijk
inhume begraven
inimical vijandig
iniquity ongerechtigheid, misdadigheid
initial *bn* eerste, begin-; *zn* beginletter; *ww* paraferen
initially aanvankelijk
initiate inwijden

initiative initiatief
inject inspuiten, toevoegen
injection injectie
injudicious onoordeelkundig
injure benadelen, krenken; kwetsen
injured gewond
injured person gewonde
injurious nadelig, schadelijk, beledigend
injury verwonding, blessure; schade; hoon, onrecht
injustice onrechtvaardigheid, onrecht
ink inkt; *Indian ~*, Oost-Indische inkt
inkwell inktkoker
inlaid ingelegd
inland *zn* binnenland; *bn* binnenlands
in-laws *mv* schoonfamilie
inmate medepatiënt, medegevangene
inmost binnenste
inn herberg, logement
innate aangeboren
innavigable onbevaarbaar
inner tube binnenband
innermost binnenste
innkeeper herbergier
innocence onschuld
innocent onschuldig
innovate veranderen, vernieuwen
innuendo insinuatie
innumerable ontelbaar
inoculate enten, inenten
inodorous reukloos
inoffensive onschadelijk, onschuldig
inopportune ongelegen
inquire informeren
inquiry onderzoek, enquête
inquiry office inlichtingenbureau
inquisitive nieuwsgierig
insalubrious ongezond
insane krankzinnig
insatiable onverzadigbaar
inscribe inschrijven, griffen
inscription opschrift
insect insect
insect powder insectenpoeder
insecure onveilig, onzeker
insensitive ongevoelig, gevoelloos; on-

bewust
inseparable onafscheidelijk
insert invoegen, bijvoegen; plaatsen (in de krant)
inside *bijw* binnen, binnenin; *zn* binnenkant
insider ingewijde
insidious verraderlijk
insight inzicht
insignificant onbeduidend
insincere onoprecht
insinuate te verstaan geven, insinueren; ongemerkt indringen
insinuation insinuatie, verdachtmaking
insipid smakeloos, laf, flauw, saai
insist aandringen, staan op
insolent onbeschoft
insoluble onoplosbaar
insomnia slapeloosheid
insomuch in zoverre, zodat
inspection bezichtiging, inspectie; onderzoek
inspector inspecteur
inspiration ingeving, inspiratie, idee
instalment installatie; aflevering, termijn
instance geval, voorbeeld; aandrang; verzoek; instantie; *for ~*, bij voorbeeld
instant *zn* ogenblik; *bn* onmiddellijk; *on the 10th ~*, op de 10de
instant coffee oploskoffie
instead in plaats van
instep wreef (van voet)
instigate aansporen, ophitsen
instigation aanstichting, instigatie
instil(l) inboezemen
institute instellen, stichten
instruct onderwijzen, gelasten, opdracht geven
instruction instructie, onderricht, onderwijs; opdracht
instructive leerzaam
instrument (muziek)instrument; meetapparaat; middel
insubordination ongehoorzaamheid
insufferable onverdraaglijk, onuitstaanbaar

insufficient onvoldoende
insular eiland-
insulator isolator
insult *zn* belediging; *ww* beledigen
insupportable ondraaglijk
insurance verzekering, assurantie
insurance company verzekeringsmaatschappij
insured verzekerd
insurer verzekeraar
insurgent opstandeling, rebel
insurmountable onoverkomelijk
insurrection opstand
insusceptible ongevoelig
intact gaaf, ongeschonden
integral geheel, volledig, integraal
integrity onkreukbaarheid, zuiverheid,
integriteit
intellect intellect, verstand
intelligence verstand; intelligentie; (geheime) inlichtingen
intelligence service (geheime) inlichtin-
gendienst
intelligent verstandig, intelligent
intelligible begrijpelijk, verstaanbaar
intemperance onmatigheid
intend van plan zijn
intense intens, geweldig, hevig
intensify versterken, verhevigen
intent *zn* voornemen, opzet; *bn* inge-
spannen
intention plan, voornemen
inter begraven
interaction wisselwerking
intercede tussenbeide komen
intercept onderscheppen
intercourse seks
interdict *zn* verbod; *ww* verbieden, ontzeggen
interdiction verbod
interest belangstelling, belang; rente;
interest; *ww* interesseren
interesting interessant
interfere tussenbeide komen, zich mengen in; ingrijpen
interference bemiddeling, inmenging;

storing
interim *zn* tussentijd; *bn* waarnemend
interior binnenste, binnenland
interjection tussenwerpsel, uitroep
interloper indringer
interlude pauze; tussenspel, intermezzo
intermediary agent tussenpersoon
intermediate tussen-
interminable oneindig
intermission onderbreking
intermittent bij tussenpozen werkend,
afwisselend
internal inwendig, innerlijk
international internationaal; ~ *law*, volkenrecht
interpret uitleggen, verklaren
interpreter tolk
interrogation verhoor; ondervraging;
vraag
interrupt in de rede vallen, afbreken, storen, onderbreken
intersect snijden, (door)kruisen
interspace tussenruimte
interval tussenruimte, tussenpoos; interval
intervene tussenbeide komen, ingrijpen;
zich (onverwachts) voordoen
intervention bemiddeling, tussenkomst
interview *zn* vraaggesprek; onderhoud;
ww interviewen
intestinal inwendig
intestines ingewanden *mv*, darmen
intimacy vertrouwelijkheid
intimate *zn* boezemvriend; *bn* innig, vertrouwelijk; *ww* te kennen geven
intimidate bang maken, intimideren
into tot in, in (naar binnen)
intolerable onverdraaglijk
intolerant onverdraagzaam
intone aanheffen, inzetten (gezang)
intoxicating bedwelmend
intractable onhandelbaar
intrepid onverschrokken
intricate ingewikkeld, netelig
intrigue *zn* intrige; *ww* fascineren, intri-
geren

introduce invoeren; indienen; introduceren, voorstellen
introduction inleiding; voorstelling
intrude indringen
intruder indringer
intrusive indringerig
intuition intuïtie
inundate overstromen
invade binnenvallen, een inval doen
invalid gebrekkig, invalide; ongeldig
invaluable onschatbaar
invariable onveranderlijk
invasion (vijandelijke) inval, invasie
invective scheldwoord
inveigle lokken, verleiden
invent uitvinden, verzinnen
invention uitvinding, vinding
inventive vindingrijk
inventory inventaris
inverse omgekeerd
invertebrate ongewerveld
invest beleggen, investeren
investigation onderzoek, navorsing, enquête
investment geldbelegging; investering
inveterate ingeworteld
invidious hatelijk; hachelijk
invigorate kracht bijzetten, versterken
invincible onoverwinnelijk
inviolable onschendbaar
invisible onzichtbaar
invitation uitnodiging
invite uitnodigen; verlokken
invocation aanroeping
invoice factuur
invoke inroepen, aanroepen
involuntary onwillekeurig; onvrijwillig
involve wikkelen, verwikkelen; insluiten; betrekken
invulnerable onkwetsbaar
inward inwendig, innerlijk; binnenwaarts
iodine jodium
irascible opvliegend
irate, ireful woedend
Ireland Ierland
irish Iers

Irishman Ier
irksome ergerlijk
iron *zn* ijzer; strijkijzer; *bn* ijzeren; *ww* strijken; boeien; ~ *out*, vereffenen
iron wire ijzerdraad
ironclad *zn* pantserschip; *bn* gepantserd
iron-foundry ijzergieterij
ironical ironisch
ironing board strijkplank
irony ironie
irradiate (be)stralen
irrational onredelijk
irreconcilable onverzoenlijk
irredeemable onherroepelijk verloren; onherstelbaar; oninbaar
irregular onregelmatig, ongeregeld
irrelevant niet toepasselijk, niet ter zake
irremediable onherstelbaar
irreparable onherstelbaar
irreproachable onberispelijk
irresistible onweerstaanbaar
irresolute besluiteloos
irrespective ongeacht
irresponsible onverantwoordelijk
irretrievable onherstelbaar
irreverent oneerbiedig
irrevocable onherroepelijk
irrigate besproeien, bevloeien
irritable prikkelbaar
irritate prikkelen, ergeren
island eiland; vluchtheuvel
isle eiland
isolate afzonderen, isoleren
Israelite Israëliet
issue *zn* nummer (krant, tijdschrift); kwestie, geschilpunt; *ww* uitkomen, voortkomen, uitgeven
isthmus landengte
it het, hij, zij, daar, er
Italian Italiaan(s)
italicize cursiveren
Italy Italië
itch *zn* jeuk; schurft; *ww* jeuken; popelen, snakken
item *bijw* idem; *zn* artikel; nummer (van programma); punt (van agenda)

85

iterate herhalen
itinerary reisbeschrijving, reisroute
its zijn, haar

itself zichzelf
ivory *zn* ivoor; *bn* ivoren
ivy klimop

j

jab steken, porren
Jack Jan; jantje, matroos
jack krik; boer (kaartenspel)
jacket jasje, omhulsel, schil
jade *zn* jade, nefriet; *bn* helgroen
jail gevangenis
jailer cipier
jam *zn* jam; gedrang; (radio)storing; ver-keersopstopping, file; *ww* drukken; du-wen; klemmen; versperren; vastlopen
(*rtv*) storen
janitor portier
January januari
Japanese Japans
jar (stop)fles, kruik; gekras; schok
jaundice geelzucht
Javanese Javaan(s)
jaw kaak
jealous jaloers
jeans spijkerbroek
jeep Amerikaanse legerauto
jeer *zn* spot; *ww* spotten, honen, schel-den
jelly gelei
jellyfish kwal
jenever jenever
jeopardy gevaar
jerk stoot, ruk, stomp
jerry-built in haast opgetrokken
jersey trui
jest grap, mop
jet *zn* straalvliegtuig; straal; (gas)vlam;
ww reizen per straalvliegtuig
jet plane straalvliegtuig
jetty havenhoofd, pier
Jew Jood
jewel juweel
jeweller juwelier
jewellery sieraden

jib niet willen, weigeren
jiffy *in a ~*, strakjes
jilt de bons geven
jingle gerinkel; deuntje
jitterbug zenuwpees, bangerik; jitterbug,
een soort dans
job karwei, baan
jobber effectenhandelaar; hoekman
jocose grappig
jocular vrolijk, schertsend
jog joggen; aanstoten; opfrissen (v. ge-heugen)
jog-trot sukkeldraf
John Jan
join verenigen, samenvoegen; toetreden
tot; *~ the colours*, dienst nemen; *~ in*,
meedoen met, aan
joint *bn* verenigd, gezamenlijk; *zn* ge-wricht, scharnier; verbinding, voeg; stuk
vlees; joint
joke *zn* scherts, grap; *ww* schertsen, grap-pen
jolly vrolijk, leuk
jolt horten, stoten, schokken
jostle duwen, dringen
jot noteren
journal dagboek; dagblad; tijdschrift
journalist journalist
journey reis
jovial vrolijk, opgewekt
joy vreugde, blijdschap
jubilate jubelen, juichen
jubilee jubileum
judg(e)ment oordeel, vonnis
judge *zn* rechter, beoordelaar; *ww* oorde-len; uitspraak doen
judicial rechterlijk, gerechtelijk
judicious verstandig, oordeelkundig
jug kruik, kan; pot

juggler jongleur
juice sap
juicy sappig
July juli
jumble door elkaar gooien
jump springen; plotseling omhoog gaan (v. prijzen)
jump leads startkabels
junction verbinding; knooppunt (van spoorlijnen)
juncture voeg, naad; kritiek ogenblik
June juni
jungle rimboe, wildernis
junior de jongere
junk oude rommel

junkie (drugs)verslaafde
juridical gerechtelijk, juridisch
jurisdistion rechtsgebied; rechtsbevoegd-heid
jurisprudence rechtsgeleerdheid
jurist jurist, rechtsgeleerde
juror gezworene, jurylid
jury jury
just *bn* rechtvaardig, getrouw; *bijw* juist, even; ~ *now*, zo-even; nu
justice gerechtigheid, rechtvaardigheid; justitie
justify rechtvaardigen
juvenile jeugdig

k

K.G. = *Knight of the Garter* Ridder van de Kouseband
kale boerenkool
keel kiel (v. schip)
keen Enthousiast; scherp, heftig, bits; happig op
keen-sighted scherpzinnig
keep *zn* bewaring, hoede; onderhoud; *ww* **(kept; kept)** houden, bewaren, con-serveren; verdedigen
keeper bewaarder, bewaker, opzichter; doelverdediger
keepsake aandenken
kennel hondenhok
kept zie *keep*
ketchup ketchup
kettle ketel
key sleutel, toets
keyboard toetsenbord, klavier
keyhole sleutelgat
keyring sleutelring
kick *ww* schoppen, trappen; *zn* schop, trap; veerkracht; ~ *off*, aftrap
kid *zn* kind; jochie; jonge geit *ww* plagen, voor de gek houden
kid gloves *mv* glacéhandschoenen *mv*
kidnap ontvoeren

kidnapper ontvoerder
kidney nier
kidney bean bruine boon, snijboon
kill doden, slachten; te niet doen
killjoy spelbederver
kilogram kilogram
kilometre kilometer
kilt Schots rokje
kin verwantschap
kind *zn* soort, geslacht; *bn* vriendelijk
kind(li)ness vriendelijkheid; goedheid, welwillendheid
kindergarten kleuterschool
kindle ontsteken; vuur vatten
kindred verwanten *mv*
king koning; heer (kaartspel)
kingdom koninkrijk
kinsman bloedverwant
kiosk kiosk
kipper gezouten en gerookte haring of vis
kiss *zn* kus, zoen; *ww* kussen
kit uitrusting; gereedschap; gereed-schapskist
kitchen keuken
kitchen garden moestuin
kitchencloth afdroogdoek

kitchen-range kookfornuis
kite vlieger
kitsch kitsch
kitten jong poesje, katje
knack handigheid, slag, gave
knapsack knapzak
knave schurk; (*kaartsp*) boer
knead kneden; masseren
knee knie
knee-cap knieschijf
kneel (knelt of **kneeled; knelt** of **kneeled)**
knielen
knew zie *know*
knife(ves) mes(sen)
knife-rest messenlegger

knight ridder
knit (knit of **knitted; knit** of **knitted)**
breien, knopen; fronsen
knitting-needle breinaald
knob knobbel, knop
knock *zn* slag, klop, klap; *ww* slaan, kloppen; ~ *down*, neerslaan
knot *zn* knop; knobbel; kwast, knoest;
ww knopen, verbinden
knotted, knotty knoestig
know (knew; known) kennen; weten
knowledge kennis, kunde; medeweten,
voorkennis
known zie *know*
knuckle knokkel

l

label etiket, label
laboratory laboratorium
laborious moeizaam, moeilijk
labour *zn* arbeid; arbeiderspartij; moeite;
bevalling; *ww* arbeiden, zich moeite geven
labour dispute arbeidsgeschil
Labour Party *Br* de socialistische partij
laburnum goudenregen
lace *zn* kant; veter; *ww* rijgen
lacerate verscheuren
lace-up rijglaars
lack *zn* gebrek, tekort; *ww* ontberen, ontbreken
lacquer *ww* lakken; *zn* lak, vernis
lad knaap, jongen
ladder ladder (ook in kous)
laden beladen, gevuld
ladies' (room) damestoiletten
ladle (pol)lepel
lady dame, vrouw des huizes; *Our Lady*,
Onze Lieve Vrouwe
ladylike als een dame
lag achterblijven
lager pils
laid gelegd; ~ *up*, bedlegerig; zie *lay*
lain zie *lie*
88

lair hol, leger (v. dier)
lake meer (waterplas)
lamb lam; lamsvlees
lame mank, kreupel; zwak
lament *zn* klacht; *ww* betreuren
lamp lamp
lamp-post lantaarnpaal
lampshade lampenkap
lance lans
land *zn* land, bodem, grond; *ww*
(aan)landen
land force(s) landmacht
land tax grondbelasting
landing landing; landingsplaats;
(trap)portaal
landing-stage aanlegsteiger
landlady hospita, waardin
landlord hospes; herbergier
landmark herkenningspunt; mijlpaal
landowner grondbezitter
landscape landschap
landslip aardverschuiving
lane landweg; rijstrook; geul; *get in* ~,
voorsorteren
language taal
languid kwijnend, lusteloos
languish smachten, kwijnen

lank sluik
lantern lantaarn
lap *zn* schoot; ronde, onderdeel; *ww* opslorpen; klotsen
lapse vergissing; verloop van tijd; verval, terugval
lapwing kievit
larceny diefstal
lard *zn* reuzel; *ww* larderen
larder provisiekamer, -kast
large ruim, groot, breed, uitgestrekt; royaal
largest grootste
lark leeuwerik
larynx strottenhoofd
lascivious wulps
lash *zn* zweepslag; geseling; wimper; *ww* geselen; (vast)sjorren
lass meisje
lassitude vermoeidheid
last *bn* laatst, vorig(e), jongstleden; *ww* duren, blijven; ~ *night*, gisteravond; ~ *but one*, voorlaatste
lasting duurzaam, blijvend, langdurig, bestendig
latch klink
latchkey huissleutel
late laat, te laat; gewezen; wijlen
late season naseizoen
lately onlangs, laatst
late-night shop avondwinkel
latent verborgen, verholen
later later, straks
lateral zijdeling(s)
lath lat
lathe draaibank
lather *zn* zeepsop, schuim; *ww* inzepen
Latin *zn* Latijn; *bn* Latijns
latitude breedte
latter laatste (van twee), laatstgenoemde
latter-day modern
lattice-(work) traliewerk; latwerk
laudable prijzenswaardig
laugh *zn* gelach, lach; *ww* lachen
laughable belachelijk
laughing-stock mikpunt van spot

laughter gelach
launch *zn* lancering; tewaterlating; *ww* lanceren; van stapel laten lopen
launderette wasserette
laundry was(goed)
laurel laurier; lauwerkrans
lavatory wc; toilet
lavender lavendel
lavish *bn* overvloedig, kwistig; *ww* verkwisten
law wet, recht
law court rechtbank
lawful wettig
lawless wetteloos, bandeloos
lawn gazon
lawnmower grasmaaimachine
lawsuit proces
lawyer advocaat
lax laks, nalatig
laxative laxeermiddel
lay *bn* oningewijd, ondeskundig; *ww* **(laid; laid)** leggen, plaatsen; ~ *in*, inslaan, opdoen; zie ook *lie*
layer laag
layman leek
layout aanleg, ontwerp
lazy lui, vadsig
lb. = *libra*, Engels pond (= 453,6 gram)
lead *zn* lood; voorsprong; leiding; (kaartspel) invite, voorhand; *ww* **(led; led)** leiden, aanvoeren
leaden loden
leader (ge)leider; aanvoerder; hoofdartikel
leading article hoofdartikel
leaf (leaves) blad (boom)
leafless bladerloos
league verbond; ~ *of Nations*, Volkenbond
leak *zn* lek; lekkage; *ww* lekken
leakage lekkage
leaky lek
lean *bn* mager; lenig; *ww* **(leant of leaned; leaned)** leunen; overhellen
leap *zn* sprong; *ww* **(leapt of leaped; leapt of leaped)** springen

89

leap year schrikkeljaar
leapfrog haasje-over
learn (learnt of **learned; learnt** of **learned**) leren; vernemen
learning geleerdheid, wetenschap
lease ww verhuren, verpachten; zn huur-contract, pacht
leash koppel, band, lijn
least kleinste, minste; at ~, ten minste, minstens
leather zn leer; bn leren
leather goods lederwaren
leave verlof; afscheid; ww (**left; left**) weggaan, verlaten; nalaten; overlaten, laten
leaves mv bladeren mv, loof
leavings mv overschot; afval; kliekjes mv
lecture lezing; college
lecturer docent
led zie *lead*
ledge richel, rand
ledger grootboek
leek prei, look
leer gluren
leeward lijwaarts
left bn links, linker; bn achternagelaten; zie ook *leave*
left luggage department bagagedepot
left-handed links
leftovers mv kliekjes mv
leg been, poot, bout; pijp
leg been
legacy legaat, nalatenschap
legal wettig
legal aid juridische hulp
legalize legaliseren, wettigen
legation legatie
legend legende
legging legging; beenkap
legible leesbaar
legion legioen
legislation wetgeving
legitimate bn echt, wettig; ww echten, wettigen
leisure vrije tijd; at ~, op zijn gemak
lemon citroen

lemon squeezer citroenpers
lemonade limonade
lemonsquash kwast (drank)
lend (lent; lent) lenen aan
lending library leesbibliotheek
length lengte, duur
lenient toegevend; zacht
lenitive verzachtend
lens lens (objectief)
Lent vasten
lent zie *lend*
leotard maillot
leprosy melaatsheid, lepra
lesion beschadiging, verwonding
less minder, kleiner
lessen verminderen
lesser kleiner, minder
lesson les
lest uit vrees dat
let zn huur; ww (let; let) (over)laten; ver-huren; ~ alone, laat staan; to ~, te huur
lethal dodelijk
letter brief; letter; betekenis; ~ to the editor, ingezonden stuk
letter box brievenbus
letter-balance brievenweger
lettuce kropsla
level zn niveau, peil, stand, vlak; bn vlak, waterpas; ww gelijkmaken, effenen
level vlak (terrein)
level crossing spoorwegovergang
lever hefboom
levy zn heffing; ww heffen, opleggen
lexicon woordenboek
liability verantwoordelijkheid, verplich-ting; ~ to service, dienstplicht
liable verantwoordelijk; onderhevig, blootgesteld aan
liar leugenaar
libel smaad
liberal mild, gul, vrij; vrijzinnig, liberaal
liberate bevrijden
libertine losbandig
liberty vrijheid
Libra Weegschaal
librarian bibliothecaris

library bibliotheek, studeerkamer
licence verlof, patent; vergunning; rijbewijs; losbandigheid
licentious losbandig, bandeloos
lick *ww* likken; verslaan; *zn* lik
licorice drop
lid deksel; (oog)lid
lie *zn* leugen; *ww* (lied; lied) liegen; (lay; lain) liggen, rusten
Liege Luik
lieutenant luitenant; gouverneur
lieutenant-colonel overste
life leven, levensduur; levenslicht
life annuity lijfrente
life assurance levensverzekering
lifebelt reddingsboei
lifeboat reddingsboot
lifebuoy redding(s)boei
lifeless levenloos
life-preserver zwemgordel
lifetime levensduur; mensenleven
lift *zn* stijging; lift; *get a* ~, (gratis) mee kunnen rijden; *ww* opheffen, optillen, lichten
light *zn* licht; lucifer; vuurtje (voor sigaret); verlichting; *bn* licht; luchtig; lichtzinnig; gemakkelijk; *ww* (lit of lighted; lit of lighted) verlichten, opsteken; aanmaken
lighten weerlichten; lichter maken
lighter aansteker; lichter
lighthouse vuurtoren
lighting licht (verlichting)
lightness lichtheid, vlugheid; lichtvaardigheid
lightning weerlicht, bliksem
lightning-conductor bliksemafleider
lights verlichting
like *zn* weerga, gelijke; *(bijw)* dergelijk, gelijkend, *(voegw)* zoals; *ww* houden van, mogen; lusten
likely waarschijnlijk
likeness gelijkenis
likewise evenzo, desgelijks
lilac *zn* sering; *bn* lila
lily lelie; ~ *of the valley*, lelietje van dalen
limb lid, lichaamsdeel; ~s, *mv* ledematen

mv
lime vogellijm; kalk, lindeboom; soort citroen
limit *zn* limiet; grenslijn; toppunt; *ww* begrenzen, beperken
limitation beperking, bepaling
limp *bn* slap; *ww* hinken
limpid helder, klaar, doorschijnend
linden linde
line *zn* regel; lijn; rij; spoor-, stoomvaartlijn; ~ *of conduct*, gedragslijn; *ww* voeren (bekleden)
lineal lijnrecht; rechtstreeks
linear lineair, lijn-; van de eerste graad
linen linnengoed
liner lijnboot, -vliegtuig
linger dralen, talmen; nablijven
linguistic taalkundig
lining voering
link *zn* schakel; *ww* aaneenschakelen
links golfbaan
linseed oil lijnolie
lion leeuw
lioness leeuwin
lip lip; rand
lipstick lippenstift
liqueur likeur
liquid *zn* vloeistof; *bn* vloeibaar, vloeiend
liquidation liquidatie, afwikkeling
liquor (sterke) drank
liquorice drop
lisp lispelen
list *zn* (naam)lijst, tabel; tochtband; *ww* een lijst opmaken van, catalogiseren; opsommen; overhellen
listen luisteren
listener(-in) luisteraar
listless lusteloos
lit *zie* light
literal letterlijk
literature letterkunde, literatuur; (propaganda)lectuur
lithe(some) buigzaam; lenig
lithography lithografie, steendruk
litigation proces
litre liter

litter rommel, afval; stroleger
little klein, luttel, weinig; *a ~*, een beetje
little finger pink
littoral *zn* kustgebied; *bn* kust-
live wonen, leven
live together samenwonen
livelihood kostwinning
liveliness levendigheid
lively levendig
liver lever
livery livrei, uniform
livestock veestapel
livid woedend; lijkbleek
living *zn* bestaan, broodwinning; *bn* levend
living-room woonkamer
lizard hagedis
load *zn* lading; vracht; *ww* **(loaded; loaden)** bevrachten, laden
loading lading, het laden
loaf (*mv* **loaves**) *zn* brood; *ww* lanterfanten
loafer leegloper; slipper
loam leem
loan *zn* lening; *ww* lenen
loath afkerig
loathe walgen, verfoeien
loathsome walgelijk, vies
lobby *zn* portaal; koffiekamer, foyer; wandelgang; lobby; *ww* lobbyen
lobe (oor)lel; kwab
lobster kreeft
local plaatselijk, lokaal
local bus stadsbus
locality plaats
location plaatsing, ligging
lock *zn* slot; sluis; (verkeers)opstopping; (haar)lok; *ww* sluiten
locker kastje, safe, bagagekluis
lock-out uitsluiting
lock-up gevangenis; parkeergarage
locomotive locomotief
locust sprinkhaan
locution uitdrukking
lodge *zn* optrekje, huisje; portierswoning; loge; *ww* neerleggen; huisvesten; (in)wo-

nen
lodger huurder
lodging huisvesting, kamers *mv*
lodging house pension
lodgings logies
loft zolder
lofty verheven
log blok hout; logboek
loggerheads *be at ~*, bakkeleien
logical logisch
loin lende, lendenstuk
loiter slenteren, talmen
London Londen
lonely eenzaam
long *bn* lang, langdurig; *~ since*, lang geleden; *ww ~for*, verlangen naar
long chair ligstoel
longboat (*scheepv*) sloep
longing verlangen
longitude geografische lengte
long-playing record langspeelplaat
long-winded langdradig
look *zn* uiterlijk, blik, kijk; *ww* kijken, zien, uitzien; *~ after*, zorgen voor; *~ for*, zoeken naar; *~ at*, bekijken; *~ like*, lijken op; *~ round*, rondkijken; *~ up*, opzoeken
look out! pas op!
looking-glass spiegel
lookout uitkijk
loop lis, lus; duikvlucht
loose *bn* los, ruim; losbandig; *ww* losmaken
loosen losmaken
loot *zn* plundering, buit; *ww* plunderen
loquacious spraakzaam
lord heer, echtgenoot; lord
lorry vrachtauto
lose (**lost; lost**) verliezen; (klok) achterlopen; *~ weight*, afvallen
lose (one's) way verdwalen
loss verlies, schade
lost verloren, weg; zie ook *lose*
lost property gevonden voorwerpen
lot deel, lot, perceel; een heleboel; portie, partij; stukje land
lotion lotion

lottery loterij
loud luid
loudspeaker luidspreker
lounge *ww* luieren; *zn* (hotel)hal; lounge
lounge suit colbertkostuum
louse (*mv* lice) luis
lout lummel, pummel
love liefde; *in* ~, verliefd; *ww* liefhebben,
houden van (iem.)
love letter liefdesbrief
loveliness lieftalligheid
lovely allerliefst, lief; heerlijk, prachtig
lover minnaar; minnares
low laag; nederig
Low Countries *mv* de Nederlanden *mv*
low tide eb
lower *bn* lager, dieper; minder; geringer;
ww lager maken, laten zakken; strijken;
verminderen
low-fat vetarm
loyal getrouw
lozenge tabletje, pastille; ruit
LPG LPG
Ltd. = *limited liability company*, naamloze vennootschap, NV
lubricant smeersel; glijmiddel
lubricate doorsmeren
lubricator smeermiddel
lubricity glibberig-, gladheid
lucid helder, doorschijnend
luck kans, geluk; *bad* ~, pech
lucky gelukkig
lucrative winstgevend

ludicrous belachelijk
lug trekken, slepen
luggage bagage
luggage carrier bagagedrager
luggage ticket bagagereçu
luggage van bagagewagen
lukewarm lauw
lull stilte, rust
lullaby slaapliedje
lumbago spit (in de rug)
lumber timmerhout
luminous lichtgevend
lump klomp, kluit, klontje
lunacy krankzinnigheid
lunar module maansloep
lunatic krankzinnig; ~ *asylum*, krankzinnigengesticht
lunch lunch
lunch (have) lunchen
lunch (packed) lunchpakket
lungs longen
lure *zn* lokaas; *ww* lokken
lurid huiveringwekkend, expliciet; fel
lurk loeren; schuilen
lush sappig, mals
lust (wel)lust; begeerte
lustre luister, glans; aantrekkingskracht
lusty krachtig, ferm
lute luit
luxurious weelderig
luxury luxe, weelde
lyrical lyrisch, lier-

m

M = 1 *Member*, lid; 2 *Meridian*, middag-
lijn; twaalf uur 's middags; 3 *Master*, uni-
versitaire graad
macaroon bitterkoekje
maceration vermagering
machination beraming, intrige
machine toestel, machine
mack, mackintosh regenjas
mackerel makreel

mad dol, razend, gek
madam mevrouw, juffrouw
made zie *make*
madness krankzinnigheid
magazine magazijn; tijdschrift
magic toverkunst
magic lantern toverlantaarn
magician tovenaar
magistrate magistraat, politierechter

magnanimity grootmoedigheid
magnet magneet
magnetic magnetisch
magneto magneet (v. motor)
magnificence pracht, luister
magnificent prachtig
magnify vergroten
magnifying glass vergrootglas
magnitude grootte, grootheid
magpie ekster
mahogany mahoniehout
maid meid, maagd
maiden zn jonkvrouw, maagd; meisje; bn maagdelijk; eerste
maiden name meisjesnaam
maiden speech eerste redevoering v.e. nieuw lid
maidservant dienstmeisje
mail zn brievenpost, post; postdienst; ww posten
mail-coach postwagen
maim verminken
main bn voornaamste, hoofd-; zn hoofd-lijn, -leiding, buis
mainland vasteland
mainly voornamelijk
maintain handhaven
maintenance onderhoud
maize maïs
majesty majesteit
major zn majoor; meerderjarige; bn hoofd-, grootste
major road hoofdweg, voorrangsweg
majority meerderheid; meerderjarigheid
make zn maaksel, fabrikaat; lichaams-bouw; ww (made; made) maken; doen
make-believe zn schone schijn; bn voor-gewend
maker fabrikant; schepper
makeshift hulp-, nood-
make-up make-up
making maak, maaksel
malady ziekte
malaria malaria
Malay zn Maleisiër; bn Maleis
male zn mannetje; bn mannelijk

malediction vervloeking
malefactor boosdoener
malevolent kwaadwillig
malice kwaadaardigheid
malicious boosaardig, plagerig
malign boosaardig, slecht; kwaadaardig
malleable smeed-, plooibaar
malnutrition ondervoeding
malodorous stinkend
malt mout
maltreat mishandelen
mam(m)a mama
mammal zoogdier
man mv (men) man, mens, knecht; dam-schijf
manage besturen; beheren; regeren; het klaar spelen; ~ to get, bemachtigen
management behandeling, bestuur; be-heer; beleid; directie
manager bestuurder; administrateur; di-recteur
managing beherend
mane manen mv (paard)
mangle zn mangel; ww verminken, ver-knoeien
manhood mannelijkheid
maniac krankzinnige
manicure manicuren
manifest openbaar; duidelijk
manifold menigvuldig
manipulation belasting, manipulatie
mankind mensheid
manly mannelijk, manmoedig
manner manier, wijze
mannerly welgemanierd
manners zeden, (goede) manieren mv, gedrag
manners manieren
manservant (huis)knecht, bediende
mansion herenhuis
mantelpiece schoorsteenmantel
mantle zn mantel; laag; ww bedekken, bemantelen
manual handboek
manufacture vervaardigen
manufacturer fabrikant

manure mest
manuscript manuscript
many menig, veel, vele
many-sided veelzijdig
map kaart, landkaart, plattegrond
maple ahorn, esdoorn
mar bederven, beschadigen
marble *zn* marmer; knikker; *bn* marmeren
March maart
march *zn* optocht, mars; *ww* trekken, marcheren
mare merrie
margarine margarine
margin rand, kant, kantlijn
marigold goudsbloem
marine *zn* marine, vloot; marinier; *bn* scheeps-, zee-
marine fish zeevis
mark *zn* merk, merkteken, doel; cijfer; mark (Duitse munt); *ww* merken; kenmerken; betekenen, aanduiden; signaleren; corrigeren
market markt; aftrek
marmalade marmelade
maroon kastanjebruin
marquee (tentoonstellings)tent
marriage huwelijk
married getrouwd; huwelijks-
married (get) trouwen
marrow merg
marry huwen, trouwen
marsh moeras
marshal maarschalk; ceremoniemeester
martial krijgshaftig, krijgs-
martyr martelaar, martelares
marvel *zn* wonder; *ww* zich verwonderen
marvellous wonderbaarlijk
marzipan marsepein
masculine mannelijk
mash *zn* mengelmoes, brij; *ww* fijnstampen
mask *zn* masker; *ww* zich vermommen; maskeren
mason steenhouwer; vrijmetselaar
masquerade maskerade
mass (*RK*) mis; massa, hoop

massacre moord, bloedbad
massage *zn* massage; *ww* masseren
massive massief, enorm
mast mast
master *zn* meester, heer, baas; jongeheer; *ww* overmeesteren, beheersen
masterful meesterlijk; competent
masterkey loper; hoofdsleutel
masterpiece meesterstuk
mastery meesterschap
masticate kauwen
mastiff buldog
mat *zn* mat; *bn* mat
match *zn* lucifer; gelijke, weerga; partij; huwelijk; wedstrijd. match; stel; *ww* paren; evenaren; het hoofd bieden
matchbox lucifersdoosje
matchless weergaloos
mate *zn* makker, maat, helper; stuurman; (schaak)mat; *ww* paren
material *bn* stoffelijk, materieel; *zn* grondstof, materiaal, materieel
materialize verwezenlijken; werkelijkheid worden
maternity hospital kraamkliniek
mathematics *mv* wiskunde
matrimony huwelijk
matrix context; matrix
matron dame op middelbare leeftijd; moeder (weeshuis), directrice (ziekenhuis)
matter stof, zaak, ding; materie; *what is the ~?*, wat scheelt eraan?
matter of fact (as a) trouwens
matter-of-fact zakelijk; nuchter
mattock houweel
mattress matras
mature *bn* volwassen; rijp, gerijpt; *ww* volwassen worden; rijpen
Maundy Thursday Witte Donderdag
maxim grondstelling, stelregel
maximum maximaal
May mei
may (might; been allowed) mogen, kunnen
maybe misschien
mayflower meidoorn, koekoeksbloem

mayor burgemeester
M.D. = *Medicinal doctor*, doctor in medicijnen
me me (mij)
meadow weide
meagre mager, schraal
meal maaltijd; meel
mean *zn* gemiddelde; middenweg; *bn* gering; inhalig; gemeen, laag, min; gierig; *ww* **(meant; meant)** menen, bedoelen; betekenen
meaning bedoeling, betekenis
means middelen *mv*, manier; inkomsten *mv*, *by no ~*, geenszins
meant zie *mean*
meantime, meanwhile intussen
measles *mv* mazelen *mv*
measurable meetbaar
measure *zn* maat, maatregel; *ww* meten
meat vlees
meat (minced) gehakt (vlees)
meat products vleeswaren
mechanic monteur, reparateur
mechanical werktuiglijk, machinaal, mechanisch, automatisch
mechanician werktuigkundige
mechanics *mv* werktuigkunde
Mechlin Mechelen
medal medaille
meddle zich bemoeien (met), zich mengen (in)
meddlesome bemoeiziek
mediaeval middeleeuws
mediate bemiddelen, bijleggen
mediatory bemiddelend
medical geneeskundig
medical assistance medische hulp
medicine geneesmiddel, medicijn
mediocre middelmatig
meditate overdenken
Mediterranean *zn* Middellandse Zee; *bn* Mediterraan
medium midden, middenweg; middelsoort; middel; medium
medley potpourri
meek zachtmoedig, gedwee

meet (met; met) ontmoeten; kennis maken; afspreken
meeting vergadering; bijeenkomst; ontmoeting
megalomania grootheidswaanzin
melancholy *zn* zwaarmoedigheid; *bn* somber, zwaarmoedig
mellow *bn* rijp, mals, zacht, plezierig; *ww* verzachten
melodious welluidend
melody wijs, melodie
melon meloen
melt smelten, vertederen
melting pot smeltkroes
member lid, lidmaat
membership lidmaatschap
membrane vlies
memento aandenken
memorable gedenkwaardig, heuglijk
memorial *zn* gedenkteken; *bn* gedenk-
memorize optekenen, in het geheugen prenten
memory geheugen; herinnering
men *mv* mannen *mv*
menace *zn* bedreiging; *ww* dreigen
mend verbeteren,; repareren; *~ one's ways*, zich beteren
mendacious leugenachtig
mending-wool stopwol
menstruation menstruatie
mental geestes-; verstandelijk; *~ home*, zenuwinrichting
mentality geestesgesteldheid, mentaliteit
mention *zn* melding; *ww* melden, noemen
menu menu, menukaart
mercantile handels-
mercenary *zn* huurling; *bn* inhalig; gehuurd
merchandise koopwaar
merchant koopman, handelaar
merchantman koopvaardijschip
merciful barmhartig, genadig
merciless onbarmhartig
mercury kwikzilver

mercy genade
mere louter, enkel
merely alleen, slechts, maar
merge samensmelten; fuseren
merger fusie
meridian meridiaan
meridional zuidelijk
merit zn verdienste; ww verdienen
merriment vrolijkheid
merry vrolijk
merry-go-round draaimolen
mesh maas; (net)werk
mesmerize biologeren
mess knoeiboel, rommel; verwarring; mil
gemeenschappelijke ruimte
message boodschap (bericht)
messenger (boy) bode, loopjongen, chas-
seur
mess-room scheepv eetzaal
met zie meet
metal zn metaal; ~s, spoorstaven mv;
heavy ~, zwaar geschut; bn metalen
meteor meteoor
meter (gas)meter
method methode
methylated spirit stove spiritusbrander
methylated spirits brandspiritus
meticulous nauwgezet
metre metrum; meter
metropolis hoofd-, wereldstad
metropolitan grootstedelijk
Meuse Maas
new zn meeuw; ww miauwen
news woning(en) boven stal(len) of ga-
age(s)
niaow miauwen
nice mv muizen mv
nidday middag
niddle zn midden; bn middelbaar; middelste
Middle Ages mv Middeleeuwen mv
niddle class (gegoede) middenstand
niddle-aged van middelbare leeftijd
niddling middelmatig
nidget dwergje
nidmost middelste

midnight middernacht
midst midden; in our ~, onder ons
midway halfweg, midden
might macht, kracht; zie ook may
mighty machtig
migrate verhuizen, trekken
migratory bird trekvogel
mild zacht, zachtaardig; ~ cigar, lichte
sigaar
mile mijl
mileage recorder kilometerteller; afstand
in mijlen
milestone mijlpaal
militant strijdlustig, militant
military militair
milk melk; lotion
milk jug melkkan
milk tooth melktand
milkman melkboer
Milky Way melkweg
mill molen; fabriek; spinnerij
miller molenaar
millimetre millimeter
milliner verkoper/maker van vrouwen-
hoeden
millinery vrouwenhoeden-
million miljoen
millstone molensteen
mimic nabootsen
mince fijn hakken; verbloemen
mind zn ziel, gemoed, verstand; geest,
lust; neiging, mening; ww letten op, denken om; zorgen voor; het erg vinden
mindful bewust
mindless achteloos; leeghoofdig
mine de mijne, het mijn; zn mijn
mine-layer mijnenlegger
miner mijnwerker
mineral delfstof, mineraal
mineral water bronwater
minesweeper mijnenveger
mingle (ver)mengen
miniature miniatuur; ~ camera, kleinbeeldcamera
minimum minimum
mining mijnbouw

minister *zn* minister, gezant, geestelijke; *ww* bedienen, toedienen; voorzien, bijdragen, de kerkdienst verrichten
ministry ministerie, ambt
mink nerts
minor minderjarig
minority minderheid; minderjarigheid
mint *zn* munt, kruizemunt; *ww* munten
minuscule klein, gering
minute *zn* minuut; *ww* aantekenen, notuleren; *bn* klein, nietig, minutieus
minute minuut
minutely omstandig, nauwkeurig
minutes *mv* notulen *mv*
minx feeks
miracle wonder
mirage luchtspiegeling
mire modder, slijk
mirror *zn* spiegel, afspiegeling, toonbeeld; *ww* weerspiegelen
mirth vrolijkheid
miry beslijkt, modderig
misadventure tegenspoed
misanthrope mensenhater
misappreciation miskenning
misbehaviour wangedrag
misbelief dwaalleer; dwaalbegrip
miscalculate misrekenen
miscarry een miskraam hebben
miscellaneous gemengd
mischance ongeluk
mischief onheil, kwaad; ondeugendheid
mischievous boosaardig; schadelijk; ondeugend
misconception misvatting, wanbegrip
misconduct wangedrag
miscreant boosdoener
misdeed misdaad, wandaad
misdemeanour wangedrag
misdoing wandaad, vergrijp
miser gierigaard
miserable ellendig
miserly gierig, vrekkig
misery ellende
misfortune rampspoed
misgiving bange twijfel

misguide misleiden
mishap ongeval, ongeluk, incident
misinterpret verkeerd uitleggen
misjudge verkeerd beoordelen
mislay zoek maken; verleggen
mislead (misled; misled) misleiden
mismanagement wanbeheer
misprint drukfout
misrule wanorde, wanbestuur
miss *zn* juffrouw (voor ongehuwde vrouwen); *ww* missen, verzuimen, ontbreken
missal *rk* misboek
misshapen misvormd, wanstaltig
missile projectiel
missing person vermissing
mission zending, missie
missionary zendeling
mist mist, nevel
mistake *zn* vergissing; fout; misslag; *ww* **(mistook; mistaken)** misverstaan, zich vergissen
mister (Mr.) meneer
mistletoe maretak, mistletoe
mistress (Mrs.) mevrouw (vóór familienaam van gehuwde vrouwen); meesteres; directrice; minnares
misunderstand (misunderstood; misunderstood) misverstaan, verkeerd begrijpen
misunderstanding misverstand
mite *zn* mijt; dreumes; *bijw* een beetje
mitigate verzachten, lenigen
mitten want; *get the ~*, de bons krijgen
mix mengen, vermengen
mixed pickles *mv* gemengd zuur, mixed pickles *mv*
mixture mengsel; drankje (medisch)
M.O. = 1 *moneyorder*, postwissel;
2 *Medical Officer*, officier v. gezondheid
moan gekerm, gejammer, klacht; *ww* kermen, kreunen; klagen
moat (slot)gracht, singel
mob menigte; gepeupel
mobility beweeglijkheid
mobilize mobiliseren
mock *zn* spot; *bn* zogenaamd, nage-

maakt; *ww* bespotten
mock turtle soup (nagemaakte) schildpadsoep
mockery spot, bespotting
mode stijl, mode; vorm, wijze
model model, voorbeeld
moderate *bn* matig; gematigd; *ww* matigen
modern hedendaags, modern
modest bescheiden
modesty bescheidenheid
modification wijziging
Mohammedan mohammedaan(s)
moist vochtig, klam
moist sugar basterdsuiker
moisten bevochtigen
moisture vochtigheid, vocht
molar kies
mole mol; havenhoofd; moedervlek
molehill molshoop
molest lastig vallen, kwellen
mollify verzachten, kalmeren
Moluccas *mv* Molukken *mv*
moment ogenblik, moment
momentary kortstondig, een ogenblik durend
momentous gewichtig
monastery klooster
Monday maandag
monetary munt-, geld-
money geld
money box spaarpot; collectebus
money order postwissel
moneyed bemiddeld
monition vermaning
monitor *zn* beeldscherm; monitor; *ww* controleren
monk monnik
monkey aap; heiblok
monkey wrench schroefsleutel
monopoly alleenrecht, monopolie
monotonous eentonig
monsoon moesson
monstrous monsterachtig, afschuwelijk
month maand
monthly *bn* maandelijks; *zn* maandblad

monument gedenkteken, monument
mood stemming, humeur
moody humeurig; somber
moon maan
moonshine maneschijn
moor *zn* heide; veen; *ww* vastmeren
mop stokdweil, zwabber; *ww* dweilen
mope kniezen, druilen
moped bromfiets
moral zedelijk, moreel
morass moeras
morbid ziekelijk, ongezond
mordant bijtend, scherp
more groter, meer; ~ *or less*, min of meer
moreover bovendien
morning morgen, ochtend; *this* ~, vanmorgen; *in the* ~, 's ochtends
morning coat jacquet
morning paper ochtendblad
Morocco Marokko
morose knorrig
morsel hap, brokje, stuk
mortal *zn* sterveling; *bn* sterfelijk, dodelijk
mortar mortier; mortel, specie
mortgage hypotheek
mortification vernedering
mosaic mozaïek
Moselle Moezel(wijn)
Moslem moslim
mosque moskee
mosquito mug, muskiet
moss mos
most meest, zeer, groot
mostly merendeels, meestal
motel motel
moth mot
mother moeder; ~ *of pearl*, paarlemoer
motherhood moederschap
mother-in-law schoonmoeder
motion beweging; voorstel, motie
motion picture film
motive beweegreden
motor *zn* motor; *ww* per auto rijden
motor (driver's) licence rijbewijs
motor car auto(mobiel)

99

motor car accident auto-ongeluk
motor coach touringcar
motor mechanic autoreparateur
motor truck vrachtauto
motorbike motorfiets
motorboat motorboot
motorcycle motorfiets
motoring trip autotocht
motorized bicycle bromfiets
motorway autosnelweg
mould *zn* molm; schimmel; vorm; gietvorm, mal; type; aard; *ww* beschimmelen; vormen; gieten; kneden
moult ruien, verharen
mount *zn* berg; rijpaard; *ww* bestijgen, beklimmen; monteren; organiseren; toenemen
mountain berg
mountain ash lijsterbes
mountain bike mountainbike
mountain hike bergwandeling
mountain hut berghut
mountain pass pas (bergpas)
mountain range gebergte
mountain slope berghelling
mountaineering bergbeklimmen, bergsport
mountainous bergachtig
mountebank kwakzalver
mounted bereden
mourn rouwen, betreuren
mourning rouw
mouse (mice) muis
mousetrap muizenval
moustache snor
mouth mond, muil; monding
mouth-to-mouth resuscitation mond-op-mondbeademing
movable beweeglijk, beweegbaar, mobiel
move *zn* beweging, verhuizing; *ww* (zich) bewegen; een voorstel doen; in beweging brengen; opwekken; ontroeren; verhuizen; ~ *on*, doorlopen
movement beweging, verplaatsing; mechanisme; *muz* deel

movie film
movies *(gemeenz) the* ~, bioscoop
mow *zn* hooiberg; *ww* **(mowed; mown)** maaien
M.P. = *Member of Parliament*, Lid v. h. Parlement
Mr. = *Mister*, meneer (vóór een naam)
Mrs. = *Mistress*, mevrouw (vóór de naam v. getrouwde vrouwen)
much veel, zeer
mud modder, slijk
muddle *zn* warboel; *ww* in de war gooien; verknoeien
muddle-headed warrig; dom
muddy modderig
mud-guard spatbord
muffin soort gebakje
muffler bouffante; demper
mufti *in* ~, in burger
mug *zn* mok; *ww* overvallen
mulberry moerbei
mule muildier; stijfkop
multiple *bn* veelvuldig; *zn* grootwinkelbedrijf; veelvoud
multiply vermenigvuldigen
multiply vermenigvuldigen
multitude menigte
mum mamma; *keep* ~, zwijgen
mumble mompelen
mummy mummie; mammie
mumps *mv* de bof
munch knabbelen
mundane alledaags, saai
municipal stedelijk, burgerlijk, gemeentelijk
municipality gemeente(bestuur)
munificent mild, royaal
munition munitie
murder moord
murderer moordenaar
murderous moorddadig
murmur *zn* gemurmel; *ww* morren; murmelen
muscle spier
muscular gespierd; spier-
muse *zn* muze; *ww* mijmeren

museum museum
mushroom paddestoel, champignon
music muziek
musical muzikaal
musical musical, revue
music-hall variété(theater)
musician musicus, muzikant
musing *zn* gepeins; *bn* peinzend
muslin mousseline, neteldoek
mussels mosselen
must (must; been obliged) moeten;
(musted; musted) (doen) beschimmelen;
zn schimmel
mustard mosterd
muster *zn* monstering; appèl; *ww* monsteren; verzamelen, opbrengen
musty beschimmeld, muf
mutation verandering, wijziging, mutatie

mute stom, sprakeloos
mutilate verminken
mutineer ruiter
mutinous oproerig
mutiny *zn* muiterij, oproer; *ww* muiten
mutter mompelen
mutton schapenvlees
mutton chop schaapskotelet
mutual wederkerig, -zijds
muzzle smoel, muil, bek, snuit; muilkorf;
monding
my mijn, mijne
myopic bijziend, kortzichtig
myself mijzelf
mysterious geheimzinnig
mystery geheim, raadsel
mystification verbijstering
myth mythe

n

nag zeuren; vitten (op)
nail *zn* spijker, nagel; klauw; *ww*
(vast)spijkeren
nail brush nagelborstel
nail file nagelvijl
nail polish nagellak
nail scissors nagelschaar
naive ongekunsteld, naïef
naked naakt, bloot, kaal
name *zn* naam, aanzien; *ww* noemen, benoemen
name is ... (my) ik heet ...
nameless nameloos; onnoemelijk
namely namelijk
name-plate naambordje
namesake naamgenoot
nap *zn* dutje; *ww* dutten
nappy luier
narrative *zn* verhaal; *bn* verhalend
narrow eng, nauw(keurig), smal; bekrompen
narrow-minded kleingeestig
nasal neus-
nasturtium Oost-Indische kers

nasty vuil; naar; gemeen
natal geboorte-
natation zwemkunst
nation volk, natie
national nationaal, landelijk; staats-
National Anthem volkslied
National Health Service ziekenfonds (Engeland)
nationality nationaliteit
nationalize nationaliseren
native *zn* inboorling; *bn* aangeboren, inheems, geboorte-
natural natuurlijk
natural gas aardgas
naturalize naturaliseren
nature natuur, aard, karakter; soort
naught niets, nul
naughty ondeugend, stout
nausea misselijkheid, walging
nauseous misselijk
nautic(al) zeevaart-
naval scheepvaart-, zee-
nave naaf; schip (v. kerk)
navel navel

101

navigable bevaarbaar; bestuurbaar
navigate varen, bevaren
navy marine, zeemacht
nay wat meer is, ja zelfs
N.B. = *nota bene*, let op
n.d. = *no date*, zonder jaartal
near *bn* nabij, bij, naverwant; dierbaar; linker; *ww* naderen
nearby dichtbij
nearest naast, dichtstbijzijnd
nearly bijna
near-sighted bijziend
neat netjes, schoon; knap, behendig
neat-handed behendig; vlug
nebulous vaag
necessaries *mv* behoeften, benodigdheden *mv*
necessary noodzakelijk, nodig
necessitate vereisen
necessity nood. noodzakelijkheid; behoeftigheid
neck hals, nek
necklace halssnoer, halsketting
need *zn* nood; noodzaak; *ww* nodig hebben, behoeven
needed (be) nodig zijn
needle naald
needle case naaldenkoker
needless onnodig, nodeloos
needlework handwerk(en)
needy behoeftig
nefarious gruwelijk
negation ontkenning; weigering
negative *bn* ontkennend, negatief; *zn* negatief
neglect *zn* verzuim; *ww* verwaarlozen, nalaten
negligent nalatig, achteloos
negotiable verhandelbaar; bespreekbaar
negotiate handel drijven; verhandelen; bespreken
negress negerin
negro neger
neigh hinniken
neighbour buurman
neighbourhood nabijheid, buurt

neighbouring naburig, aangrenzend
neither geen van beide(n); noch, ook niet; ~... *nor*, noch... noch
nephew neef (zoon van broeder of zuster)
nerve zenuw, pees; nerf; spierkracht; brutaliteit, moed
nervous zenuw-, zenuwachtig; ~ *disease*, zenuwziekte
nervy nerveus
nest nest
nestle zich nestelen
net *zn* net; *bn* zuiver, netto
Neth., Netherlands Nederland
nethermost onderste, diepste
nettle (brand)netel
network net(werk); zender
neutral onzijdig, neutraal
neutrality neutraliteit, onzijdigheid
never nooit, nimmer, geenszins
nevertheless niettemin, desondanks
new nieuw, vers
New Year nieuwjaar
New Year's Day nieuwjaarsdag
New Year's Eve oudejaarsavond
newcomer nieuweling
new-fangled nieuwerwets
newly onlangs
news nieuws, bericht
newsboy krantenjongen
newspaper krant
newspaper krant
newsreel filmjournaal
news-stand krantenkiosk
next naast; (eerst)volgend, aanstaande; ~ *day*, volgende dag
next door hiernaast
next to naast
nibble knabbelen
nice, nicely lekker, prettig, aardig, lief; mooi; keurig; leuk; fatsoenlijk
niche nis; ~ *in the market*, gat in de markt
nick keep, nerf; *in the ~ of time*, op 't nippertje
nickel nikkel; *Amer* munt van vijf cent

nickname bijnaam
niece nicht (dochter v. broeder of zuster)
niggardly gierig, vrekkig
night nacht; avond; *last ~*, gisteravond; *at ~*, in de nacht
night (spend the) overnachten
night club nachtclub
night rate nachttarief
nightcap slaapmuts(je)
nightgown nachtpon
nightingale nachtegaal
nightlife calendar uitgaansagenda
nightmare nachtmerrie
Nile Nijl
nimble vlug, lenig
nine negen
ninepins *mv* kegelspel
nineteen negentien
ninety negentig
ninth negende
nipple tepel; nippel
nippy kil (v. kou)
nitrogen stikstof
no geen, neen, niet
nobility adel
noble adellijk; edel
nobleman edelman
nobody niemand
nocturnal nachtelijk
nod *zn* knik; *ww* knikken
node knobbel, knoest
noise lawaai, geraas, getier, geluid
noisome schadelijk, ongezond
noisy lawaaiig, luidruchtig
no-man's land niemandsland
nominal in naam, nominaal
nominate noemen, benoemen
non-commissioned officer onderofficier
nonconformist onconventioneel; afgescheidene (v. d. Engelse staatskerk)
nondescript onopvallend
none geen; niemand
non-payment wanbetaling
non-perishable (be) houdbaar (zijn)
non-resident tijdelijk verblijvend
nonsense onzin, nonsens

non-skid tyre antislipband
non-smoking compartment niet roken coupé
non-stop doorgaand; doorlopend; zonder tussenlanding, non-stop
noodle uilskuiken, sul; *~s mv*, vermicelli
noon middag
noose strik, lus
nor noch, ook niet
normal normaal, geregeld
north noorden
North Pole noordpool
North Sea Noordzee
northern noordelijk
Norway Noorwegen
Norwegian Noor(s)
nose neus; voorkant; *~ around*, zijn neus in andermans zaken steken
nosegay ruiker
nostalgia nostalgie
nostril neusgat
not niet
notabilities *mv* notabelen *mv*
notable opmerkelijk, merkwaardig, aanzienlijk
notary notaris
notch *zn* keep, kerf; *ww* kerven
note *zn* merk, teken; toon; *(muz)* noot; aantekening, nota; briefje; geldbiljet; aanzien; *ww* optekenen, aanduiden; nota nemen van
notebook notitieboekje; draagbare computer
nothing niets
notice kennisgeving, aandacht, oplettendheid, convocatie, bericht; *give ~*, de dienst (huur) opzeggen
noticeable merkbaar, merkwaardig
noticeboard aanplakbord
notification kennisgeving
notify aanzeggen, bekendmaken
notion begrip, denkbeeld
notorious berucht
notwithstanding niettegenstaande
nougat noga
noun naamwoord; naam

nourish voeden; koesteren
nourishing voedzaam
novel roman
novelist romanschrijver
novelty nieuwigheid
November november
novice beginneling, nieuweling
now nu
nowadays tegenwoordig
nowhere nergens
noxious schadelijk
nozzle spuit; mondstuk; tuit
nuclear kern-
nucleus kern
nude naakt
nudist beach naaktstrand
nudity naaktheid
nugget klomp (goud)
nuisance plaag, last; *it is a* ~, het is vervelend
null ~ *and void*, krachteloos, nietig
nullify krachteloos maken, vernietigen

numb gevoelloos; verstijfd, verdoofd
number *zn* nummer, getal, aantal; *(tel)* ~ *engaged*, in gesprek; *ww* tellen
number plate nummerbord
numberless talloos
numeral telwoord
numeration telling
numerator teller
numerous talrijk
nun non
nuptial huwelijks-, bruids-
nurse *zn* verpleegster; kinderjuffrouw; *ww* verplegen
nursery kinderkamer, crèche; kweekschool, -vijver; (boom)kwekerij
nursing home ziekenverpleging
nut noot; moer (v. schroef)
nutcracker(s) notenkraker
nutmeg nootmuskaat
nutritious, nutritive voedzaam
nutshell notendop
nylon nylon

O

o nul (in telefoonnummers)
oak eik, eikenhout
o/a of = *on account of*, voor rekening van
O.A.P. = *Old Age Pensioner*, gepensioneerde
oar (roei)riem
oat(s) haver; *rolled oats*, havermout
oath eed; vloek
obdurate verhard, verstokt, koppig
obedience gehoorzaamheid
obedient gehoorzaam
obese vet, corpulent
obey gehoorzamen
object *zn* voorwerp, doel; *direct* ~, lijdend voorwerp; *indirect* ~, meewerkend voorwerp; *ww* tegenwerpen, bezwaar maken
objection tegenwerping, bezwaar
objectionable aanvechtbaar; onaangenaam

objective *bn* objectief; *zn* doel
obligation verplichting
obliged verplicht
obliging voorkomend; beleefd
oblique scheef, schuin, hellend; afwijkend, zijdelings; indirect
obliterate uitwissen, doorhalen
oblivion vergetelheid
oblong langwerpig
obscene vuil, obsceen
obscure *bn* duister, onbekend; *ww* verduisteren, verbergen
obsequies *mv* begrafenis
obsequious onderdanig, kruiperig
observance waarneming; naleving
observant oplettend; strikt
observation waarneming
observatory sterrenwacht
observe waarnemen; opmerken; in acht nemen

obsession obsessie
obsolete verouderd
obstacle hinderpaal
obstetrics *mv* verloskunde
obstinate hardnekkig, koppig
obstruct verstoppen, versperren, blokkeren; beletten
obstruction verstopping, versperring; obstructie, beletsel
obtain verkrijgen, verwerven
obtrusive opdringerig
obtuse stomp, bot; traag van begrip
obviate voorkomen, uit de weg ruimen
obvious klaarblijkelijk, voor de hand liggend
occasion gelegenheid; aanleiding
occasional toevallig, gelegenheids-
occidental westen
occupant bezitnemer, bewoner
occupation beroep; bezigheid; bezitneming, bezetting; bewoning; ~ *army*, bezettingsleger
occupied bezet
occupy innemen, bezetten, bekleden, in beslag nemen; bewonen
occur vóórkomen; gebeuren
ocean oceaan
o'clock *it is 8* ~, het is acht uur
octave octaaf; octet
October oktober
ocular oog-; gezichts-
oculist oogarts
odd oneven; zonderling, raar
odds *mv* kans(en); *be at* ~, ruzie hebben; *against all* ~, tegen alle verwachtingen in; ~ *and ends*, ditjes en datjes
odious hatelijk, afschuwelijk
odoriferous, odorous sterk geurend
odour reuk, geur
oesophagus slokdarm
of van
of course natuurlijk
off ver vandaan, eraf, weg, uit; ~ *hours*, vrije uren
offence belediging, vergrijp
offend beledigen, ergeren; overtreden

offensive beledigend, onaangenaam
offer *zn* aanbod, offerte; *ww* aanbieden, ten offer brengen
offering offerande, offer
off-hand voor de vuist (weg)
office ambt, functie, plicht; kantoor, bureau
officer beambte, ambtenaar, officier; (politie)agent
official ambtelijk, ambts-, officieel
official report proces-verbaal
officiate dienst doen; fungeren; de mis opdragen
off-licence slijterij
offspring nakomelingen
often dikwijls, vaak
ogle lonken
O.H.M.S. = *On His (Her) Majesty's Service*, dienstzaken v.d. Britse overheid
oil olie, petroleum
oil and vinegar olie en azijn
oil filter oliefilter
oil level oliepeil
oil paint olieverf
oil pump oliepomp
oil syringe oliespuit
oilcloth wasdoek, zeildoek
oil-fuel stookolie
oilskins *mv* oliegoed
oily olieachtig, zalvend
ointment zalf
O.K. in orde, goed
okay oké
old oud, afgesleten; *of* ~, vanouds
old maid oude vrijster
old-age pension ouderdomspensioen
old-fashioned ouderwets
oldish ouwelijk
old-timer oudgediende; iemand van de oude stempel
olive olijf; olijfkleur
olive oil olijfolie
Olympic Olympisch; *the* ~s, de Olympische spelen
omelet(te) omelet
ominous onheilspellend

omission verzuim; weglating
omit weglaten, nalaten, achterlaten
omnipotent almachtig
on op, aan, om, met, van, te; voort, verder; ~ *the left*, links
once eens, eenmaal; *at* ~, dadelijk, meteen, tegelijk
once eens (eenmaal)
one één, iemand, men; ~ *another*, elkan-
der; ~ *day*, eens; ~ *and a half*, anderhalf
one moment please even geduld a.u.b.
one's period (to have) ongesteld (zijn)
onerous lastig, bezwaarlijk
oneself (zich)zelf
one-way traffic eenrichtingsverkeer
onion ui
only enige; alleen, slechts
onwards voorwaarts, vooruit
ooze sijpelen
opaque ondoorschijnend, donker
open bn open, geopend, openlijk; ww
openen, opengaan, openmaken
openhanded gul, royaal
openhearted openhartig
opening opening; begin
opening hours openingstijden
open-minded onbevooroordeeld
opera opera
opera glasses toneelkijker
operate werken, opereren; van kracht
zijn
operation operatie; werking
operator operateur; telefonist; bestuurder
opinion mening, oordeel
opponent bestrijder, tegenstander; tegenpartij
opportunity gelegenheid; gunstig ogenblik, kans
oppose tegenstellen, tegengaan, weerstaan, bezwaar maken
opposite tegengesteld, tegenover
opposition tegenstand, tegenkanting,
oppositie, verzet
oppress onderdrukken
oppression verdrukking; benauwdheid

optician opticien
option keus, vrijheid van kiezen, voorkeur
opulence overvloed
or of; ~ *else*, of wel, anders
oral mondeling
orange zn sinaasappel; bn oranje
orange juice sinaasappelsap
orator redenaar
orbit baan (v. ster); invloedssfeer
orchard boomgaard
orchestra orkest
ordain bevelen; verordenen; tot priester
wijden
ordeal beproeving
order zn orde, schikking; order; klasse;
bestelling; ww regelen, schikken, bevelen, bestellen; tot priester wijden
order (in) in orde
order (out of) niet in orde, defect
order to (in) om (opdat)
orderly zn ordonnans; bn geregeld, ordelijk
ordinance voorschrift; ritus
ordinary gewoon
ordination verordening; ordinantie;
raadsbesluit; priesterwijding
ordnance geschut; munitie
ore erts
organ werktuig; orgaan; orgel; ~ *of
sense*, zintuig
organic organisch
organization organisatie
organize organiseren
orgy orgie, braspartij
Orient oosten
oriental zn oosterling; bn oosters
orifice opening, mond
origin oorsprong, begin; afkomst
originality originaliteit
originate voortbrengen; afkomstig zijn
ornament zn versiersel; ww tooien
orphan wees
orphanage weeshuis; ouderloosheid
orthodox rechtzinnig, orthodox
oscillation slingering, schommeling

osseous benig, beenachtig

ossify tot been worden, verharden

ostensible zogenaamd; ogenschijnlijk, blijkbaar

ostentation uiterlijk vertoon, praal

ostrich struisvogel

other ander, nog een

otherwise anders, anderszins

ought (ought; ought) moeten, behoren, nodig zijn

ounce ons (± 28 gram)

our ons, onze

ours van ons

ourselves onszelf

out uit, buiten; uit de mode; uitgedoofd; ~ *and* ~, door en door; aarts-

out of order defect

outboard motor buitenboordmotor

outbound vertrekkend (vlucht)

outbreak uitbarsting

outcast verschoppeling, verstoteling

outcome resultaat, uitslag

outcry *zn* geschreeuw; protest; *ww* overschreeuwen

outdo overtreffen

outdoor(s) buitenshuis

outfit kleding, uitrusting; ploeg; afdeling

outgrow ontgroeien

outing uitstapje

outlaw *zn* vogelvrij verklaarde, balling; *ww* verbieden

outlay uitgaven, kosten *mv*

outlet uitgang; afzetgebied; uitweg; stopcontact; groothandel

outline omtrek; schets

outlook uitkijk; zienswijze

outmost buitenste

outnumber in aantal overtreffen

out-of-work werkloos

out-patient poliklinische patiënt

output opbrengst

outrage *zn* smaad, wandaad; verontwaardiging; *ww* beledigen, geweld aandoen

outright openlijk, ronduit

outset aanvang, begin

outside buitenzijde; *bijw* buiten, uit

outsider buitenstaander, outsider; niet favoriet zijnd paard

outskirts buitenkant, -wijken *mv*

outstanding achterstallig, onbetaald; markant, bijzonder

outward uitwendig, uiterlijk

outward-journey uitreis

outwit te slim af zijn

outworn versleten

oval eivormig, ovaal

ovation hulde, ovatie

oven oven

over boven, over; door, voorbij

overboard overboord

overcame zie *overcome*

overcast bewolkt, betrokken

overcharge *ww* overladen; te veel in rekening brengen; *zn* overbelasting

overcoat overjas

overcome (overcame; overcome) *ww* overwinnen, te boven komen; *bn* onder de indruk, verslagen

overdo (overdid; overdone) overdrijven

overdue te laat, over tijd; achterstallig

overhaul *zn* onderhoudsbeurt; *ww* reviseren, nazien

overhead boven ons, in de lucht

overhear (overheard; overheard) afluisteren, opvangen

overheat oververhitten

overland over land

overleaf aan ommezijde

overlook over 't hoofd zien; uitkijken op

overmaster overmeesteren

overrate overschatten

oversea overzees

overseer opzichter

overshoe overschoen

oversight opzicht, vergissing

oversleep (oneself) (-slept; -slept) zich verslapen

overtake inhalen

overtake (-took; -taken) inhalen, overvallen

overtax te zwaar belasten

overthrow om(ver)werpen

overtime overuren *mv*, overwerk
overture ouverture; inleiding
overturn omgooien; omslaan, omvallen
overweight overwicht
overwhelming overstelpend, verpletterend
overwork *ww* uitputten; zich overwerken; *zn* overwerk
owe schuldig zijn, te danken hebben

(aan); erkennen, toegeven
owl uil
own *bn* eigen; *ww* bezitten, hebben, erkennen, toegeven
owner eigenaar
ox (*mv* **oxen**) os
oyster oester
oz. = *ounce*, ons (± 28 gr)

p

pace stap, pas; tempo
pacific vredelievend
Pacific Stille Zuidzee
pacification kalmering; vredestichting
pack *zn* pakket; groep; pak, last; ~ *of cards*, spel kaarten; *ww* inpakken, bepakken
package verpakking, pak(je)
packet pakje, pakket
packing verpakking
pact verdrag, verbond
pad kussentje, onderlegger, blocnote; poot
padding (op)vulsel
paddle *zn* peddel; schoep; *ww* peddelen; pootjebaden
paddling pool pierenbadje
paddock paddock, kleine omheinde weide
padlock hangslot
pagan *zn* heiden; *bn* heidens
page bladzijde; oproepen, oppiepen
pageant (historische) optocht; schouwspel; pracht
pager pieper (voor oppiepen)
paid zie *pay*
pail emmer
pain pijn, moeite
pain perdu wentelteefje
painful pijnlijk, moeilijk
painkiller pijnstiller
painless pijnloos
painstaking ijverig, nauwgezet

paint *zn* verf; *ww* verven
painter schilder
painting schilderkunst; schilderij
painting schilderij
pair paar, stel, tweetal
pair of jeans spijkerbroek
pair of tights panty
pair of tongs tang
pal kameraad
palace paleis
palate gehemelte
palaver geklets
pale bleek, dof, flauw, licht (kleur)
palliate verzachten, lenigen; verbloemen
palliative lapmiddel; pijnstiller
pallor bleekheid
palm palm; palmboom
palpable tastbaar
palpitate kloppen (het hart)
palpitations of the heart hartkloppingen
paltry armzalig, waardeloos
pamper vertroetelen, verwennen
pan pan
pancake pannenkoek
pane glasruit, paneel
panel paneel; groep deskundigen; instrumentenbord
pang pijn, steek, foltering; angst
panic paniek
pansy driekleurig viooltje
pant hijgen
panties broekje (slipje), onderbroekje
pantry provisiekamer, -kast

pants *mv Br* onderbroek; *Amer* broek
pap onzin
papacy pausdom
papal pauselijk
paper papier; krant; verhandeling; document; behangselpapier; *ww* behangen; *bn* papieren
paper cover omslag, kaft
paper currency papiergeld
paper cutter, paper knife briefopener
paperback pocketboek
paperbound ingenaaid
paperweight presse-papier
par *on* a ~ *with*, gelijk aan; *below* ~, ondermaats
parable parabel
parachute valscherm, parachute
parade *zn* parade, optocht; vertoon; openbare wandelplaats; *ww* aantreden, paraderen; pronken
paradise paradijs
paraffin petroleum
paragraph paragraaf (§); (kort) krantenbericht
parallel evenwijdig, overeenkomstig
paralysis verlamming
paramount opperste, hoogste
parapet borstwering, leuning
paraphernalia persoonlijke eigendommen; uitrusting
parasite parasiet
parasol parasol
paratroops *mil* luchtlandings-, parachutetroepen *mv*
parcel *zn* perceel; pakje; postpakket; *ww* ~ *out*, verdelen
parcel post pakketpost
parchment perkament
pardon *zn* vergiffenis, genade; *ww* vergeven
pardonable vergeeflijk
pare schillen
parenthesis haakje, tussenzin
parents ouders
parings schillen *mv*
parish parochie

parish priest pastoor
Parisian *bn* van Parijs; *zn* Parijzenaar
parity gelijkheid; pariteit
park *zn* park; *ww* parkeren
parking meter parkeermeter
parking place parkeerplaats
parliament parlement
parlour ontvang-, spreekkamer; salon
parlourmaid tweede meisje
parody parodie
parole *zn* voorwaardelijke invrijheidsstelling; *ww* voorwaardelijk vrijlaten
paroxysm heftige aanval
parquet parket
parquetry parketvloer
parrot papegaai
parry afweren, pareren, omzeilen
parsimonious gierig, karig
parsing taalkundige ontleding
parsley peterselie
parson predikant, dominee
part *zn* deel, aandeel, part, gedeelte; zijde; partij; streek; rol; *ww* delen, scheiden
partake (partook; partaken) ~ *in*, deelnemen; ~ *of*, gebruiken
partial gedeeltelijk, partijdig
participate delen, deelnemen
participation deelname; inspraak
participle deelwoord
particle greintje; deeltje
particular *bn* speciaal, bijzonder; nauwkeurig; moeilijk; kieskeurig; *zn* bijzonderheid, detail
particularly speciaal, zeer, in het bijzonder
parting scheiding; afscheid
partisan *zn* partijganger, partizaan; *bn* partijdig
partition deling, verdeling, scheiding; (be)schot
partly gedeeltelijk, deels
partner partner, deelgenoot, vennoot, compagnon
partnership deelgenootschap
partook zie *partake*
part-payment *in* ~, op afbetaling

109

partridge patrijs
part-time deeltijd
part-timer deeltijdwerker
party partij; feestje; gezelschap; deelnemer; aanhang
party-coloured bont
pass *zn* pas; doorgang; toestand; bergpas; reispas; *ww* voorbijgaan, gebeuren; gaan door; maken; doen; (tijd) verdrijven; ~ *by*, voorbijgaan, passeren
passable *bn* gangbaar; begaanbaar; *bijw* tamelijk
passage passage, doorgang, gang; doortocht; overtocht; vracht; fragment (v. boek)
passenger passagier
passer-by (*mv* passers-by) voorbijganger
passing *zn* voorbijgang, loop; overlijden; *bn* voorbijgaand
passion hartstocht, drift, passie
passive lijdelijk, lijdend
pass-key loper; huissleutel
passport paspoort
passport control pascontrole
passport photo pasfoto
password wachtwoord
past *bn* verleden, voorbij, over; *zn* verleden; *in the ~*, vroeger
paste *zn* deeg; pasta; *ww* plakken
pasteboard *zn* bordpapier, karton; *bn* bordpapieren, kartonnen
pastime tijdverdrijf
pastor voorganger, predikant
pastry gebak, pastei
pasture *zn* weide; *ww* (laten) weiden
pat *zn* tikje, klopje; *ww* tikken, kloppen; *bn* gémakkelijk, meegaand
patch lap; moesje; stukje (grond), plek
patella knieschijf
patent *bn* openbaar, duidelijk; gepatenteerd; *zn* patent
paternal vaderlijk
paternity vaderschap
path pad
pathetic pathetisch, aandoenlijk; belachelijk

pathway (voet)pad
patience geduld
patient *zn* patiënt; *bn* geduldig
patrimony vaderlijk erfdeel; nationaal erfgoed
patrol *zn* patrouille; *ww* patrouilleren
patron begunstiger; beschermheer; beschermheilige; vaste klant
patronize sponsoren; neerbuigend behandelen; z'n klandizie geven
patter kletteren, trippelen
pattern model, patroon, dessin
patty pasteitje
paunch buik, pens
pauper arme, bedeelde
pause *zn* rust, pauze; stilstand; *ww* pauzeren, even rusten; stilstaan bij
pavement plaveisel, bestrating; trottoir, stoep
pavement café terras (op straat)
pavilion tent; paviljoen
paw poot, klauw
pawl pal
pawn *zn* pion; pand; *ww* verpanden
pawnbroker lommerdhouder
pawnshop pandjeshuis, lommerd
pay *zn* loon, betaling, soldij; *ww* **(paid;** **paid)** betalen; de moeite lonen; ~ *in addition*, ~ *extra*, bijbetalen, suppleren; *~the* *bill*, afrekenen
pay-book (*mil*) zakboekje
pay desk kas (kassa)
P.A.Y.E. = *pay as you earn*, direct ingeh. loonbelasting
paymaster betaalmeester; officier v. administratie
payment betaling, voldoening
pay office (betaal)kas
payphone munttelefoon
P.C. = 1 *personal computer*, computer voor privé-gebruik; 2 *price current*, prijscourant; 3 *police constable*, politieagent
pd. = *paid*, betaald
pea erwt
pea soup erwtensoep
peace vrede, rust

peaceful vreedzaam, vredig
peach perzik
peacock pauw
peak spits, top, piek; klep
peak hour piek-, spitsuur
peanut pinda
peanut butter pindakaas
pear peer
pearl parel
peas erwten
peasant boer, landman
peat turf; veen
peat-moor veen
pebble kiezelsteen
peck ww pikken; zn kusje
peculiar bijzonder, eigenaardig
pecuniary geldelijk
pedal zn pedaal; trapper; ww fietsen
pedantic verwaand, pedant
pedestal voetstuk
pedestrian voetganger
pediatrician kinderarts
pedigree stamboom
pedlar (drugs)handelaar
peel zn schil; ww pellen, schillen
peelings schillen mv
peep gluren; kijken
peephole kijkgat
peer zn leeftijdsgenoot, gelijke; ww turen
peerage adel
peevish knorrig, wrevelig
peg pin, haakje; wasknijper
pellet prop (papier); balletje
pell-mell hals over kop
pelt zn vacht; ww bekogelen, gooien
pelvis bekken
pen pen; hok; schaapskooi; (baby)box
penal strafbaar, straf-
penal code Wetboek van Strafrecht
penalty boete, straf; strafschop
pencil bn bijw potlood, penseel; copying ~, inktpotlood; ~ of rays, lichtbundel
pending hangende, onbeslist; voegw tot
pendulum slinger (van klok)
penetrate doordringen, doorgronden
penfriend correspondentievriend(in)

penholder penhouder
peninsula schiereiland
penis penis
penitence berouw
penitentiary Amer strafgevangenis
penknife zakmes, pennenmes
pennant, pennon wimpel
penny (mv pennies, "het aantal" en
pence "het bedrag") 1/100 deel van een pond sterling
penny-wise zuinig op nietigheden
pension pensioen; jaargeld;; ~ off, pensioneren
pensive peinzend, weemoedig
penthouse luxe dakwoning
penury behoeftigheid, armoede
peony pioenroos
people zn volk; mensen, lieden mv; vnw men
pepper peper
peppermint pepermunt
pepperpot peperbus
per door, bij, met, per
per cent procent
perambulator kinderwagen
perceive bemerken, waarnemen
percent percent
perceptible merkbaar, waarneembaar
perception gewaarwording, waarneming
perch baars; stang, rekje
percolator koffiezetapparaat
percussion slag, schok; slagwerk
perdition verderf, ondergang
peremptory afdoend, beslissend, gebiedend
perennial voortdurend; overblijvend (plant)
perfect volmaakt, volkomen
perfidious trouweloos, vals
perforate doorboren, perforeren
perform vervullen, volbrengen, verrichten, volvoeren; (toneel) spelen, optreden
performance uitvoering,, verrichting, prestatie; voorstelling
perfume zn parfum, geur; ww parfumeren

perfumery parfumerie (zaak)
perhaps misschien
peril gevaar
period tijdperk, tijdvak; periode; punt; ~ *of validity*, geldigheidsduur; *have one's ~*, ongesteld zijn
periodical *bn* periodiek; *zn* tijdschrift
perish vergaan, verongelukken, omkomen
perishable vergankelijk, aan bederf onderhevig
peritonitis buikvliesontsteking
perjury meineed
perm *zn* permanente haargolf; *ww* permanenten
permanent duurzaam, vast, permanent
permeate doordringen
permeation doordringing
permission vergunning, toestemming, verlof
permit *zn* vergunning, verlof; *ww* veroorloven, toelaten
pernicious verderfelijk, schadelijk
perpendicular loodrecht
perpetrate plegen
perpetrator dader
perpetual eeuwigdurend; levenslang; eeuwig
perpetuate vereeuwigen, continueren
perplex verward, verlegen, verbijsterd
perplexity verbijstering; verwarring
persecute vervolgen; lastig vallen
perseverance volharding
persevere volhouden
Persian *bn* Perzisch; *zn* Pers
persist volharden, volhouden
persistent volhardend, hardnekkig
person mens, persoon
personal persoonlijk
personal use (for) voor eigen gebruik
personnel personeel; ~ *management*, personeelsbeleid
perspective verschiet, perspectief; vooruitzicht
perspicacious scherpziend, -zinnig, schrander

perspire zweten
persuade overreden, overtuigen
pert vrijpostig, brutaal
pertain behoren, aangaan
pertinent toepasselijk; ter zake, relevant
perturbation storing, verontrusting
pervade doordringen; doortrekken van; vervullen van
perverse verdorven, inslecht; dwars, onredelijk
pervert *zn* afvallige; *ww* verdraaien; bederven, verleiden
pest pest, plaag; last
pestilence pest, pestziekte
pet *zn* lieveling; huisdier; *ww* aaien
pet shop dierenwinkel
petition smeekschrift, verzoekschrift, rek(w)est
petrify verstenen
petrol benzine
petrol station benzinestation
petrol tank benzinetank
petroleum petroleum
petticoat onderjurk
petty klein, gering; kleinzielig; ~ *cash*, kleine kas; ~ *officer*, onderofficier bij de marine
petulant prikkelbaar, lastig
pew kerkbank
pewter soort tin
phantom spook, droombeeld
pharmacist apotheker
phase periode, fase
pheasant fazant
phenomenon verschijnsel
phial flesje, ampul
philandering geflirt
philanthropy mensenliefde
philatelist postzegelverzamelaar
philosopher filosoof, wijsgeer
philosophy filosofie, wijsbegeerte
phone *zn* telefoon; *ww* telefoneren, opbellen
phone call (tele-) telefoontje, belletje
phonecard telefoonkaart
photo foto

photocopy fotokopie
photograph foto; portret
photographer fotograaf
phrase frase; zegswijze
phthisis (long)tering
physical lichamelijk; natuurkundig; materieel
physician dokter
physics *mv* natuurkunde, fysica
piano piano
pianotuner pianostemmer
pick *zn* pikhouweel; tandenstoker; keuze, opbrengst; *ww* uitkiezen; plukken, oprapen; prikken; *rtv* opvangen; ~ *out*, uitzoeken; ~ *up*, ophalen
pickle pekel; ~*s*, zuur
pickpocket zakkenroller
picnic picknick
picture beeld; schilderij, prent; afbeelding; portret; film; *the* ~*s*, *mv* bioscoop
picture-book prentenboek
picture-postcard prentbriefkaart
picture-puzzle rebus
picturesque schilderachtig
pie taart; ekster
piece stuk; *a* ~, per stuk
piece of paper blaadje (papier)
pier pier (wandelhoofd)
pierce doorboren; binnendringen
piety vroomheid
pig varken
pigeon duif
pigeon-hole loket, vakje
pike piek; gaffel; snoek
pike-perch snoekbaars
pile *zn* stapel; (hei)paal; (*elektr*) element, zuil; hoop geld; aambei; *ww* ophopen, stapelen; heien
pilfer gappen, jatten
pill pil
pillage *zn* plundering; *ww* plunderen
pillar pilaar, pijler, zuil
pillar-box *Br* brievenbus
pill-box pillendoos; *gemeenz mil* kleine bunker
pillion duo; ~ *rider*, duopassagier

pillow (hoofd)kussen
pillowcase kussensloop
pilot (vliegtuig)bestuurder, piloot; loods, gids;
pimple puist
pin *zn* speld; pin; *ww* vastspelden
PIN pincode
PIN card pinpas
pincers *mv* nijptang
pinch *zn* kneep; nood; snufje; *ww* knijpen, knellen; gappen
pin-cushion speldenkussen
pine *zn* pijnboom, grove den; *ww* ~ *away*, wegkwijnen; ~ *for*, smachten naar
pineapple ananas
pinion kortwieken, boeien
pink *zn* anjelier; *bn* roze
pinnacle bergtop; top, toppunt, hoogtepunt
pint pint (0.568 l)
pioneer baanbreker, pionier
pious godvruchtig, vroom
pipe pijp, leiding, buis; fluit; tabakspijp
pipe tobacco pijptabak
piping bies; buizenstelsel
piquant pikant
pique *zn* gekrenktheid; *ww* opwekken
pirate zeerover, piraat
piste piste
pistil stamper (in bloem)
piston (pomp)zuiger; klep
piston ring zuigerveer
piston rod zuigerstang
pit kuil, mijnschacht; parterre (schouwburg); holte
pitch *zn* pek; hoogte; graad; toppunt; toonhoogte; speelveld; standplaats (op camping); *ww* opstellen, -zetten; opslaan; uitstallen, gooien
pitch pine *Amer* grenenhout
pitch-dark pikdonker
pitcher kruik; *sp* werper
pitchfork hooivork
piteous erbarmelijk, zielig
pitfall valstrik
pith pit, kern; merg

113

pithy pittig
pitiable beklagenswaardig, jammerlijk, zielig
pitiless onbarmhartig
pittance karig loon
pity medelijden; *it is a ~, het is jammer!*
placard plakkaat; aanplakbiljet
placate sussen, verzoenen
place *zn* plaats; betrekking; *ww* plaatsen, stellen
plague pest; plaag
plaice schol (vis)
plaid plaid
plain *zn* vlakte; *bn* vlak; effen; gewoon, eenvoudig, ongekunsteld; lelijk; onomwonden
plaint klacht, klaagzang
plaintiff klager, eiser
plaintive klagend
plait *zn* vlecht; *ww* vlechten
plan *zn* ontwerp, plan; plattegrond; schets; *ww* van plan zijn
plane *zn* vliegtuig; schaaf; niveau, vlak; *ww* schaven; vliegen, glijden
planet planeet
plank plank
plant *zn* plant; bedrijfsinstallatie, fabriek; *ww* planten, poten
plantation beplanting; plantage
planter planter
plaster *zn* pleister, gips; *ww* bepleisteren
plasterer stukadoor
plastic *bn* plastic; elastisch; beeldend; onecht, onnatuurlijk; *zn* plastic
plate goud- of zilverwerk; bord; schaal; tafelzilver
plate glass spiegelglas
platform platform, terras, perron, podium; (tram) balkon
platinum platina
platitude banaliteit, gemeenplaats
plausible aannemelijk
play *zn* spel, toneelstuk; speelruimte; speling; vermaak; *ww* spelen; schertsen
playground speeltuin
playing cards speelkaarten
114

playing-cards *mv* speelkaarten *mv*
playpen (baby)box
playwright toneelschrijver
plea pleidooi, proces; voorwendsel
plead pleiten; bepleiten
pleading pleidooi
pleasant aangenaam (prettig)
pleasantry vriendelijke opmerking; hoffelijkheid
please behagen, believen; ~! alstublieft
pleasure vermaak, genoegen, plezier, pret
pledge *zn* (onder)pand; gelofte; *ww* verpanden; plechtig beloven
plenary volkomen, voltallig
plenipotentiary gevolmachtigde
plenty overvloedig, volop
pleurisy pleuris
pliable buigzaam; meegaand
pliant buigzaam, gedwee
pliers buigtang, combinatietang
plight staat, toestand
plod zwoegen, doorploeteren; voortsukkelen
plot *zn* samenzwering, intrige, complot; stukje grond; plot; *ww* samenspannen, beramen
plough *zn* ploeg; *ww* (door)ploegen; doorklieven
pluck *zn* ruk, trek; moed; *ww* plukken, trekken
plucky moedig, dapper
plug *zn* plug; (*elektr*) stekker; stop; tampon; *ww* dichtstoppen; ~ *in*, instoppen
plug spanner bougiesleutel
plum pruim
plumb *bijw* precies; *ww* doorgronden
plumber loodgieter
plume pluim, veer
plump *bn* vlezig, mollig; *bijw* pardoes, botweg
plunder *zn* buit, roof; *ww* plunderen
plunge *zn* indompeling; val; *ww* indompelen; plonzen
plural meervoud
plus plus

plush *zn* pluche; *bn* comfortabel
ply hanteren, in de weer zijn; ~ *with*, overstelpen met
plywood multiplex, triplex
P.M. = 1 *post meridiem*, na de middag; 2 *Prime Minister*, Eerste Minister
pneumonia longontsteking
P.O. = 1 *Postal Order*, postbewijs; 2 *Post Office*, postkantoor
poach (eieren zonder schaal) koken, pocheren; stropen
poacher stroper
pocket zak; beurs
pocket knife zakmes
pocketbook zakboekje; portefeuille
pod dop; cocon
poem gedicht
poet dichter
poetical poëtisch, dichterlijk
poetry dichtkunst, poëzie
poignant scherp; ontroerend
point *zn* punt; stip, spits; tijdstip; ~ *in time*, tijdstip; *ww* scherpen; richten; aanwijzen; ~ *out*, aantonen; ~ *to*, aanwijzen
pointed puntig, spits
pointless zinloos
points wissel
poise *zn* houding, evenwicht; *ww* wegen (op de hand); balanceren
poison *zn* vergif; *ww* vergiftigen
poisonous vergiftig
poke stoten, poken, porren
poker (kachel)pook, poker; pokerspel
Poland Polen
polar pool-; ~ *bear*, ijsbeer
Polaroid film polaroid film
Pole Pool
pole pool; paal; disselboom
polemics *mv* polemiek
police politie
police station politiebureau
policeman agent
policy polis; gedragslijn, beleid
poliomyelitis kinderverlamming
polish *zn* glansmiddel; glans; beschaving; *ww* polijsten; poetsen

polite beleefd; beschaafd
politician politicus, staatsman
politics *mv* staatkunde, politiek
poll *zn* kiezerslijst; opinieonderzoek; stembus, stemming; *ww* stemmen, toppen
pollen stuifmeel
pollute bezoedelen, verontreinigen
pollution vervuiling
polyp poliep (dier en gezwel)
pomp pracht, praal
pompous hoogdravend
pond poel, vijver
ponder overwegen, peinzen (over, *on*)
ponderous zwaar(wichtig)
pontificate *zn* pontificaat, pauselijke waardigheid; *ww* preken
poodle poedel
pool *zn* zwembad; poel, plas; potspel; toto; gemeenschappelijke inzet; *ww* bijeenbrengen en verdelen
pool attendant badmeester
poor arm, behoeftig; schraal; gering; zielig; zwak
pop concert popconcert
pop music popmuziek
popcorn popcorn
pope paus
poplar populier
poppy klaproos, papaver
populace volk; massa
popular volks-, gemeenzaam, populair
porch portiek
porcupine stekelvarken
pore porie
pork varkensvlees
porn porno
porous poreus
porridge (havermout)pap
port havenstad; haven; patrijspoort; bakboord; port(wijn)
portable draagbaar; ~ *phone*, mobiele telefoon
portal poort; portaal
porter kruier
portfolio portefeuille; aktetas, map;

115

portfolio
porthole patrijspoort
portion *zn* aandeel, portie; *ww* uitdelen
portly dik, vadsig
portmanteau valies
portrait portret
Portuguese Portugees
pose zich voordoen als
position ligging; toestand; stelling, positie
positive stellig, zeker, positief
possess bezitten; ~ *oneself of*, bemachtigen
possessed bezeten
possession bezit, bezitting
possibility mogelijkheid
possible mogelijk
possibly mogelijk, misschien
post *zn* post, ambt; paal; *ww* posten; positioneren; ophangen
post meridian na de middag
post office postkantoor
post office (main) hoofdpostkantoor
post office order postwissel
postage porto, frankering; *additional* ~, strafport
postage stamp postzegel
postal van postwagen, -auto
post-box postbus; brievenbus
postcard kaart (ansichtkaart)
postcode postcode
postcript postscriptum, naschrift
poste restante poste restante
poster aanplakbiljet, poster
posterior later, volgend
posterity nakomelingschap
post-free franco
postman postbode
post-mortem lijkschouwing
post-paid gefrankeerd, franco
postpone uitstellen
postponed uitgesteld
postulate stellen; eisen
posture houding, pose; positie
post-war naoorlogs
pot pot; kan; prijs
116

potable drinkbaar
potato(es) aardappel
potatoes (mashed) puree
potent machtig, krachtig
potential *bn* mogelijk, potentieel; *zn* potentieel
potion drank (medicijn)
pot-luck op de bonnefooi
potter prutsen, knutselen, rondscharrelen
pottery pottenbakkerij; aardewerk
potty getikt, gek
pouch beurs, tas; zak; buidel
poulterer poelier
poultry pluimvee
pound *zn* pond (= 453 gr); pond sterling; *ww* fijnstampen; bonken
pour gieten, storten
pout pruilen
poverty armoede
P.O.W. = *prisoner of war*, krijgsgevangene
powder *zn* poeder; buskruit; *ww* poederen
powder box poederdoos
powdered milk poedermelk
power kracht; macht, gezag, vermogen; mogendheid; bevoegdheid; elektr. stroom
power point stopcontact
powerful machtig, krachtig; geweldig
powerhouse mogendheid; energiekeling
P.P. = *postage paid*, franco
practicable doenlijk, uitvoerbaar, bruikbaar
practical praktisch, handig, bruikbaar
practice (uit)oefening, praktijk; toepassing, gewoonte
practise uit-, beoefenen, in praktijk brengen
practitioner dokter
praise *zn* lof; *ww* prijzen, loven
praiseworthy lovenswaardig
pram kinderwagen
prankish ondeugend
pray bidden, smeken, verzoeken

prayer gebed
prayer book gebedenboek
preach prediken; verkondigen
preacher prediker
precarious onzeker, hachelijk
precaution voorzorg
precede voorafgaan, voorgaan; de voor-rang hebben
precedence voorrang
preceding voorafgaand, voorgaand
precept voorschrift, stelregel
precinct gebied, district
precious kostbaar, dierbaar
precipice steilte, afgrond
precipitate *bn* overhaast, onbezonnen; *ww* verhaasten
precise juist, stipt, precies
preclude uitsluiten; voorkomen, beletten
precocious vroegrijp, wijsneuzig
precursor voorloper, -bode
predatory rovend, roof-
predecessor voorganger
predicate gezegde, predikaat; ~d on, af-hankelijk van
predict voorspellen
predilection voorliefde; voorkeur
predominance overhand, overheersing
prefab, prefabricated house montage-woning
preface voorwoord, inleiding
prefer verkiezen, prefereren; verheffen; bevorderen
preferable verkieslijk
preference voorkeur; preferentie, priori-teit
prefix voorvoegsel
pregnant zwanger, vruchtbaar; ~ with, vol van; *be* ~, in verwachting zijn
prejudice vooroordeel; *jur* schade, na-deel
preliminary *zn* inleiding; *bn* inleidend
prelude *zn* voorspel; *ww* preluderen, in-leiden
premature voortijdig; vroegtijdig; ontij-dig, voorbarig
premeditated voorbedacht

premier minister-president
premises *mv* pand, huis; huis en erf
premium prijs; premie; pari
premonition voorgevoel
preoccupation bezorgdheid
preparation voorbereiding; preparaat; instudering
preparatory voorbereidend
prepare voorbereiden, bereiden
prepay vooraf betalen
preponderance overwicht
preposition voorzetsel
prepossession vooringenomenheid; vooroordeel
preposterous onzinnig, absurd
prerogative voorrecht
presage *zn* voorteken; *ww* voorspellen; voorbeduiden
prescribe voorschrijven
prescription recept (van arts); voorschrift
presence tegenwoordigheid; aanwezig-heid; verschijning, ~ of mind, tegenwoor-digheid van geest
present *bn* tegenwoordig, present; aan-wezig; oplettend; *zn* cadeau, geschenk; *ww* voorstellen, aanbieden, vertonen
presentation voorstelling, vertoning, aanbieding
presentiment voorgevoel
presently dadelijk; op 't ogenblik
preservation bewaring; behoud; ver-duurzaming
preserve behouden, bewaren; inmaken, inleggen; ~s, groenten enz. in blik
president voorzitter, president
press *zn* pers; gedrang; *ww* (op)persen, (uit)drukken); haasten; duwen
press cutting krantenknipsel
press stud drukknoopje
press-button drukknop
pressman journalist
pressure drukking, gewicht, druk; drang; spanning (banden)
pressure cooker snelkookpan
presumable vermoedelijk
presume veronderstellen, aannemen

117

presumptuous aanmatigend
presupposition vooronderstelling
pretence voorwendsel; pretentie, aanspraak
pretend voorwenden, doen alsof; beweren
pretender simulant; pretendent
pretension aanspraak
preternatural onnatuurlijk
pretext voorwendsel
pretty lief, mooi; tamelijk
prevail de overhand hebben, heersen
prevalent overwegend
prevaricate zich van iets afmaken, uitvluchten zoeken
prevent voorkomen, beletten
previous voorafgaand; vorig
pre-war vooroorlogs
prey prooi
price zn prijs; ww prijzen
price of admission toegangsprijs
price-cutting (sterke) prijsverlaging
price-list prijscourant
prick zn prik, steek, prikkel; ww prikken, steken, aansporen
pride hoogmoed, trots; luister
priest geestelijke (priester)
priggish ingebeeld, pedant
prim preuts, stijf; netjes, keurig
primarily voornamelijk
primary oorspronkelijk; eerst, voornaamst; elementair
prime zn begin, bloei; bn eerste, primair; prima, best
primer boek voor beginners; grondverf
primeval eerste, oer-
primitive primitief
primrose sleutelbloem
primus stove primus (kooktoestel)
prince prins, vorst
prince consort prins-gemaal
princess prinses, vorstin
principal zn hoofd; hoofdpersoon; rector; bn voornaamst, hoofdzakelijk
principality vorstendom
principle beginsel, principe

print zn merk; stempel; afdruk; prent; ww (af)drukken; inprenten
printed matter drukwerk
printer drukker
printing office drukkerij
prior zn prior; bn vroeger, voorafgaand
priority voorrang
prism prisma
prison gevangenis
prisoner gevangene; ~ of war, krijgsgevangene
privacy afzondering, privacy
private zn gewoon soldaat; bn heimelijk, vertrouwelijk; particulier, privé; onderhands; in ~, onder vier ogen
privation beroving, ontbering
privilege zn voorrecht; ww bevoorrechten
privy geheim, verborgen; ~ to, ingewijd in
prize zn prijs; beloning; buit; ww op prijs stellen
pro voor
probable waarschijnlijk
probation proeftijd; voorwaardelijke veroordeling
probity eerlijkheid
problem probleem, vraagstuk
procedure handelwijze, methode
proceed voortgaan; ontstaan (uit); handelen; procederen
proceeding handelwijze; verrichting
proceedings handelingen mv (v. genootschap); verslag
process voortgang, loop; handelwijze; proces
procession stoet, processie
proclaim afkondigen; verkondigen
procrastinate uitstellen, verschuiven (v. dag tot dag)
procreation voortplanting
procure verschaffen, verstrekken, bezorgen, veroorzaken
prod steken, porren
prodigal bn verkwistend; the ~ son, de verloren zoon

prodigious wonderbaarlijk
prodigy wonder
produce *zn* opbrengst; product; *ww* voortbrengen; opleveren; te voorschijn halen
producer producent
product voortbrengsel; product; uitkomst
productive productief, vruchtbaar
profane goddeloos, profaan; werelds
profess belijden; verklaren; uitoefenen
profession beroep
professor hoogleraar, professor
proffer toereiken; aanbieden
proficient bedreven, bekwaam
profit *zn* winst, voordeel; *ww* baten; profiteren, gebruik maken (van, *by*)
profitable voordelig
profligate *zn* losbol; *bn* losbandig, verkwistend
profound (diep)zinnig; grondig
profuse kwistig, overvloedig
progeny nageslacht
prognosticate voorspellen
program(me) program(ma)
progress *zn* vordering; voortgang, vooruitgang; *ww* vorderen
prohibit verbieden
prohibited verboden
prohibition verbod
project *zn* ontwerp, plan; *ww* ontwerpen; projecteren; vooruitsteken
proletarian proletariër
prolific vruchtbaar; productief
prolix wijdlopig, langdradig
prologue voorrede, inleiding
prolong verlengen
prolongation verlenging
prominent (voor)uitstekend, voornaam
promise *zn* belofte; *ww* beloven
promissory note accept; promesse
promontory voorgebergte
promote bevorderen, begunstigen; verhogen (in rang)
promotion promotie, bevordering
prompt *bn* direct, prompt, vlug; *ww* aan-

sporen
promulgate verkondigen, uitvaardigen
prone gebogen, voorover; geneigd tot
prong hooivork; tand (v. vork)
pronoun voornaamwoord
pronounce uitspreken
pronunciation uitspraak
proof *zn* bewijs; proef; *bn* beproefd; bestand (tegen)
prop steunen, schoren
propagation voortplanting; verspreiding
propel voortdrijven
propeller schroef
propelling pencil vulpotlood
proper eigen; geschikt; betamelijk, fatsoenlijk
property eigenschap; landgoed; bezitting; eigendom
property tax vermogensbelasting
prophecy voorspelling
prophet profeet
prophetic(al) profetisch
propitious genadig; gunstig
proportion verhouding
proportional evenredig
proposal voorstel; aanzoek
propose voorstellen
proposition voorstel
proprietary eigendom-, bezit-
proprietor eigenaar
propriety gepastheid; juistheid
propulsion voortdrijving
prosaic prozaïsch
proscription verbanning, officieel verbod
prose proza
prosecute (gerechtelijk) vervolgen
prospect vooruitzicht; hoop; verschiet
prosper gedijen, bloeien, voorspoed hebben; begunstigen
prosperity voorspoed
prostitute prostituee
prostrate uitgestrekt; neergeworpen; verslagen, gebroken
protect beschermen
protective beschermend
protector beschermer

protest zn protest; ww betuigen, protesteren

Protestant protestant

protestation betuiging

protract verlengen; vertragen; rekken

protrude uitsteken

protuberance uitwas, knobbel

proud trots, fier; prachtig; ~ flesh, wild vlees

prove bewijzen, beproeven; ondervinden; blijken te zijn

provenance herkomst

proverb spreekwoord, spreuk

proverbial spreekwoordelijk

provide verzorgen; verschaffen, voorzien van, verstrekken

provided mits

providence voorzienigheid

province gewest, provincie, gebied

provision voorziening, voorzorg; voorraad, proviand, provisie; ~s, mondvoorraad

provisional provisorisch, voorlopig

proviso beding, voorwaarde, clausule

provocation uitdaging, aanleiding

provoke uitlokken; provoceren; prikkelen, tergen

prowl rondsluipen

proximate naast(bijzijnd)

proximity nabijheid

proxy volmacht; gevolmachtigde; procuratiehouder

prude preuts persoon

prudent voorzichtig, verstandig

prudish preuts

prune zn pruim (gedroogd); ww snoeien

Prussian Pruis(isch)

pry gluren, turen, snuffelen; (open)breken

psalm psalm

psychiatrist psychiater

psychic(al) ziel-; ~ research, parapsychologie

P.T.O. = Please Turn Over, zie ommezijde, z.o.z.

pub café, kroeg

public zn publiek; bn openbaar, algemeen

public convenience openbaar toilet

public house kroeg

public law volkenrecht; publiek recht

public prosecutor officier van justitie

public sale veiling

public school particuliere kostschool

public transport openbaar vervoer

publication afkondiging; uitgave

publicity openbaarheid; publiciteit, reclame

publish openbaar maken, afkondigen; publiceren, uitgeven

publisher uitgever

pudding pudding

puddle plas, poel

puddly modderig

puerile kinderachtig

puff zn windstootje, zuchtje; trek (aan pup); poederkwast; soes; ww blazen, puffen; opblazen; in de hoogte steken

pugilist bokser

pugnacious strijdlustig

pull zn ruk, trek; teug; handvat; ww trekken, scheuren, rukken

pulley katrol

pullover trui (dikke)

pulp vruchtvlees; moes; pulp

pulpit kansel, preekstoel, spreekgestoelte

pulse pols

pulverize verpulveren, fijnstampen; verstuiven

pumice puimsteen

pump zn pomp; damesschoen; ww pompen; uitvragen; ~ up, oppompen

pun woordspeling

punch zn doorslag, drevel; slag, stoot, stomp; ww stompen; knippen (v. kaartje)

punctual stipt, nauwgezet

puncture prik, gaatje; lekke band

pungent scherp, bijtend

punish straffen, kastijden

punishable strafbaar

punishment straf, boete

puny klein, zwak
pup jonge hond
pupil leerling, pupil
puppet marionet
puppet-show poppenkast
puppy jonge hond
purchase zn (aan)koop; gekocht goed;
ww kopen, verwerven
pure zuiver, rein, puur
pure-bred rasecht, raszuiver
purgatory vagevuur
purge purgeren; zuiveren
purification reiniging, zuivering
purity zuiverheid, reinheid
purl kabbelen; buitelen
purple paars
purport zn inhoud, strekking; ww beweren, voorgeven
purpose zn doel(einde); opzet; ww van plan zijn; on ~, opzettelijk
purposely met opzet
purr spinnen (kat)
purse portemonnee, beurs
purser scheepv administrateur
purslane postelein
pursuant overeenkomstig, ingevolge
pursue vervolgen; nastreven
pursuit vervolging; jacht (op)

purvey verschaffen, leveren
push zn duw, druk; krachtsinspanning;
ww duwen; voorthelpen; dringen
push-button drukknop
pushing bijna
puss kat, poes
pussy poesje; katje (van wilg e.d.)
pussycat poes
pustule puistje
put (put; put) zetten, brengen, plaatsen, leggen; maken; doen; veroorzaken; ~
away, wegleggen; ~ down, neerzetten; ~
in, inleggen; ~ out to contract, aanbesteden; ~ up, stallen, huisvesten
putoff uitvlucht; uitstel
putrefaction verrotting
putrefy verrotten
putrescence (ver)rotting, bederf
putrid verrot, bedorven
puttee beenwindsel
putty stopverf
puzzle zn puzzel; mysterie; ww verlegen maken; verbijsteren; verwarren
pwt. = penny weight, gewicht van 1.55 gr
pyjamas pyjama
pyre brandstapel

q

quack zn kwakzalver, knoeier; ww kwaken; snoeven
quadrangle vierhoek
quadrate kwadraat
quadruped viervoeter
quadruple bn viervoudig; ww verviervoudigen
quail zn kwartel; ww de moed benemen, verliezen
quaint eigenaardig, typisch, ouderwets
quake ww beven, sidderen; zn aardbeving
Quaker quaker; lid van Society of Friends
qualification bevoegdheid, bekwaam-

heid; vereiste eigenschappen mv; beperking
qualified bevoegd, gediplomeerd
qualify bekwaam, bevoegd maken; in aanmerking komen
quality hoedanigheid, kwaliteit; aard; rang
quantity hoeveelheid, kwantiteit, menigte
quarrel zn ruzie, twist; ww twisten, ruzie maken
quarrelsome twistziek
quarry steengroeve; prooi
quarter vierde deel, kwartier; stadswijk;

huisvesting; ~ *of an hour*, kwartier; ~ *of a year*, kwartaal
quarter past ... (a) kwart over ...
quarter to ... (a) kwart voor ...
quaver trillen, vibreren
quay kade
queen koningin; vrouw (in het kaartspel)
queen dowager koningin-weduwe
queer wonderlijk, raar; homoseksueel
quench blussen, lessen, bekoelen, uitdoven
query vraag; vraagteken
quest onderzoek; zoektocht
question *zn* vraag; kwestie; interpellatie; *ww* ondervragen, betwijfelen
questionable twijfelachtig
question-mark vraagteken
questionnaire vragenlijst
queue in de rij staan
quibble kibbelen
quick *zn* levend vlees; *bn* levendig, vlug, snel
quicken verlevendigen, aanmoedigen, verhaasten
quicksand drijfzand
quick-sighted scherpziend
quicksilver kwik(zilver)
quid (tabaks)pruim; pond sterling
quiescent rustig, kalm, stil
quiet *zn* rust, vrede; *bn* rustig, stil; *ww* kalmeren
quilt *zn* gewatteerde deken; *ww* watteren
quinine kinine
quip spitsvondigheid, geestige opmerking
quit (quit of quitted; quitted) weggaan; verlaten, ophouden; *bn* vrij
quite geheel en al, volkomen; ~!, precies!, juist!
quits quitte
quiver trillen
quotation aanhaling; prijsnotering, koers
quote citeren, aanhalen
quotidian dagelijks

r

rabbet sponning
rabbit konijn
rabble gepeupel; tuig
rabid hondsdol; verbeten, extreem
rabies hondsdolheid
race *zn* wedloop, wedren, loop; ras; *ww* rennen, wedlopen, harddraven
racecourse renbaan
racehorse renpaard
rachitis Engelse ziekte
racing cyclist wielrenner
rack *zn* rek, kapstok; bagagenet; pijnbank; rek; zwerk; *ww* pijnigen; spannen; jagen (van wolken)
racket racket; lawaai; *Amer* afpersingstruc
racy levendig, pittig
radiance glans; uitstraling
radiate (af-, uit)stralen
radiator radiateur
radical *zn* grondwoord, stam, wortel; *bn* radicaal; fundamenteel
radio radio
radio play hoorspel
radioactive radioactief
radiographer röntgenoloog
radiotherapy röntgenbehandeling
radish radijs
radius straal; ~ *of action*, actieradius, vliegbereik
R.A.F. = *Royal Air Force*, Britse luchtmacht
raft (hout)vlot
rag lomp, lor, vod
rag (and bone) man voddenraper
rage *zn* woede, razernij, manie; *ww* razen, tieren
raging woedend

raid inval; vliegtuigaanval

rail zn leuning, hek, reling; slagboom; rail; ww omrasteren; schimpen, lasteren

railing leuning, hekwerk

railroad spoorbaan

railway spoorweg

railway (cable) kabelbaan

railway police spoorwegpolitie

railway station spoorwegstation

railway timetable spoorboekje

railway yard stationsemplacement

rain zn regen; ww regenen

rainbow regenboog

raincoat regenjas

rainproof waterdicht

rainy regenachtig

raise optillen; verhogen, opwekken, heffen; werven; bevorderen, aankweken

raisins rozijnen

rake zn hark; lichtmis; ww harken; verzamelen; zoeken; schrapen

rally zn bijeenkomst; herstel van krachten; ww bijeenkomen, (zich) verzamelen; zich herstellen

ram ram

ramble zn wandeltocht; ww wandelen

rambler wandelaar; klimroos

ramification gevolg, consequentie

ramp helling, oprit

rampart bolwerk, wal

ramshackle gammel

ran zie *run*

ranch grote boerderij

rancid ransig

rancour wrok, rancune

rand rand, zoom; Zuid-Afrikaanse munteenheid

random at ~, op goed geluk (af), lukraak

rang zie *ring*

range zn reeks; rij; ruimte; draagwijdte; fornuis; ww rangschikken; dragen (van geschut); rondzwerven; bestrijken

ranger zwerver; speurhond; bos/parkwachter

rank zn rang, graad; rij, gelid; bn welig; grof; sterk smakend; ww op één lijn plaatsen; indelen; een rang hebben

ransack doorsnuffelen; plunderen

ransom zn losprijs; ww af-, vrijkopen

rap zn slag; klop; tik; rap, muziekstijl; ww slaan, kloppen, tikken (op)

rape zn verkrachting; vernietiging; raapzaad; ww verkrachten

rapid snel, vlug

rapid(s) stroomversnelling

rapine roof

rapt opgetogen

rapture verrukking; opgetogenheid, extase

rare zeldzaam; ijl, dun

rarity zeldzaamheid

rascal schelm, schurk

rash zn huiduitslag; bn overijld, voorbarig, onbezonnen

rasher plak spek of ham

rasp rasp; gekras

raspberries frambozen

raspberry framboos .

rat rat; onderkruiper

rate zn tarief, prijs; koers, standaard; maatstaf; verhouding; graad; gemeentebelasting; interest ~, rentevoet; ww schatten; taxeren

rate (exchange) koers (wisselkoers)

rather liever, veeleer; tamelijk, nogal

ratify bekrachtigen

ration zn portie, rantsoen; ww rantsoeneren

rational redelijk, verstandig

rattle zn geratel; ratel; ww ratelen, klepperen; reutelen

raucous schor hees

ravage zn verwoesting; plundering; ww verwoesten; plunderen

rave ijlen; raaskallen; ~ about, enthousiast zijn over

raven roof

ravenous vraatzuchtig, uitgehongerd

ravine ravijn, gleuf, kloof

raving ijlend, razend

ravishing prachtig, wonderschoon

ravishment verrukking; ontroving; weg-

123

voering
raw rauw, onrijp; onervaren; ruw, onbe-werkt
ray zn straal; ww (uit)stralen
rayon rayon, kunstzijde
raze doorhalen, uitkrabben; met de grond gelijk maken
razor scheermes
R.C. = *Roman Catholic*, rooms-katholiek
reach zn bereik; ww bereiken; toereiken, uitstrekken
reach-me-down ~s, confectiekleren mv
reaction reactie; terugwerking
read (read; read) lezen; studeren
read lezen
readily makkelijk; graag
reading book leesboek
readjust weer in orde brengen, regelen; aanpassen
ready klaar, gereed, bereidwillig; vlug, bij de hand
ready-made clothes confectie
real wezenlijk, werkelijk, echt, waar; ~property, onroerende goederen mv
realize verwezenlijken; te gelde maken; realiseren
really werkelijk, echt; bijw inderdaad
realm (konink)rijk; gebied
reanimate doen herleven
reap oogsten
reaper sikkel
rear zn achterhoede, -kant; ww oprich-ten, opsteken; opvoeden; fokken, opkwe-ken; steigeren
rear forks achtervork
rear light achterlicht
rear tyre, tire achterband
rear wheel achterwiel
rear window achterruit
rearguard achterhoede
rearmament herbewapening
rear-view mirror achteruitkijkspiegel
reason zn rede, verstand; billijkheid; re-den; ww redeneren, bespreken
reasoning redenering
reassure geruststellen

rebate rabat, korting
rebel zn muiter, rebel; bn oproerig
rebound terugspringen, afstuiten
rebuff afwijzen, afpoeieren
rebuild herbouwen
rebuke berisping, standje
recall zn terugroeping; ww herroepen; zich herinneren
recant herroepen, terugtreden
recapitulation samenvatting
recede terugwijken
receipt ontvangst; kwitantie, reçu; kassa-bon
receive ontvangen, aannemen; onthalen; helen
receiver ontvanger; tel hoorn; heler; re-servoir
recent vers, nieuw, recent
recently onlangs
receptacle vergaarbak
reception receptie
receptionist receptioniste
recess inham; nis; opschorting (van za-ken); reces
recipe recept (van gerecht)
recipient ontvanger
reciprocal wederzijds, wederkerig
recital voordracht; vertelling; concert
reckless roekeloos
reckon rekenen; houden voor
reckoning (be)rekening
reclaim terugeisen; verbeteren; ontgin-nen
reclamation terugvordering; verbetering; ontginning
recline achteroverleunen
recognition herkenning; erkenning, er-kentenis
recognize herkennen; erkennen
recoil terugdeinzen
recollect zich herinneren
recollection herinnering
recommend aanbevelen
recommendable aanbevelenswaardig
recommendation aanbeveling
recompense zn compensatie; ww belo-

nen; compenseren
reconcile verzoenen
reconnaissance, reconnoitring *mil* verkenning
reconstruction reconstructie, wederopbouw
record *zn* aantekening; document; record; grammofoonplaat; *ww* boekstaven, registreren, vermelden; opnemen (muziek, televisie)
record-library platenarchief
records *mv* archief
recover herkrijgen, herstellen, genezen
recovery herstel
recreate herscheppen; (zich) ontspannen
recreation tijdverdrijf, ontspanning; nabootsing
recruit *zn* rekruut; *ww* rekruteren; aan-, versterken
rectangle rechthoek
rectification verbetering; rechtzetting
rectitude rechtschapenheid
rector dominee; rector
recumbent (achterover) liggend
recur terugkomen; zijn toevlucht nemen
recurrent terugkerend; periodiek
red rood
red cabbage rodekool
red herring bokking; dwaalspoor
red tape bureaucratie
redden rood maken; blozen
reddish rossig, roodachtig
redeem loskopen, af-, in-, verlossen, vergoeden
redeemable aflosbaar, -koopbaar
Redeemer Verlosser
redemption in-, verlossing; ~ *money*, afkoopsom
red-handed op heterdaad
redirect nazenden; omleiden
red-lead menie
redouble verdubbelen; *kaartsp* redoubleren
redoubtable geducht
redress *zn* herstel; *ww* verhelpen, redresseren, herstellen

redskin roodhuid
reduce terugbrengen, verminderen; herleiden, brengen (tot)
reduction herleiding, verkleining; degradatie; reductie; korting
redundant overbodig
reduplicate verdubbelen
reed riet; rietje
reef rif
reek stinken, dampen
reel *zn* haspel, klos(je); spoel; film; zekere Schotse dans; waggelende gang; *ww* wankelen
re-elect herkiezen
refer verwijzen (naar), in handen stellen (van); betrekking hebben op
referee scheidsrechter
reference verwijzing; referentie; referte, bewijsplaats; *book of* ~, naslagwerk
refill *zn* nieuwe vulling; *ww* navullen
refine zuiveren, raffineren; beschaven, verfijnen
refit herstellen, repareren
reflect reflecteren, weerkaatsen; peinzen over
reflection reflectie; terugkaatsing; overpeinzing
reflex reflex
reform *ww* hervormen, verbeteren; *zn* hervorming
reformation hervorming (ook v. kerk)
reformatory opvoedingsgesticht
refractory weerspannig, weerbarstig; balsturig; vuurvast
refrain *zn* refrein; *ww* zich bedwingen; zich onthouden van
refreshment versnapering
refrigeration af-, verkoeling
refrigerator ijskast
refuel bijtanken
refuge toevlucht; vluchtheuvel
refugee uitgewekene, vluchteling
refund terugbetalen
refusal weigering
refuse *ww* afslaan; weigeren; *mil* afkeuren; *zn* uitschot; afval, vuilnis

125

refuse bin vuilnisbak
refuse collector vuilnisauto
refute weerleggen
regain herkrijgen
regal koninklijk, konings-
regard *zn* achting, eerbied; betrekking; *ww* beschouwen, hoogachten; betreffen, aangaan
regards groeten
regatta roei-, zeilwedstrijd
regency regentschap
regenerate *bn* herboren; *ww* herscheppen, verjongen
regiment regiment
region landstreek, gebied
regional regionaal
register *zn* register, lijst; *ww* aantekenen, registreren, aanmelden
registered letter aangetekende brief
registration inschrijving, registratie
registration certificate kentekenbewijs
registry-office burgert, stand
regress achteruitgaan
regression achteruitgang
regret *zn* verdriet, spijt; *ww* betreuren
regular regelmatig, geregeld
regulation regeling, schikking; reglement; ~s, statuten *mv*
rehearsal repetitie
rehearse repeteren
reign *zn* regering; *ww* regeren
rein teugel
reindeer rendier
reinforce versterken
reinforcement versterking
reject verwerpen; *mil* afkeuren
rejection verwerping; afkeuring
rejoice (zich) verheugen, verblijden
rejuvenate verjongen
relapse weer instorten
relate vertellen; in verband brengen (met)
related verwant
relation verwantschap; bloedverwant; verhouding
relative betrekkelijk

126

relatives familie (verwanten)
relax verslappen, ontspannen
relay *zn* pleisterplaats; *rtv* heruitzending; *ww* herhalen; uitzenden
relay race estafetteloop
release *zn* ontslag; verlossing, kwijtschelding; eerste vertoning; *ww* loslaten, verlossen
relegate verwijzen (naar)
relevant toepasselijk, ter zake
reliable betrouwbaar
reliance vertrouwen
relic relikwie
relief verlichting, ontlasting, opluchting; ondersteuning; *mil* aflossing; ontzet; reliëf
relieve verlichten, opbeuren; *mil* aflossen; ontheffen (v. belofte)
religion godsdienst
religious godsdienstig, vroom
relinquish laten varen; opgeven, afzien van
relish doen smaken; genieten van
reluctant onwillig
rely vertrouwen (op, on)
remain blijven; overschieten
remainder rest, restant; overblijfsel; overschot
remains *mv* overblijfselen *mv*
remark *zn* opmerking; *ww* opmerken
remarkable opmerkelijk, merkwaardig
remedy geneesmiddel, hulpmiddel, redmiddel; ~ *for*, middel tegen
remember zich herinneren, gedenken
remembrance herinnering
remind herinneren (aan)
reminiscence herinnering
remit verzachten, kwijtschelden; overmaken
remittance overmaking
remnant overblijfsel, restant, rest
remonstrance vertoog
remonstrate protesteren
remorse wroeging, berouw
remorseless onbarmhartig
remote ver, afgelegen

remould omwerken

removal verwijdering; verhuizing; opruiming

removal van verhuiswagen

remove verplaatsen, verhuizen; verwijderen; ontslaan

remover remover (nagellak)

remunerate belonen

rend (rent; rent) scheuren

render terug-, overgeven; bewijzen; maken

renew vernieuwen; (pas) verlengen

renewal vernieuwing

renounce afzien, laten varen; verloochenen

renovation vernieuwing

renown vermaardheid, roem

rent zn scheur(ing); huur; huurprijs; pacht; ww (ver)huren, pachten; zie ook *rend*

renunciation verzaking; afstand

reopen heropenen

reorganize reorganiseren

repair zn herstelling, reparatie; ww herstellen, repareren

repairs reparatie

reparation herstelling; herstelbetaling

repartee gevat antwoord

repay (repaid; repaid) terugbetalen

repeal herroeping

repeat herhalen

repeatedly herhaaldelijk

repel terugdrijven; afstoten

repentance berouw

repercussion terugslag; repercussie, nadelig gevolg

repertory repertoire

repetition herhaling, repetitie

replace vervangen

replete vol, overladen

replica kopie

reply zn antwoord; ww antwoorden

report zn verslag; knal; gerucht; ww verslag doen, berichten, rapporteren, aangifte doen

reporter verslaggever

repose uitrusten, verpozen; laten rusten

reprehensible afkeurenswaardig

represent voorstellen, vertegenwoordigen

representation voorstelling; vertegenwoordiging

representative zn vertegenwoordiger; bn vertegenwoordigend; typisch

repress onderdrukken

reprieve uitstel, gratie

reprimand berisping

reprint herdrukken

reprisal represaille

reproach verwijt

reprobate goddeloos

reproduce reproduceren

reproof berisping, standje

reprove berispen, terechtwijzen

reptile reptiel

republic republiek

republican republikein(s)

repudiate verwerpen, verstoten

repugnance afkeer, weerzin

repulse terugstoten, afschrikken

reputable achtenswaardig, geacht

reputation goede naam

repute reputatie

reputed vermeend

reputedly naar men zegt

request zn verzoek, rek(w)est; ww verzoeken

require eisen, vorderen

requisite vereist, nodig

requisition zn eis; vordering; ww vorderen

rescind vernietigen, afschaffen

rescue zn redding; ww redden

rescue party reddingsbrigade

research zn (wetenschappelijk) onderzoek, nasporing; ww onderzoeken

resemblance gelijkenis

resent kwalijk nemen

resentful haatdragend

reservation voorbehoud, reserve; reservering (van hotelkamer enz.)

reserve ww reserveren, bespreken; zn

voorbehoud, reserve
reserved terughoudend
reside wonen, resideren
residence woonplaats; residentie; verblijf
residence permit verblijfsvergunning
resident *zn* bewoner; *bn* woonachtig; inwonend
residential area woonwijk, villawijk
resign afstaan; ontslag nemen; opgeven
resignation berusting, gelatenheid; ontslag
resigned gelaten
resilient veerkrachtig
resin hars
resist weerstaan
resistance tegenstand, verzet
resolute vastberaden, beslist
resolution besluit; resolutie; oplossing
resolve oplossen, ontbinden; besluiten
resonant weerklinkend
resort vakantieoord; toevlucht, hulpmiddel; ressort
resound weergalmen
resource hulpbron, -middel, redmiddel;
uitkomst; ~s, geldmiddelen, inkomsten
mv
respect *zn* achting, eerbied, ontzag; *ww*
respecteren, eerbiedigen
respectable achtenswaardig
respectful eerbiedig
respiration ademhaling
respite uitstel; schorsing
resplendent glansrijk
respond antwoorden (op), reageren (op)
responsible aansprakelijk, verantwoordelijk
rest *zn* rust, pauze; rustpunt; steun; rest;
ww rusten; steunen; overblijven
restaurant restaurant
restitution teruggave; schadeloosstelling
restive onrustig, weerspannig
restless rusteloos, onrustig
restoration herstel, restauratie; teruggave
restore herstellen, teruggeven
restrain weerhouden, bedwingen

restraint beperking, bedwang
restrict beperken
restructuring herstructurering
result *zn* gevolg, uitslag; slotsom; resultaat; *ww* voortvloeien; resulteren
resume hernemen, hervatten
resurrection opstanding
resuscitation opwekking (uit dood)
ret(r)d = *retired*, gepensioneerd, b.d.
retail verkoop in 't klein
retain tegen-, vasthouden; houden, behouden; in dienst nemen
retainer honorariumvoorschot
retake heroveren
retaliate vergelden, represaillemaatrege-
len nemen
retard vertragen; ~ed child zwakbegaafd
kind
retardation vertraging
reticent weinig spraakzaam
retina netvlies
retire (zich) terugtrekken; met pensioen
gaan
retired teruggetrokken; rentenierend;
gepensioneerd
retrace nagaan
retreat *zn* terugtocht; schuilplaats; *ww*
wijken
retrieve herwinnen, terugpakken
retrospect terugblik
return *zn* terugkomst, retour; teruggave;
verslag; *ww* terugkeren; teruggeven
return retour
return ticket retourbiljet
reunion hereniging
reveal openbaren, ontsluieren
revel ~ *in*, genieten (van)
revelation openbaring
revenge wraak
revenue inkomsten *mv*
reverberation terugkaatsing; repercussie
reverence eerbied, ontzag
reverend eerwaarde, dominee
reversal omkering, ommekeer; omkeer-
film
reverse *ww* omkeren; achteruitrijden;

128

(vonnis) vernietigen; *zn* tegenstelde; keerzijde; (versnelling) achteruit

reverse-charge call collect call

revert terugkeren; vervallen

review *zn* evaluatie; overzicht; recensie (boek, film); wapenschouwing; *ww* overzien, monsteren; evalueren; recenseren; herzien

revile smaden, verguizen

revise herzien, nazien

revival herleving, wederopleving; reprise

revive herleven, opleven

revoke herroepen, intrekken

revolt opstand

revolting weerzinwekkend

revolution omloop; omwenteling, revolutie

revolve omwentelen; ~ *around*, betrekking hebben op

revolver revolver

revolving door draaideur

reward *ww* vergelden; belonen; *zn* beloning

rhetorical retorisch

rheumatism reumatiek

Rhine Rijn

rhombus ruit

rhubarb rabarber

rhyme rijm, rijmpje

rib rib; (paraplu) balein

ribbon lint, strook, band

ribbon building lintbebouwing

rice rijst

rice-milk rijstebrij, rijstepap

rich rijk; overvloedig, vruchtbaar; machig (spijs)

riches *mv* rijkdom

rickets *mv* Engelse ziekte

rickety wankel, wrak

rid (of) bevrijd (van); *get* ~ *of*, lozen, wijtraken

ridden zie *ride*

riddle raadsel

ride *zn* rit; *ww* **(rode; ridden)** (be)rijden

ride along meerijden

ridge (berg)rug, kam, rand, nok

ridiculous belachelijk

riding boot rijlaars

rifle *zn* buks; geweer; *ww* plunderen

rift spleet, scheur; breuk

rig optuigen; optakelen

rigging want; tuigage

right *zn* recht; billijkheid; rechterkant; *bn* rechter-, rechtvaardig, eerlijk, billijk, waar; ~ *of way*, voorrang; *be* ~, gelijk hebben; *to the* ~, (naar) rechts

righteous rechtvaardig

right-hand rechterhand

right-minded rechtgeaard

rigid stijf, strak, gestreng

rigmarole onzin, praatjes *mv*

rigorous streng, hard

rill beek

rim rand, velg, montuur

rind korst, schil; zwoerd

ring *zn* ring; piste; renbaan; klank; klokgelui; *ww* **(rang; rung)** bellen, luiden, weergalmen; ~ *one up*, iem. opbellen

ring finger ringvinger

ring road ringweg

ringleader raddraaier

rink (kunst)ijs-, rolschaatsbaan

rinse omspoelen, uitspoelen

riot oploop, opstootje

riotous wild

rip openrijten

ripe rijp; belegen

ripen rijpen

ripping *gemeenz* prachtig, enig

ripple rimpelen; murmelen

rise *zn* het opstaan; opkomst; verhoging; bron; *ww* **(rose; risen)** opstaan, (op)rijzen, stijgen, opkomen, zich verheffen; ontspringen

risk *zn* kans; gevaar, risico; *ww* wagen

rite ritus, kerkgebruik

ritual ritueel

rival *zn* rivaal, mededinger, -minnaar; *ww* wedijveren

river rivier

rivet *zn* klinknagel; *ww* klinken

road weg, rijweg, straat

road (hard-surface) verharde weg
road accident verkeersongeval
road map wegenkaart
Road Patrol Service wegenwacht
road sign verkeersbord
roadholding wegligging
roads, roadsted *scheepv* rede
roadway rijweg
roadworks opgebroken (weg)
roam (om)zwerven
roar *zn* gebrul, geloei; *ww* brullen, loeien; *fig.* bulderen
roast *zn* gebraad vlees; *ww* braden, roosteren
roast beef rosbief
roasted gebraden, geroosterd
robbed bestolen
robber rover
robbery beroving
robe robe, toga
robin roodborstje
robust sterk, fors, robuust
rock *zn* rots, gesteente; *ww* schommelen
rocket vuurpijl, raket
rocking chair schommelstoel
rocking horse hobbelpaard
rocky rotsachtig
rod roede, stang, staf, staaf
rode zie *ride*
rodent knaagdier
roe ree
rogue schurk, schelm
roguish schurkachtig; guitig
roll *zn* rol, lijst; roffel; (rond) broodje; deining; rollen; *ww* rollen, wentelen, golven; pletten
roller rol, wals; zwachtel
rollerskate rolschaats
rolling shutter rolluik
rolling tobacco shag
Roman *zn* Romein; *bn* Romeins; Rooms
Romania Roemenië
romantic romantisch
romp *ww* stoeien; *zn* wildebras
roof dak; gewelf
roof-rack imperiaal

room kamer; ruimte; plaats
room service roomservice
roost rek; stok
root wortel; oorsprong
rope touw, koord, streng
rope dancer koorddanser
rosary rozenkrans; rozentuin
rose *zn* roos; roze kleur; *bn* roze; zie ook *rise*
rosé rosé
rosy rooskleurig, blozend
rot *zn* verrotting; *ww* (doen) rotten; rotten
rotary draaiend; rotatie-
rotate draaien; rouleren
rotten verrot, rot; ~ *ripe*, beurs
rough ruw, grof, bars; ruig, oneffen; wrang
roughly ruwweg, ongeveer
round *zn* ronde; kring; bol; salvo; *bn* rond; *ww* afronden; rondlopen; ~ **up**, bijeendrijven; arresteren
roundabout omlopend, rondom; omweg; rotonde; draaimolen
rouse opwekken, opjagen; wakker worden (maken)
rout *zn* zware nederlaag; *ww* opjagen
routine sleur, routine
rove omzwerven, rondzwerven
row *zn* (huizen)rij; roeitocht; ruzie; herrie; *ww* roeien
rowboat roeiboot
rowing boat roeiboot
royal koninklijk
royalty koningschap; leden van de koninklijke familie; vergoeding, honorarium
rub *zn* wrijving; probleem; *ww* wrijven, boenen
rubber rubber, gum; condoom; *kaartsp* robber; vlakgom
rubber ring zwemband
rubbish rommel, afval; onzin
rubble puin
rubric rubriek
ruby robijn
rucksack rugzak

rudder roer
ruddy rood, blozend
rude ruw, grof, onbeleefd; onbeschaafd
ruffian schurk, woesteling
ruffle *ww* plooien; rimpelen; *zn* plooi; rimpel
rug kleedje
rugged ruig, hobbelig, ruw
ruin *zn* ondergang, verderf, ruïne, puinhoop; *ww* verwoesten, te gronde richten
rule *zn* (levens)regel; richtsnoer; bestuur; duimstok; *ww* regelen, regeren
ruler heerser; liniaal
rum *zn* rum; *bn* vreemd, raar
rumble rommelen, dreunen
ruminant herkauwend (dier)
rummage rommelen; doorzoeken
rumour gerucht
rumple verkreukelen
rumpsteak biefstuk
run *zn* (toe)loop, ren, bestorming; gang, vaart; uitstapje; traject; slag, type; punt (bij cricket); *in the long ~*, op de (lange) duur; *ww* (ran; run) lopen, rennen; drui-

pen, geldig zijn; vloeien; luiden
run in inrijden (auto)
runaway vluchteling; deserteur; hollend paard
rung sport (van ladder); zie ook *ring*
runway start-, landingsbaan
rupture breuk, scheuring
rural landelijk, plattelands-
ruse list
rush *zn* haast, vaart; stormloop, bestorming; *ww* (voort)snellen, rennen, jagen, haast maken met
rush hours *mv* spitsuren *mv*
rusk beschuit(je)
Russia Rusland
Russian *zn* Rus; *bn* Russisch
rust *zn* roest; *ww* roesten
rustic boers, landelijk
rustle ritselen, ruisen
rusty roestig
rut wagenspoor; sleur
rye rogge
rye bread roggebrood

S

S.A. = 1 *South Africa* Zuid-Afrika; 2 *South America*, Zuid-Amerika; 3 *Salvation Army*, Leger des Heils
sabotage sabotage
sabre sabel
saccharin sacharine
sack *zn* zak; plundering; *ww* (uit)plunderen; *get, give the ~*, de bons (ontslag) krijgen, geven
sacrament sacrament
sacred heilig, gewijd (*to*, aan)
sacrifice *zn* offerande, offer, opoffering; *ww* opofferen
sacrilege heiligschennis
sad treurig, somber; donker
sadden bedroeven
saddle *zn* zadel; lendenstuk; *ww* zadelen
saddle soreness zadelpijn

saddlebag fietstas
safe *zn* brandkast; kluis; provisiekast; *bn* veilig, vertrouwd, solide
safe deposit box kluis
safeguard *zn* vrijgeleide; *ww* beschermen
safety veiligheid
safety belt veiligheidsgordel
safety brake noodrem
safety pin veiligheidsspeld
sag ineenzakken
sagacious schrander
sago sago
said voornoemd; zie *say*
sail *zn* zeil; *ww* zeilen
sailboat zeilboot
sailcloth zeildoek
sailing boat zeilboot
sailor matroos, zeeman

131

saint sint, heilige
sake doel; *for the* ~ *of*, ter wille van
salad salade
salad oil slaolie
salad-dressing slasaus
salary salaris, loon
sale verkoping; ~*s mv*, uitverkoop; *for* ~, te koop
salesgirl verkoopster
salesman verkoper, vertegenwoordiger, handelsreiziger
saliva speeksel
sallow bleek, vuilgeel, vaal
salmon zalm
saloon zaal, salon; bar
salt *zn* zout; *ww* zouten; *bn* zout, gezouten
salt cellar zoutvaatje
salt fish zoutevis
salt-free zoutloos
salubrious heilzaam
salutary heilzaam
salutation groet, begroeting
salute *ww* salueren; (be)groeten; *zn* begroeting; groet; saluut
salvage berging, bergloon
salvation redding; zaligmaking
Salvation Army Leger des Heils
salver presenteerblad
same zelfde; gelijk; genoemde; *all the* ~, toch, hoe dan ook
sample *zn* monster; specimen; *ww* proeven
sanction *zn* goedkeuring, sanctie; *ww* bevestigen, bekrachtigen
sanctuary heiligdom
sand zand
sandal sandaal
sandbank zandbank
sandpaper schuurpapier
sandwich sandwich
sandwich (toasted) tosti
sandy zanderig
sandy beach zandstrand
sane gezond van verstand
sang zie *sing*

sanguinary bloeddorstig
sanitary hygiënisch, gezondheids-
sanitary towel maandverband
sank zie *sink*
sap sap; ondermijning
sarcastic sarcastisch
sardine sardine
sash ceintuur; (schuif)raam
sat zie *sit*
satchel (boeken)tas; ransel
satiate verzadigen
satin satijn
satisfaction voldoening, tevredenheid
satisfied tevreden
satisfy voldoen, bevredigen; verzadigen
saturate verzadigen
Saturday zaterdag
sauce saus
sauceboat sauskom
saucepan pan
saucer schotel(tje)
saucy brutaal; ontdeugend
sauerkraut zuurkool
saunter slenteren
sausage worst
sausage roll saucijzenbroodje
savage wild, wreed
save redden, behoeden; besparen; *vz* behalve
savings spaargeld
savings bank spaarbank
saviour redder
savour *zn* smaak, geur; *ww* smaken
savoury smakelijk, geurig; *zn* snack
savoy (cabbage) savooiekool
saw *zn* zaag; *ww* zagen; zie ook *see*
sawdust zaagsel
Saxon *zn* Saks; *bn* Saksisch
say (said; said) zeggen
saying gezegde, zegswijze
scab korst (op wond)
scabies schurft
scaffold steiger; schavot
scaffolding steiger; stelling, stellage
scald zich branden
scale weegschaal; schaal; schilfer; schub

ketelsteen
scalp hoofdhuid
scaly schubbig, schilferig
scamp schelm
scamper hollen; *at a ~*, op een holletje
scandal ergernis, schande, laster; schandaal
scandalous schandalig
scanty krap, schaars
scapegoat zondebok
scar litteken; klip
scarce schaars, zeldzaam
scarcely nauwelijks
scare ver-, afschrikken
scarecrow vogelverschrikker
scarf sjerp, sjaal, hoofddoek
scarlet scharlaken-, vuurrood
scarlet fever roodvonk
scatter strooien, verspreiden
scene toneel; decor schouwspel; tafereel
scenery decor, natuurschoon, landschap
scenic area natuurgebied
scent *zn* reuk, geur; parfum; (reuk)spoor; *ww* ruiken (het wild); geur geven aan
sceptical sceptisch, twijfelend
schedule lijst; programma, schema; agenda
scheme schema, plan; complot
schism breuk
scholar geleerde
scholastic school-, onderwijs-
school *zn* school; *ww* onderwijzen, oefenen
schoolmaster onderwijzer
schoolmistress onderwijzeres
science wetenschap; natuurwetenschappen *mv*
scientific wetenschappelijk
scintillate fonkelen
scion telg
scissors schaar
scoff *ww* schimpen; *zn* bespotting; beschimping
scold schelden, kijven, berispen
scoop *zn* schep; hoosvat; primeur; *ww* uitcheppen, uithozen; naar zich toe halen

scooter scooter
scope doelwit; ruimte; gezichtskring, gebied
scorch schroeien, (ver)zengen
score *zn* rekening, aantal behaalde punten; kerf, keep; twintigtal; partituur; *ww* optekenen; op noten zetten; (punten) behalen
scorn *zn* verachting, hoon; *ww* smaden, verachten
scornful honend
Scotch Schots
Scotchman Schot
scoundrel schurk
scour schuren; nauwkeurig doorzoeken
scourge *zn* gesel, plaag; *ww* geselen, teisteren
scout padvinder; verkenningsvaartuig, -vliegtuig
scouting padvinderij
scowl 't voorhoofd fronsen; *~ at*, dreigend aanzien
scramble grabbelen; klauteren
scrambled eggs *mv* roereieren *mv*
scrap snipper; afval; uitknipsel; *scrapbook* plakboek
scrape *zn* verlegenheid, moeilijkheid; gekras; schram; *ww* schrappen, schrapen; uitkrabben, afkrabben
scratch *zn* schram, krab; kras; *ww* krabben, krassen
scrawl haal, krabbel
scream *zn* gil; *fig* giller; *ww* gillen
screen scherm; beeldscherm; rooster;; voorruit; *ww* afschutten; ziften; verfilmen; uitzenden
screw *zn* schroef; vrek; loon; *ww* schroeven
screwdriver schroevendraaier
screw-jack krik
scribble krabbelschrift
scribe schrijver, klerk
script geschrift; draaiboek
Scripture H. Schrift
scrub schrobben, afboenen
scrubby dor; armzalig, miezerig; borste-

133

lig
scruple schroom, (gewetens)bezwaar
scrupulous nauwgezet; angstvallig
scrutiny nauwkeurig onderzoek
scuffle handgemeen
scull roeiriem
scullery bijkeuken
sculptor beeldhouwer
sculpture beeldhouwkunst; beeldhouwwerk
scum zn schuim; uitschot; ww afschuimen
scurry haasten, reppen
scurvy zn scheurbuik; bn laag, gemeen
scuttle (kolen)kit
scythe zeis
S.E. = South East, zuidoost
sea zee; at ~, ter zee; be at ~, het spoor bijster zijn
sea urchin zee-egel
sea-borne ter zee
seagull zeemeeuw
seal zn zegel; rob, zeehond; ww verzegelen; ijken
sealing wax lak
seal-ring zegelring
sealskin robbevel
seam zn zoom; naad(je); ww zomen
seaman zeeman
seamstress naaister
seaplane watervliegtuig
seaport zeehaven
search zn onderzoek, speurtocht; ww zoeken,, peilen; onderzoeken; fouilleren
searchlight zoeklicht
seasick zeeziek
seasickness zeeziekte
seaside ~ resort, badplaats
season zn seizoen, jaargetijde; ww kruiden
season (high) hoogseizoen
season ticket abonnementskaart; ~holder, abonnee
seasonable geschikt, gelegen
seasoned gekruid
seat zn zitting; (zit)plaats; zetel; ww plaatsen; be seated, zitten; gaat u zitten!

seats (book) plaats bespreken
seaworthy zeewaardig
secateurs mv snoeischaar
secede zich afscheiden
secession afscheiding
seclude afzonderen, uitsluiten
second zn secondant; seconde; bn tweede, ander; ww bijstaan, steunen
secondary ondergeschikt
secondary school middelbare school
second-hand tweedehands-
second-rate tweederangs-
secret zn geheim; bn heimelijk, verborgen
secretary secretaris; minister; Secretary of State, minister; Amer Minister van Buitenlandse Zaken
secrete verbergen; afscheiden
sect sekte, gezindheid
section sectie; afdeling; onderdeel; (door)snede; traject, baanvak
secular bn wereldlijk; eeuwenoud; honderdjarig; zn leek; wereldlijk priester
secure bn vast, zeker (van, of); veilig; ww beveiligen, vastmaken
security veiligheid, beveiliging, waarborg, waarborgsom; handel effect
Security Council Veiligheidsraad
sedate bezadigd, rustig
sedative kalmerend middel
sediment neerslag, bezinksel
sedition oproer, muiterij
seduce verleiden
see zien
see (saw; seen) zien, kijken; begrijpen; zorg dragen; bezoeken; ontvangen (iem.)
seed zn zaad; ww inzaaien
seedy fig sjofel
seek (sought; sought) zoeken; much sought after, gezocht (v. waren)
seem lijken (schijnen)
seen zie see
seethe (seethed of sod; sodden) zieden, koken
segregation afscheiding
seize grijpen, in beslag nemen

seizure beslaglegging; aanval, beroerte
seldom zelden
select *bn* uitgelezen, exclusief; *ww* uitkiezen
self zelf
self-command zelfbeheersing
self-conceited verwaand
self-confidence zelfvertrouwen
self-conscious verlegen
self-evident vanzelfsprekend
self-ignition zelfontsteking
self-interested baatzuchtig
selfish egoïstisch
self-made door zichzelf iets geworden; eigengemaakt
self-preservation zelfbehoud
self-starter automatische starter
sell *ww* (sold; sold) verkopen
semaphore seinpaal
semi half
seminary seminarie
semi-official officieus
semolina griesmeel
senate senaat
send (sent; sent) zenden, verzenden; ~ on, doorsturen (verder sturen)
sender afzender
senile seniel, ouderdoms-
senior ouder, oudste
sensation gewaarwording, opwinding, opzien, sensatie
sensational opzienbarend
sense *zn* gevoel; verstand; begrip; zin, betekenis; *make* ~ zinnig zijn, iets betekenen; *ww* (aan)voelen, begrijpen
senseless zinloos
sensible verstandig; merkbaar
sensitive gevoelig; fijngevoelig
sensual sensueel
sent zie *send*
sentence zin (zinsnede); vonnis
sentiment gevoel, gevoelen; mening
sentry schildwacht, post
sentry box schilderhuisje
separate *bn* apart, afzonderlijk; *ww* scheiden, afzonderen

separation scheiding
sepsis bloedvergiftiging
September september
sepulchre graf
sequence volgorde, reeks; *kaartsp* suite
Serb, Serbian Servisch; Serviër
serene kalm, helder, doorluchtig
sergeant sergeant; brigadier van politie
serial(-tale) feuilleton
series serie, reeks
serious ernstig, plechtig
sermon preek; vermaning
serpent slang
servant bediende; dienstmeisje
serve dienen, opdienen, bedienen, baten; voorzien van
service dienst, bediening, nut; servies; kerkdienst
service station pompstation
serviceable dienstig
servile slaafs, kruipend
session zitting
set *zn* stel, garnituur; servies; partij; spel; span; *bn* gezet, bepaald, bestendig; *ww* (set; set) zetten plaatsen, stellen, bepalen; stollen; ~ *in*, invallen; ~ *up*, opzetten, oprichten
settle vestigen; regelen; bepalen; verefenen
settlement vestiging; afrekening; kolonie, nederzetting; jaargeld
seven zeven
seventeen zeventien
seventy zeventig
sever scheiden, afsnijden, verbreken
several verscheiden
severe streng, hard, straf
sew (sewed; sewn of sewed) naaien
sewer riool
sewing machine naaimachine
sex geslacht, sekse; seks
sex appeal seksuele aantrekkingskracht
sex shop seksshop
sexton koster; doodgraver
sexual seksueel
sexually transmitted disease geslachts-

135

ziekte
Sh. = *shilling*
shabby kaal, haveloos, sjofel
shackles *mv* boeien
shade *zn* schaduw; kap; scherm; nuance;
ww schaduwen, beschermen, arceren
shadow schaduw, schim
shady beschaduwd; schaduwrijk; verdacht, louche
shaft schacht; steel; zuil; pijl; as (auto)
shag shag; *gemeenz* seks hebben
shake *zn* schok; triller (muziek); *ww*
(shook; shaken) schudden, beven; ~
hands, elkaar de hand geven
shaky beverig, onvast; wankel
shall (should) zal, zullen
shallow ondiep; oppervlakkig
sham *zn* bedrog, voorwendsel; *bn* voor-
gewend; *ww* simuleren
shame schaamte, schande; *ww* beschamen
shameful schandelijk
shameless schaamteloos
shampoo shampoo
shamrock klaverblad
shape *zn* gedaante; vorm; *ww* **(shaped;
shaped of shapen)** vormen
share *zn* deel, aandeel; *ww* delen
shareholder aandeelhouder
shark haai; afzetter
sharp *bn* scherp, spits; bits; scherpzinnig;
bijtend; *zn muz* kruis
sharpen scherpen
sharp-eyed scherpziend
sharpshooter scherpschutter
shatter verbrijzelen, verstrooien
shave (shaved; shaved of shaven) scheren, (af)schaven; het vel over de oren halen
shaver scheerapparaat
shaving krul (v. hout)
shaving brush scheerkwast
shaving cream scheercrème
shaving soap scheerzeep
shawl sjaal, omslagdoek
she *zn* zij; *zn* wijfje

sheaf schoof; bundel
shear (sheared; shorn) afsnijden; (schapen) scheren
sheath schede
shed (shed; shed) *ww* vergieten; laten
vallen, afwerpen, storten; verspreiden; *zn*
loods, schuur
sheep schaap
sheepskin schapenvacht
sheer louter; volslagen; steil
sheet beddenlaken; vel papier; schoot (v.
zeil)
shelf, shelves plank(en); klip
shell *zn* schelp, schil, bolster, dop; *mil* granaat; *ww* schillen, pellen, doppen; beschieten
shell splinter granaatscherf
shellproof bomvrij
shelter *zn* schuilplaats; bescherming;
tramhuisje; schuilkelder; *take* ~, schuilen;
ww beschermen, schuilen
shepherd herder
sheriff schout; *Amer* politiechef
sherry sherry
shield *zn* schild; *ww* beschermen
shift *zn* verandering, verschuiving;
ploeg(en)dienst; *ww* verwisselen; verleggen; verruilen
shilling vroegere Eng. munt (1/20 v.e.
pond sterling)
shimmer glinsteren
shin scheen(been)
shinbone scheenbeen
shine *zn* schijn, luister; *ww* **(shone; shone)**
schijnen, uitblinken
ship *zn* schip; *ww* inschepen, verschepen
ship broker cargadoor
shipload scheepslading
shipment verscheping, verzending; lading
shipowner reder
shipwreck schipbreuk
shipwrecked *be* ~, schipbreuk lijden
shipyard scheepstimmerwerf
shire (Engels) graafschap
shirk ontduiken

shirt overhemd
shit poep
shiver *zn* rilling; *ww* rillen
shoal *zn* school (vis); ondiepte; *bn* ondiep;
ww samenscholen
shock *zn* schok; botsing, schrik; *ww*
schokken; ergeren
shock absorber schokbreker
shocking stuitend, ergerlijk
shoe schoen; hoefijzer
shoe polish schoensmeer
shoe shop schoenenwinkel
shoelace veter
shoemaker schoenmaker
shone zie *shine*
shook zie *shake*
shoot *zn* filmopname; scheut; *ww* (**shot**;
shot) schieten; uitbotten
shooting range schietbaan
shop *zn* winkel; werkplaats; *ww* winkelen, inkopen doen
shop assistant winkelbediende
shop girl winkeljuffrouw
shopkeeper winkelier
shoplifter winkeldief
shopping boodschappen
shopping centre winkelcentrum
shopworn saai, afgedaan
shore *zn* kust, oever; stut; *ww* schoren,
stutten
shorn zie *shear*
short kort, klein; bros; krap; *or ~*, kortheidshalve; *in ~*, kortom; *be ~ of*, tekort-
komen
shortbread soort bros gebak
short-circuit kortsluiting
shorten verkorten, verminderen
shortening vet
shorthand stenografie
shortly weldra
shorts korte broek
short-sighted bijziend, kortzichtig
short-winded kortademig
shot schot; gooi; opname, kiekje; schutter; zie ook *shoot*
should zie *shall*

shoulder schouder
shoulder blade schouderblad
shout *zn* geroep, gejuich; *ww* roepen, juichen, schreeuwen
shove *zn* stoot, duw; *ww* stoten, duwen,
schuiven
shovel schop
show *zn* vertoning, show, tentoonstelling; schijn; voorkomen; *ww* (**showed**;
shown) tonen, laten zien; aanwijzen,
schijnen
showcase uitstalkast
shower *zn* regen-, stortbui; douche; *ww*
begieten, stortregenen; douchen
shower douche
shower-bath stortbad, douche
shown zie *show*
showroom toonzaal
show-window winkelraam
shrank zie *shrink*
shrapnel granaatscherven *mv*
shred lapje, flard, snipper
shrewd schrander; scherp
shriek *zn* gil, schreeuw; *ww* gillen, gieren
shrill schel, snerpend, schril
shrimp garnaal
shrine heiligdom; reliekschrijn
shrink (shrank; shrunk) ineenkrimpen,
slinken, terugdeinzen
shrivel verschrompelen
shroud *zn* (doods)kleed; sluier; *ww* bedekken, omhullen
Shrovetide, Shrove Tuesday vastenavond
shrub struik, heester
shrug de schouders ophalen
shrunk zie *shrink*
shudder huiveren, sidderen
shuffle *zn* geschuifel; *ww* schudden;
kaartsp wassen; schuifelen
shun vermijden, schuwen
shunt *ww* rangeren; *elektr* aftakken; *zn*
aftakking
shut (shut; shut) *ww* (op)sluiten; *bn* dicht,
gesloten
shutter luik, blind; sluiter
shy schuw, verlegen; *ww* schichtig wor-

137

den
sick *bn* misselijk, *Amer* ziek; beu (van); *be* ~, overgeven (misselijkheid)
sickle sikkel
side *zn* zijde; kant; partij; *ww* partij kiezen voor
sideboard buffet, dressoir
sidecar zijspan
sidelong, sideways, sidewise zijdelings, zijwaarts
sidewalk *Amer* trottoir
siege belegering, beleg
sieve zeef
sift schiften, zeven
sigh *zn* zucht; *ww* zuchten
sight gezicht, zicht; schouwspel; bezienswaardigheid
sight-seeing het bezoeken van bezienswaardigheden
sightseeing tour uitstapje (excursie)
sign *zn* teken, wenk; bord (met opschrift); uithangbord; *ww* tekenen, ondertekenen; een teken geven
signal *zn* teken; sein, signaal; *ww* seinen; melden
signal box seinhuis
signal post seinpaal
signature handtekening
signature tune *rtv* herkenningsmelodie
signboard uithangbord
signet ring zegelring
significance betekenis
significant veelbetekenend; belangrijk
signify betekenen, beduiden; te kennen geven
signpost wegwijzer
silence stilzwijgen; stilte; zwijg!, stil daar!
silencer knaldemper, geluiddemper (machine)
silent stil, stilzwijgend, rustig
silk *zn* zijde; *bn* zijden
silkworm zijderups
silky zijdeachtig, zacht
sill vensterbank
silly onnozel, dwaas, dom; kinderachtig
silver *zn* zilver; *bn* zilver

silverware tafelzilver
similar dergelijk, gelijksoortig, soortgelijk
similarity overeenkomst
simmer sudderen; *fig* smeulen
simple eenvoudig, enkelvoudig
simplicity eenvoud, onnozelheid
simplify vereenvoudigen
simulate veinzen; (bedrieglijk) nabootsen
simultaneous gelijktijdig
sin zonde; *original*~, erfzonde
since sinds
sincere oprecht
sinew pees, spier
sinful zondig
sing (sang; sung) (be)zingen
singe zengen, schroeien
singer zanger; zangeres
single enkel; ééénpersoons; alleen, ongehuwd
single (ticket) enkele reis
single bed eenpersoonsbed
single room eenpersoonskamer
singular *bn* enkelvoudig, bijzonder, zonderling; *zn* enkelvoud
sinister onheilspellend
sink *zn* gootsteen; riool; *ww* (**sank; sunk**) zinken, zakken; verminderen; doen zakken; dalen
sinner zondaar, zondares
sinuous bochtig, kronkelig
sip *zn* teugje; *ww* nippen
siphon hevel; sifon
sir heer, mijnheer; predikaat (vóór doopnaam van "baronet" of "knight")
siren sirene
sister zuster
sister-in-law schoonzuster
sit (sat; sat) zitten; broeden; zitting houden; poseren; ~ *down*, gaan zitten
sit-down ~ *strike*, bezettingsstaking
site ligging; plekje; terrein, bouwterrein
sitting zitting, seance
sitting-room huis-, zitkamer
situated gelegen
situation ligging, toestand; situatie, be-

trekking
situation toestand (situatie)
six zes
sixteen zestien
sixth zesde
sixty zestig
size zn grootte, omvang, formaat; maat; ww sorteren, rangschikken
skate zn schaats; ww schaatsen
skating schaatsenrijden
skating rink ijs-, rolschaatsbaan
skeleton geraamte, skelet; schema; *mil* kader
skeleton key loper
sketch zn schets; ww schetsen
ski ski
ski boots skischoenen
ski jump skischans
ski lift skilift
ski pole skistok
skid slippen
skiing skiën
skilful bekwaam, handig
skill bekwaam-, handigheid
skim (af)schuimen, afromen; scheren over
skimp beknibbelen
skin zn huid, vel; schil; ww stropen, villen
skinny broodmager
skip springen, huppelen
skirmish zn schermutseling; ww schermutselen
skirt zn rok; rand; ww omzomen; omzeilen
skittle kegel; ~s, kegelspel
skull schedel
skunk stinkdier
sky hemel, lucht, uitspansel
skylark leeuwerik
skylight dakraam
skyscraper wolkenkrabber
slab plaat, platte steen, schaal; plak, moot
slack zn slapte; bn slap, los, traag; ww verslappen; verminderen
slacken verslappen; vieren: (vaart) min-

deren
slacks mv lange broek
slain zie *slay*
slam dichtsmijten
slander zn laster; ww lasteren
slang groepstaal, jargon
slanting hellend, schuin
slap zn klap, mep; ww een klap geven
slash om zich heen slaan, ranselen; snijden
slate lei
slate pencil griffel
slattern slons, morsebel
slaughter zn slachting, bloedbad; ww slachten, vermoorden
slave slaaf, slavin; ww zich afsloven
slavery slavernij
slay (slew; slain) doden, vermoorden
sled, sledge slee, ar
sledgehammer voornamer
sleek glad, glanzend; *fig* glad
sleep zn slaap; ww **(slept; slept)** slapen; ~ *late*, uitslapen
sleeper slaper; slaapwagen; dwarsligger
sleeper train slaaptrein
sleeping bag slaapzak
sleeping car slaapwagen
sleeping compartment slaapcoupé
sleeping partner stille vennoot
sleeping pills slaappillen
sleeping place slaapplaats
sleepless slapeloos
sleepwalker slaapwandelaar
sleepy slaperig; slaapwekkend
sleet natte sneeuw
sleeve mouw; *laugh in his ~*, in zijn vuistje lachen
sleeve links mv dubbele manchetknopen mv
sleigh slede, ar
slender dun, slank; gering
slept zie *sleep*
sleuth "speurhond", detective
slew zie *slay*
slice sneetje, schijfje, plak
slide zn glijbaan, hellend vlak; schuif;

ventiel; lawine; dia; *ww* (**slid; slid** of **slidden**) glijden, glippen, laten slippen
slide film diafilmpje
sliding door schuifdeur
sliding roof schuifdak
slight *zn* geringschatting; *bn* dun; licht, gering, onbeduidend; *ww* kleineren
slightly enigszins, ietwat
slim *bn* schraal; slank, tenger; *ww* slank worden, vermageren
slime slib; slijm
sling *zn* slinger, zwaai; draagband; *ww* (**slung; slung**) slingeren; werpen; ophangen
slink (**slunk; slunk**) (weg)sluipen
slip *zn* vergissing; abuis; daling; stek; reepje; (papier)strook; slipje; *ww* slippen (uit)glijden; sluipen, glippen; dalen
slip road rondweg; toegangsweg tot autoweg
slip-of-the-pen verschrijving
slippers slippers, pantoffels
slippery glad (weg), glibberig
slippery road slipgevaar
slipshod slordig
slit *zn* scheur, gleuf, spleet; split; *ww* (**slit; slit**) splijten
slogan strijdkreet; leuze; slagzin
sloop sloep
slop *ww* morsen; *zn* vuil water
slope *zn* schuinte, helling; talud; *ww* hellen; schuin aflopen
sloping hellend, schuin aflopend
sloppy morsig, slordig
slot gleuf, sleuf
slot machine (verkoop)automaat
sloth lui-, traagheid
slouchy slungelig, slordig
slovenly slonzig
slow *bn* langzaam, traag; *be* ~, achterlopen; *ww* ~ *down*, vaart minderen
slow-motion picture vertraagde film
slug *zn* naakte slak; *ww* slaan
sluggard luiaard
sluggish traag, lui
sluice *zn* sluis; *ww* spoelen
140

slum achterbuurt, krottenwijk
slumber *zn* sluimering; *ww* sluimeren
slump plotselinge of grote prijsdaling, malaise
slung zie *sling*
slunk zie *slink*
slur *zn* smet, schandvlek; *ww* besmeuren; onduidelijk (slordig) uitspreken
slush blubber
slut slet
sluttish sletterig
sly listig, sluw, slim
smack *zn* klap; *ww* smakken
small klein, gering, weinig, kleingeestig
smallpox waterpokken *mv*
smart *bn* scherp, pijnlijk, vinnig; levendig, vlug, gevat, knap; bijdehand; chic; *ww* zeer doen; lijden, schrijnen, steken
smarten up mooi maken
smash *zn* smak, slag; bankroet, *ww* breken, verbrijzelen
smear *zn* vlek, vette veeg; *ww* besmeren, bezoedelen, smeren
smell *zn* reuk, geur; *ww* (**smelt** of **smelled; smelt** of **smelled**) ruiken, rieken
smelt *zn* spiering; *ww* (erts) smelten
smile *zn* glimlachje; *ww* glimlachen
smirch besmeuren, bezoedelen
smirk meesmuilen, grijnzen
smite (**smote; smitten**) slaan
smith smid
smithy smederij
smoke *ww* roken; *zn* rook
smoked gerookt
smoker roker; rookcoupé
smoking het roken
smoking compartment rookcoupé
smooth *bn* glad, vlak; zacht; vleiend; *ww* glad maken; gladstrijken, effenen
smoothly vlot, gesmeerd
smote zie *smite*
smother *zn* damp, rook, walm; *ww* verstikken; inhouden
smoulder smeulen
smudge vlek, veeg
smug zelfgenoegzaam

smuggle smokkelen
smuggler smokkelaar
smutty vuil, smerig
snackbar snelbuffet
snag knoest; obstakel
snail slak
snake slang
snake slang (reptiel)
snap *ww* happen, klappen, knippen; *zn* snap, hap, knip
snappish snibbig
snapshot momentopname, kiekje
snare *zn* strik; *ww* verstrikken
snarl (toe)snauwen, grommen; verwikkeld raken
snatch *zn* ruk, greep; stukje eten; *ww* rukken, grijpen
sneak sluipen
sneaky geniepig
sneer *ww* grijnzen; *zn* grijns
sneeze niezen
sniff opsnuiven; snuffelen
snigger grinniken
sniper sluipschutter
snivel snotteren
snoop rondneuzen
snore snorken, ronken
snorkel snorkel
snort briesen, snuiven
snout snuit
snow *zn* sneeuw; *ww* sneeuwen
snow chain sneeuwketting
snowboard snowboard
snowdrop sneeuwklokje
snowstorm sneeuwstorm
snub afsnauwen
snuff *zn* snuif; *ww* (op)snuiven; ~ *it*, het loodje leggen
snug knus, gezellig
so dus, zodanig, zulk, zo; ~ *that*, zodat
so called zogenaamd
soak weken, inzuigen, opslurpen; doorweken
soap zeep
soapdish zeepbakje
soap-suds *mv* zeepsop

soar hoog vliegen, zich verheffen
sob *zn* snik; *ww* snikken
sober matig, sober, nuchter
sober nuchter
sobriety matigheid
Soc. = *Society*, vereniging
sociable sociabel, gezellig
social maatschappelijk, sociaal; gezellig
social worker maatschappelijk werkster
socialism socialisme
society maatschappij; gezelschap; vereniging, genootschap; samenleving
sock sok
socket kas, holte; houder; stopcontact
sod zode
soda water spuitwater
sodden doorweekt
sofa bank (zitbank)
soft zacht, mals; slap (boord); verwijfd, zoetsappig; onnozel; ~*drink*, frisdrank; ~ *soap*, groene zeep
soften zacht maken (worden)
soil *zn* land, grond; *ww* bezoedelen
sojourn (tijdelijk) verblijf
solace troost, verlichting
solar system zonnestelsel
sold zie *sell*
sold out uitverkocht
solder *zn* soldeersel; *ww* solderen
soldier soldaat, krijgsman
sole *zn* zool; tong (vis); *bn* enig
solemn plechtig, ernstig
solicit verzoeken, dingen naar
solicitor rechtskundig adviseur, procureur
solicitous bezorgd; begerig
solicitude zorg, ongerustheid
solid vast, massief; stevig; degelijk
solidarity solidariteit
soliloquy alleenspraak
solitary eenzaam
solitude eenzaamheid
soloist solist
soluble oplosbaar
solution oplossing
solve oplossen

141

solvent solvent, kredietwaardig
some enige, enkele, sommige; ongeveer
somebody iemand
somehow op een of andere wijze
someone iemand
something iets
sometimes soms
somewhere ergens
son zoon
song zang, lied
son-in-law schoonzoon
sonorous welluidend
soon spoedig, vroeg, gauw
soot roet
soothe verzachten, sussen, kalmeren
sop *ww* soppen; *zn* concessie
sophisticated wereldwijs; verfijnd; geavanceerd
soporific *zn* slaapmiddel; *bn* slaapverwekkend
soprano sopraan
sorbet sorbet
sorcery toverij, hekserij
sordid laag, gemeen; smerig
sore *zn* pijnlijke plek; *bn* pijnlijk, zeer; hevig
sorely erg, ten zeerste
sorrow droefheid, smart; zorg
sorry bedroefd; armzalig; *I am ~*, het spijt mij; neem mij niet kwalijk, pardon!
sort *zn* soort, slag; wijze; aard; *ww* schikken, sorteren
S.O.S. = *Save our Souls*, noodsignaal v. schepen
sought zie *seek*
soul ziel
sound *zn* geluid, klank; *bn* gezond, gaaf, betrouwbaar; *ww* klinken, luiden; peilen
sound-damper, sound-deadener geluiddemper
sound-proof geluiddicht
soup soep
sour *bn* zuur, bitter; *ww* verzuren
source bron, oorsprong
south zuiden
South Africa Zuid-Afrika

South Pole zuidpool
southern zuidelijk; *~ latitude*, zuiderbreedte
souvenir souvenir
sovereign souverein
sow *zn* zeug; *ww* **(sowed; sown** of **sowed)** zaaien
spa badplaats
space wijdte, ruimte
space travel ruimtevaart
spacious ruim, uitgestrekt
spade spade, schop; schoppen (in het kaartspel)
Spain Spanje
span *zn* span; tijdsbestek; spanning van een boog of brug; *ww* spannen; zie ook *spin*
Spaniard Spanjaard
Spanish Spaans
spank op de broek geven
spanner schroefsleutel
spare *bn* schraal; reserve-; extra-; *~ (bed)room*, logeerkamer; *~ part*, reservedeel; *~ time*, vrije tijd; *~ wheel*, reservewiel; *ww* (be)sparen; missen
sparing zuinig, karig
spark vonk
spark plug bougie
sparkle fonkelen
sparrow mus
sparse dun gezaaid, ijl
spasm kramp
spasmodic krampachtig
spat zie *spit*
spatter bespatten
spawn *zn* viskuit; kikkerdril; *ww* voortbrengen
speak (spoke; spoken) spreken, zeggen, praten
speaker spreker; Voorzitter van het Lagerhuis; speaker
spear speer, spies
special *bn* bijzonder, extra, extra-; *zn* aanbieding; speciale editie (dagblad, televisieprogramma)
specialist specialist

speciality specialiteit
specially in 't bijzonder
specific precies; speciaal; ~ gravity, soortelijk gewicht
specify in bijzonderheden vermelden, specificeren
specimen proef, staaltje
speck vlekje
speckle spat, spikkel
spectacle schouwspel
spectacles *mv* bril
spectator toeschouwer
spectre spook
speculation speculatie
speech spraak; redevoering, toespraak
speechless sprakeloos
speed spoed, snelheid, haast
speed limit maximumsnelheid
speedometer snelheidsmeter
speedway (auto)snelweg; racebaan
speedy spoedig, snel
spell *zn* betovering; tijdje; beurt; *ww*
(spelt of spelled; spelt of spelled) spellen;
betoveren
spellbound gefascineerd
spelling spelling
spend (spent; spent) uitgeven, besteden
spendthrift verkwister
sphere sfeer; globe; bol
spice *zn* specerij; kruiderij; *ww* kruiden
spiced gekruid
spices kruiden
spick and span brandschoon, piekfijn
spicy gekruid, pikant
spider spin
spike aar; spijl; punt; ~s atletiekschoenen
mv
spill *zn* spil; spijl; val; *ww* (spilt; spilt) morsen, vergieten
spin (span; spun) spinnen; ronddraaien
spinach spinazie
spinal van de ruggengraat
spinal column ruggengraat
spinal cord (marrow) ruggenmerg
spindle spil, as; spoel, klos
spin-drier centrifuge

spine ruggengraat; doorn, stekel
spinster ongehuwde vrouw, oude vrijster
spiral *zn* spiraal; *bn* spiraalvormig: ~stair-case, wenteltrap
spire (toren)spits
spirit *zn* ziel, geest, bezieling; moed; spiritus; *ww* bezielen, aansporen
spirits *mv* sterke drank
spiritual geestelijk, geestes-
spirituous alcoholisch
spit *zn* spuug; braadspit; landtong; *ww*
(spat; spat) spugen
spite *zn* wrok, wrevel; *ww* krenken; *in ~ of*, ondanks
spiteful nijdig, afgunstig
spittle speeksel
splash spatten, plassen
splashboard spatbord
spleen milt; zwaarmoedigheid
splendid prachtig, luisterrijk
splendour glans, pracht
splice splitsen (touw)
splint spalk
splinter *zn* splinter; *ww* versplinteren
split (split; split) *ww* splijten; *zn* spleet, scheur
spoil *zn* buit; *ww* (spoiled of spoilt; spoilt) bederven; beroven van
spoke spaak; zie *speak*
spokesman woordvoerder
sponge *zn* spons; *ww* sponsen
sponge spons
sponsor *zn* sponsor, begunstiger; *ww* steunen
spontaneous spontaan
spoon lepel
sport *zn* sport; vermaak; spel; *ww* dragen; er op na houden; pronken met; *do ~s*, sporten
sport sport
sport shoes sportschoenen
sportive vrolijk
sports articles sportartikelen
sports field sportterrein
sportsmanlike sportief
spot spat, vlek, plek, smet; (biljart) acquit

143

geven; ontdekken, snappen
spotless smetteloos, onbevlekt
spotlight zoeklicht; voetlicht; bermlamp
spotted gevlekt, gespikkeld
spouse echtgenoot, -note
spout *zn* spuit, pijp, tuit; straal; *ww* spuiten; opspuiten
sprain verstuiken, verzwikken, verrekken
sprang zie *spring*
sprat sprot
sprawl breeduit (gaan) liggen;(zich) onregelmatig uitbreiden, (zich) breed uitstrekken
spray *zn* takje; spuit, verstuiver; stofregen; *ww* sproeien
spread (spread; spread) (ver)spreiden, strooien, uitslaan
spree *on a ~*, aan de zwier
sprig twijg
sprightly levendig
spring *zn* bron, oorsprong; veer; veerkracht; lente; fontein; *ww* **(sprang; sprung)** springen; (uit)spruiten, ontstaan
sprinkle besprenkelen
sprinkler sproeier
sprint korte afstandswedloop; *ww* sprinten
sprout *zn* spruit; loot; *ww* (uit)spruiten
sprouts spruitjes
spruce *bn* netjes, knap; *zn* spar
sprung zie *spring*
spun zie *spin*
spur *zn* spoor; prikkel; uitloper; *ww* de sporen geven; aansporen
spurt *ww* spuiten; (*sp*) spurten; *zn* straal, guts; uitbarsting
spy *zn* spion; *ww* bespieden
sq. = *square*, plein
squadron eskadron, escadrille; eskader; smaldeel
squalid morsig, vuil
squander verkwisten
square *zn* vierkant; plein; ruit (op dambord enz.); kwadraat; winkelhaak; *bn* eerlijk, ronduit; vierkant, rechthoekig; ouderwets, bekrompen

squash kneuzen, platdrukken
squat(down) hurken
squatter kraker, dakloze (die in een leegstaand gebouw trekt)
squeak *zn* geschreeuw, gepiep; *ww* schreeuwen, piepen
squeal krijsen; verraden, doorslaan
squeamish overgevoelig
squeeze *zn* druk; afpersing; *ww* drukken, uitpersen
squint *bn* scheel, loens; *ww ~ at*, blikken naar
squire landedelman, landjonker
squirrel eekhoorntje
squirt spuiten
st = 1 *street* straat; 2 *saint* sint
stab *zn* steek; stoot; *ww* doorsteken, steken
stable *zn* stal; *bn* vast; stabiel
stack stapel; hoop; mijt, schelf
stadium stadium, stadion
staff personeel; staf, stok; schacht; notenbalk
stag hert
stage *zn* toneel; halte; etappe; fase, stadium; *ww* opvoeren, organiseren
stage manager regisseur
stagger wankelen, waggelen, versteld (doen) staan
stagnancy stilstand
stain *zn* vlek, smet; *ww* (be)vlekken, bezoedelen; verven, beitsen
stain remover vlekkenwater
stained-glass gebrandschilderd glas, glas-in-lood
stainless vlekkeloos
stair trede, trap; *~s*, trap
stair-carpet traploper
staircase trap
stairs trap
stake *zn* staak, paal; inzet, inleg; *at ~*, op 't spel; *ww* inzetten, in de waagschaal stellen; afbakenen; steunen
stale oudbakken, muf
stalemate *zn* impasse; *ww* vastzetten
stalk *zn* stengel; steel; halm; *ww* (deftig)

stappen; (be)sluipen
stall zn box (v. paard); kraam; ww afslaan (motor), afglijden (vliegmachine); uitstellen
stallion hengst
stalls mv stalles mv
stalwart fors, krachtig; trouw
stamina uithoudingsvermogen
stammer stamelen, stotteren
stamp zn stempel; (post)zegel; ww stampen; stempelen
stamp machine postzegelautomaat
stamp-paper gezegeld papier
stand zn stand, stilstand; standaard; standplaats; stelling; kraam; ww (**stood**; ~**stood**) staan, blijven, standhouden; ~still, stilstaan
standard zn standaard; principe; vlag; gehalte, klasse; bn standaard, normaal
standardization normalisatie
stand-by steun; reserve
stank zie stink
stanza couplet
staple zn hoofdproduct; stapel; markt; nietje; bn stapel-, hoofd-
star zn ster, gesternte; sterretje (*); ww de hoofdrol vervullen
starboard scheepv stuurboord
starch zn stijfsel; zetmeel; ww stijven
stare zn starende blik; ww (aan)staren
stark hard; stijf; strak; geheel en al; ~ lind, stekeblind; ~ mad, stapelgek; ~ aked spiernaakt
starling spreeuw
start zn vertrek; begin; schrikbeweging; ww starten, beginnen; aan de gang brengen; vertrekken; opschrikken
starter voorgerecht; startmotor
starting-point uitgangspunt
startle (ver)schrikken
startling verrassend
starvation verhongering, hongerdood
starve (ver)hongeren
state zn staat, toestand; luister, staatsie; ww opgeven, vaststellen; constateren; zweren

stately statig, deftig
statement mededeling, bewering, verklaring; (bank) overzicht, staat; opgaaf
statesman staatsman
station standplaats; post; rang, stand; station
station master stationschef
stationary stilstaand, vast
stationer kantoorboekhandelaar
stationery schrijfbehoeften mv
statistics mv statistiek
statuary beeldhouwkunst; -werk
statue standbeeld, beeld
status status, positie
statute statuut, wet
staunch zn sterk, hecht; verknocht, betrouwbaar; ww stelpen; stremmen
stave notenbalk
stay zn verblijf; stilstand; steun; ww blijven, logeren; tegenhouden
stay down blijven zitten (school)
staying-power uithoudingsvermogen
stays mv keurslijf, korset
stead plaats
steadfast standvastig; vast
steady vast, bestendig; solide
steak biefstuk; moot (vis)
steal (**stole**; **stolen**) stelen; sluipen
stealthily tersluiks
steam zn stoom, damp; ww stomen
steam boiler stoomketel
steam engine stoommachine
steamer stoomboot
steel zn staal; bn stalen, van staal; ww stalen
steep zn steilte; bn steil
steeple spitse toren
steeplechase wedren met hindernissen
steer sturen, stevenen
steerage stuurmanskunst; tussendek
steering stuurinrichting
steering box stuurhuis
steering wheel stuurwiel
steersman stuurman, roerganger
stem stam; steel; stengel; loot; boeg, steven

145

step *zn* trap; trede; (voet) stap; *ww* stappen, treden
step-child stiefkind
step-in step-in
steps *mv* stoep (v. huis)
sterile onvruchtbaar, dor; steriel
stern *zn scheepv* achtersteven; *bn* streng, bars
stew *ww* stoven, smoren; *zn* gestoofd vlees; *Irish* ~, soort hutspot
steward steward; rentmeester; hofmeester
stewardess stewardess
stick *zn* stok; staaf; *ww* **(stuck; stuck)** kleven; plakken; steken, insteken; vastzitten; blijven steken; zich hechten
sticking plaster hechtpleister
sticky kleverig
stiff stijf, star, strak
stiffen stijven
stifle smoren, onderdrukken
stifling broeierig, verstikkend
stigma schandvlek; brandmerk; stempel (v. bloem)
stile deurstijl; overstap
still *zn* stil, zacht; *ww* stillen, kalmeren; *bijw* nog steeds, nog
still life stilleven
stimulate prikkelen, aansporen
sting *zn* prikkel, angel, stekel; steek; *ww* **(stung; stung)** steken, prikken; kwetsen, grieven
stingy vrekkig, schriel
stink *zn* stank; *ww* **(stank; stunk)** stinken
stint beknibbelen
stipulate bedingen, bepalen
stir *zn* geraas, opwinding, sensatie; *ww* bewegen, (om)roeren, (iemand) aansporen
stirrup stijgbeugel
stitch *zn* steek; *ww* stikken, hechten
stock *zn* voorraad; stam; blok; effecten *mv*, kapitaal; veestapel; bouillon; *ww* in voorraad hebben, nemen, bevoorraden
stock exchange effectenbeurs
stockbroker commissionair in effecten
stockfish stokvis

stockings kousen
stole(n) zie *steal*
stolen gestolen
stolid bot, onaandoenlijk
stomach *zn* maag, buik; eetlust; *ww fig* kunnen verkroppen, slikken
stomach ache maagpijn
stone steen; pit; gewicht van 6.35 kg
stone-blind stekeblind
stone-deaf stokdoof
stony steenachtig, stenig; onbewogen, ijskoud
stood zie *stand*
stool taboeretje, kruk; ~s, *mv*, ontlasting
stoop bukken, buigen
stop *zn* halte, tussenlanding, pauze; leesteken; *ww* beletten; ophouden, stoppen, staken; stelpen; ~! stop! (halt)
stopover tussenlanding
stopper stop
storage berging, opslag
store *zn* voorraad; winkel; opslagplaats, magazijn; warenhuis; *ww* inslaan; voorzien; opbergen
storey verdieping
stork ooievaar
storm *zn* storm; aanval; onweersbui; *by* ~ stormenderhand; *ww* bestormen; stormen, razen
stormy stormachtig
story geschiedenis, verhaal; leugentje
stout *zn* stout, zwart bier; *bn* vastberaden, dapper; corpulent
stove kachel, fornuis
stove kachel
stow stuwen, stouwen
stowaway verstekeling
straddle wijdbeens staan (lopen), schrijlings zitten
straggle dwalen, zwerven
straight recht; glad; eerlijk, betrouwbaar; in orde; heteroseksueel
straight ahead rechtdoor
straight on rechtuit
straighten recht maken; in orde brenge
straightforward oprecht, rond(uit); on-

gecompliceerd

strain *zn* (in)spanning; druk; verrekking; erfelijk trekje; ras *ww* inspannen, verrekken, forceren

strainer zeef

strait, straits zee-engte, straat

strand *zn* streng; element; *ww* stranden

strange vreemd, zonderling

stranger vreemdeling

strangle wurgen

strangulated ingesnoerd; *med* beklemd

strap (schouder)riem; (tram) lus; bandje

strapless zonder schouderbandjes

strapping *bn* groot, stevig; *zn* pak slaag

stratagem (krijgs)list

straw stro, rietje

strawberry(ies) aardbei

stray af-, verdwalen

streak streep; flits; tikkeltje

stream *bn* stroom; *ww* stromen

streamer wimpel

streamlined gestroomlijnd

street straat

street side straatkant

streetwalker prostituee

strength sterkte, kracht, macht

strengthen (ver)sterken

strenuous krachtig, energiek, inspannend

stress *zn* nadruk, accent, (geestelijke) spanning, druk, stress; *ww* benadrukken; zich druk maken

stretch *zn* rek, spanning; uitgestrektheid; *ww* rekken, strekken, spannen

stretcher draagbaar, brancard

strew (strewed; strewn) (be)strooien

stricken geslagen, getroffen, bedroefd; waar beproefd

strict nauwkeurig, strikt, stipt

stride *zn* schrede; *ww* **(strode; stridden)** schrijden

strife twist, strijd

strike *zn* slag; werkstaking; *ww* **(struck; struck of stricken)** slaan; munten; strijken; opvallen, vóórkomen; inslaan; werkstaken; ~ out, schrappen

striking treffend, opvallend

string *zn* touw, koord; snaar, pees; snoer; *ww* **(strung; strung)** snoeren, rijgen. van banden of snaren voorzien

string beans sperziebonen

stringent strikt, bindend; schaars (geld)

stringy vezelig, draderig

strip *zn* reep, strookje; strip; *ww* uitkleden; afstropen

stripe streep; chevron

striptease striptease

strive (strove; striven) pogen, streven, zich inspannen, worstelen, strijden

strode zie *stride*

stroke *zn* slag, trek; streep; beroerte; *ww* strelen, strijken

stroll *zn* wandeling; *ww* slenteren, kuieren

strong sterk, flink, krachtig; pittig (van smaak)

stronghold burcht, bolwerk

strongroom kluis

strove zie *strive*

struck zie *strike*

structure structuur, bouw; gebouw, bouwsel

strung zie *string*

stub *zn* stompje; peuk; *ww* stoten; ~ out, uitdrukken (v. sigaret)

stubble stoppel

stubborn hardnekkig, onverzettelijk, weerspannig

stuck zie *slick*

stud knop; overhemds-, boordenknopje; stoeterij; (ren)stal

student student; beoefenaar

studied geleerd, bestudeerd, onnatuurlijk

studies studie

studious vlijtig; nauwgezet

study *zn* studie; studeerkamer; *ww* (be)studeren

stuff *zn* stof, materiaal; goedje, spul; *ww* volstoppen, opzetten

stuffed opgezet; vol

stultify verstompen; belachelijk maken

stumble struikelen, strompelen
stump (boom)stronk, stomp; stump (cricketpaaltje)
stun bedwelmen, verdoven; verbluffen
stung zie *sling*
stunk zie *stink*
stunt toer, foefje; truc; stunt
stupefaction verdoving, stomme verbazing
stupendous kolossaal
stupid dom, stom
stupor verdoving
sturdy stoer, stevig
stutter stotteren, hakkelen
sty varkenshok, kot
style stijl, (schrijf)trant; genre
stylish chic, elegant
suave hoffelijk
subconscious onderbewust
subdue onderwerpen, bedwingen, beheersen; dempen, temperen
subject *zn* onderdaan; onderwerp; (leer)vak, motief; *bn* onderworpen, onderhevig; *ww* onderwerpen; blootstellen
subjugate onderwerpen
sublime hoog, verheven
submarine onderzeeboot
submerge onderdompelen, onder water zetten
submission onderwerping
submissive onderdanig
submit onderwerpen
subordinate ondergeschikt
subscribe inschrijven, intekenen; onderschrijven ~ *to*, *zich* abonneren op
subscriber abonnee, intekenaar; ondertekenaar
subscriber number abonneenummer
subscription ondertekening, intekening; contributie; abonnement
subsequent volgend
subside zinken, zakken; bedaren, gaan liggen (wind)
subsidiary hulp-, ondergeschikt; ~ *company*, dochtermaatschappij
subsidy subsidie

subsistence bestaan, levensonderhoud
substance zelfstandigheid, stof; substantie
substantial aanzienlijk; flink; stoffelijk; stevig; solide; welgesteld
subterraneous onderaards
subtitled ondertiteld
subtle fijn; spitsvondig, scherpzinnig
subtract aftrekken
suburb voorstad, buitenwijk
subvention subsidie
subvert omverwerpen
subway (perron) tunnel; *Amer* metro
succeed opvolgen; slagen
success succes; voorspoed
succession op(een)volging, reeks; *in* ~, achtereen
successive opeenvolgend
successor opvolger
succour bijstaan, helpen
succulent sappig
succumb bezwijken
such zodanig, zulk, zo; dergelijk; ~ *a*, zo'n
suck zuigen
suckle zogen; grootbrengen
suckling zuigeling
suction zuiging
sudden plotseling
suds *mv* zeepsop
sue in rechten aanspreken, aanklagen
suffer lijden, dulden
sufficient voldoende, genoeg
suffix achtervoegsel
suffocate verstikken, smoren; stikken
suffuse overvloeien, overstromen
sugar suiker; *lump of* ~, klontje suiker
sugar basin suikerpot
sugar beet suikerbiet
sugar cane suikerriet
sugar refinery suikerraffinaderij
suggest opperen, ingeven, doen denken aan
suggestion suggestie, ingeving, voorstel idee
suicide zelfmoord

suit zn rechtsgeding, verzoekschrift, aanzoek; (*kaartsp*) kleur; pak (kleren), kostuum; stel; ww passen, schikken, gelegen komen
suitable gepast, geschikt
suitable gepast (geschikt)
suitcase koffer
suite vertrekken; gevolg, stoet; serie, stel; *muz* suite
suitor vrijer; *jur* eiser
sulk pruilen, mokken
sulky zn licht rijtuigje voor één persoon; bn pruilend, mokkend
sullen bokkig, nors
sulphur zwavel
sulphuric acid zwavelzuur
sultry zwoel, drukkend
sum som, bedrag; inhoud
summary samenvatting, kort overzicht
summer zomer; *Indian ~*, nazomer
summer school vakantiecursus
summing-up slotsom; *jur* requisitoir
summit top, kruin
summon(s) dagvaarden, bekeuren; oproepen
summons dagvaarding
sumptuous weelderig
sun zon; zonneschijn
sun hat zonnehoed
sunbathe zonnebaden
sunbeam zonnestraal
sun-blind zonnescherm
sunburnt verbrand, gebruind
Sunday zondag
sundial zonnewijzer
sundry diverse, allerhande
sunflower zonnebloem
sung zie *sing*
sunglasses zonnebril
sunk zie *sink*
sunlamp hoogtezon
sunlight zonlicht
sunny zonnig
sunproof kleurecht
sunrise zonsopgang
sunset zonsondergang

sunshade parasol; zonnescherm; zonneklep
sunshine zonneschijn
sunstroke zonnesteek
suntan cream zonnebrandcrème
suntan lotion zonnebrandolie
sup souperen
super zn superbenzine; bn zeer goed
superannuation pensionering
superb prachtig
supercilious verwaand
superficial oppervlakkig
superfluous overtollig
superintend het toezicht hebben op, controleren
superintendent opzichter, inspecteur; directeur
superior opper, opperst, bovenst, hoger, beter, over-
superiority meerderheid, overmacht; voortreffelijkheid; voorrang
superlative bn alles overtreffend, hoogste; zn (*gram*) overtreffende trap
supermarket supermarkt
supernumerary extra-
supersede vervangen; afschaffen; afzetten
superstition bijgeloof
supervision toezicht, controle
supine achteroverliggend; nalatig; laks; slap
supper avondmaal
supplant verdringen
supple zacht, lenig, buigzaam
supplement supplement, bijvoegsel, aanvulling
suppliant smekeling
supplicate smeken
supplication smeekbede
supplier leverancier
supply zn voorraad, aanvoer; versterking; leverantie; *~ and demand*, vraag en aanbod; ww verzorgen, voorzien, aanvullen, bevoorraden
support zn ondersteuning; onderstand, steun; ww helpen, onderhouden, steu-

149

nen, schoren verdragen
supporter aanhanger, voorstander; *sp* supporter
suppose (ver)onderstellen, vermoeden, aannemen
supposition onderstelling
suppository zetpil
suppress onderdrukken; bedwingen; verzwijgen
suppurate etteren
supremacy oppermacht, overmacht
supreme (aller)hoogst
surcharge *zn* toeslag; overlading *ww* overladen
sure zeker, veilig; ~! natuurlijk!
surety borg, borgtocht
surf *zn* branding (van de zee); *ww* surfen
surf board surfplank
surface oppervlakte
surfeit overlading, oververzadiging
surfing surfsport
surge golf; hausse
surgeon chirurg
surgery chirurgie; spreekkamer (v. dokter); ~ hours, *mv* spreekuur
surly nors, stug, bokkig, stuurs
surmise *zn* vermoeden, waan; *ww* vermoeden
surmount overkomen, te boven komen
surname achternaam
surpass overtreffen
surplus overschot
surplus population overbevolking; bevolkingsoverschot
surprise *zn* verrassing, verwondering; *ww* verrassen
surprised verbaasd
surrender *zn* overgave; *ww* overgeven, uitleveren
surround omringen, omgeven
surroundings omgeving
survey overzicht, inspectie, onderzoek; expertise; opmeting; onderzoeken; (op)meten (land)
surveyor opzichter; landmeter
survival overblijfsel, overleving, voortbe-
150

staan
survive overleven
susceptibility vatbaarheid, fijngevoeligheid
suspect *bn* verdacht; *ww* wantrouwen, verdenken; vermoeden
suspend ophangen; opschorten, schorsen
suspender sokophouder; jarretel; ~s *mv*, (ook) bretels *mv*
suspense spanning
suspension schorsing, staking; vering; ~ of arms, wapenstilstand
suspicion achterdocht, argwaan; vermoeden
suspicious argwanend, achterdochtig; verdacht
sustain onderhouden, ondersteunen, verdragen
sustenance (levens)onderhoud
swagger trots lopen
swallow *zn* zwaluw; slok; *ww* verzwelgen, slikken, opslokken
swam zie *swim*
swamp moeras
swan zwaan
swarm *zn* zwerm; *ww* zwermen, wemelen
sway *zn* zwaai; heerschappij; overwicht; *ww* zwaaien, zwenken; leiden
swear (swore; sworn) zweren; beëdigen; vloeken; ~ off, afzweren
swear-word vloek
sweat (sweated; sweated) zweten, zwoegen; uitzuigen; *zn* zweet
sweater trui
Swede Zweed
Sweden Zweden
sweep *zn* veeg, zwaai; omtrek; *ww* (swept; swept) weg-, schoonvegen; vegen; zwenken, zwieren
sweet *bn* zoet, lief(e)lijk; *zn* toetje, snoepje, lekkers
sweet pepper paprika
sweetbread zwezerik
sweeten zoet maken; verzachten
sweetener zoetstof

sweetheart geliefde
sweetmeat bonbon
sweets snoep
swell *zn* zwelling; deining; *ww* (swelled;
swollen of swelled) (op)zwellen; toenemen; *bn* chic; fijn, prima
swept zie *sweep*
swift snel, vlug
swiftness snelheid
swim (swam; swum) zwemmen; drijven
swimming bath (binnen) zwembad
swimming belt zwemgordel
swimming pool zwembad
swimming trunks zwembroek
swimsuit zwempak
swindle *ww* afzetten, oplichten; *zn* oplichterij
swine zwijn; smeerlap
swing *zn* schommel; schommeling, slingering; *in full ~*, in volle gang; *ww* (swung;
swung) schommelen, zwaaien, zwenken
swing door tochtdeur
swirl warrelen, draaien
Swiss *bn* Zwitsers; *zn* Zwitser
switch *zn* wissel; schakelaar; *ww* schake-

len; *~ on, off*, aan-, uitzetten); *~ to* overschakelen (naar, op)
switchboard schakelbord
Switzerland Zwitserland
swivel draaien
swollen zie *swell*
swoon *zn* bezwijming, flauwte; *ww*
flauwvallen
swoop neerduiken (op)
sword zwaard
swore, sworn zie *swear*
sworn beëdigd; gezworen
swot blokken
swum zie *swim*
swung zie *swing*
syllable lettergreep
symbol zinnebeeld, symbool
symmetrical symmetrisch
sympathy sympathie
symphony symfonie
symptom verschijnsel, symptoom
syringe (injectie)spuit
system stelsel, systeem; net
systematic(al) stelselmatig, systematisch

t

table tafel; tabel, staat; register; plateau
tablecloth tafellaken
table-cover tafelkleed
tablet tablet (medisch)
taboo taboe
tabular tabellarisch
taciturn stil, zwijgend
tack spijkertje
tackle *zn* tuig, takel; *ww* flink aanpakken
tact tact
tactics *mv* tactiek
tag *zn* label; aanhangsel; *sp* tikkertje; *ww*
aanhechten; *~ along*, meelopen
tail *zn* staart; sleep; achterkant; gevolg;
ww achtervolgen
tail-light achterlicht
tailor kleermaker

tailor-made op maat gemaakt
taint *zn* vlek, blaam; *ww* bederven; bezoedelen
tainted bedorven
take (took; taken) nemen, vatten, grijpen; innemen (pillen); krijgen, ontvangen; gebruiken, bezigen; *~ along*, meenemen; *~ care*, pas op jezelf; *~ off*, opstijgen
(v. vliegmachine)
tale verhaal, sprookje
talebearer klikspaan
talent talent, gave
talk praten, spreken; *~ rubbish*, zwammen
talk praten
talkative spraakzaam
talking picture, talkie sprekende film

151

tall lang, hoog
tallow talk, kaarsvet
talon talon
tame *bn* tam, gedwee; *ww* temmen
tamper knoeien, peuteren
tampon tampon
tan *zn* gebruinde huid (door zon); run, taan; *ww* looien, tanen; zonnen
tangerine mandarijn
tangible tastbaar, voelbaar
tangle warboel, verwarring
tank (water)bak, reservoir; tank, gevechtswagen
tanner looier
tantrum kwaaie bui, driftbui
tap *zn* tikje; kraan; tap; *ww* (vat) opsteken; aftappen; tikken
tap water leidingwater
tape *zn* lint, band; beeld- of geluidsdrager; *ww* opnemen (op band)
tape measure meetlint
taper spits toelopen
tape-recorder bandrecorder
tapestry wandtapijt
tapeworm lintworm
taproom gelagkamer
tar teer
tardy traag; langzaam
tare tarra
target mikpunt, doel; schietschijf
tariff tarief
tarnish dof maken of worden; bezoedelen
tarpaulin dekzeil
tarry dralen
tart *zn* vruchtentaart; gebakje; *bn* wrang, zuur; bits
tartness wrangheid
tartserver taartschep
task taak
taste *zn* smaak; *ww* proeven; smaken
tasteful smaakvol
tasty smakelijk
tatter lap, vod, flard
tattle *ww* babbelen; *zn* gebabbel
tattoo *zn* tatoeage; *ww* tatoeëren

taught zie *teach*
taunt *zn* smaad, hoon; *ww* (be)schimpen, honen
taut strak, gespannen
tavern kroeg, herberg
tawdry opzichtig, smakeloos
tawny goudbruin
tax *zn* belasting; schatting, last; *ww* taxeren, belasten
tax collector belastingontvanger
tax consultant belastingconsulent
tax form belastingbiljet
tax free taxfree
taxation belasting, schatting
taxes belasting
taxi taxi
taxi driver taxichauffeur
taxi meter taximeter
taxi stand taxistandplaats
taxi, taxicab taxi
tea thee
tea pot theepot
tea towel theedoek
tea tray theeblad
teach (taught; taught) onderwijzen, leren
teacher onderwijzer
tea-cloth theedoek
tea-cosy theemuts
team ploeg, elftal
tea-pot theepot, trekpot
tear *zn* traan; scheur, torn; *ww* **(tore; torn)** scheuren; rukken; razen
tease plagen
tea-set theeservies
teaspoon theelepel
teat speen
technical technisch
technician technicus
tedious vervelend, saai
teenager tiener
teeny piepklein
teeth gebit, tanden
teetotaller geheelonthouder
telegraph *zn* telegraaf; *ww* telegraferen
telephone *zn* telefoon(toestel); *ww* tele-

foneren
telephone (card) kaarttelefoon
telephone book telefoongids
telephone booth telefooncel
telephone call telefoongesprek
telephone company office telefoonkantoor
telephone directory telefoongids
telephone number telefoonnummer
telephoto lens telelens
teleprinter telex(toestel)
television televisie
television set televisietoestel
tell (told; told) zeggen, vertellen; bevelen; onderscheiden
teller kassier (in bank)
telltale zn verklikker; bn verraderlijk
temerity roekeloosheid
temper zn stemming, humeur; hardheid (v. staal); ww matigen, temperen
temperament temperament
temperance matigheid
temperate matig, gematigd
temperature temperatuur
tempest hevige storm
temple tempel; slaap (v. h. hoofd)
temporal wereldlijk; tijd-
temporary tijdelijk; ~ *house*, noodwoning
temporize dralen, draaien
temptation verzoeking
tempting verleidelijk
ten tien
tenable houdbaar
tenacious vasthoudend, hardnekkig; kleverig; taai
tenant pachter, huurder
tench zeelt
tend neigen, leiden tot; oppassen
tendency neiging
tender zn oppasser; aanbieding, offerte; bn teder, zacht; mals
tenderloin filet
tendon pees
tendril (hecht)rank
tennis tennis

tennis ball tennisbal
tennis court tennisbaan
tenor tenor; strekking
tense zn gram tijd; bn stijf, strak, gespannen
tension spanning, inspanning
tent tent
tent peg tentharing
tent pole tentstok
tentacle vangarm, tentakel
tentative voorlopig; voorzichtig
tenth tiende
tenuous onzeker, zwak
tenure eigendomsrecht, bezit
tepid lauw
term term, uitdrukking, voorwaarde; termijn; rechtszitting; collegetijd; lid (v. vergelijking); *on good* ~s, op goede voet
terminate eindigen, beëindigen
terminus eindpunt, eindstation
terrace terras
terrestrial aards
terrible verschrikkelijk
terrify verschrikken, angst aanjagen
territory gebied, landstreek
terror vrees, ontzetting; schrikbeeld
terse kort, beknopt
test toetssteen; beproeving; proef; proefwerk, test
test paper(s) reageerpapier; schriftelijk examen, proefwerk
test pilot testpiloot
test tube reageerbuisje
testator erflater
testify getuigen
testimonial getuigschrift
testimony getuigenis, bewijs
text inhoud, tekst
textile geweven (stof); ~s, textiel
texture weefsel
than dan
thank zn dank; ww (be)danken
thank you dank u
thankful dankbaar
thanks! dank u, bedankt!
that dat, die, welke; zo

153

thatch stro-, rieten dak
thaw *zn* dooi; *ww* (ont)dooien
the de, het
theatre toneel; schouwburg, theater
theatre show theatervoorstelling
thee (dichterlijk) u
theft diefstal
their *vnw* hun
them *vnw* hen
theme thema, onderwerp
themselves *mv* zich(zelf), zij(zelf)
then toen, dan, vervolgens
theology godgeleerdheid
theory theorie
there daar, aldaar, er
thereabout daaromtrent
thereby daardoor; daarbij
therefore daarom, derhalve
thermometer thermometer
thermos (flask) thermosfles
these deze
thesis stelling; dissertatie
they zij, degenen
thick dik, dicht, troebel; mistig; verstikt (stem); dom
thicket kreupelhout
thickness dikte, dichtheid
thief/thieves dief(ven)
thigh dij(been)
thighbone dijbeen
thimble vingerhoed
thin dun, mager; schaars, ijl
thing ding, zaak
things spullen
think (thought; thought) denken, bedenken; vinden
thinking *zn* gedachte; mening; *bn* denkend
third derde; derde deel
third-party liability WA (wettelijke aansprakelijkheid)
thirst dorst
thirsty dorstig; *be ~*, dorst hebben
thirteen dertien
thirty dertig
this dit, deze

154

thistle distel
thither derwaarts
thorn doorn, stekel
thorough volledig; grondig; doortastend; degelijk
thoroughbred volbloed; welopgevoed
those die, diegenen
thou (dichterlijk) gij, u
though hoewel, ofschoon, al
thought gedachte, gevoelen; zie ook *think*
thousand duizend
thrash afrossen; (ver)slaan
thread draad, garen
threadbare kaal, versleten
threat bedreiging
threaten (be)dreigen
three drie
threefold drievoudig
three-ply (wood) triplex
thresh dorsen
threshold drempel
threw zie *throw*
thrice driemaal
thrift zuinigheid
thrifty zuinig
thrill *zn* sensatie, opwinding; *ww* opwinden, ontroeren; huiveren, rillen
thriller sensatieroman, -stuk, -film
thrive (throve; thriven) gedijen
thriving voorspoedig; bloeiend
throat keel, strot, bals; *soar ~*, keelpijn
throat keel
throb kloppen (v. hart enz.)
throne troon
throttle *zn* klep, afsluiter, luchtpijp; *ww* wurgen, smoren
through door
throughout door en door
throve zie *thrive*
throw (threw; thrown) werpen, gooien
throw-away *zn* wegwerpproduct; *bn* wegwerp-
thrush lijster
thrust *zn* stoot; *ww* (thrust; thrust) sto-

ten, dringen; indringen
thud plons, plof, bons
thumb duim
thumbtack punaise
thump stompen, bonzen
thunder *zn* donder; *ww* donderen
thunderbolt donderslag; blikseminslag
thunderstorm onweer
Thursday donderdag
thus dus, alzo, zo
thwart dwarsbomen
thy (dichterlijk) uw, uwe
thyroid gland schildklier
tick teek; tikje, getik; *ww* tikken
ticket biljet, ticket, (trein)kaartje, lot,
prijsetiket
ticket window loket (op het station)
tickle kietelen, kriebelen
ticklish delicaat, netelig
tide (ge)tij; high ~, vloed
tidings *mv* tijding; nieuws
tidy netjes; omvangrijk, flink; ~ (up),
opruimen
tie *zn* band, knoop, (strop)das; *ww* binden, strikken, knopen
tie-pin dasspeld
tier rij, rang (stoelen)
tiger tijger
tight vast, strak; compact; gierig; dronken
tighten spannen; aan-, toehalen
tights *mv* tricot, maillot; panty
tigress tijgerin
tile dakpan; tegel
till *zn* geldla(de); *vz voegw* totdat, tot
an; *ww* bebouwen
till money kasgeld
tilt *zn* huif, dekzeil; overhellen; *ww* over-
ellen, kantelen
timber timmerhout, hout
time tijd; tijdstip; keer; maal; maat
time (at the same) tegelijk
time (tell the) op de klok kijken
time exposure tijdopname
time signal tijdsein
timely tijdig, op het juiste ogenblik

timepiece uurwerk, klok
times keer (maal)
timetable dienstregeling; spoorboekje,
lesrooster; agenda
timid schuchter, bang, bedeesd
timorous vreesachtig
tin tin; blik; blikje
tincture *zn* tinctuur; *ww* kleuren
tinfoil (aluminium) folie
tinge *zn* kleur, tint, zweem, vleugje; *ww*
kleuren, tinten
tingle tintelen, prikkelen
tinker prutsen, sleutelen
tinkle tinkelen, klinken
tin-opener blikopener
tint *zn* tint; *ww* tinten, kleuren
tiny heel klein, miniem
tip *zn* tip; punt; top; fooi; inlichting; *ww*
beslaan; (doen) kantelen; een fooi geven
tipsy aangeschoten, dronken
tiptoe on ~, op de tenen
tiptop prima, het beste
tip-up klapzitting, -stoel
tire *zn* (fiets)band; *ww* vermoeien, afmatten
tired vermoeid, moe; beu
tireless onvermoeid
tiresome vermoeiend; vervelend
tissue weefsel
tissues tissues
titbit versnapering; nieuwtje
title titel; recht
T.O. = *Turn Over*, z.o.z.
to te, tot, ter, aan, naar, tegen, in, tot
aan, voor, bij; ~ and fro, heen en weer
toad pad
toadstool paddestoel
toast *zn* geroosterd brood; toost; *ww*
roosteren; een toost uitbrengen
toaster broodrooster
tobacco tabak
tobacconist sigarenwinkel
tocsin alarmgelui, klok
today vandaag
today's special menu van de dag
toddler kleuter

155

toddy grogje (soort drankje)
toe teen
toe clip toeclip
together samen, tezamen, tegelijk
toil hard werken, zwoegen
toilet toilet
toilet paper toiletpapier
toilets toiletten
toilsome moeilijk, zwaar
token (ken)teken; bewijs, bon
told zie *tell*
tolerable draaglijk; redelijk, tamelijk
tolerant verdraagzaam
toll zn tol, schatting; gelui; ww luiden
toll road tolweg
tomato tomaat
tomato tomaat
tomb tombe, grafkelder
tomboy robbedoes
tombstone grafsteen
tome boekdeel
tomorrow morgen
tomorrow evening morgenavond
ton ton (maat)
tone toon, klank
tongs *mv* tang
tongue tong; taal; landtong
tonic tonic
tonight vanavond
tonnage tonnenmaat
tonsil (keel)amandel
too ook; te, al te
took zie *take*
tool gereedschap; werktuig
toot toeteren
tooth (*mv* teeth) tand, kies; *back ~*, kies
toothache tand-, kiespijn
toothbrush tandenborstel
toothpaste tandpasta
toothpick tandenstoker
top zn top; kruin, spits; bovenstuk, boveneinde; (*scheepv*) mars; ww overtreffen, bedekken; toppen
top boot kaplaars
top hat hoge hoed
top up bijvullen

top-heavy topzwaar
topic onderwerp (van gesprek)
topical actueel
topless topless
topple over kantelen, omvallen
topsy-turvy ondersteboven
torch toorts; zaklantaarn
tore zie *tear*
torment zn foltering, kwelling, plaag; ww plagen, martelen
torn zie *tear*
torrent vloed, bergstroom
torrid heet, brandend
torsion verdraaiing, wringing
torso romp
tortoise schildpad
tortuous gekronkeld, gedraaid
torture zn foltering, pijniging; ww folteren, kwellen
toss zn het werpen; opgooi; ww opgooien; tossen; slingeren, woelen
tot zn peuter; borreltje; ww, *~ up*, optellen
total geheel, totaal
total abstainer geheelonthouder
totalitarian totalitair, onder een dictator
totally helemaal
totter waggelen, wankelen
touch zn gevoel, aanraking; contact; ww (aan)raken, aanroeren; grenzen; *get in ~*, contact opnemen
touch-and-go riskant; op 't nippertje
touching roerend
touch-me-not kruidje-roer-mij-niet
touchstone toetssteen
touchy lichtgeraakt
tough taai; ruw, hard
tour reis; toer
tour manager reisleider
tourist toerist
tourist card toeristenkaart
tourist class toeristenklasse
Tourist Information Office VVV-kantoor
tourist menu toeristenmenu
tourist tax toeristenbelasting
tourist traffic vreemdelingenverkeer

touristy toeristisch
tournament toernooi
tousle woelen; in de war brengen
tow slepen
tow boat sleepboot
tow rope sleepkabel
toward(s) naar toe, tegen, jegens, om-trent, om
towel handdoek
towel rack handdoekenrekje
towelling badstof
tower zn toren, burcht; kasteel; ww zich verheffen, uitsteken boven
town stad
town hall stadhuis
townsman stedeling; stadgenoot
toy zn speelgoed; ww spelen
trace zn (voet)spoor; streng; ww naspo-ren, nagaan; overtekenen; *without a ~*, spoorloos
tracing pen trekpen
track zn voet-, wagenspoor; pad; ww het spoor volgen; slepen
track suit trainingspak
tracker dog speurhond
tract uitgestrektheid, streek; verhande-ling; pamflet; stelsel
tractable handelbaar
traction trekkracht, tractie
trade zn handel, ambacht, beroep; *black ~*, zwarte handel; ww handelen; (in)ruilen
trade union vakbond
trademark handelsmark
trader handelaar; koopvaardijschip
tradesman winkelier, leverancier
tradition overlevering, traditie
traduce (be)lasteren
traffic (koop)handel; verkeer
traffic jam file, verkeersopstopping
traffic light stoplicht
tragedy treurspel, tragedie
tragic(al) tragisch
trail zn sleep, spoor; staart; ww slepen
trailer aanhangwagen, oplegger
train zn (spoor)trein; stoet; gevolg; sleep; ~eeks; ww opleiden, oefenen, drillen

train connection treinverbinding
trained geoefend, geschoold; ~ *nurse*, gediplomeerd verpleegster
trainer trainer, oefenmeester, dresseur; sportschoen
training opleiding; training, oefening, africhting
traitor verrader
tram tram
tram stop tramhalte
tramp gestamp; landloper, zwerver; wil-de boot
trample (ver)treden; (ver)trappen, trap-pelen
tramway tramweg
tranquillity kalmte
transact verrichten, doen; zaken doen
transcend te boven gaan
transcribe overschrijven
transcript afschrift
transfer zn overdracht, overmaking, remi-se; overplaatsing; overstapkaartje; ww overboeken, -dragen, maken, -brengen; -plaatsen; gireren, afdrukken
transfer ticket overstapje
transform (van gedaante) veranderen
transformer transformator
transfusion bloedtransfusie
transgress overtreden, schenden
transient vergankelijk
transit doorvoer, doorreis
translate vertalen
translation vertaling
transmission transmissie; uitzending
transmit overzenden, overhandigen; overdragen; uitzenden
transmitter *rtv* zender, microfoon
transmitting set zendtoestel
transmute veranderen
transom dwarsbalk; bovenlicht
transparent doorzichtig
transpire gebeuren; *it ~d that*, het bleek dat
transplant verplanten; overbrengen, transplanteren
transport zn transport, vervoer; vervoe-

157

ring; *ww* vervoeren; transporteren; in vervoering brengen

transport (regional) streekvervoer

trap *zn* val, strik, hinderlaag; *ww* verstrikken, vangen

trash uitschot, afval, prul; vodden *mv*

travel *ww* reizen, trekken; *zn* reis; reisbeschrijving

travel agency reisbureau

travel association reisvereniging; Vereniging voor Vreemdelingenverkeer

travel guide reisgids

travel insurance reisverzekering

travel items reisbenodigdheden

traveller reiziger; *commercial ~*, handelsreiziger; *~ 's cheque*, reischeque

traveller reiziger

traveller's cheque travellercheque

traverse *zn* dwarsbalk; -stuk, -gang; *ww* kruisen, oversteken, dwarsbomen

trawl sleepnet

trawler treiler

tray presenteerblad

treacherous verraderlijk

tread *zn* gang, schrede, stap; *ww* (**trod**; **trodden**) trappen, (be)treden

treason verraad

treasure schat

treat *zn* onthaal; traktatie; *ww* onthalen; handelen; behandelen (met, *with*); trakteren

treatment behandeling

treaty verdrag, traktaat; *~ of peace*, vredesverdrag

tree boom

tremble beven, rillen, trillen

tremendous enorm; geweldig, indrukwekkend

tremulous sidderend, trillend

trench *zn* sloot, greppel; loopgraaf; *ww* doorsnijden

trend loop; trend, tendens; gang; richting

trespass *zn* overtreding; *ww* overtreden, zondigen

tress haarlok, vlecht

trial proef; verhoor; openbare behandeling; beproeving, bezoeking

trial order proeforder

triangle driehoek

tribe stam, geslacht

tribulation kwelling, leed

tribune tribuun; tribune; spreekgestoelte

tributary (river) zijrivier

tribute hulde, eerbetoon

trice *in a ~*, in een ommezien

trick *zn* streek, grap; trek, slag, zet, toer; kunstje; *ww* bedriegen

trickling druppelsgewijs

tricycle driewieler

trifle een beetje, kleinigheid

trill *zn* triller; trilling; *ww* trillen, trillers maken

trim *zn* opschik; *bn* netjes, keurig; *ww* in orde brengen; bijknippen, opknappen

trim bijknippen

trinity drietal; drie-eenheid; *the T~*, de H. Drievuldigheid

trinket kleinood

trip *zn* struikeling, val; getrippel; uitstapje; reis; *ww* struikelen; trippelen; een beentje lichten; *have a good ~!*, goede reis!

triple drievoudig

tripod statief

trite alledaags, banaal

triumph *zn* zege, triomf; *ww* zegevieren

trivial alledaags, plat

trod(den) zie *tread*

trolley rolwagentje; lorrie; trolley(bus); tram; bagagewagen

troop troep; bende

trooper cavalerist; troepentransportschip

trooping *~ the colour*, vaandelparade

trophy trofee

tropic keerkring

tropic(al) tropisch

trot *zn* draf; *ww* draven

trouble *zn* onrust; moeite, moeilijkheid; storing; last; verdriet; *ww* storen, verontrusten, kwellen, verdrieten; *be ~d by*, last hebben van; *car ~*, panne (pech)

troublesome lastig
trounce afmaken (in wedstrijd)
troupe gezelschap (acteurs)
trousers broek (pantalon)
trousseau uitzet (v. bruid)
trout forel
truce wapenstilstand
truck zn vrachtwagen; steekwagen, open wagen; ruilhandel; onderstel; ww per vrachtwagen vervoeren
truculent woest, ruw
true waar, echt, oprecht
truly echt, inderdaad
trump zn troef (kaart); kranige kerel; ww troeven; aftroeven; *declare* ~s troef maken
trumpet trompet, scheepsroeper
truncheon gummistok
trundle rollen; kruien
trunk (kast)koffer; romp; stam, slurf; ~s mv, zwembroek
trunk call interlokaal gesprek
trunk-road hoofdweg
trust zn vertrouwen; krediet; trust; ww vertrouwen
trustee beheerder, gevolmachtigde, curator
trustworthy betrouwbaar
trusty (ge)trouw, beproefd
truth waarheid
truthfully naar waarheid
try proberen
try (tried; tried) proberen, trachten; passen; onderzoeken, berechten; ~ *on*, passen (kleding)
trying vermoeiend, moeilijk, lastig
T-shirt T-shirt
tub tobbe, badkuip; vat
tube tube, buis, pijp; binnenband; *Br* metro
tuber knol
tuck zn snoep; ww ~ *in*, wegstoppen
Tuesday dinsdag
tuft bosje, kuif
tug zn ruk, haal; sleepboot; ww rukken, trekken; slepen

tuition onderwijs, lessen *mv*
tulip tulp
tumble zn buiteling; ww buitelen, tuimelen, gooien
tumbler buitelaar, tumbler
tumefaction zwelling
tumefy (doen) opzwellen
tummy buikje, maag
tumour gezwel
tumult oproer, oploop
tuna tonijn
tune zn toon; (herkennings)melodie; liedje; stemming; ww *muz* stemmen; ~ *in*, afstemmen op
tuneful melodieus
tunnel tunnel
turban tulband
turbot tarbot
turbulent onstuimig, woelig
tureen (soep)terrine
turf zode; turf; renbaan
turgid gezwollen, hoogdravend
turkey kalkoen
Turkish Turks
turmoil onrust, beroering, opschudding
turn zn wending, bocht; verandering; neiging; beurt; toer, draai; ww (om)draaien, keren, wenden; veranderen; ~ *up*, (voor de dag) komen
turning draai, bocht, keerpunt; zijstraat
turnover omzet
turnpike tolhek; *Amer* tolweg
turnstile tourniquet
turret torentje
turtle zeeschildpad
tusk slagtand
tussle zn vechtpartij; ww vechten
tutor zn docent; voogd, huisonderwijzer, leermeester; ww onderwijzen
tuxedo *Amer* smoking
T.V. tv
twaddle geklets, geleuter
tweak knijpen
tweezers pincet
twelfth twaalfde
twelve twaalf

159

twenty twintig
twice tweemaal
twig takje, twijg
twilight schemering
twin tweeling; dubbelganger
twin beds lits jumeaux *mv*
twin brother tweelingbroer
twine vlechten, (om)strengelen
twin-engined tweemotorig
twinge *zn* steek, scheut; wroeging; *ww* steken, pijn doen
twinkle twinkelen, flikkeren
twins tweeling
twirl *zn* (snelle) draaiing; *ww* rondtollen, (rond)draaien
twist *zn* draaiing, kronkeling; vlecht; *ww* draaien, vlechten, strengelen, kronkelen
twitch *zn* ruk, zenuwtrek; *ww* trekken (v. spier)
twitter *zn* gekwetter, getjilp; *ww* kwette-ren
two twee
twofold tweevoudig
two-seater tweepersoonswagen
two-stroke mixture mengsmering
two-way tweewegs-, tweerichtings-
type *zn* type, toonbeeld; zetsel; *ww* drukken, typen, tikken
typesetter letterzetter, zetmachine
typewriter schrijfmachine
typhoid fever tyfus
typhus vlektyfus
typical typisch
typist typiste
tyrannical tiranniek
tyre luchtband, buitenband
tyre lever bandafnemer
tyre pressure bandenspanning
tyre trouble bandenpech

u

ubiquity alomtegenwoordigheid
udder uier
ugly lelijk
U.K. = *United Kingdom*, Verenigd Koninkrijk
ulcer zweer
ulterior later, in de toekomst liggend, verder; heimelijk, verborgen
ultimate laatste, uiteindelijke
ultimately eindelijk, tenslotte
umbel (bloem)scherm
umbilical cord navelstreng
umbrage aanstoot, ergernis
umbrella paraplu
umpire scheidsrechter
U.N. = *United Nations*, Verenigde Naties
unabated onverminderd
unable onbekwaam, niet in staat, onvermogend
unacceptable onaanvaardbaar
unalterable onveranderlijk
unanimity eenstemmigheid, eensgezind-
unanimous eenstemmig, unaniem, eensgezind
unapproachable ongenaakbaar
unapt onbekwaam
unattainable onbereikbaar
unattended onbewaakt
unavoidable onvermijdelijk
unaware onbewust
unawares onverwachts, onverhoeds
unbalanced onevenwichtig, in de war
unbearable ondraaglijk
unbeatable onverslaanbaar
unbelievable ongelooflijk
unbeloved ongeliefd
unbend ontspannen, losmaken
unceasing onophoudelijk
uncertain onzeker
unchain ontketenen
unchangeable onveranderlijk
uncharitable onbarmhartig
unchecked onbeteugeld, onbelemmerd

uncivil onbeleefd
uncivilized onbeschaafd
uncle oom
unclose ontsluiten, openen
uncomfortable ongemakkelijk, onbehaaglijk
uncommon ongewoon, bijzonder
unconcerned onbezorgd, onbekommerd; onverschillig
unconditional(ly) onvoorwaardelijk
unconnected ongerelateerd
unconscious onbewust; bewusteloos
unconstitutional ongrondwettig
uncontrollable niet te beheersen, onbestuurbaar
uncontrolled onbedwongen, onbeteugeld
uncork ontkurken
uncover ontbloten; onthullen
unction zalving; oliesel
unctuous zalfachtig, vettig
uncultivated onbebouwd; onbeschaafd
uncut on(aan)gesneden; ongeknipt; onopengesneden
undaunted onverschrokken
undecided onbeslist; weifelend
undefinable ondefinieerbaar
undeliverable onbestelbaar
undeniable onontkenbaar
under onder, in, beneden
undercarriage onderstel; landingsgestel
underclothes *mv* onderkleren *mv*
underdeveloped onderontwikkeld
underdone ongaar
undergo (underwent; undergone) ondergaan
undergraduate student
underground *bn* onderaards, ondergronds; *fig* geheim; *zn,* the ~, *Br* metro, ondergrondse
undergrowth kreupelhout
underhand clandestien, slinks
undermine ondermijnen
undermost onderste
underneath onder, beneden
underpants *mv* onderbroek

underrate onderschatten
undersigned *I the ~,* ondergetekende
understaffed onderbezet
understand (understood; understood) verstaan, begrijpen, vernemen
understanding *zn* begrip, verstandhouding; *bn* sympathiek, begripvol
understood zie *understand*
undertake (undertook; undertaken) ondernemen, op zich nemen
undertaker bezorger van begrafenissen; ~*'s man,* aanspreker
underway onderweg
underwear ondergoed
underwood kreupelhout
underwriter assuradeur
undesigning onopzettelijk
undesirable ongewenst
undetermined onbeslist
undeveloped onontgonnen; onontwikkeld
undisguised onverholen
undisputed onbetwist
undisturbed ongestoord
undo (undid; undone) losmaken, openen; ontbinden; ongedaan maken, ongeldig maken; vernietigen
undoing ondergang
undoubtedly ongetwijfeld
undress uitkleden
undressed ongekleed, niet gekleed
undrinkable ondrinkbaar
undue onredelijk, bovenmatig
undulate (doen) golven
unearth opgraven
uneasy ongerust, onbehaaglijk
unemployed werkloos
unemployment werkloosheid
unequal(ly) ongelijk
unequalled ongeëvenaard
unequivocal ondubbelzinnig
uneven oneven, ongeluk, oneffen, ongelijkmatig
unexpectedly onverwachts
unexposed onbelicht
unfair onrechtvaardig; oneerlijk

unfaithful ontrouw
unfaltering onwankelbaar
unfamiliar onbekend, vreemd
unfashionable niet naar de mode, niet chic
unfavourable ongunstig
unfeasible ondoenlijk
unfeigned ongeveinsd
unfit ongeschikt, onbekwaam
unfold ontvouwen; openbaren
unforgettable onvergetelijk
unforgivable onvergeeflijk
unfortunate ongelukkig
unfortunately helaas
unfounded ongegrond
unfriendly onvriendelijk
ungainly onbevallig, lomp
ungovernable ontembaar; onbeheersbaar
ungrateful ondankbaar
unguarded onbewaakt
unguent zalf
unhappy ongelukkig
unharmonious onwelluidend
unhealthy ongezond
unheard of ongehoord
unholy onheilig, onzalig
unhurt ongedeerd, ongeschonden
unicorn eenhoorn
uniform *zn* uniform; *bn* eenvormig, eensluidend
unify één maken, verenigen
unimpeded ongehinderd
unimportant onbelangrijk
uninformed niet ingelicht, onwetend
uninhabitable onbewoonbaar
uninhabited onbewoond
uninhibited ongeremd
unintelligible onduidelijk, onverstaanbaar
unintentional onopzettelijk
uninterrupted onafgebroken
uninvited ongevraagd
uninviting weinig aanlokkelijk
union vereniging; verbond; verbinding; unie

unique enig
unit eenheid, onderdeel
unite (zich) verenigen, verbinden, samenvoegen
United Nations Verenigde Naties
United States of America (The) de Verenigde Staten van Amerika
unity eenheid, eendracht, overeenstemming
universe heelal
university universiteit
university extension volksuniversiteit
unjust oneerlijk; onrechtvaardig
unkempt ongekamd, slordig
unkind onvriendelijk
unknowingly zich (daarvan) niet bewust
unknown onbekend
unlawful onwettig
unleaded loodvrij
unlearn afleren
unless tenzij, indien niet
unlike verschillend van, niet gelijkend (op)
unlikely onwaarschijnlijk
unlimited onbegrensd; onbeperkt
unload ontladen, lossen
unlooked for onverwacht
unluckily ongelukkig(erwijs)
unlucky ongelukkig
unmanageable onbestuurbaar; lastig; onhandig
unmarried ongehuwd
unmask ontmaskeren
unmatched weergaloos, enig
unmistakable onmiskenbaar
unmitigated onverminderd; absoluut
unmoved onbewogen
unnatural onnatuurlijk; ontaard
unnecessary onnodig, overbodig
unnerve ontzenuwen
unobserved onbemerkt
unobtrusive onopvallend, bescheiden
unpack uitpakken, afladen
unpaid onbetaald
unpardonable onvergeeflijk
unperturbed onverstoord

unpleasant onaangenaam, onbehaaglijk
unpolished onbeschaafd
unprecedented zonder voorbeeld, weergaloos, ongekend
unprejudiced onbevooroordeeld
unprepared onvoorbereid
unprincipled beginselloos; gewetenloos
unprofitable onvoordelig
unprovided ~*for*, onverzorgd; ~ *with*, niet voorzien van
unqualified onbevoegd; onverdeeld, absoluut
unquestionable ontwijfelbaar
unreasonable onredelijk
unreliable onbetrouwbaar
unrighteous onrechtvaardig, slecht
unripe onrijp
unroll afrollen, -wikkelen
unruly lastig, onbeheersbaar
unsafe onveilig, onzeker
unsaleable onverkoopbaar
unsanitary onhygiënisch
unsatiable onverzadigbaar
unsatisfied onbevredigd, onvoldaan
unscathed ongedeerd, onbeschadigd
unscrupulous gewetenloos
unsearchable ondoorgrondelijk
unseasonable ongelegen
unsettle in de war sturen, onzeker maken
unsettled onbeslist, onbestendig (weer); overstuur, in de war
unshak(e)able onwankelbaar
unshaken ongeschokt
unship ontschepen
unshrinkable krimpvrij
unsightly onooglijk
unskilled onbedreven; ongeschoold; geen vakkennis vereisend
unsociable ongezellig
unsound ongezond; wrak; incorrect; onbetrouwbaar
unspoiled onbedorven
unsporting onsportief
unstable onbestendig, onvast; labiel
unsteady wispelturig

unsuspecting argeloos
untangle ontwarren
untenable onhoudbaar
unthankful ondankbaar
untidy slordig
untie losmaken
until totdat, voordat; ~ *then*, tot die tijd toe; *not* ~ *then*, pas toen (dan)...
untimely ontijdig
untiring onvermoeid
unto tot, aan, tot aan
untrodden ongebaand
untroubled ongestoord; kalm
untrue onwaar; ontrouw
unusual ongewoon, -gebruikelijk
unvarying onveranderlijk
unwary onvoorzichtig
unwell ziek
unwholesome ongezond
unwieldy log, zwaar
unwillingness onwil
unwind afwikkelen; ontspannen
unwise onwijs
unwitting onwetend, onbewust
unworthy onwaardig
unzip openritsen
up op, boven, toe, bij uit, omhoog; ~ *and down*, op en neer; ~ *to*, tot aan
uphill bergop; moeilijk, zwaar; *go* ~, bergop gaan
uphold (upheld; upheld) ondersteunen; staande houden; *fig* verdedigen
upholsterer stoffeerder
uplift optillen, opheffen
upmost bovenste
upon op, aan, omtrent, nabij, ter, bij
upper opper, boven, over, hoogst
uppermost bovenst, hoogst
upraise opheffen, oprichten
upright rechtop, verticaal; oprecht
uproar lawaai, rumoer
upset *ww* (upset; upset) omverwerpen; verijdelen; omslaan; *bn* ontdaan, van streek
upside down ondersteboven
upstairs boven, naar boven

163

upstart parvenu
upstream stroomopwaarts
up-to-date modern; op de hoogte
upward(s) opwaarts
urchin dreumes, kleuter
urge aandringen, aansporen
urgent dringend; ~!, spoed!
urinal urinoir
urine urine
urn vaas, urn
U.S.(A.) = *United States (of America)*, Verenigde Staten (v. Noord-Amerika)
us ons, aan ons
usage gebruik, gewoonte; behandeling
use *zn* gebruik, nut, gewoonte, oefening; *ww* gebruiken, gewennen; plegen
useful nuttig

useless nutteloos, onbruikbaar
usher *zn* portier, suppoost; ceremoniemeester; *ww* binnenleiden
usherette ouvreuse
usual gebruikelijk, gewoon, gewoonlijk
usually meestal
usurer woekeraar
usurp zich toe-eigenen
usury woeker
utensil (keuken)gerei
utility nut, nuttigheid, bruikbaarheid
utilize benutten
utmost uiterste, hoogste
utter *bn* volslagen, geheel, uiterst; *ww* uiten, uitspreken
utterance uiting
utterly volslagen, geheel

V

vacancies (no) vol
vacancy ledigheid; ledige ruimte; vacature
vacant ledig, onbezet, vacant
vacation vakantie
vaccinate inenten, vaccineren
vaccination inenting
vaccination certificate inentingsbewijs
vacillate wankelen, weifelen
vacuum *zn* ledige ruimte, leegte, luchtledig; *bn* luchtledig, vacuüm
vacuum cleaner stofzuiger
vacuum flask thermosfles
vagina vagina
vagrant zwerver
vague vaag
vain vergeefs; ijdel; *in* ~, tevergeefs
valet kamerdienaar
valiant dapper
valid krachtig, deugdelijk, geldig, bindend
validity kracht, geldigheid
valley dal, vallei
valorous dapper
valour dapperheid
164

valuable kostbaar
valuation schatting, waardering
value *zn* waarde, prijs; *ww* waarderen, schatten
Value Added Tax (VAT) Belasting Toegevoegde Waarde (BTW)
valve klep, ventiel; radiolamp, -buis
valve hose ventielslangetje
van bestel-, verhuiswagen
vane vaantje, weerhaan; (molen)wiek
vanguard voorhoede; spits
vanilla vanille
vanish verdwijnen
vanity ijdelheid
vanquish overwinnen, weerleggen
vantage voordeel, winst
vapid flauw, suf; verschaald (bier)
vaporize verstuiven
vapour damp, wasem
variable veranderlijk
variance verschil, afwijking; *be at* ~ *with* het oneens zijn; in strijd zijn met
variation variatie, verandering, afwijking; variëteit
variegation schakering

variety verscheidenheid, verandering, afwisseling
variety theatre variété (theater)
variola pokken *mv*
various verscheiden, verschillend
varnish *zn* vernis, lak; *ww* vernissen, verlakken
varsity *zn* roeiwedstrijd tussen Oxford en Cambridge; *bn* universitair
vary afwisselen, afwijken
vase vaas
vast uitgestrekt, veelomvattend
vat vat, kuip
VAT BTW
vault gewelf; kluis; kelder; *ww* (over)welven; springen (steunend op hand of stok)
vaunt pochen, bluffen
veal kalfsvlees
veal escalope kalfsoester
veer draaien (v. wind)
vegetable gewas; plant; groente; *bn* plantaardig; *raw ~s*, rauwkost
vegetable soup groentesoep
vegetarian *bn* vegetarisch; *zn* vegetariër
vegetation vegetatie; plantengroei
vehemence hevigheid, drift
vehement hevig, geweldig
vehicle voertuig, rijtuig
veil *zn* sluier, voile; *ww* sluieren, bewimpelen
vein ader; stemming
velocity snelheid
velvet fluweel
velveteen katoenfluweel
vend verkopen
vending machine automaat
vendor verkoper
venerable eerbiedwaardig
vengeance wraak
Venice Venetië
venom venijn, vergif
venomous (ver)giftig, venijnig
vent *zn* gat, opening, uitweg; *ww* ruchtbaar maken; uiten
ventilate ventileren; luchten
ventilator ventilator, luchtkoker

venture *zn* waagstuk, risico; *ww* wagen
veracious waarheidlievend
verb werkwoord
verbal mondeling, woordelijk
verbose breedsprakig
verdict uitspraak, vonnis
verge *zn* rand, berm; *ww* hellen, grenzen (aan); *on the ~ of*, op het punt om
verify verifiëren; nazien; bekrachtigen
veritable waar(achtig), echt
vermiform wormvormig
vermin ongedierte
vernacular *bn* inheems; *zn* spreektaal, dialect; vakjargon
vernal lente-, voorjaars-; jeugdig
versatile veelzijdig, veranderlijk
verse vers, versregel, strofe, poëzie
versed ervaren, bedreven
versify berijmen
version verhaal; versie; overzetting
versus tegen
vertebra wervel
vertebrate gewerveld (dier)
vertex toppunt, zenit
vertical loodrecht, verticaal
vertigo hoogtevrees
verve geestdrift, gloed
very *bijw* zeer, heel, erg; *bn* waar, echt
vessel vat; vaartuig; schip
vest hemd; vest
vestibule portaal; vestibule
vestige spoor
vet zie *veterinary surgeon*
veterinarian, veterinary surgeon dieren-, veearts
vex plagen, ergeren
vexation ergernis, kwelling
via via
viaduct viaduct
vibrate (doen) trillen
vicar predikant, dominee; vicaris
vicarage pastorie
vice *zn* fout, gebrek, slechtheid, ondeugd; bankschroef; *bn* onder-, plaatsvervangend, vice-
vice-chancellor rector magnificus

165

vicinity buurt, nabijheid
vicious slecht, verdorven
vicissitude wisselvalligheid
victim slachtoffer
victor overwinnaar
victorious zegevierend
victory overwinning, zege
victuals *mv* levensmiddelen *mv*, proviand
video camera videocamera
video cassette videocassette
video recorder videorecorder
videotape videoband
vie wedijveren
Vienna Wenen
view *zn* uitzicht, kijk; opvatting; bezichtiging; bedoeling; *ww* beschouwen, bezichtigen
viewfinder zoeker
viewpoint gezichtspunt
vigilant waakzaam
vigorous sterk, krachtig
vigour kracht, sterkte
vile slecht, verachtelijk, laag
village dorp
villager dorpeling
villainous laag, gemeen
vindicate handhaven; bewijzen; rechtvaardigen
vindictive wraakzuchtig
vine wijnstok, wingerd; rank
vinegar azijn
vineyard wijngaard
vintage *zn* wijnoogst; jaargang (v. wijn); *bn* kenmerkend, klassiek
violate schenden; verkrachten
violation schending, inbreuk, verkrachting
violence geweld, hevigheid
violent geweldig, hevig
violet *zn* viooltje; *bn* violet, paars
violin viool
violinist violist
violoncello violoncel
V.I.P. = *very important person*, belangrijk persoon
viper adder

virgin *zn* maagd; *bn* maagdelijk
virginal maagdelijk
virile mannelijk
virtual eigenlijk; feitelijk
virtue deugd, kracht, verdienste
virtuosity virtuositeit
virtuous deugdzaam
virulent kwaadaardig, venijnig
visa visum
viscount burggraaf
viscous kleverig
visible zichtbaar
visibly zichtbaar, merkbaar
vision visioen; visie; zicht
visit *zn* bezoek, visite; inspectie; *ww* bezoeken, bezichtigen
visiting card visitekaartje
visiting hours bezoekuren
visitors bezoek(ers), visite
vital vitaal, levens-
vitamin vitamine
vitreous glazen, glasachtig
vitriol gal, kwaadaardigheid
vituperate uitschelden
vivacious levendig, opgewekt
vivacity levendigheid
vivid levendig, helder
vivify verlevendigen, bezielen
vixen wijfjesvos; feeks
viz. = *videlicet*, namelijk, te weten
vocabulary woordenlijst, woordenschat
vocal stem-; mondeling
vocation roeping; beroep
vocational beroeps-
vociferate schreeuwen; tieren
vodka wodka
vogue mode; populariteit
voice *zn* stem, spraak; *ww* uiten, vertolken
void *zn* gat, ledige ruimte; *bn* ledig, nietig; ontbloot (van, of); *ww* ledigen, vernietigen
volatile vluchtig, instabiel
volcanic vulkanisch
volcano vulkaan
volley salvo, hagelbui; *sp* volley

voltage *elektr* spanning, voltage
voluble rad (v. tong)
volume volume; massa; boekdeel
voluminous omvangrijk, lijvig
voluntary vrijwillig
volunteer *zn* vrijwilliger; *ww* vrijwillig iets doen; vrijwillig dienen
voluptuous wellustig, wulps
vomit overgeven (misselijkheid), braken
voracious gulzig, vraatzuchtig
vote *zn* stem, votum; stemrecht; *ww* stemmen
voting paper stembiljet

vouch getuigen, verklaren
voucher bewijs, bon, reçu, coupon
vouchsafe zich verwaardigen; verlenen; toestaan
vow *zn* gelofte; *ww* een gelofte doen
vowel klinker
voyage *zn* zee-, ruimtereis; *ww* reizen, varen
vulcanize vulkaniseren
vulgar algemeen, gewoon, vulgair, ordinair; volks-
vulnerable kwetsbaar

W

wadding watten *mv*
wade waden, doorwaden
wafer wafel, ouwel
waffle wafel
wag *zn* grappenmaker; *ww* schudden; kwispelen
wage-earner loontrekker
wager *zn* weddenschap; *ww* (ver)wedden
wages *mv* loon
wagework loonarbeid
waggon vrachtwagen, wagon
wagtail kwikstaart
wail *zn* weeklacht; *ww* weeklagen, bewenen, jammeren; loeien (sirenes)
wainscot lambrisering
waist middel; lijfje; middendek
waistcoat vest
wait wachten; afwachten; bedienen
waiter kelner, ober
waiting room wachtkamer
waitress serveerster
waive afzien van
wake (woke of **waked; waked)** ontwaken; wekken; opwekken
walk *zn* wandeling, gang; voetpad; *ww* open; wandelen; rondwaren, spoken
walker voetganger; wandelaar
walking stick wandelstok
walking tour voetreis

walkman walkman
walkover wedstrijd zonder mededingers; gemakkelijke overwinning
wall muur, wand
wallet portefeuille
wallflower muurbloem
Walloon *zn* Waal; *bn* Waals
wallow wentelen; zich rondwentelen; *fig* zwemmen in
wallpainting muurschildering
wallpaper behangselpapier
walnut walnoot
waltz *muz* wals
wan bleek, flets
wander zwerven, dwalen, afdwalen, raaskallen, ijlen
wanderer zwerver
wandering omzwerving; afdwaling; *bn* zwervend
wane afnemen (v.d. maan); tanen
want *zn* gebrek, behoefte; *ww* nodig hebben; behoeven, moeten; willen; wensen; mankeren; gebrek hebben
wanted gevraagd, gezocht
wanton dartel, uitgelaten; baldadig, moedwillig; wulps
war *zn* oorlog; *ww* oorlog voeren
War Office Ministerie, Departement van Oorlog

167

warble zingen
ward *zn* bescherming; hechtenis; pupil; voogdijschap; zaal (in hospitaal); *ww* bewaken, beschermen
warden opziener, voogd
warden beheerder
warder cipier
wardrobe kleerkast; garderobe; ~ *trunk*, kastkoffer
ware waar
warehouse pakhuis, magazijn
warfare oorlogvoering
warily voorzichtig, behoedzaam
wariness behoedzaamheid
warm *bn* warm; verhit; vurig; *ww* verwarmen
warmth warmte
warn waarschuwen
warning waarschuwing; alarmsignaal; opzegging (v. dienst)
warning light controlelampje
warp kromtrekken, verdraaien
warrant *zn* volmacht, proces-verbaal; bevel tot inhechtenisneming; dwangbevel; waarborg; *ww* garanderen; machtigen; waarborgen
warrior krijgsman
warship oorlogsschip
wart wrat
wary omzichtig, behoedzaam
was zie *be*
wash *zn* was, spoeling; toiletwater, waterverf; *ww* wassen; (be)spoelen; *have a* ~, opfrissen
wash and set watergolven
washable wasbaar
washbasin wastafel
washcloth washandje
washer wasmachine, afwasmachine
washing machine wasmachine
washing powder waspoeder
wash-out *gemeenz* flop
wash-stand wastafel
wasp wesp
waste *zn* verwoesting; verkwisting; wildernis, verlies; *bn* woest; onbebouwd; *ww* verwoesten; verspillen, verkwisten, vermorsen; kwijnen
wastepaper scheurpapier
wastepaper basket prullenmand
watch *zn* wacht, waakzaamheid; horloge; *ww* (be)waken, bespieden; (be)kijken
watch-dog waakhond
watchful waakzaam
watchword wachtwoord
water *zn* water; *ww* besproeien, water geven; watertanden; drenken; *running* ~, stromend water
water bike waterfiets
water bottle karaf; veldfles
water glass waterglas (stof)
water level waterspiegel
water lily waterlelie
water ski waterski
water ski waterskiën
water sports watersport
water supply wateraanvoer, watervoorziening
watercloset toilet, wc
watercolour waterverf
waterfall waterval
watering can gieter
watering place wed; badplaats (met geneeskrachtige wateren)
watermark watermerk
waterproof waterdicht
watertight waterdicht
waterworks waterleiding, waterwerken *mv*
wave *zn* golf; gewuif; *ww* golven, onduleren; wuiven, wenken, wapperen
wavelength golflengte
waver aarzelen, weifelen, wankelen
wavering besluiteloos, weifelend
waves slagen (in haar)
wax *zn* was; *ww* (**waxed; waxed** of **waxen**) met was bestrijken, wassen; toenemen
waxy wasachtig
way weg, kant, richting, route; manier, handelwijze; ~ *out*, uitgang; ~ *back*, terugweg

wayside kant van de weg
W.D. = *War Department, Amer* Ministerie van Oorlog
Wd. = **warranted** gewaarborgd; gewettigd
we we (wij)
weak zwak, week
weaken verzwakken
weakness zwakte
wealth rijkdom, welstand
wealthy rijk
weapon wapen
wear *zn* kleding, mode; slijtage; *ww* (wore; worn) dragen; verslijten; zich goed houden; ~ out, afdragen, verslijten; uitputten
weariness vermoeidheid
weary *bn* moe, mat; *ww* vermoeien, afmatten
weather weer
weather forecast weersverwachting
weather report weerbericht
weather-beaten verweerd
weathercock weerhaan
weave (wove; woven) weven
web web, weefsel; vlies
wed trouwen, huwen
wedding huwelijk, bruiloft
wedding cake bruiloftstaart
wedding gift huwelijkscadeau
wedding ring trouwring
wedge *zn* wig; punt v. taart; *ww* een wig inslaan
wedlock huwelijk
Wednesday woensdag
weed *zn* onkruid; *ww* wieden
week week
weekend weekend
weekly *zn* weekblad; *bn* wekelijks
weep (wept; wept) wenen
weeping willow treurwilg
weigh wegen, overwegen
weigh(ing)-house waag
weight gewicht
weighty zwaar; gewichtig
weird spookachtig, griezelig, vreemd

welcome *zn* welkomst; *ww* verwelkomen; (*int*) welkom!
weld lassen, aaneensmeden
welfare welzijn; *child~*, kinderzorg; ~ *state*, verzorgingsstaat; ~ *work*, maatschappelijk werk
well *zn* wel, bron; *bn* gezond; *bijw* goed, wel, welnu, zeer; *ww* opwellen
well-being welzijn
well-bred welopgevoed
well-done doorbakken; goed; bravo!
wellington boots kaplaarzen
well-known bekend
well-to-do welgesteld
Welshman inwoner van Wales
welter wentelen
went zie *go*
wept zie *weep*
west *zn* westen; *bn* west
western westelijk, west
wet *zn* vocht; *bn* nat, vochtig; *ww* nat maken
wet-nurse min
whacking *zn* pak slaag; *bn* kolossaal
whale walvis
whalebone balein
wharf aanlegplaats, steiger
what wat, dat, welke
whatever hoedanig ook, wat ook; ~*!* 't maakt mij niet uit!
wheat tarwe
wheedle flikflooien, vleien
wheel *zn* wiel; stuur (auto); (stuur)rad; *ww* kruien, draaien, voortrollen
wheel chair rolstoel
wheel clamp wielklem
wheel rim velg
wheelbarrow kruiwagen
wheezy kortademig
when wanneer, toen, als
whence vanwaar, waaruit
whenever wanneer ook; telkens wanneer
where (al)waar, waarheen
where to waarheen
whereabouts waar

169

whereas terwijl
wherefore waarom
wherein waarin
whereon waarop
wherever waar ook
wherry wherry, roeiboot
whet wetten, slijpen; prikkelen
whether welk van beide; of, hetzij
whetstone slijpsteen
which welk(e), wie, wat
which welk(e)
whiff vleugje, trekje
while tijdje, poos; *voegw* terwijl
whilst terwijl
whim gril, kuur
whimper jammeren, janken
whimsical grillig
whine gejank, gejammer
whinny hinniken
whip *zn* zweep; *ww* slaan, zwepen; wip-pen
whipped cream slagroom
whirl *zn* draai; wervelwind; *ww* snel ronddraaien, dwarrelen
whirlpool draaikolk
whirlwind wervelwind
whisk *zn* borstel; (eier)klopper; veeg, slag; *ww* wegvegen, -slaan; afborstelen; klutsen
whisker(s) bakkebaard(en) *mv*
whiskey and soda whiskysoda
whisky whisky
whisper *zn* gefluister; *ww* fluisteren
whistle fluitje; *ww* fluiten
whit *not a ~*, geen zier
Whit Monday Pinkstermaandag
white *zn* blanke; *bn* wit, blank; *~ lie*, leugentje om bestwil
white-lead loodwit
whitewash *zn* witkalk; *ww* witten; *fig* schoonwassen
whither waarheen
Whitsuntide Pinksteren
whittle snijden, besnoeien
whiz(z) fluiten, snorren
who wie, die

who wie
whoever wie ook, al wie
whole heel (geheel); ongeschonden
whole-hearted oprecht, met hart en ziel
wholesale *zn* groothandel; *bijw* in het groot
wholesome gezond, heilzaam
wholly geheel, in 't geheel
whom wie, die
whomsoever (aan) wie ook
whooping cough kinkhoest
whore hoer
whose wiens, welks
whosoever wie ook
why waarom; wel, nu; ~! nee maar!
wicked goddeloos, slecht; boosaardig, ondeugend
wicket deurtje, poortje; *sp* wicket
wicket gate hekje, poortje
wide wijd, ruim, breed
wide awake klaar wakker
widen verwijden
widow weduwe
widower weduwnaar
width wijdte, breedte
wield zwaaien, hanteren, voeren
wife vrouw (echtgenote)
wig pruik
wild wild, verwilderd, woest
wilderness wildernis; woestijn
wile list, kunstgreep
wilful moedwillig; met voorbedachte rade
wiliness listigheid
will *zn* wil; wilskracht; testament; *ww* (would) willen; zullen
willing gewillig, willig
will-o'-the-wisp dwaallicht
willow wilg
wilt verwelken
wily listig, slim
win (won; won) winnen; verdienen; krijgen; behalen
wince terugdeinzen, ineenkrimpen (v. schrik)
winch dommekracht, lier; windas

wind *zn* wind; tocht, adem; *ww* **(wound;
wound)** winden, wikkelen; wenden
wind instrument blaasinstrument
windfall afgewaaid fruit; buitenkansje,
voordeeltje
winding *zn* kromming, bocht; *bn* draaiend, kronkelend
winding stairs *mv* wenteltrap
windlass windas
windmill windmolen
window venster, raam; *shop* ~, etalage
window blind zonneblind; rolgordijn;
jaloezie
window pane (venster)ruit
windpipe luchtpijp
windscreen windscherm; voorruit (van
auto); ~ *wiper*, ruitenwisser; ~ *washer*,
ruitensproeier
windy winderig
wine wijn
wine list wijnkaart
wing vleugel, wiek; groep vliegers; spatbord; coulisse
wing mirror buitenspiegel
wing nut vleugelmoer
wink *zn* wenk; knipoogje; *ww* wenken,
knipoogjes geven
winner winner
winning innemend
winsome innemend
winter *zn* winter; *ww* overwinteren
winter coat winterjas
winter sports wintersport
wipe *zn* veeg; *ww* vegen; (af)wissen
wire (metaal)draad; telegram
wireless *bn* draadloos; *zn* radio
wiring bedrading
wisdom wijsheid
wise *zn* wijze, manier; *bn* wijs, verstandig
wiseacre wijsneus
wish *zn* wens, begeerte; *ww* wensen, ver-
angen
wished for gewenst, gewild
wisp sliert, piek; bosje
wistful peinzend; droefgeestig
wit vernuft, geest; geestig man; geestig-
heid; *to* ~, te weten, namelijk
witch heks, ondeugend nest
witchcraft toverij, hekserij
with met, mede, bij, van, door
withdraw (withdrew; withdrawn) terugtrekken, onttrekken, herroepen; opnemen (v. geld)
withdrawal terugtrekking; intrekking;
opname (v. geld)
wither verwelken, verdorren
withhold (withheld; withheld) achter-,
terug-, weerhouden
within (van)binnen, in huis
without zonder, buiten, uit, van buiten
without zonder
witness *zn* getuige; getuigenis; *ww* getuigen, bijwonen
witty geestig; vernuftig
wives *mv* vrouwen *mv*
wizard tovenaar
wizened verschrompeld, dor
wobble hobbelen, wiebelen
woe wee, ellende
woke zie *wake*
wolf (*mv* **wolves)** *zn* wolf; *ww* verslinden,
schrokken
woman (*mv* **women)** vrouw
womanlike, womanly vrouwelijk
womb baarmoeder
won zie *win*
wonder *zn* wonder, verwondering; *ww*
zich verwonderen; benieuwd zijn
wonderful wonderbaarlijk; prachtig
woo vrijen, aanzoek doen om
wood hout, bos
woodcut houtsnede
woodcutter houthakker; houtgraveur
wooden houten, van hout
wood-engraving houtsnijkunst, houtsnede
woodlouse pissebed
wood-path bospad
woodpecker specht
woodwind houten blaasinstrument
wooing het dingen naar de hand (gunst)
van
wool wol

171

woollen wollen
woolly wollig
word woord, bericht; bevel, commando
wore zie *wear*
work *zn* werk, arbeid, bezigheid; ~*s*, werkplaats, fabriek; *ww* werken; bewerken
workday werkdag
worker werker; werkman
working capital bedrijfskapitaal
working plant bedrijfsinstallatie
workman werkman
workmanlike bekwaam, degelijk
workmanship bekwaamheid; techniek; bewerking
workshop werkplaats; workshop
worktop aanrecht
world wereld
world champion wereldkampioen
world record wereldrecord
worldly werelds
world-shaking wereldschokkend
worm worm; schroefdraad; wroeging
worm-eaten wormstekig
worn zie *wear*
worry *zn* zorg, bezorgdheid; plagerij, kwelling; *ww* kwellen; lastig maken, ongerust maken; zich bezorgd maken, tobben; piekeren
worse erger, slechter
worship *zn* aanbidding, eredienst; *ww* aanbidden, vereren
worst slechtste, ergste
worsted kamgaren
worth *zn* waarde, verdienste; *bn* waard
worthless waardeloos
worthwhile (be) de moeite waard zijn
worthy deugdzaam, achtenswaardig; waard, waardig
would zie *will*
would-be zogenaamd, voorgewend, vermeend
wound *zn* wond; *ww* verwonden; zie ook *wind*
wounded gewond
wounded _gewond
172

wove(n) zie *weave*
wrangle kibbelen
wrap inpakken, inwikkelen; ~ *up*, inpakken
wrapper omslag, kaft
wrapping omhulsel, verpakking
wrath woede
wreath krans, guirlande
wreathe bekransen, omstrengelen, kronkelen
wreck *zn* wrak; verwoesting, ondergang; *ww* vergaan; stranden; verwoesten
wreckage schipbreuk; wrakstukken *mv*
wrecked *be* ~, vergaan
wrench *zn* ruk; verstuiking, verwringing; schroefsleutel; *ww* wringen, rukken; verdraaien, verwringen
wrest verdraaien, verwringen; (ont)wringen, afpersen
wrestle *zn* worsteling; *ww* worstelen
wrestler worstelaar
wretch ongelukkige stakker; schelm, ellendeling
wretched ellendig, armzalig
wriggle wriemelen, kronkelen
wring (wrung; wrung) wringen; knellen, persen
wrinkle *zn* rimpel; *ww* rimpelen, fronsen
wrist pols
wristwatch armbandhorloge
writ geschrift; bevel, sommatie, dagvaarding
write (wrote; written) schrijven
writer schrijver, auteur; klerk
writhe (zich) draaien, kronkelen, (ineen)krimpen
writing geschrift, opschrift, schrijfwerk
writing pad schrijfblok
writing paper schrijfpapier
written zie *write*
wrong *zn* onrecht, kwaad; grief; *bn* verkeerd, slecht, mis, fout; *be* ~, ongelijk hebben
wrongly ten onrechte
wrote zie *write*
wrought bewerkt, gesmeed; zie ook

work
wrung zie *wring*

wry scheef, verdraaid; bitter

x

X-rays *mv* x-stralen, röntgenstralen *mv*

y

yacht jacht (schip)
Yankee Amerikaan
yap keffen; kwekken, kleppen
yard tuin, erf; Engelse el (0.914 m); ra
yarn garen, draad; verhaal
yawn *zn* geeuw; *ww* geeuwen
yd = *yard*, 0.914 m
year jaar
yearly jaarlijks
yearn smachten, reikhalzen
yeast gist
yell *zn* gil; *ww* gillen
yellow geel
yelp janken, keffen
yeoman kleine landeigenaar
yes ja
yesterday gisteren
yet nog, vooralsnog, toch (niettemin);
not ~, nog niet
yield opbrengen, opleveren; onderdoen

voor; zwichten; wijken voor
Y.M.C.A. = *Young Men's Christian Association*, Chr. Jonge Mannen Vereniging
yoghurt yoghurt
yoke *zn* juk, span; *ww* verenigen, onder
het juk brengen
yolk eierdooier
yonder ginder
you u, jij, jullie, jou, gij
you je (jij)
young jong
young people jongeren
your je (jouw), uw
yours de (het) uwe, jouwe
yourself u, jij, jezelf
youth jeugd
youth hostel jeugdherberg
youthful jeugdig
Yule(-tide) kersttijd
zeal ijver, geestdrift

z

Zealand Zeeland
zealot ijveraar, dweper
zealous ijverig
zebra crossing zebrapad
zenith hoogtepunt
zephyr zacht windje; zefier
zero nul; nulpunt

zest animo; smaak, geur
zinc zink; *of* ~, zinken
zip ritssluiting
zodiac dierenriem
zone zone, gebied
zoo dierentuin
zoological dierkundig, zoölogisch

173

Nederlands-Engels

a

à at (at 10 cents each); to (10 to 20 miles)
aaien stroke, caress
aal eel
aalbes currant
aalmoes alms
aalmoezenier chaplain
aambeeld anvil
aambeien *mv* haemorrhoids, piles
aan to, at, in, on, upon, near, against, of
aanbellen ring (the bell)
aanbesteden put out to contract
aanbesteding public tender, putting out to contract
aanbetaling down payment, initial deposit
aanbevelen recommend
aanbevelenswaardig recommendable
aanbeveling recommendation
aanbiddelijk adorable
aanbidden adore, worship
aanbieden offer, present
aanbieding offer
aanbinden tie on (a label); fasten (skates); *de strijd ~ tegen*, fight
aanblijven stay on
aanblik look, sight, aspect
aanbod offer, tender; *vraag en ~*, supply and demand
aanbouw construction (buildings); building (ships)
aanbranden burn
aanbreken break into, cut into; (dag) break; (nacht) fall
aanbrengen bring, carry; place, fit; (klikken) denounce
aandacht attention
aandachtig attentive(ly)
aandeel share, portion, part
aandeelhouder shareholder
aandenken memory, remembrance; keepsake
aandienen announce; introduce
aandoen put on; cause; affect
aandoening emotion; affection

aandoenlijk moving, touching, pathetic
aandraaien tighten (a screw); switch on (a light)
aandrang pressure
aandrift impulse; instinct
aandrijven *onoverg* be washed ashore; *overg* operate (a machine)
aandrijving drive
aandringen ~ *op* insist (up)on
aanduiden indicate, point out
aandurven dare
aaneen together
aaneenschakeling sequence, series
aangaan go on; (vuur) catch fire; (huwelijk enz.) enter into; (betreffen) concern
aangaande about, concerning, as to
aangeboren innate, inborn, congenital
aangedaan touched, affected, moved
aangelegenheid matter, concern, affair
aangenaam agreeable, pleasant; ~! (kennis te maken) pleased to meet you!
aangenomen accepted; (kind) adopted; (naam) assumed; (werk) contract
aangeschoten tipsy
aangetekende brief registered letter
aangeven give, hand, reach; indicate, mark; (douane) declare; (politie) denounce
aangezicht face, countenance
aangezien as, since
aangifte declaration, entry; ~ *doen*, report
aangrenzend adjacent, neighbouring, contiguous
aangrijpen seize, take hold of; effect, move
aangrijpend touching, moving
aangroei growth
aanhalen draw tighter; (citeren) quote; (liefkozen) caress
aanhalig caressing
aanhaling (citaat) quotation
aanhalingstekens quotation marks
aanhang followers, supporters

aanhangen hang on to, stick to; attach, hang (ornament)
aanhanger adherent, supporter; trailer
aanhangig maken lay (bring) before a court
aanhangsel appendix
aanhangwagen trailer
aanhankelijk attached (to), affectionate
aanhebben have on, wear
aanhef opening words *mv*
aanheffen start singing
aanhoren listen to
aanhouden stop, detain, arrest; (volhouden) keep on, persevere
aanhoudend continual, incessant
aanhouding (persoon) arrest, (goederen) detainment
aankijken look at
aanklacht charge; complaint
aanklagen accuse of
aankleden dress
aankloppen knock
aanknopen open, enter into
aanknopingspunt point of contact; starting-point
aankomen arrive
aankomst arrival
aankomsthal arrivals hall
aankondigen announce
aankondiging advertisement, announcement
aankoop purchase, acquisition
aankopen acquire, buy, purchase
aankunnen be able
aanleg plan, aim; natural disposition, construction
aanleggen put, place; (spoorweg) construct; (kanaal) cut; (geweer) level; (schip) moor
aanlegplaats, -steiger landingstage
aanleiding inducement, occasion, motive
aanlokkelijk alluring, enticing, attractive
aanloop run, rush
aanlopen (bij iem.) drop in; ~ *tegen*, run into; *blauw* ~, turn blue; (haven) call at
aanmaak making, manufacture
178

aanmaken manufacture; (vuur) light; (sla) dress
aanmaning exhortation
aanmatigend presumptuous, arrogant
aanmelden announce; *zich* ~, apply (for), enter (for)
aanmerkelijk considerable
aanmerking remark; *in* ~ *komen*, qualify
aanmoedigen encourage
aannemelijk acceptable, plausible, likely
aannemen accept; adopt (as child); (veronderstellen) suppose; assume; (in dienst nemen) engage
aannemer contractor
aanpak approach
aanpakken seize; (de gezondheid) tell upon; *fig* handle
aanpassen try on; adapt (to)
aanpassing adjustment
aanpassingsvermogen adaptability
aanplakbiljet placard, poster
aanplakbord bill-board
aanplakken attach; post
aanplant planting; plantation
aanprijzen recommend
aanraden advise; recommend
aanraken touch
aanraking touch, contact
aanranden assault
aanranding assault
aanrecht working-top; kitchen-unit
aanreiken reach, hand, pass
aanrichten do, work, cause
aanrijden drive up; *op iem.* ~, drive up towards someone; *tegen iem.* ~, run into someone
aanrijding collision
aanroepen call, hail; (God) invoke
aanschaffen purchase, buy
aanschaffing acquisition
aanschieten (*benaderen*) come up to someone; (*voetbal*) shoot; *aangeschoten*, tipsy
aanschouwelijk clear; ~ *onderwijs*, object teaching
aanschouwen behold, regard

aanslaan (motor) start; (noot) strike; (op kassa) check
aanslag attempt; (belasting) assessment; (pianist) touch
aanslagbiljet notice of assessment
aansluiten connect, join; (tel) put on to; (trein) correspond
aansluiting (van trein enz.) connection
aansnijden cut (bread)
aanspannen tighten (a rope); (proces) sue (someone)
aansporen spur on, incite
aansporing incitement, stimulation, excitation
aanspraak (eis) claim
aansprakelijk responsible
aansprakelijkheid liability; *wettelijke ~sverzekering*, third-party insurance
aanspreken speak to, address
aanstaan be on; please
aanstaande bn next; [de] intended
aanstalten mv preparations mv
aanstekelijk infectious, contagious, catching
aansteken (lamp) light; (vuur) kindle; (ziekte) infect
aansteker lighter
aanstellen appoint; zich ~, pose
aanstellerig affected(ly)
aanstellerij posing
aanstelling appointment
aanstichten instigate
aanstonds presently
aanstoot offence, scandal
aanstotelijk offensive
aantal number
aantasten touch; affect
aantekenen make notes; note, put down; (brief) register
aantekening note
aantikken tap
aantocht in ~, coming, on the way
aantonen show, demonstrate
aantrappen kick
aantreffen meet (with), find
aantrekkelijk attractive

aantrekken attract; (vaster) draw tighter, tighten up; (kleren) put on; zich iets ~, take sth. to heart
aantrekking attraction
aantrekkingskracht attractive power
aanvaarden accept; assume; take possession of; take up
aanval attack, assault
aanvallen attack, assail
aanvaller attacker, assailant
aanvang beginning, commencement
aanvangen commence, begin
aanvangssalaris commencing salary
aanvankelijk bn initial; bijw in the beginning, at first
aanvaren collide (with)
aanvaring collision
aanvechtbaar debatable
aanvechting temptation
aanvegen sweep
aanvoer supply
aanvoerder commander, chief, leader; (sp) captain
aanvoeren bring to, supply; command
aanvraag demand; inquiry
aanvraagformulier form of application
aanvragen apply for
aanvullen fill up, fill; replenish (one's stock); complete
aanvulling amplification; supplement
aanvuren fire, stimulate
aanwaaien come in of up
aanwakkeren stimulate; increase
aanwas growth, increase
aanwenden use, employ, apply
aanwensel habit, trick
aanwezig present
aanwezigheid presence
aanwijzen show; point to
aanwijzing indication; instruction
aanwinst gain, acquisition
aanzetten switch on; start; ~ (tot) urge, incite
aanzien look, aspect; consideration; ten ~ van, with respect to; ww look at; consider

179

aanzienlijk considerable, important, distinguished
aanzoek request; proposal
aap monkey
aar ear
aard kind; nature
aardappel potato; *gebakken ~en*, fried potatoes
aardappelpuree mashed potatoes
aardbei strawberry
aardbeving earthquake
aardbol globe
aarde (grond) (grond) ground; soil; (wereld) earth
aarden thrive; *elektr* earth
aardewerk earthenware, crockery, pottery
aardgas natural gas
aardig pretty, nice; pleasant
aardigheid pleasure, fun
aardleiding earth connection
aardolie petroleum
aardolieproduct oil product
aardrijkskunde geography
aards terrestrial, worldly
aardverschuiving landslide
aartsbisschop archbishop
aartsvader patriarch
aarzelen hesitate, waver
aarzeling hesitation
aas (lokmiddel) bait; (kaart) ace
abattoir slaughter-house
abc ABC, alphabet
abces abscess
abdij abbey
abnormaal abnormal
abonnee subscriber, seasonticket holder
abonneenummer subscriber number
abonnement subscription; (openbaar vervoer) season-ticket
abonneren op, zich subscribe to
abortus abortion
abrikoos apricot
absent absent
absoluut absolute; *bijw* absolutely
abstract abstract

absurd absurd
abt abbot
abuis mistake, error
academie academy, university college
academisch academic
accent accent, stress
accepteren accept
acceptgirokaart *Br* giro cheque; *Amer* check
accijns excise(-duty)
accordeon accordion
accountant (chartered) accountant
accu battery
accuraat exact, precise
ach ah, alas
achillespees Achilles tendon
acht *telw* eight; *zn: geef ~*, attention
achteloos careless, negligent
achten esteem; consider
achter behind
achteraan behind, at the back
achteraf later; out of the way
achteras rear (back) axle
achterbaks underhand, behind one's back
achterband back tyre
achterbank back seat
achterblijven stay behind
achterbuurt slum(s)
achterdeur backdoor
achterdocht suspicion
achterdochtig suspicious
achtereen in succession
achtereenvolgens successively
achtergrond background
achterhalen recover; trace
achterhoede rear-guard
achterhoofd back of the head
achterin in the back
achterkant back, rear; *aan de ~*, at the back
achterlaten leave behind; omit
achterlicht tail-light, rearlight
achterlicht tail-light
achterlijk backward; *~ kind*, retarded child

achterlopen be slow
achterna after, behind
achternaam surname
achterneef great-nephew
achterom behind, back; ~ *kijken*, look back
achterop behind, at the back
achterover backward
achterruit rear window
achterstallig outstanding
achterstand arrears *mv*
achterste *bn* hind(er)most; bottom, behind
achtersteven stern
achterstevoren reversed, backward
achtertuin backyard
achteruit *bijw* backward(s); ~*!* reverse! [*de*] reverse
achteruitgaan decline; reverse (a car); retreat
achteruitgang rear-exit; (*verval*) decline
achteruitkijkspiegel rear-view mirror
achteruitrijden back
achteruitrijlicht reversing light
achtervoegsel suffix
achtervolgen run after; persecute
achtervork rear forks
achterwaarts backward
achterwege ~ *laten*, drop, omit
achterwiel rear wheel, back-wheel
achterwielaandrijving rear wheel drive
achterzijde back, rear
achting regard, esteem, respect
achtste eighth
achttien eighteen
acteren act
acteur actor, player
actie action; lawsuit
actief active, diligent
actiegroep action group
actieradius radius of action
activiteit activity
actrice actress
actueel of present interest; topical, time-
acuut acute(ly), prompt(ly)

adapter adapter
adder viper
adel nobility
adelaar eagle
adelborst midshipman
adellijk noble; (*wild*) high
adem breath
ademen, ademhalen breathe
ademhaling respiration, breathing
ademloos breathless
ademproef breath test
ader vein
adieu farewell
adjudant adjutant
administrateur administrator, manager
administratie administration
administreren file
admiraal admiral
adres (*brief*) address, direction; (*memorie*) petition; *per* ~, (to the) care of, c/o
adresboek directory
adreskaart dispatch-note
adresseren direct; address
advertentie advertisement
adverteren advertise
advies advice
adviseren advise
adviseur adviser
advocaat solicitor, lawyer, barrister(-at-law); (*drank*) egg-nog
af off, down
afbakenen trace (out), mark out
afbeelding picture, portrait
afbestellen cancel
afbetalen pay off
afbetaling payment; *op* ~ *kopen*, buy on the instalment plan
afbijten bite back
afblijven let alone, leave alone, keep one's hands off
afborstelen brush
afbraak rubbish, demolition
afbreken (*huis*) pull down, demolish; (*betrekking*) break off, cut
afbreuk damage, derogation; ~ *doen aan*, damage, do harm to

181

afdak shed
afdalen (skiën) descend
afdanken dismiss; discard
afdeling division, section; paragraph; department
afdingen haggle
afdoen take off; wipe; finish, settle
afdoend conclusive, settling the matter
afdraaien play
afdragen (kleren) wear out; (geld) hand over
afdrijven drift off
afdrogen dry, wipe off
afdruk print; impression, copy
afdrukken (foto) print
afdwalen stray off (from)
afdwaling digression; aberration
afdwingen compel, command; extort (from)
affaire affair, business
affiche poster, play-bill
afgaan be embarrassed; (trap) go down(stairs); (v.geweer) go off; *op het uiterlijk ~*, judge by appearance
afgang flop; embarrassment
afgelasten cancel, call off
afgeleefd decrepit
afgelegen distant, remote
afgelopen finished
afgemat weary, exhausted
afgemeten measured, formal
afgesproken! agreed!
afgevaardigde deputy, delegate, representative
afgeven deliver, hand (in); (pas enz.) issue
afgezaagd trite; stale
afgezant ambassador, messenger
afgezonderd secluded, separate
afgifte delivery, issue
afgod idol
afgrijselijk horrible, atrocious
afgrijzen horror
afgrond abyss, precipice
afgunst envy, jealousy
afgunstig jealous (of)

afhalen fetch down; meet at (the station); (bed) strip
afhandelen settle, conclude
afhangen depend
afhankelijk dependent
afhouden keep off, keep from; (geld) deduct
afkeer aversion, dislike
afkerig averse (from)
afkeuren disapprove; *mil* reject
afkeurenswaardig condemnable; objectionable
afkeuring disapproval; *mil* rejection
afkijken copy
afknappen snap; *fig* be disappointed
afknippen cut off
afkoelen cool (down)
afkomst descent, birth
afkomstig coming from
afkondigen proclaim, publish (the banns)
afkondiging proclamation
afkooksel decoction
afkoopsom ransom
afkopen buy off; redeem
afkorting abbreviation
afleggen lay down, take off; (visite) pay; (lijk) lay out; (verklaring) make
afleiden divert; distract; deduce, derive
afleiding distraction, diversion; derivation
afleren unlearn
afleveren deliver
aflevering delivery; (tijdschrift) number, part
afloop end, result
aflopen end; expire
aflosbaar redeemable
aflossen (wacht) relieve, (betalen) redeem, pay off
aflossing relief; redemption
afluisteren overhear
afmaken finish, complete, settle; (doden) kill
afmatten wear out
afmeting dimension
afnemen take away, off; (tafel) clear;

wipe off, dust; diminish, decrease
afnemer client
afpakken take away
afpersen extort
afpersing extortion
afraden dissuade from
afranselen thrash
afrastering railing, fence
afrekenen pay the bill
afrekening settlement
afremmen slow down
africhten train
Afrika Africa
Afrikaan(s) African
afrit exit
afronden round off
afrossen thrash, trounce
afrukken tear off
afschaffen abolish; part with, give up
afscheid departure, leave; ~ *nemen* say
goodbye
afscheiden separate, sever from; (vocht)
secrete
afscheiding separation; secretion
afschepen *iem.* ~, put one off
afscheuren tear off
afschieten discharge; let off
afschilderen paint, portray
afschrift copy
afschrijven copy; finish; (verlies) write off
afschrijving writing off
afschrik horror
afschrikken discourage
afschrikwekkend forbidding
afschuw horror
afschuwelijk horrible
afslaan beat off; decline, refuse; (prijs)
o down; (motor) cut out
afslag abatement
afsloven zich, slave
afsluiten shut (up), lock; (rekening) close;
ontract) conclude
afsnauwen snarl at; snub
afsnijden cut off
afspiegeling reflection
afsplitsen split off

afspraak (akkoord) agreement; (om elkaar te ontmoeten) appointment, date;
volgens ~, as agreed; by appointment
afspreken agree upon, arrange; meet;
afgesproken!, done!
afspringen jump off; (v. parachutist) bale
out; (mislukken) break down
afstaan yield, cede
afstammeling descendant
afstammen be descended from
afstamming descent
afstand distance; (v. troon enz.) abdication; cession
afstappen get off
afsteken constrast (with); let off (fireworks)
afstellen adjust
afstemmen tune (in)
afstijgen alight, dismount
afstoffen dust
afstoten push down; repel
afstuiten rebound
aftakelen be on the decline
aftakken shunt; branch off
aftands ~ *worden*, to be on the decline;
grow senile
aftappen draw off, (tel) tap, bug
aftekenen draw, mark
aftellen count off; count down
aftershave after shave
aftocht retreat
aftreden resign, retire
aftrek deduction; (waar) sale, demand
aftrekken deduct; (wisk) subtract; (weggaan) withdraw
aftreksel extract, infusion
aftroeven trump
afvaardigen delegate, depute
afvaardiging delegation
afvaart sailing, departure
afval waste, refuse (matter); (eten) left-
overs, remains; (geloof) apostasy
afvalbak garbage-bin
afvallen fall down; (mager worden) lose
weight; (spel) drop out; (geloof) aposta-
tize

afvallig apostate, unfaithful
afvaren sail, leave
afvegen wipe (off)
afvoer conveyance; transport; carrying off
afvoeren carry off; transport
afwachten wait (stay) for, abide, await
afwachting expectation
afwas the dishes
afwasbaar washable
afwasmachine dishwasher
afwasmiddel detergent
afwassen (vaatwerk) wash up
afwateren drain
afweer defence
afweerstof anti-body
afwenden turn away; avert
afwennen unlearn
afwentelen roll off (away, down); *de schuld ~* , shift the blame
afweren keep off; (slag) parry
afwerken finish (off)
afwerking finishing (off)
afwezig absent
afwijken deviate; diverge
afwijkend divergent; different
afwijking deflection, declination, divergence, deviation
afwijzen reject, refuse, decline
afwijzing refusal, denial, rejection
afwikkelen unroll, unwind; (afhandelen) settle
afwisselen alternate
afwisselend alternate; varied; *bijw* alternately, by turns
afwisseling change, variation
afzakken come down
afzeggen cancel
afzenden send off, away; dispatch
afzender sender
afzet sale
afzetgebied outlet, market
afzetten (hoed) take off; (uit bus) put down; (uit auto) drop; (been) cut off, amputate; (weg) close; (waar) sell; (bedriegen) cheat; (vorst) depose; (machine)
184

shut off, switch off
afzetterij swindling, extortion
afzichtelijk ugly, hideous
afzien *~ van,* give up, renounce
afzienbaar *binnen ~bare tijd,* in the near future
afzijdig *zich ~ houden,* hold aloof
afzonderen separate, put aside
afzondering separation, retirement, isolation
afzonderlijk separate, private; apart
afzweren swear off; abjure
afzwering abjuration
agenda diary; (v. vergadering) agenda
agent agent, representative; (v. politie) policeman
agentschap agency
aids aids
air air, look, appearance
airbag airbag
airconditioning air-conditioning
akelig dreary; nasty, dreadful
Aken Aix-la-Chapelle
akker field
akkoord arrangement, agreement, settlement; *muz* chord; *~!,* agreed!
akte document, deed; diploma, certificate
aktetas brief case
al, alle *telw* all, every; *bijw* already; *voegw* though, even if
alarm alarm
alarmnummer emergency number
album album
alcohol alcohol
aldaar there, at that place
aldoor all the time
aldus thus, in this way
alfabet alphabet
alfabetisch alphabetic(al)
algemeen *bn, bijw* common(ly), universal(ly), general(ly); public
alhier here, at this place
alhoewel although; though
alibi alibi
alimentatie alimony

alinea paragraph
all risk comprehensive
alle all
allebei both
alledaags daily, every day; ordinary, commonplace; trite, trivial
alleen alone, single; (slechts) merely, only
alleenheerser autocrat
alleenspraak monologue, soliloquy
alleenstaand single, isolated
alleenverkoop sole sale
alleenvertegenwoordiger sole agent
allemaal, allen all, everyone
allengs gradually, by degrees
allerbest very best
allereerst *bijw* first of all
allergie allergy
allergisch allergic
allerhande of all sorts, all kinds of
Allerheiligen All-Saints' day
allerlei various
allerliefst charming, sweet
allermeest most of all
allerminst *bijw* least of all
allerwegen everywhere
Allerzielen All-Souls' day
alles all, everything
allesbehalve anything but
alleszins in every respect
allicht of course; probably
allooi alloy; kind, sort
almachtig almighty, omnipotent
almanak almanac, calendar
alom everywhere
Alpen *de ~*, the Alps
als as, when, like; (indien) if
alsjeblieft please
alsnog yet, still
alsof as if; *doen ~*, pretend
alstublieft (bij geven) here is..., here you are; (bij verzoek) please
alt alto
altaar altar
althans at least, at any rate
altijd always
alvorens before

alweer (once) again
alwetend omniscient
amandel (noot) almond; (klier) tonsil
amateur amateur
ambacht trade, handicraft
ambassade embassy
ambassadeur ambassador
ambitie zeal; ambition
ambt office, place, post, function
ambtelijk official
ambtenaar official, civil servant
ambtgenoot colleague
ambtshalve officially
ambulance ambulance
amechtig out of breath
amendement amendment
Amerika America; USA
Amerikaan American
Amerikaans American
ameublement furniture
ammunitie (amer) munition
amnestie amnesty
amper hardly, scarcely
Amsterdam Amsterdam
amusant amusing
amusement entertainment
amuseren amuse; *zich ~*, enjoy oneself
ananas pine-apple
anatomie anatomy
ander other, another; *onder ~e*, among other things
anderhalf one and a half
anders other, different; otherwise, else
andersom the other way round
anderzijds on the other hand
andijvie endive
angel (insect) sting; (vishaak) hook
angst fear, terror
angstig fearful(ly)
angstvallig scrupulous
anijs anise
animeren encourage
animo gusto, energy
anjelier, anjer pink, carnation
anker anchor
annexatie annexation

annexeren annex
annuleren cancel
anoniem anonymous
ansichtkaart postcard
ansjovis anchovy
antenne aerial; antenna
anticonceptie contraception
anticonceptiepil contraceptive pill
antiek *bn* antique; antiques *mv*
antilope antelope
antipathie antipathy, dislike
antiquair antiquary, antiquarian
antiquariaat second-hand bookshop
antiquiteit antiquity, antique
antislipband non-skid tyre
antivries anti-freeze
antivriesmiddel anti-freeze
antivriesvloeistof anti-freeze
antraciet anthracite
Antwerpen Antwerp
antwoord answer, reply
antwoordapparaat answering machine
antwoorden reply; answer
anus anus
apart separate
aperitief drink, aperitive
apostel apostle
apotheek pharmacy, chemist's shop
apotheker (dispensing) chemist
apparaat apparatus
appartement appartment
appel apple
appelmoes apple-sauce
appelsap apple-juice
appeltaart apple-pie
applaudisseren applaud, cheer
applaus applause
après-ski après-ski
april April
aquarel water-colour (picture)
Arabier Arab(ian)
Arabisch Arabian, Arab
arbeid work, labour, toil
arbeider labourer; worker
arbeidsbureau labour exchange
arbeidscontract labour contract

186

arbeidsgeschil labour-dispute
arbeidsloon wage(s), pay
arbeidsongeschikt unfit for work
arbeidsvermogen energy
arbeidsvoorwaarden conditions *mv* of
employment
arbeidzaam laborious, industrious, hard-
working
arbitrage arbitration; (aan de beurs) arbitrage
arceren hatch, shade
archief archives *mv*
archipel archipelago
architect architect
arend eagle
argeloos innocent, harmless; unsuspecting
arglist craft(iness), cunning
arglistig crafty, cunning
argument argument
argwaan suspicion
argwanend suspicious
aria *muz* air, aria
aristocratie aristocracy
ark ark
arm [*de*] (lichaamsdeel) arm; (zijtak)
branch; *bn* poor
armband bracelet
armbandhorloge wrist-watch
armleuning arm-rest
armoede poverty
armsgat arm-hole
armzalig pitiful, miserable
arrest custody, arrest; (besluit) decision
arrestant prisoner
arresteren arrest, take into custody
arriveren arrive
artiest, artieste artist
artikel article; (koopwaar, ook) commodity; (van wet) section
artillerie artillery
artistiek artistic
arts doctor
as (bij wielen) axle; (aarde) axis; *techn*
shaft; (na vuur) embers, cinders; (stof)
ash(es)

asbak ash-tray
asfalt asphalt, bitumen
asiel asylum; home
aspect aspect
asperge asparagus
aspirine aspirin
assistent assistant
assortiment assortment
assuradeur insurer, underwriter
assurantie insurance, assurance (of life or property)
aster aster
astma asthma
astronaut astronaut
atelier studio; workshop
atheneum (type of) secondary school
atlas atlas
atletiek athletics *mv*
atmosfeer atmosphere
atoom atom
atoombcm atomic bomb
atoomenergie atomic energy
atoomsplitsing nuclear fission
attent attentive; considerate
attentie attention; consideration
attest certificate, testimonial
audiëntie audience
augurk gherkin
augustus August
aula auditorium
Australië Australia
auteur author
auteursrecht copyright
auto motor car; car

autobaan motorway
autoband (motor) tyre
autobus bus; coach
autodidact self-taught man
autogordel safety belt
autohuur car hire
automaat slot-machine
automatisch automatic, selfacting
automobiel (motor) car
automobilist motorist
auto-ongeluk motor-car accident
autopapieren car documents
autoped scooter
autorijden drive
autorijles driving lesson
autorijschool school of motoring
autoriteit authority
autosnelweg motorway
autotrein Motorail
autoweg motorway
averechts wrong; (breisteek) inverted
avond evening, night
avondblad evening paper
avondeten dinner
avondmaal dinner; *het Heilig A~*, the Lord's Supper
avondtoilet evening-dress
avondwinkel late-night shop
avonturier adventurer
avontuur adventure
avontuurlijk adventurous
Aziatisch Asiatic
Azië Asia
azijn vinegar

b

b.v. = bij voorbeeld for example, for instance, e.g.
baai (inham) bay
baal bale, bag
baan path, way, road; (ren-) track; (planeet) orbit; (tennis) court; (werk) job
baanbrekend epoch-making
baantje job

baanvak section
baar [*de*] (lijkbaar) bier; (draag-) litter; (staaf) bar, ingot; *bn* ready (money), cash
baard beard
baarmoeder womb, uterus
baars perch
baas master, foreman, boss; (aanspreektitel) mister

baat profit, benefit; *te ~ nemen*, use, employ
babbelen chatter
babbeltje chat
baby baby
babysit, babysitter baby-sitter
bacil bacillus
bacterie bacterium
bad bath
baden have/take a bath
badhanddoek bath-towel
badhuis public baths *mv*
badjas bath-robe
badkamer bathroom
badkuip bath(-tub)
badmeester pool attendant
badmuts bathing-cap
badpak swimming-suit
badplaats watering-place, spa; (aan zee) seaside resort
badschuim bath foam
badstof towelling
badtas bathing-bag
badzout bath-salts
bagage luggage; (amer) baggage
bagagedepot left-luggage department
bagagedrager luggage carrier
bagagekluis locker
bagagenet rack
bagageruimte (auto) boot
bagagewagen trolley
bagatel trifle
baggeren dredge; *fig* wade
baggerlaarzen *mv* waders *mv*
baggermolen dredger
bah yuk
bajonet bayonet
bajonetsluiting bayonet catch
bak bowl, basin; (water) tank; *voer~*, trough; (mop) joke
bakboord port
baken beacon
bakermat cradle
bakfiets carrier, (tri)cycle
bakkebaard whisker(s)
bakkeleien be at loggerheads

bakken fry; bake
bakker baker
bakkerij baker's shop, bakery
baksel batch, baking
baksteen brick
bal [*de*] (speelbal) ball; [*het*] (dansfeest) ball
balans balance, scales; (handel) balance-sheet
baldadig wanton
balhoofd head tube
balie counter
balk beam, joist; *muz* staff, stave
Balkan the Balkans
balkon balcony; (tram) platform; (theater) dress-circle
ballade ballad
ballast ballast
ballet ballet
balletdanseres ballet-dancer, ballerina
balling exile
ballingschap exile, banishment
ballon balloon
ballpoint ballpoint
balpen ballpoint
balsem balm, balsam
balsemen embalm
balsturig obstinate, refractory
balustrade banisters *mv*
balzaal ballroom
bamboe bamboo
ban excommunication, interdict, ban; jurisdiction
banaal trite, commonplace
banaan banana
band tie; (boek) binding; (fiets enz.) tyre; (om arm) band; (biljart) cushion; *fig* tie, bond; *lopende ~*, conveyor belt; *lekke ~* puncture
bandeloos licentious, riotous
bandenlichter tyre-lever
bandenpech tyre trouble
bandenspanning tyre pressure
bandiet bandit, ruffian
bandrecorder tape recorder
bang afraid, fearful; *~ zijn* be afraid (of)

banier banner
bank (zit-) bench, seat, sofa; (kerk-) pew; (school-) desk; (geld) bank; ~ *van lening*, pawnshop
bankbiljet bank-note
banket (maaltijd) banquet; (gebak) pastry
banketbakker confectioner
banketbakkerij confectioner's (shop)
bankier banker
bankpapier paper currency
bankpas bank card
bankroet bankruptcy; *bn* bankrupt
bankschroef (bench-)vice
bankstel drawing-room suite
banneling exile
bannen banish, exile; (geesten) exorcise
bar [*de*] pub; inn; bar; *bn* barren, severe, rough
barak hut; barrack
barbaar barbarian
barbaars barbarous
barbecue barbecue
barbecuen have a barbecue
baren give birth to
baret cap, beret
barkas launch
barman *Br* barman; *Amer* bartender
barmhartig merciful
barmhartigheid mercy, charity
barnsteen amber
barometer barometer
baron baron
barones baroness
barrevoets barefooted
barricade barricade
bars stern, harsh
barst burst, crack
barsten burst, crack
bas (zanger) bass (singer); (stem) bass; (instrument) double-bass
basalt basalt
baseren found, ground (on)
basis basis, base
basisschool elementary school

basketbal basketball
bassin basin
bast bark, rind
bastaard bastard; (dier) mongrel; (plant) hybrid
basterdsuiker moist sugar
bataljon battalion
bate *ten ~ van*, on behalf of
baten avail
batterij battery
baviaan baboon
bazaar baza(a)r; fancy fair
Bazel Basle, Basel, Bale
bazelen talk nonsense
bazig masterful
bazin boss
bazuin trombone; trumpet
beambte functionary, official
beantwoorden answer, reply to
bebloed covered with blood
beboeten fine
bebouwen build upon; cultivate, till
bed bed; *te ~*, in bed
bedaard composed, calm(ly)
bedachtzaam thoughtful
bedanken thank, return thanks; (afwijzen) decline, refuse; (ontslaan) dismiss
bedankt! thanks!
bedaren calm, appease
beddengoed bed-clothes *mv*
beddenlaken sheet
bedding bed; layer
bede prayer; supplication
bedeesd timed, bashful, shy
bedekken cover
bedelaar beggar
bedelarij begging
be'delen beg (for)
bede'len endow
bedelven bury
bedenkelijk critical, grave
bedenken remember; consider; invent; *zich ~*, change one's mind
bedenking consideration; (bezwaar) objection
bederf corruption, depravation, spoiling

189

bederven spoil, taint, deprave
bedevaart pilgrimage
bediende man-servant; (kantoor) clerk; (winkel) assistant; *jongste ~*, junior clerk
bedienen serve, attend to; wait upon
bediening service
beding condition
bedingen stipulate
bedisselen arrange
bedlamp bedside lamp
bedlegerig bed-ridden
bedoeld in question
bedoelen mean; intend
bedoeling (voornemen) intention, design; (betekenis) meaning
bedompt stuffy, close
bedorven bad, foul; (voedsel) tainted; (kind) spoiled
bedotten cheat
bedrag amount
bedragen amount to
bedreigen threaten, menace
bedreiging threat, menace
bedreven skilled, expert
bedriegen deceive, cheat, take in
bedrieger cheat, impostor
bedrieglijk deceitful, fraudulent; deceptive
bedrijf industry; business, trade; action, deed; (toneel) act; *in ~*, in operation
bedrijfseconomie business economics
bedrijfskapitaal workingcapital
bedrijfsleider working-manager, (works-)manager
bedrijfsleven industry
bedrijfsongeval occupational accident
bedrijven commit
bedrijvig active, busy
bedroefd sad, sorrowful
bedroeven grieve, distress
bedrog deceit, imposture, fraud
bedrukt printed; *fig* depressed
beducht afraid, apprehensive
beduusd taken aback
bedwang restraint, control
bedwelmd stunned

bedwelming stupefaction, stupor
bedwingen restrain, control; (toorn) contain
beëdigd sworn (in)
beëindigen finish, terminate
beek brook, rill
beeld image, picture; (stand~) statue
beeldhouwen sculpt
beeldhouwer sculptor
beeldig lovely
beeldspraak figurative language
beeltenis image, portrait
been (ledemaat) leg; (bot) bone
beenbreuk fracture (of arm, leg)
beenkap legging
beenwindsel puttee
beer bear
beest animal; beast; brute
beestachtig beastly, bestial, brutal
beet bite; (hapje) bit
beetje a little (bit)
beetnemen take in
beetpakken take hold of
befaamd noted, famous
begaafd gifted, talented
begaan walk upon; commit
begaanbaar passable, practicable
begeerte desire
begeleiden accompany, escort
begeleiding accompaniment
begeren desire, want, covet
begerig desirous, covetous, greedy, eager
begeven (bezwijken) give way; *zich ~ (naar)*, go, resort (to)
begieten water, sprinkle
begin beginning; opening, start
beginneling beginner, novice
beginnen begin, commence
beginsel principle
beginstadium initial stage
begraafplaats cemetery
begrafenis burial, interment, funeral
begrafeniskosten *mv* funeral expenses *mv*
begrafenisondernemer undertaker,

mortician

begraven bury, inter
begrensd limited, bounded
begrenzen limit
begrijpelijk understandable, comprehensible
begrijpen understand
begrip idea, conception, notion, apprehension
begroeiing vegetation; overgrowth
begroeten greet, salute
begroeting greeting, salutation
begroting estimate, budget
begunstigen favour
beha bra
behaaglijk comfortable
behaagziek coquettish
behaard hairy
behagen ww please; pleasure
behalen obtain, win, carry off
behalve (uitgezonderd) except; (naast) besides
behandelen treat, deal with
behandeling treatment
behangen (kamer) paper
behanger paper-hanger
behangsel (wall)paper
behartigen look after
beheer management, direction, administration
beheerder warden
beheersen rule, govern; dominate; control (the market); *zich ~*, control oneself
behelpen *zich ~*, make do
behendig dexterous, adroit
behept affected (with)
beheren manage; conduct
behoeden guard, protect
behoedzaam prudent, cautious
behoefte want, need
behoeftig indigent, poor
behoeve *ten ~ van*, in behalf of
behoorlijk proper, fit; decent
behoren belong to; (moeten) ought to
behoud preservation, conservation
behouden ww keep, preserve; bn safe

behoudend conservative
behoudens except (for), but (for)
behulp *met ~ van*, with the assistence (help) of
behulpzaam helpful
beide(n) both
beiderzijds on both sides
beige beige
beïnvloeden influence
beitel chisel
beitsen stain
bejaard aged, elderly
bejaarde senior citizen
bejammeren lament, deplore
bejubelen cheer
bek mouth; (vogel) beak
bekaaid *er ~ afkomen*, come off badly
bekaf done up, dog-tired
bekeerling convert
bekend known; well-known, notorious; *~ met*, acquainted with
bekende acqaintance
bekendmaken announce
bekendmaking announcement, notice
bekennen confess, own
bekentenis confession, avowal
beker cup, mug, goblet
bekeren convert
bekering conversion; reform
bekerwedstrijd cup match
bekeuren fine
bekeuring fine
bekijken look at
bekken *muz* basin; (lichaam) pelvis
beklaagde defendant, accused
beklag complaint
beklagen (iem.) pity; (iets) lament; *zich ~ over... bij*, complain of... to
beklagenswaardig deplorable, lamentable
bekleden clothe, cover; (innemen) hold, occupy
bekleding clothing; covering
beklimmen climb, mount
beklonken settled, arranged
beknibbelen pinch, stint

191

beknopt concise, succinct, brief
bekoelen cool (down)
bekomen get, receive; suit
bekommerd anxious, uneasy
bekommeren *zich ~ om*, be anxious about, care about
bekomst *zijn ~ hebben van*, be fed up with
bekoorlijk charming
bekoren charm
bekoring charm, temptation
bekorten shorten, abridge
bekostigen bear the cost of
bekrachtigen confirm, ratify
bekritiseren criticize
bekrompen narrow-minded
bekwaam capable, able, fit
bekwaamheid capability, ability, skill
bekwamen qualify (for)
bel bell; (lucht-) bubble
belachelijk ridiculous
beladen load, burden
belang importance; interest
belangeloos desinterested
belangengroep pressure group
belanghebbende party concerned, party interested
belangrijk important
belangstelling interest
belangwekkend interesting
belasten burden, load; tax
belasteren calumniate
belasting (gewicht) weight, load; (fiscus) taxes
belastingbiljet notice of assessment
belastingconsulent tax consultant
belastingteruggave tax refund
belastingvrij tax-free, duty-free
beledigen offend, injure, insult
beledigend offensive, injurious
belediging insult, affront
beleefd polite, civil, courteous; *wij verzoeken u ~*, we kindly request you
beleefdheid politeness, civility, courtesy
beleg (sandwich) filling, spread; *mil* siege
belegen matured; (kaas) ripe

belegeren besiege
beleggen cover; (geld) invest
belegging investment
beleid policy; prudence
belemmeren hinder, obstruct
belemmering hindrance, impediment, obstruction
bel-etage first floor
beletsel hindrance; obstacle
beletten hinder; prevent from
beleven live to see; go through
belevenis experience
belezen well-read
Belg Belgian
België Belgium
Belgisch Belgian
belhamel ringleader
belichamen embody
belicht exposed
belichting illumination; (foto) exposure
belichtingsmeter exposure meter
believen please; *wat belieft u?*, what ca I get (do) for you?
belijden avow, confess
belijdenis confession; profession, creed
bellen ring
belofte promise
belonen reward, recompense
beloning reward, recompense
beloven promise
beluisteren listen to, hear
belust op eager for
bemachtigen manage to get
bemanning crew
bemerken perceive, observe
bemesten manure, dung; (met kunstmest) fertilize
bemiddelaar mediator
bemiddeld well-to-do
bemiddeling mediation
bemind loved, beloved
beminnelijk lovable; amiable
beminnen love
bemoedigen encourage
bemoeial busybody
bemoeien (zich) meddle, interfere with

bemoeilijken hamper, hinder
bemoeiziek meddlesome
benadelen hurt, harm
benaderen (schatten) estimate; (nabijkomen) approximate
benadering approach
benaming name
benard critical
benauwd oppressed; (bang) fearful, anxious; (kamer) close, stuffy; (nauw) tight
benauwdheid anxiety; tightness of the chest, oppression; (kamer) closeness
bende band, troop, gang
beneden below, beneath, under; down, downstairs
benedenhuis ground-floor
benen *bn* bone
bengel (kwajongen) naughty boy, girl
bengelen dangle
benieuwd zijn be curious to know; wonder
benig bony
benijden envy
benodigdheden *mv* needs, necessaries
benoemen appoint, nominate
benoeming appointment
benoorden (to the) north of
benul notion
benutten utilize, make use of
benzine petrol, (amer) gasoline
benzineblik petrol tin; (amer) jerrican
benzinemeter petrol gauge
benzinepomp petrol pump; filling station, garage
benzinestation petrol-station
benzinetank petrol tank
beoefenen study, practise
beoefening study, practice
beogen aim at, have in view
beoordelen judge, criticize
beoordeling judgment; (v. boek) review
bepaald fixed; definite; stated
bepaalde certain
bepalen (tijd enz.) fix, appoint; (vaststellen) ascertain; (omschrijven) define

bepaling fixing; definition; (in contract) stipulation; (onderzoek) determination; *taalk* adjunct
beperken limit, restrict
bepleiten plead, advocate
bepraten talk about, discuss; (overhalen) talk round
beproefd well-tried
beproeven try, attempt
beproeving trial, ordeal
beraad deliberation
beraadslagen deliberate
beramen devise; plot
bereden mounted
beredeneren discuss, argue out
bereid ready, prepared; willing
bereiden prepare
bereidwillig ready, willing
bereik reach, range
bereiken reach, attain, arrive at, come at; *fig* achieve
berekenen calculate, compute; (aanrekenen) charge
berekening calculation
berg mountain, mount
bergachtig mountainous
bergaf downhill
bergbeklimmen mountaineering
bergbeklimmer mountaineer
bergen put; store; contain
berghelling mountain slope
berghok shed
berghut mountain hut
bergketen chain (range) of mountains
bergkloof cleft, gorge
bergop uphill
bergplaats store-room; depository
bergschoenen climbing boots
bergsport mountaineering
bergtop mountain top
bergwandeling mountain hike
bericht news, tidings; notice, advice; report; (in krant) paragraph
berichten send word; inform
berichtgever informant; (v. krant) reporter

193

berijdbaar (weg) practicable
berijden (paard) ride; (weg) ride over
berispen blame, reprove
berisping reproof, rebuke
berk birch
berm bank, verge
bermlamp spotlight
beroemd famous
beroemdheid fame, renown, celebrity
beroemen *zich ~ op*, boast (of)
beroep profession
beroepen *zich ~ op*, refer to
beroepskeuze *voorlichting bij ~*, vocational guidance
beroerd miserable, wretched
beroering commotion
beroerte stroke (of apoplexy)
berokkenen cause
berouw remorse
berouwen repent (of)
berouwvol repentant
beroven rob, deprive of
beroving robbery
berucht notorious
berusten *~ bij*, rest with; *~ in*, acquiesce in
berusting resignation
bes berry
beschaafd cultivated, civilized; refined
beschaamd ashamed
beschadigd damaged
beschadigen damage
beschadiging damage, lesion
beschaving civilization, culture
bescheiden *mv* (papieren) papers, documents; *bn* modest
bescheidenheid modesty
beschermeling protégé(e)
beschermen protect
bescherming protection
beschieten fire at (upon), shell
beschikbaar available
beschikken over dispose of
beschikking disposal
beschimmeld mouldy
beschonken drunk, intoxicated

beschouwen look at; consider
beschouwing contemplation, consideration
beschrijven write upon; describe
beschrijving description
beschroomd timid, shy
beschuit rusk
beschuldigen accuse, charge with, incriminate
beschuldiging accusation, charge
besef notion
beseffen realize
beslaan occupy, fill; (paard) shoe (a horse)
beslag (paard) horse-shoes; (deeg) batter; (beslagneming) seizure
beslagen (paard) shod; (ruit) steamy; (tong) coated
beslaglegging seizure
beslissen decide
beslissend decisive, final
beslissing decision
beslist decided, resolute
beslommering care, worry
besloten resolved, determined; (gezelschap) private
besluit resolution, decree, decision; conclusion
besluiteloos irresolute
besluiten end; determine, resolve, decide; (een gevolgtrekking maken) conclude
besluitvorming decision making
besmeren smear; (brood) spread
besmettelijk contagious
besmetting infection, contagion, contamination
besparen economize, save
bespeuren perceive
bespieden spy upon
bespoedigen accelerate, speed up
bespottelijk ridiculous
bespotten mock, ridicule
bespreekbureau booking office
bespreken talk about, discuss, talk over;

(plaatsen) book
bespreking discussion; (recensie) review
besproeien water, irrigate
bespuiten spray
bessensap berry juice
best best, excellent; *zijn ~ doen*, do one's best
bestaan *ww* be, exist, live; *~ uit*, consist of; being, existence
bestand stock, file; *mil* truce; *bn* proof (against)
bestanddeel element; ingredient
besteden spend (on); use
bestedingsbeperking economic squeeze
bestek (eetgerei) cutlery; (schatting) estimate, specification(s); (op zee) reckoning
bestelauto delivery van
bestelen rob
bestellen order
bestelling order
bestemd voor bound for
bestemmen destine
bestemming destination
bestemmingsplan development plan
bestendig continual, lasting; (weer) settled
bestijgen (berg) ascend, climb; (troon, paard) mount
bestoken batter; assail
bestolen robbed
bestormen storm, assail
bestraffen punish (for)
bestralen shine upon; *med* ray
bestrating paving, pavement
bestrijden fight against; (voorstel) oppose; (bewering) contest; (kosten) defray
bestrijding fight; control
bestrijdingsmiddel pesticide
bestrooien sprinkle, strew
bestuderen study
besturen (schip) steer; (auto) drive; (land) govern, rule; (zaak) manage
bestuur government, rule; direction, administration; *dagelijks ~*, (managing) board, executive committee
bestuurbaar dirigible

bestuurder governor, administrator; (auto) driver; (vliegtuig) pilot
bestuursfunctie executive function
bestuurslid member of the board
betaalbaar payable
betaalcheque pay cheque
betaalkaart cashpoint card
betaalpas guarantee card
betalen pay
betaling payment
betalingsbalans balance of payments
betamelijk decent, becoming
betasten handle, feel
betekenen mean
betekenis meaning
beter better; *~ maken*, set right; set up; *~ worden*, be getting well, improve
beterschap improvement
beteugelen bridle, check
beteuterd perplexed, puzzled
betichten accuse (of), charge (with)
betogen demonstrate, argue
betoging demonstration
beton concrete; *gewapend ~*, ferro-concrete
betoveren bewitch, enchant, fascinate, charm
betoverend enchanting, charming
betrachten do (one's duty); practise (virtue)
betrappen catch, surprise; *op heterdaad~*, catch red-handed
betreden set foot on, enter
betreffen concern, regard
betreffende concerning, regarding, as for
betrekkelijk relative
betrekken move into; order; involve in
betrekking relation, condition, situation, place; *met ~ tot*, with regard to
betreuren deplore, regret
betrokken (lucht) cloudy; (gezicht) clouded, gloomy; *~ bij*, concerned in
betrouwbaar reliable
betuigen express
betwijfelen doubt (whether)

195

betwistbaar disputable, contestable
betwisten dispute, contest
beu tired (of)
beugel (gebit, been) braces; (tas, fles) clasp; (tram) bow
beuk (boom) beech; (v. kerk) aisle
beul hangman, executioner
beunhaas dabbler
beurs [de] (portemonnee) purse; (gebouw) exchange; (studiebeurs) scholarship; *bn* bruised
beursberichten *mv* quotations *mv*
beurt turn
beurtelings alternately, by turns
beuzelen dawdle, trine
bevaarbaar navigable
bevallen be confined (of a child); (behagen) please; *het bevalt mij*, I like it
bevalling confinement
bevangen overcome (with sleep); seized (with fear)
bevattelijk (vlug) intelligent; (begrijpelijk) intelligible
bevatten comprise, contain; (begrijpen) comprehend
beveiligen secure, safeguard
bevel order, command
bevelen order, command, bid
bevelhebber commander
beven shake, tremble, shiver
bever beaver
bevestigen fix, fasten; confirm, affirm
bevestigend affirmative
bevinden (zich) be
bevlieging whim
bevloeien irrigate
bevochtigen wet, moisten
bevoegd competent, qualified
bevoegdheid competence, competency, power
bevolking population
bevolkingsregister register (of population)
bevolkt populated
bevooroordeeld prejudiced
bevoorraden supply

bevoorrecht privileged
bevorderen (zaak) further; (persoon) advance, promote
bevordering furtherance, advancement, promotion
bevorderlijk conducive (to)
bevrachten freight; charter
bevredigen satisfy; appease
bevredigend satisfactory
bevreemding astonishment, surprise
bevreesd afraid, fearful
bevriend friendly
bevriezen freeze, congeal
bevrijden free, deliver, release
bevrijding liberation
bevruchten (plant) fertilize
bevuilen dirty, soil
bewaakt guarded
bewaarder keeper, guardian, custodian
bewaarplaats depository
bewaken watch (over), guard
bewaker keeper, watch
bewaking guards
bewapening armament
bewaren keep, preserve
bewaring deposit; keeping, preservation, custody; *in ~ geven* deposit
beweegbaar movable
beweeglijk movable; lively
beweegreden motive
bewegen move; stir; (overhalen) move, persuade, induce
beweging movement, motion
bewegingsvrijheid freedom of movement; elbow room
beweren assert, maintain
bewering assertion; allegation
bewerken work; (grond) till; (tot stand brengen) operate; (iem.) influence
bewerking working, operation; adaptation; (van grond) tillage
bewijs proof, evidence; (briefje) receipt; ticket
bewijsstuk evidence; exhibit
bewijzen prove, demonstrate; (betonen) show

bewind administration, government, rule
bewogen affected, moved
bewolking clouds
bewolkt clouded
bewonderen admire
bewondering admiration
bewonen inhabit, dwell in, live in, occupy
bewoner inhabitant; occupant
bewoonbaar (in)habitable
bewust conscious (of), aware (of); (bedoeld) in question
bewusteloos unconscious
bewustwording awakening
bewustzijn consciousness
bezadigd sedate, staid
bezeerd hurt
bezegelen seal
bezem broom; besom
bezeren hurt, injure
bezet occupied; (plaats) taken
bezeten possessed
bezetten occupy, take, invest
bezetting occupation; (toneelstuk) cast
bezichtigen visit; see
bezielen animate, inspire
bezieling animation, inspiration
bezienswaardig worth seeing
bezienswaardigheid sight
bezig busy
bezigheid business, occupation
bezinksel sediment, deposit, dregs *mv*
bezit possession
bezitten possess, own
bezitter possessor, owner, proprietor
bezitting possession, property
bezoedelen soil, contaminate
bezoek visit, call
bezoeken visit; pay a visit, see, call on
bezoeker visitor, guest
bezoeking visitation, trial
bezoekuren visiting-hours
bezoldigen pay
bezoldiging pay; salary
bezorgd anxious, solicitous
bezorgen (brengen) deliver; (veroor-

zaken) give, cause
bezuiden (to the) south of
bezuinigen economize
bezuiniging economy
bezwaar problem; difficulty, objection, scruple, drawback
bezwaarlijk difficult, hard
bezwaarschrift petition
bezwaren burden, load, weight
bezweet perspiring
bezweren swear, conjure
bezwijken break down, give way, succumb (to); die (of)
bibberen shiver
bibliothecaris librarian
bibliotheek library
bibs buttocks, bottom
bidden pray
biecht confession
biechtstoel confessional
biechtvader confessor
bieden offer; (verkoping) bid
biefstuk steak
bier beer
bierbrouwer brewer
bies rush; (op kleren) piping
bieslook chive
biet beet
big young pig, piglet
biggetje *Guinees* ~, guineapig
bij [de] (insect) bee; *vz bijw* by, with, at, near, about
bijbedoeling ulterior motive
bijbel bible
bijbels biblical
bijbetalen pay in addition
bijbetaling additional payment
bijbrengen (iem.) bring round; (iem. iets) teach
bijdehand smart, quick-witted
bijdrage contribution
bijdragen contribute
bijeen together
bijeenbrengen bring together, collect
bijeenkomst meeting, assembly
bijeenroepen call together, convoke

bijenkorf bee-hive
bijenteelt apiculture
bijgaand enclosed, annexed
bijgebouw outhouse, annexe
bijgeloof superstition
bijgelovig superstitious
bijgenaamd surnamed, nicknamed
bijgerecht side-dish
bijgeval by any chance
bijgevolg consequently
bijhouden keep up
bijkantoor branch-office; (post) sub-office
bijkeuken scullery
bijknippen trim
bijkomen come to
bijkomstig incidental
bijl axe, hatchet
bijlage appendix, enclosure
bijleggen add (to); make up, accommodate
bijna almost, nearly; ~ *geen*, hardly any
bijnaam nickname
bijouterieën *mv* jewelry
bijpassend matching
bijschrift inscription, motto, postscript, legend
bijslaap cohabitation
bijsmaak taste, flavour, tang; *fig* tinge
bijstaan help, assist, aid
bijstand assistance, aid
bijstellen adjust
bijster *het spoor ~ zijn*, be at sea
bijsturen correct
bijt gap
bijtanken refuel
bijten bite
bijtend biting; sarcastic
bijtijds in (good) time
bijval approval, applause
bijverdienste extra earnings *mv*
bijvoegen add, join, annex
bijvoegsel supplement, accessory, appendix
bijvoorbeeld for instance, for example
bijvullen fill up; top up

bijwonen be present at, attend
bijwoord adverb
bijzaak matter of secondary importance
bijziend near-sighted, myopic
bijzijn presence
bijzonder particular, special
bijzonderheid particularity; particular, detail
bikini bikini
bil buttock
biljart billiards
biljartbal billiard-ball
biljarten play (at) billiards
biljet ticket
billijk reasonable, just, fair; (prijs) moderate
billijken approve of
binden (bond; gebonden) bind, tie
binding tie, bond
binnen within, in; inside; indoors
binnenband inner tube
binnendringen penetrate
binnengaan enter
binnenhuisarchitect interior decorator
binnenin inside, within
binnenkant inside, inner side
binnenkomen enter
binnenkort shortly
binnenland interior
binnenlands inland, home, domestic; *Ministerie v. Binnenlandse Zaken*, Home Secretary
binnenlaten let in, admit
binnenplaats inner court, inner yard
binnenshuis indoors
binnensmonds under one's breath
binnenstad *Br* city centre; *Amer* downtown
binnenste inmost;inside
binnenvallen invade; drop in (on)
binnenzak inside pocket
bioscoop cinema
biscuit biscuit
bisdom diocese, bishopric
bisschop bishop

bisschoppelijk episcopal
bits biting, snappy
bitter bitter
bivak bivouac
bizar bizarre
blaadje (v. boom) leaf; (dienblad) tray; (papier) sheet, piece of paper
blaam blame, blemish
blaar blister
blaas (in lichaam) bladder
blaasinstrument wind-instrument
blaasontsteking cystitis
blad (v. boom) leaf; (papier) sheet; (roei-riem) blade; (dienblad) tray; (krant) news-paper
bladwijzer bookmark
bladzijde page
blaffen bark
blakeren burn, scorch
blanco blank
blank white; (huid) fair
blanke white man/woman
blaten bleat
blauw blue
blauwtje *een ~ lopen*, get the mitten, be jilted
blazen blow; (kat) spit; (trompet) sound
bleek pale, pallid
bleekheid paleness, pallor
bleekmiddel bleach
blessure injury
bleu timid, shy, bashful
blieven zie *believen*
blij glad; happy
blijdschap joy, gladness
blijk token, mark, proof
blijkbaar apparent, evident, obvious
blijken be evident, be obvious; appear
blijkens as appears from
blijspel comedy
blijven stay, remain; continue, last; *~ zitten*, miss his remove, stay down
blijvend lasting, permanent
blik [*de*] (oogopslag) glance, look; [*het*] (metaal) tin(-plate); (bus) tin, (amer) can; (vuilnis) dustpan

blikgroente tinned vegetables
blikje tin, *Amer* can
blikken *bn* of tin; *ww* look, glance
blikopener tin-opener
blikschade bodywork damage
bliksem lightning
bliksemafleider lightning-conductor
bliksemen *zn* lightning
bliksemstraal flash of lightning
blind *bn* blind; (luik) shutter
blinddoek bandage
blinddoeken blindfold
blinde blind man (woman); *kaartsp* dummy
blindedarm caecum; (wormvormig aanhangsel) appendix
blindedarmontsteking appendicitis
blindelings blindly
blindheid blindness
blinken shine, gleam, glimmer
blocnote jotter
bloed blood
bloedarmoede anaemia
bloeddorstig bloodthirsty
bloeddruk blood pressure
bloeden bleed
bloedgroep blood group
bloedig bloody
bloeding bleeding, hemorrhage
bloedneus bleeding nose
bloedonderzoek blood test
bloedsomloop blood circulation
bloedspuwing spitting of blood
bloedstelpend styptic
bloedtransfusie blood transfusion
bloeduitstorting effusion of blood
bloedvat blood-vessel
bloedvergieten bloodshed
bloedvergiftiging blood-poisoning
bloedverwant relation, relative
bloedworst black pudding
bloei flower(ing), bloom
bloeien bloom, blossom; *fig* flourish
bloeiend blossoming; *fig* flourishing, prosperous
bloem flower, blossom; (meel) flour

199

bloembol bulb
bloembollenkweker bulbgrower
bloembollenveld bulb-field
bloemist florist
bloemkool cauliflower
bloemlezing anthology
bloempot flowerpot
bloes blouse
bloesem blossom, bloom
blok block; (hout) log, billet
blokken plod (at), swot (at)
blokkeren blockade, block; (rekening) freeze
blond blond
blonderen bleach
bloot naked
blootshoofds bareheaded
blootstellen expose
blootsvoets barefooted
blos (gezondheid) bloom; (verlegenheid) blush; (opwinding) flush
blouse blouse
blozen blush, flush
bluf bragging, boasting
bluffen brag, boast (of)
blusapparaat fire-extinguisher
blussen extinguish
blut broke
blz. p(age)
bobine induction coil
bochel hump; hunch(back)
bocht bend, curve, turn; (zee) bay; (rommel) trash, rubbish
bochtig winding
bod offer; (verkoping) bid
bode messenger; usher
bodem bottom, ground, soil; territory; ship
boeddhisme Buddhism
boedel estate
boedelscheiding division of an estate
boef knave, rogue; convict
boeg bow
boegspriet bowsprit
boei handcuff; (drijf-) buoy
boeien put in irons; *fig* captivate, fasci-
200

nate
boek book
boekbinder bookbinder
boekdeel volume
boekdrukkerij printing-office
boeken book
boekenbon book token
boekenkast book-case
boekenrek book-rack
boekenstalletje bookstall
boekensteun book-end
boeket bouquet
boekhandel bookshop
boekhandelaar bookseller
boekhouden book-keeping
boekhouder book-keeper
boeking reservation
boekwinkel bookshop
boel a great deal; a lot
boeman bogy
boemelen knock about
boemeltrein slow train
boenen scrub
boenwas beeswax
boer peasant, farmer; (kaartsp) jack, knave
boerderij farm
boerenbedrijf farming
boerenkinkel yokel
boerenkool kale
boerin farmer's wife
boers rustic, boorish
boete penance; (geld-) penalty, fine, forfeit
boeten atone, expiate
boetseren model
boezem bosom; breast
bof (ziekte) mumps; (geluk) stroke of luck, fluke
boffen be lucky, be in luck
boiler (hot-water) heater
bok (he-)goat, buck; (rijtuig) box; (fout) blunder
bokking red herring, bloater
boksen box
bol *bn* (glas) convex; (zeil) bulging;

(wang) chubby; [*de*] ball, globe; (bloem-) bulb

bolrond convex, spherical

bolsjewiek bolshevik

bolvormig spherical, globular

bolwerk rampart; *fig* bulwark, stronghold

bom bomb

bomaanval bombing attack

bombardement bombardment

bombarderen bomb

bommenwerper bomber

bomvrij bomb-proof

bon ticket; cheek; coupon

bonboekje coupon-book

bonbon bonbon

bond alliance, league, union, confederation

bondgenoot ally, confederate

bondig succinct, concise

bonen beans

bons thump, bump; *de ~ geven*, jilt

bont fur; *bn* party-coloured, motley; mixed

bontjas, bontmantel fur coat

bonzen thump; (deur) knock at

boodschap (bericht) message; (opdracht) errand

boodschappen (inkopen) shopping

boodschappentas shopping bag

boog bow; (cirkel) arc; (gewelf) arch

boom tree; (paal) pole, bar

boomgaard orchard

boomkwekerij tree-nursery

boomstam tree trunk

boon bean; *bruine bonen*, kidney beans; *vitte bonen*, white beans

•oor drill

•oord border, brim; (hals-) collar; board; *an ~* on board

•oordevol brimful, chock-full

•oordwerktuigkundige flight engineer

•oortoren derrick

•oorwater boracic water

•oorzalf boracic ointment

•oos angry; cross (with); (slecht) bad,

evil, wicked

boosaardig malicious, malign

boosheid anger; wickedness

booswicht wretch, villain

boot boat

bootrein boat-train

bootreis cruise

bootsman boatswain

boottocht boattrip

bootwerker docker

bord (v. eten) plate; (school) blackboard; (m. opschrift) sign

bordeel brothel

bordes flight of steps

bordpapier cardboard, pasteboard

borduren embroider

boren bore, drill, pierce

borg (persoon) surety, guarantee; (zaak) security; bail

borgsom deposit

borgtocht security, bail

borrel drink

borst (v. vrouw) breast, (borstkas) chest

borstbeeld bust

borstel brush

borstelen brush

borstkas chest

borstplaat fudge

borstvoeding breast feeding

borstwering parapet

bos [*de*] (sleutels e.d.) bunch, bundle; (stro) truss; (haar) tuft; [*het*] (m. bomen) wood, forest

bosbessen bilberries

bosbouw forestry

bospad wood-path

bosrijk woody

boswachter forester

bot [*de*] (vis) flounder; [*het*] (been) bone; *bn* (niet scherp) blunt

boter butter

boterbloem buttercup

boterham slice of bread (and butter)

botervlootje butter-dish

botsen bump, dash (against)

botsing collision; crash

botweg bluntly
bougie spark-plug; *vette ~*, oily plug
bougiekabels ignition cable
bougiesleutel plug spanner
bouillon broth, beef-tea; clear soup
bouillonblokje beef-cube
bout (staaf) bolt, pin; (v. dier) quarter; (vogel) drumstick
bouw building; structure, construction
bouwen build, construct
bouwkunde architecture
bouwland farmland
bouwpakket building, construction set
bouwterrein building-site
bouwvakker builder
bouwvallig tumble-down, ramshackle
bouwwerk building; construction
boven *vz* above, upon, over; *bijw* upstairs; above
bovenaan at the top
bovenal above all
bovenbuur upstairs neighbour
bovendien besides, moreover
bovengenoemd above-mentioned
bovenhuis (upstairs) flat
bovenin at the top
bovenkant upper side
bovenlijf upper part of the body
bovenlip upper lip
bovennatuurlijk supernatural
bovenop on top
bovenstaand above(-mentioned)
bovenste upper(most)
bovenverdieping upper storey
bovenzijde upper side
bowlen bowl
box box; (auto) lock-up; (kinderen) play-pen; (luidspreker) speaker
braadpan frying-pan
braaf honest, good
braakmiddel emetic
braaksel vomit
braam blackberry
braden (pan) fry; (spit) roast; (oven) bake
brak brackish, saltish
braken vomit; be sick

brancard stretcher
brand fire; blaze
brandbaar combustible
brandblusapparaat , brandblusser fire extinguisher
branden burn, be on fire; (koffie) roast
brander burner
branderig burning, burnt
brandewijn brandy
brandgevaar fire-risk
brandhout firewood
branding surf, breakers *mv*
brandkast safe
brandkraan fire-cock, fire-plug
brandladder fire-ladder, fireescape
brandmerk brand, stigma
brandnetel stinging nettle
brandpunt focus
brandspiritus methylated spirits
brandspuit fire-engine
brandstichter incendiary, fireraiser
brandstichting arson
brandstof fuel
brandstoffilter fuel filter
brandstofpomp fuel pump
brandtrap fire escape
brandverzekering fire insurance
brandweer fire brigade
brandweerman fireman
brandwond burn
brandzalf burn ointment
Brazilië Brazil
breed broad, wide
breedsprakig long-winded, verbose
breedte breadth; width; *geogr* latitude
breedvoerig ample, circumstantial
breekbaar breakable, fragile, brittle
breekijzer crow-bar, jemmy
breien knit
brein brain, intellect
breinaald knitting-needle
breken break
brem (struik) broom; (zout) pickle, brine
brengen bring, take, carry
bres breach
bretels braces, suspenders *mv*

breuk burst, crack; (arm, been) fracture; (v. lichaamsvlies) hernia; (vriendschap) rupture; (traditie) break; (rekenen) fraction; *tiendelige ~*, decimal fraction

breukband truss

brevet certificate, patent

brief letter

briefkaart postcard

briefopener paper-knife

briefpapier writing-paper

briefwisseling correspondence

bries breeze

brievenbesteller postman

brievenbus (aan huis) letter box; (op straat) pillarbox

brievenweger letter-balance

bril (pair of) glasses *mv*, spectacles *mv*; (wc) seat

briljant brilliant

Brit Briton

Brits British

Brittannië Britain

broche brooch

brochure brochure

broeden brood, sit on eggs; *~ over*, brood over

broeder brother

broederlijk brotherly, fraternal

broederschap brotherhood

broedsel brood, hatch

broeien (v. hooi) heat, get heated; *er broeit iets*, there is something in the wind

broeierig stifling

broeikas hothouse

broek (pair of) trousers; *korte ~*, shorts *mv*

broekje (slipje) panties

broekpak trouser suit

broer brother

brok lump; piece, morsel

bromfiets moped

brommen hum; (knorren) grumble

bron spring, fountain, source; *uit goede ~, (on)* good authority

bronchitis bronchitis

brons bronze

bronwater mineral water

bronzen bronze

brood bread; *een ~*, a loaf; *een half ~* half a loaf of bread; *geroosterd ~*, toast

broodbakker baker

broodbeleg sandwich fillings and spreads

broodje roll; *~ ham* ham roll; *~ kaas* cheese roll

broodrooster toaster

broodtrommel bread-tin

broodwinning living

broom bromide

broos frail, brittle, fragile

bros crisp, brittle

brouwen brew

brouwer brewer

brug bridge

Brugge Bruges

brugwachter bridge-man, -keeper

bruid bride

bruidegom bridegroom

bruidsmeisje bridesmaid

bruidspaar bride and bridegroom, newly-married couple

bruidsschat dowry

bruikbaar useful, serviceable

bruikleen (free) loan

bruiloft wedding(party); *gouden, koperen, zilveren ~*, golden, brass, silver wedding

bruin brown; *~ brood* brown bread

bruisen (zee) seethe, roar; (drank) fizz

brullen roar

Brussel Brussels

brutaal cheeky, rude

bruto gross, gross weight

brutogewicht gross weight

bruusk abrupt

bruut brute; brutish

BTW *= belasting toegevoegde waarde* V.A.T. (value added tax)

budget budget

buffel buffalo

buffer buffer

buffet bar, buffet; (kast) sideboard

buffetjuffrouw barmaid

bui (regen) shower; (gril) freak, fit

203

buidel bag, pouch
buigbaar flexible, pliable
buigen bend, bow
buiging bow; (v. dame) curts(e)y
buigtang pliers
buigzaam flexible
buik abdomen, belly
buikloop diarrhoea
buikpijn belly-ache
buikvliesontsteking peritonitis
buil bruise, bump, swelling
buis tube, pipe, conduit
buit booty
buitelen tumble
buiteling tumble
buiten without, out of; outside, besides, except; *van ~*, by heart
buitenband tyre
buitenboordmotor outboard motor
buitengewoon extraordinary
buitenhuis country-house
buitenissig excentric
buitenkansje (stroke of) good luck
buitenkant outside
buitenland foreign countries; *in, naar het ~*, abroad
buitenlander foreigner
buitenlands foreign, exotic; *Ministerie v. Buitenlandse Zaken*, Foreign Secretary
buitenlucht open air
buitenshuis outdoors, out
buitenslands abroad
buitenspel (voetbal) offside
buitenspiegel driving mirror
buitensporig extravagant, excessive
buitenstaander outsider
buitenste outmost
buitenwijk suburb
bukken stoop, bow
buks rifle

bulderen (kanon) boom; (mens) bellow; (zee) roar
bulletin bulletin
bult hunch, hump(back); (buil)lump, bump
bumper bumper
bundel bundle
bungalow bungalow
bungalowpark holiday park
bungalowtent family tent
burcht castle
bureau writing-desk; (kantoor) office
burgemeester burgomaster, (in Engeland) mayor
burger citizen, commoner; (geen militair) civilian; *in ~*, in plain clothes
burgerbevolking civil(ian) population
burgerij citizens *mv*
burgerlijk civil; (functie) civic; (niet deftig) plain
burgeroorlog civil war
burgerrecht civil right, citizenship
bus (brieven enz.) box; (autobus) bus; coach; (blik) tin; can
buschauffeur bus driver
busconducteur ticket collector
busdienst bus service
bushalte bus stop
businessklasse business class
buslichting collection
busstation bus station
buste bust
bustehouder brassiere, bra
busverbinding bus connection
butagas calor gas
buur neighbour
buurman neighbour
buurt neighbourhood; quarter; *in de ~* the neighbourhood; near here
buurvrouw neighbour

C

ca. = *circa*, circa, about
cabaret cabaret

cabine cabin; (vrachtauto) cab
cacao cocoa

cactus cactus
cadeau present
cadeaubon gift token
café pub; café
cafetaria cafeteria, buffet
cake cake
camera camera
camoufleren camouflage
campagne campaign
camper camper
camping camping site
campinggas butane gas
Canadees Canadian
capabel able
cape cape
capitulatie capitulation
cappuccino cappuccino
capsule (pil) capsule
capuchon hood
caravan caravan
carbol carbolic acid
carburator carburetter, carburettor
cardanas propellor-shaft
cargadoor ship-broker
carnaval carnival
carrière career
carrosserie coach-work
carte: à la - à la carte
carter crankcase
casino casino
cassatie cassation, appeal
cassette (v. foto's) cartridge; (v. geluid) cassette
cassetterecorder cassette recorder
catalogus catalogue
catarre catarrh
cavalerie cavalry
cd CD
cd-rom CD-ROM
cd-speler CD player
ceintuur belt, sash, scarf
cel cell
cello cello
cellofaan cellophane
cellulair cellular
cement cement

censuur censorship
cent cent
centimeter centimetre
centraal central; *centrale verwarming* central heating
centrale (tel) exchange, *elektr* power-station
centraliseren centralize
centrum centre
ceramiek ceramics *mv*
ceremonieel ceremonial
certificaat certificate
champagne champagne
champignons mushrooms
chantage blackmail
chaos chaos
charter charter flight
chartervlucht charter-flight
chassis (auto) chassis; (foto) plate-holder
chauffeur driver
chef chief, head, leader; manager; boss
chemicaliën *mv* chemicals *mv*
chemicus chemist
chemie chemistry
cheque cheque
chic smart, stylish
China China
Chinees Chinese
chip chip
chips crisps
chirurg surgeon
chloor chlorine
chocola chocolate
chocolade chocolate
chocolademelk (koud) drinking chocolate; (warm) chocolate milk
choke choke
cholera cholera
christelijk christian
christen Christian
christendom Christianity
Christus Christ
chronisch chronic
cijfer figure
cilinder cylinder
cipier jailer, warder

circa about
circuit circuit
circulaire circular (letter)
circus circus
cirkel circle
citaat quotation
citroen lemon
citroenpers lemon-squeezer
civiel (billijk) moderate, reasonable
clandestien clandestine
clausule clause
claxon horn
claxoneren use the horn
cliché block; *fig* cliché
cliënt client
cliëntèle clients *mv*, clientele, customers *mv*
closetpapier toilet-paper
club club
cognac brandy
cognossement bill of lading
cokes coke
colbert jacket; (kostuum) lounge-suit
collect call reverse-charge call
collecte collection
collega colleague
college (les) college-course; lecture
collegiaal brotherly
colonne columm
coltrui polo-neck sweater
combinatie combination
comfort comfort
comité committee, board
commandant commander
commanderen command
commando (word of) command
commentaar commentary
commercieel commercial
commissaris (v. maatschappij) director; (politie) superintendent
commissie committee, board; (loon) commission
commissionair commission agent; ~ *in effecten*, stockbroker
communicatie communication
communie communion

communisme communism
communist communist
compagnie company
compagnon partner
compenseren compensate
compleet complete
complex complex
compliment compliment
complot plot, intrigue
componeren compose
componist composer
compote stewed fruit
compromitteren compromise
computer computer
concentratiekamp concentration camp
concentreren concentrate
concert concert; (v. één kunstenaar) recital; (stuk) concerto
concessie concession
conciërge hall-porter, caretaker
conclusie conclusion
concreet concrete
concurrent competitor, rival
concurrentie competition
conditie condition
condoleren condole (on)
condoom condom
conducteur (trein) guard; (tram, bus) conductor
confectie ready-made clothes *mv*
conférencier compere
conferentie conference
conflict conflict
conform in conformity with
congres congress
conjunctuur economic situation, economic trend
connectie connection
connossement bill of lading
consciëntieus conscientious
consequent consistent
consequentie consistency
conservatief conservative
conservatorium school of music
conserven *mv* preserves *mv*
conserveren preserve, keep

consignatie consignment
consigne orders *mv*; pass-word
constant constant; *bijw* constantly
constateren state, establish
constipatie constipation
constitutie constitution
constructie construction
consul consul
consulaat consulate
consult consultation
consultatiebureau health centre
consument consumer
consumptie consumption
contact contact; ~ *opnemen* get in touch
contactlens contact lens
contactpunten contact-breaker points
contactsleutel ignition key
contant cash; à ~, for cash; ~e *betaling*, cash payment
continubedrijf continuous industry
contra contra, versus, against
contract contract
contrast contrast
contributie subscription
controle check
controlelampje warning light
controleren verify, check
controleur controller
conventioneel conventional
conversatie conversation
coöperatie co-operation; (*zaak*) co-operative store(s)
corps corps, body
corpulent corpulent, stout
correct correct
correspondent correspondent; correspondence clerk
correspondentie correspondence

corrupt corrupt
cosmetica cosmetics
couchette berth
coulisse side-scene, wings *mv*
coupé compartment
couperen cut
couplet stanza
coupon coupon; (*stof*) remnant, cutting
coureur racing motorist
courgette *Br* courgette; *Amer* zucchini
couturier designer
couvert cover; (v. *brief ook*) envelope
couveuse incubator
crank crank
crèche crèche; day nursery
creditcard credit card
crediteren credit (with)
crediteur creditor
crematie cremation
cremeren cremate
crimineel criminal
crisis crisis; turning-point
criticus critic
croissant croissant
crossfiets cross-country bicycle
crucifix crucifix
cruise cruise
cultureel cultural
cultuur culture
curatele guardianship
curator curator, guardian; trustee
curiosa curios
cursief in italics
cursus course; *schriftelijke* ~, correspondence course
cycloon cyclone
cyclus cycle
cynisch cynical

d

w.z. that is (to say), namely
aad deed, act, action
aar *bijw* there; *voegw* as, since, because
aarbij near it; besides

daardoor through it; by that
daarentegen on the contrary, on the other hand
daarginds there; over there

daarna after that
daarom therefore, for that reason
daaromtrent thereabouts
daarop on that; upon (after) this, there-
upon
daartoe for that purpose, to do so
daaruit from that
daarvan of that; from that
daarvoor for that; before that
dadel date
dadelijk direct; immediate; *bijw* at once,
immediately; *zo ~* presently
dader perpetrator, author; (v. strafbaar
feit) delinquent
dag day; *per ~* per day; a day; *dezer ~en*,
the other day; *~!* (hallo) hi!; (tot ziens)
bye!
dagblad daily paper, newspaper
dagboek journal, diary
dagelijks every day; daily
dagkaart day-ticket
daglicht daylight
dagloner day-labourer
dagretour day-return ticket
dagschotel today's special
dagtekenen date
dagtocht day trip
dagvaarden cite
dagvaarding summons, writ
dahlia dahlia
dak roof; *onder ~ zijn*, be under cover,
be provided for
dakgoot gutter
dakloos homeless
dakpan tile
dal valley
dalen descend; (prijs, barometer) fall;
(zon, prijs) go down
daling descent, fall, drop
dam dam, dike
damast damask
dame lady
damesblad women's magazine
damesmode ladies wear
damestoiletten ladies (room)
damesverband sanitary towels

dammen play draughts
damp vapour
dampkring atmosphere
damschijf draughtsman
damspel draughts
dan then; (vergelijking) than
dancing dance hall
dank thanks
dankbaar thankful, grateful
danken thank; *te ~ hebben*, owe; *dank
u*, (bij aanneming) thank you; (bij niet-
aanneming) no thank you
dankzij thanks to
dans dance
dansen dance
danser(es) dancer
dansles dancing-lesson
dapper valiant, brave, gallant
dapperheid bravery, valour
darm intestine, gut; *dikke, dunne ~*,
large, small intestine
dartel frisky; playful
das (dier) badger; (kleding) (strop~) tie;
(sjaal) scarf
dashboard dashboard
dasspeld tie-pin
dat that; that one
dateren date
datgene that
datum date
dauw dew
daveren boom, thunder **de** the
de the
dealer dealer
debat debate, discussion
debatteren debate, discuss
debet debit
debiel mentally deficient
debiteren debit; *fig* retail
debiteur debtor
debrayeren declutch
debuut debut
december December
decimaalteken decimal point
decimeter decimetre
declameren recite

declaratie declaration; voucher
declareren charge; declare
decoratie decoration
deeg dough, paste
deel part, portion, share; volume
deelachtig worden obtain, participate in
deelbaar divisible
deelnemen partake, participate
deelneming participation; pity, sympathy, compassion
deels partly
deeltal dividend
deelwoord participle
deemoed humility, meekness
Deen Dane
Deens Danish
deerlijk grievously, piteously; badly
deernis pity, commiseration
defect *zn* defect, deficiency; *bn* broken down, out of order; ~ **raken**, break down
definiëren define
definitief definitive
deftig grave, dignified, stately; portly
degelijk substantial, sound, thorough, solid
degen sword
degene he, she (who)
deining swell; excitement
dek cover, bed-clothes *mv*; (v. schip) deck
dekbed duvet
dekblad wrapper
deken blanket; *gewatteerde* ~, quilt
dekken cover; lay (the table); *sp* mark
dekmantel *fig* cover
deksel cover, lid
dekstoel deck-chair
delen divide
deler divisor
delfstof mineral
delging extinction (of a debt), amortization
delicatessen delicatessen
deling partition; division
delven dig
dement demented
democratie democracy

demonstreren demonstrate
demonteren dismantle, take apart
dempen (gracht) fill up; (geluid) deaden; (licht) subdue; (oproer) quell
den fir, fir-tree; *grove* ~, pine(-tree)
Den Haag The Hague
Denemarken Denmark
denkbaar imaginable
denkbeeld idea, notion
denkbeeldig ideal, imaginary
denkelijk likely
denken think
denkwijze way of thinking
dennenboom fir-tree
deodorant deodorant
departement department, office; zie verder *ministerie*
deponeren put down; deposit
deposito deposit; *in* ~, on deposit
depot branch-establishment, depot
derailleur derailleur gear
derde third
deren harm, hurt, injure
dergelijk such, similar
derhalve consequently, so
dertien thirteen
dertiende thirteenth
dertig thirty
dertigste thirtieth
des te all the; so much the
desalniettemin nevertheless
deserteren desert
deserteur deserter
desinfecteren disinfect
deskundig(e) expert
desnoods if need be
desondanks for all that
dessert dessert
destijds at (the) that time
detail detail; *en* ~, (by) retail
detective detective
detectiveroman detective-story, crime-story
deugd virtue
deugdelijk valid, sound; duly
deugdzaam honest, virtuous

deugniet rogue, rascal
deuk dent
deuntje air, tune
deur door
deurknop door-handle, knob
deurkruk door handle
deurwaarder process-server, usher, bailiff
devaluatie devaluation
devies decive, motto
deviezen *mv* (foreign) currency
deze this, these; ~ en gene, this one and the other; *schrijver ~s*, the present writer
dezelfde the same
dia slide
diabetes diabetes
diafilmpje slide film
diagnose diagnosis
dialect dialect
dialoog dialogue
diamant diamond
diaraampje slide mount
diarree diarrhoea
dicht closed
dichtbij nearby
dichter poet
dichtstbijzijnd closest
die that; that one
dieet diet; *op ~* on a diet
dieetvoeding dietary food
dief thief/thieves
diefstal theft
dienen serve
dienst service
dienstmeisje maid
dienstregeling time-table
diep deep
diepte depth
diepvries (voedsel) frozen (food)
diepvries *zn* freezer
diepzinnig profound, abstruse
dier animal
dierbaar dear, beloved
dierenarts veterinary surgeon, vet
dierenbescherming (society for the) prevention of cruelty to animals
dierentuin zoo

dierenwinkel pet shop
dierkunde zoology
dierlijk animal, brute, brutish
diesel diesel
dieselmotor Diesel engine
dieselolie diesel oil
diëtist(e) dietician
dievegge (female) thief
differentieel differential gear
difterie, difteritis diphtheria
dij thigh
dijbeen thighbone
dijk dike, bank, dam
dik fat; thick
dikte thickness, bigness
dikwijls often
dimlicht dimmed headlight
dimmen dim (the headlights)
diner dinner
dineren have dinner
ding thing
dingen bargain; ~ naar, compete for
dinsdag Tuesday
diploma certificate, diploma
diplomaat diplomat
diplomeren certificate
direct at once, directly
directeur (bedrijf) (managing) director; (school) headmaster; (schouwburg) manager
directie board, management
directrice directress; manageress; (ziekenhuis) matron
dirigent conductor
discipline discipline
disco disco
discriminatie discrimination
discussie discussion
diskette floppy disk
dissertatie thesis
distantiëren move away from, dissociate
distel thistle
distilleren distil
distributie distribution; (bij schaarste) rationing
district district

dit this; this one
divan divan, couch
dividend dividend
divisie division
dobbelen play dice, gamble
dobbelsteen die (mv dice)
dobber float
dobberen float, fluctuate
docent teacher, lecturer
doch though
dochter daughter
doctor doctor
document document
dode (gedode) one dead (killed)
dodelijk mortal, deadly, lethal
doden kill
doedelzak bagpipe
doe-het-zelf do it yourself
doek [de] cloth; [het] (schilderij) canvas; (schouwburg) curtain; (bioscoop) screen
doel target, aim, mark; purpose, object; *sp* goal
doelbewust purposeful
doelloos aimless
doelmatig appropriate, efficient
doelpunt goal
doeltreffend effective
doelverdediger goal-keeper
doen do, perform, make
dof dull
dog mastiff, bulldog
dok dock
dokter doctor
dol mad, frantic, wild
dolen wander (about), roam
dolfijn dolphin
dolk dagger
dollar dollar
dom *bn* stupid, dull, silly; [de] (kerk) cathedral
domein domain, territory; (kroon-) crown and
domicilie domicile
dominee clergyman, minister
domineren dominate; play (at) dominoes
domkop blockhead

domoor dimwit
dompelen plunge, immerse
Donau Danube
donder thunder
donderdag Thursday; *Witte ~*, Maundy Thursday
donderen thunder
donker dark
donor donor
dons down, fluff
donzig downy, fluffy
dood [de] death; *bn* dead
doodgaan die
doodgeboren still-born
doodkist coffin
doodlopen come to a dead end
doodmaken kill
doodop dead-beat; knocked up
doods dead, death-like
doodsakte death certificate
doodsangst mortal fear, terror
doodsbleek deathly pale
doodshoofd skull
doodslaan kill, slay
doodslag manslaughter
doodsoorzaak cause of death
doodstil stock-still
doodstraf death-penalty
doodvonnis sentence of death
doof deaf
doofheid deafness
doofstom deaf and dumb
dooi thaw
dooien thaw
doolhof labyrinth; maze
doom thorn, prickle
doop baptism, christening
doopsgezinde baptist
doopvont baptismal font
door by, through; ~ *en* ~, to the core; thoroughly
doorbakken well-done
doorboren pierce, stab, perforate
doorbraak (dijk) breach; *mil* breakthrough
doorbranden burn on; burn through;

(lamp) burn out; (zekering) blow
doorbrengen pass, spend
doordacht well-considered
doordat because
doordringen penetrate
dooreen pell-mell
doorgaan go on; ~ *voor*, pass for
doorgaand continuous
doorgaans generally, usually
doorgang passage
doorgeven pass on
doorgronden fathom; see through
doorhaling erasure, cancellation
doorheen through
doorkneed versed in
doorkomen pass through
doorkruisen cross
doorlaten admit; go through
doorlichten X-ray
doorlopen move on; *doorlópen*, pass through
doorlopend continuous; (voorstelling) non-stop
doorn thorn
doornat wet through
doorregen streaky (bacon)
doorreis passage through; *op ~* en route
doorschijnend translucent, diaphanous
doorschrappen strike out
doorslaan (gek worden) go mad
doorslaand conclusive
doorslag (kopie) carbon copy; *dat geeft de ~*, that's what turns the scale
doorslaggevend decisive
doorsmeren lubricate
doorsnede section, diameter
doorstaan endure, stand
doorsteken pierce, stab
doorsturen (post) forward; (verder sturen) send on
doortastend energetic
doortocht passage
doortrapt cunning, sly
doortrekken flush (the toilet)
doortrokken permeated, soaked
doorvaart passage

doorverbinden put through
doorvoer transit
doorvoerhandel transit trade
doorwaden wade through
doorweekt soaked, sodden
doorwrocht elaborate
doorzenden forward, send on
doorzetten push on, persevere
doorzettingsvermogen perseverance
doorzichtig transparent
doorzien look through
doorzoeken search, go through
doos box
dop (ei) shell; (boon) pod; (pen) top, cap
dopen baptize, christen; dip
doperwten green peas
doppen shell
dopsleutel socket wrench
dor barren, dry, arid
dorp village
dorpel threshold
dorpsbewoner villager
dorsen thresh
dorst thirst; ~ *hebben* be thirsty
dorstig thirsty
dosis dose
douane customs *mv*
douanebeambte customs officer
douanecontrole customs examination
douanekantoor customs office
douanier customes officer
douche shower
douchen (take a) shower
doven extinguish
dozijn dozen
draad (stof) thread; (metaal) wire
draadloos wireless
draadnagel wire-nail
draagbaar [*de*] litter, stretcher; *bn* portable, bearable
draagkracht ability to bear; (v. brug, schip) carrying capacity
draaglijk tolerable
draagtas carrier bag
draagvlak airfoil, plane

draai turn; twist, bend
draaibank lathe
draaiboek script
draaideur revolving door
draaien turn, spin, twist, wind; (tel) dial; *fig* shuffle
draaierig giddy, dizzy
draaikolk whirlpool, eddy
draaimolen merry-go-round
draaiorgel barrel-organ
draak dragon
dracht (kleding) dress, costume
draf trot
dragen carry; bear; (kleren) wear
dralen linger, loiter
drama drama
dramatisch dramatic(ally)
drang pressure, urgency
drank drink, beverage; *sterke ~*, liquor
drankje (medisch) potion, medicine
drankzuchtig dipsomaniac
drassig marshy, swampy
draven trot
dreef alley, lane; *op ~ zijn*, be in splendid form
dreg grapnel, drag
dreigbrief threatening letter
dreigement threat
dreigen threaten, menace
drempel threshold
drenkeling drowned (drowning) person
drenken water; drench
dresseren (paard) break (in), (ander dier) train
ressoir sideboard
ressuur breaking-in, training; *fig* drilling
reumes mite, toddler
reunen drone, rumble
rie three
riehoek triangle
riekwartsmaat three-four time
riemaal thrice, three times
riemaandelijks quarterly
riesprong three-forked road
riest bold, daring

drietal (number of) three
drievoud treble
drievoudig triple, threefold
driewieler tricycle
drift passion
driftbui tantrum
driftig passionate, quicktempered
drijfijs drift-ice, floating ice
drijfriem driving-belt
drijfveer incentive, motive
drijven (op vloeistof) float, swim; (doen voortgaan) drive; (zaak) run; (nat zijn) be soaking wet
drillen drill
dringen push; crowd, throng; urge
dringend urgent, pressing
drinken drink
drinkglas drinking glass
drinkwater drinking water
droefenis sorrow, affliction
droefgeestig melancholy
droevig sad, sorrowful, doleful
drogen dry
drogist druggist, chemist
drogisterij druggist's (shop)
drogreden sophism
drom throng, crowd
dromen dream
dromerig dreamy
drommels! the deuce!
dronk drink; toast
dronkaard drunkard
dronken drunk
dronkenschap drunkenness
droog dry, arid; dull
droog dry
droogdok dry-dock
droogkap (hood) hair dryer
droogleggen drain
droogte drought; dryness
droogtrommel tumble drier
droom dream
droombeeld vision
drop liquorice
droppel drop
drug(s) drug(s)

213

druif grape
druipen drip
druipnat dripping (wet)
druiven grapes
druivensap grape-juice
druivensuiker glucose, dextrose
druiventros bunch of grapes
druk *bn* busy, crowded; [*de*] (spanning) pressure; (boek) printing; (oplaag) impression, edition
drukfout misprint, printer's error
drukken press; print; squeeze
drukkend oppressive; (warm) sultry
drukker printer
drukkerij printing-office
drukknoopje press-button
drukknop push-button
drukmeter pressure-gauge
drukpers (printing-)press
drukproef proof
drukte stir, bustle, fuss
drukverband pressure bandage
drukwerk printed matter
drumstel set of drums
druppel drop
D-trein corridor-train
dubbel double
dubbelganger double
dubbelzinnig ambiguous, equivocal
duchten fear, dread
duchtig fearful, strong
duel duel
duet duet
duf fusty, stuffy
duidelijk plain, clear, distinct
duif pigeon, dove
duig stave; *in ~en vallen*, drop to pieces; *fig* fall through
duikboot submarine
duikbril diving goggles *mv*
duiken dive
duiker diver
duikuitrusting diving equipment
duim thumb
duimstok (folding-)rule
duin dune

duister dark, obscure, gloomy, dim; *fig* mysterious
duisternis darkness
Duits German
Duitser German
Duitsland Germany
duivel devil
duivels devilish, diabolical
duiventil pigeon-house, dovecot
duizelig dizzy; giddy
duizeling vertigo, fit of giddiness
duizend thousand
duizendtal a thousand
dulden bear, suffer, endure
dun thin, slender; (lucht) rare
dunk opinion
duo (motorfiets) pillion
duopassagier pillion-rider
duperen put out, harm
duplicaat duplicate, replica
duplo *in ~*, in duplicate
duren last
durf courage
durven dare
dus so, consequently, therefore
dusdanig such
duster overall
dutje doze, nap
duur [*de*] duration, length; *op de lange ~* in the long run; *bn* dear, expensive, costly
duurte dearness, expensiveness
duurtetoeslag cost-of-living allowance
duurzaam durable, lasting
duw push
duwen push
dwaalspoor wrong track, red herring
dwaas [*de*] fool; *bn* foolish
dwalen roam, wander; err
dwaling error
dwang compulsion, constraint, coercion
dwangbevel warrant, writ
dwarrelen whirl
dwars transverse, cross-; *fig* contrary
dwarsbomen cross, thwart
dwarsstraat cross-street
dweepziek fanatic(al)

dweil floor-cloth, mop, swab
dweilen mop
dwepen met be all for, be enthusiastic about
dweper fanatic, devotee
dweperij fanaticism
dwerg dwarf, pygmy
dwingeland tyrant

dwingen constrain, compel, force, coerce
dwingend coercive
dynamiet dynamite
dynamisch dynamic
dynamo dynamo
dynastie dynasty
dysenterie dysentery

e

eau de cologne eau de cologne
eb ebb, ebb-tide; low tide
ebbenhout ebony
echo echo
echt [*de*] (huwelijk) marriage, matrimony; *bn* real, legitimate, authentic, genuine; *bijw* really
echtbreuk adultery
echtelieden *mv* married people *mv*
echtelijk conjugal, matrimonial
echter however
echtgenoot husband
echtgenote wife
echtpaar couple
echtscheiding divorce
economie economy
economisch economic; (zuinig) economical
econoom economist
eczeem eczema
edel noble, precious
edelachtbaar honourable
edelman nobleman
edelmoedig generous
edelmoedigheid generosity
edelsteen precious stone; jewel
eed oath
eekhoorn squirrel
eelt callus
een a, an
een one
eend duck
eendracht concord
eenheid unit, unity

eenhoorn unicorn
eenjarig of one year; (plant) annual
eenmaal once
eenparig unanimous; (snelheid) uniform
eenpersoons for one person, single
eenpersoonsbed single bed
eenpersoonskamer single room
eenrichtingsverkeer one-way traffic
eens once, one day; *het ~ zijn*, agree
eensgezind unanimous
eensklaps suddenly
eensluidend *~ afschrift*, a true copy
eenstemmig unanimous
eentje one
eentonig monotonous
eenvoud simplicity, plainness
eenvoudig simple, plain
eenzaam solitary, lonely, alone
eenzelvig solitary, self-contained
eenzijdig partial, one-sided
eer *voegw* before; *zn* honour
eerbaar chaste, virtuous
eerbewijs honour, homage
eerbied respect
eerder sooner, before
eergevoel sense of honour
eergisteren the day before yesterday
eerlijk honest, fair
eerlijkheid honesty
eerst first, firstly; *~e hulp*, first-aid; *~e klas* first class
eerstdaags one of these days
eersteklas first-class
eersterangs first class

215

eerstgenoemd former, firstmentioned
eerstvolgend next
eertijds formerly
eervol honourable
eerzucht ambition
eerzuchtig ambitious
eetbaar eatable, edible
eetgelegenheid eatery
eethuis eating-house; restaurant
eetkamer dining-room
eetlust appetite
eetservies dinner-service
eetwaar eatables
eetzaal dining-room
eeuw century, age
eeuwig eternal, perpetual
eeuwigheid eternity
eeuwwisseling turn of the century
effect effect; success
effecten *mv* stocks *mv*, securities *mv*
effectenbeurs stock exchange
effectenmakelaar stock-broker
effen (glad) smooth, even; (kleur) plain
effenen smooth, level
eg harrow
egaal level, smooth
egoïsme egoism
EHBO first-aid
EHBO-doos first-aid kit
EHBO-post first-aid post
ei egg; *gebakken ~*, fried egg, *zacht*
(hard) *gekookt ~*, soft-(hard-) boiled egg
eierdopje egg-cup
eierlepel egg-spoon
eierschaal egg-shell
eigen own, private; peculiar, proper
eigenaar owner, proprietor
eigenaardig peculiar
eigenbaat self-interest
eigendom property
eigenhandig with one's own hand, by
hand
eigenliefde self-love
eigenlijk true, proper(ly); properly speaking, actual(ly)
eigennaam proper name

eigenschap quality, property
eigenwaan conceitedness, presumption
eigenwijs opinionated
eigenzinnig wayward, wilful
eik oak
eikel acorn
eiland island, isle
eilandengroep archipelago
eind(e) end, extremity; termination, conclusion
einddiploma leaving certificate
eindelijk finally, at last
eindeloos endless, infinite
eindexamen leaving examination
eindigen end, finish, cease
eindje length, piece
eindpunt terminus
eindstreep finish
eis demand, claim
eisen demand, claim
eiser claimant
eiwit white of an egg; albumen
ekster magpie
eksteroog corn
el yard
eland moose
elastiek elastic
elastisch elastic
elders elsewhere
elegant elegant, stylish
elektra electricity
elektricien electrician
elektriciteit electricity
elektrisch electric
elektriseren electrify
elektrocardiogram electrocardiogram
elektrode electrode
elektronica electronics
elektronisch electronic
element element
elementair basic
elf eleven
elfde eleventh
elftal eleven
elimineren eliminate
elite elite, pick

216

elk every, each
elkaar each other, one another
elleboog elbow
ellende misery
ellendeling wretch
ellendig miserable
els (boom) alder; (naald) awl
email enamel
e-mail email
emancipatie emancipation
emballage packing
embolie embolism
emigrant emigrant
emigreren emigrate
emmer bucket
emotioneel emotional
en and
encyclopedie encyclopedia
end end
energie energy
energiek energetic
enerzijds on the one side (hand)
eng (nauw) narrow, tight; (griezelig) creepy
engel angel
Engeland England
Engels English
Engelse Englishwoman
Engelsman Englishman
engte strait, defile
enig sole, single; (kind) only; unique; (leuk) good, marvellous; *~e(n)*, some
enigermate in some degree
enigszins somewhat
enkel [*de*] (lichaamsdeel) ankle; *bn* single; *bijw* merely, only; *~e* some; *~e reis* single (ticket)
enkeltje one-way ticket
enkelvoud singular
enkelvoudig singular
enorm enormous, huge
enquête inquiry, investigation
enten graft
enthousiast enthusiast, eager
entree entrance, admittance
entreebiljet ticket

entreeprijs admission fee
envelop envelope
enzovoort(s) (enz.) and so on (etc.)
epidemie epidemic
epilepsie epilepsy
epileren depilate
epos epic (poem)
er there
erbarmelijk pitiful, pitiable
erbarmen pity, compassion
erbij *~ zijn*, be there, *~ komen*, be added
ere honorary
eredienst worship
eren honour
erewoord word of honour
erf grounds, premises
erfdeel portion, heritage
erfelijk hereditary
erfelijkheid heredity
erfenis inheritance, heritage
erfgenaam heir
erfgename heiress
erfzonde original sin
erg bad, evil; very (much); badly (damaged, wanted); *geen ~ hebben*, not be aware of
ergens somewhere, anywhere; *~ anders*, somewhere else
erger worse
ergeren annoy
ergerlijk annoying, provoking, shocking, irritating
ergernis annoyance
erheen *~ gaan*, go there
erkennen acknowledge; recognize; admit, own
erkenning acknowledg(e)ment, recognition
erkentelijk thankful, grateful
ernst earnest(ness); seriousness; (gevaarlijk) gravity
ernstig serious; bad
erop on(to) it, in(to) it
erotisch erotic
ertoe *~ bereid zijn*, be willing
erts ore

217

ervaren experienced, skilled
ervaring experience
erven inherit
erwten peas
erwtensoep pea-soup
es (boom) ash
escalatie escalation
eskader squadron
espresso espresso
essentieel essential
estafetteloop relay race
esthetisch aesthetic
etage floor
etagewoning flat
etalage (shop-)window
etaleren display
etappe stage
eten eat
eten, etenswaar food
etenstijd dinner- (lunch-, supper-) time
ethica ethics
ethisch ethical
etiket label
etmaal twenty-four hours
ets etching
etsen etch
etter matter, pus
etui case
euro Euro
eurocard Eurocard
eurocheque Eurocheque
Europa Europe
Europeaan European
Europees European
evacueren evacuate
evangelie gospel
even *bn* (v. getal) even; *bijw* (gelijk) equal(ly); (eventjes) just, one moment
evenaar equator
evenals (just) as
evenaren equal, match
eveneens also, likewise
evenement event

evenmin als no more than
evenredig proportional
eventjes a little while
eventueel *bn* contingent, possible, potential; *bijw* this being the case
evenveel as much
evenwel however
evenwicht equilibrium, balance
evenwijdig parallel
evenzeer as much
ex ex
examen examination
excellentie excellency
excentriek eccentric
exclusief exclusive
excursie excursion
excuseren excuse
excuses apologies; ~ *maken* apologize
excuus excuse
exemplaar specimen, copy
exerceren drill
exercitie drill
exotisch exotic
expediteur forwarding-agent, shipping-agent
expeditie expedition; despatch; shipment, forwarding
expert expert
exploitatie exploitation, working
export export(ation)
exporteren export
exporteur exporter
expositie exposition
expres on purpose
expresse, per by express
exprestrein express train
extase ecstacy, rapture
extern non-resident
extra extra, special
extract extract
extratrein special train
extreem extreme
ezel donkey, ass; (v. schilder) easel

f

faam fame, reputation
fabel fable; *fig* myth
fabelachtig fabulous
fabriceren manufacture
fabriek (manu)factory; works; mill
fabrieksmerk trade-mark
fabrikaat make
fabrikant manufacturer, maker
factuur invoice
faculteit faculty
failliet bankrupt
faillissement failure, bankruptcy
fakkel torch, flare
falen fail
familie (gezin) family, (verwanten) relatives, relations
familielid family member
familiepension private boarding-house
fan fan
fanatiek fanatic(ally)
fantasie phantasy, fancy
fantastisch fantastic
fascinerend fascinating
fascisme fascism
fat dandy, swell, prig
fataal fatal
fatsoen (beleefdheid) good manners; (vorm) fashion, cut, shape
fatsoenlijk respectable, decent
fauteuil arm-chair
favoriet favourite
fax fax
faxapparaat fax machine
faxen fax
fazant pheasant
februari February
fee fairy
feest feast, festival; party; festivity
feestdag (public) holiday
feestelijk festive, festal
feestmaal banquet
feestvieren celebrate
feit fact, matter of fact
feitelijk actual, real

fel fierce
felicitatie congratulation
feliciteren congratulate (on)
fenomeen phenomenon
ferm sound, thorough, energetic
festival festival
feuilleton serial
fier proud
fiets bicycle; bike
fietsbel (bi)cycle-bell
fietsen cycle
fietsenhok bicycle shed
fietsenmaker bicycle repairer
fietsenrek bicycle-rack
fietsenstalling bicycle-shelter
fietser cyclist
fietsketting bicycle chain
fietspad cycle track
fietspomp bicycle pump.
fietssleuteltje key to bicycle lock
fietstas saddle bag
fietstocht cycling-tour
figurant super
figuur figure, diagram
figuurlijk figurative
fijn (kwaliteit) fine, choice; (plezierig) nice, pleasant;, swell
fijngevoelig delicate
fijnmaken grind
fiks good, sound; hard
file traffic jam
filet (vis) fillet; (vlees) undercut
filevorming traffic congestion
filiaal branch establishment
film film; movie; *vertraagde ~*, slow-motion picture
filmcamera camera
filmen film
filmjournaal newsreel
filmster film star
filosofie philosophy
filosoof philosopher
filter filter
filtersigaret filter-tip cigarette

219

finale *sp* final
financieel financial
financiën *mv* finance(s); *Minister v. Financiën*, Chancellor of the Exchequer
finish finish
firma firm, house
firma firm
firmant partner
fiscus treasury, exchequer
fit fit
fitness fitness training
fixeren fix; stare at
fladderen flutter, hover
flanel flannel
flank flank, side
flat *Br* flat; *Amer* apartment
flater blunder
flatgebouw apartment building, block of flats
flatteus flattering, becoming
flauw faint, weak, insipid; flat
flauwte swoon, fainting fit
flauwvallen faint
flensje thin pancake
fles bottle; *een halve ~...* half a bottle of
flesopener bottle-opener
flessengas Calor gas
flessenmelk bottled milk
flets faded, pale
fleurig *fig* bright
flikje chocolate-drop
flikkeren flicker, sparkle
flink good, considerable, thorough
flirten flirt
flitsblokje flashcube
flitsen flash
flitser flash
flitslampje flash bulb
flonkeren sparkle, twinkle
flop wash-out
fluisteren whisper
fluit flute
fluiten whistle; (in schouwburg) hiss
fluitist flute-player, flautist
fluitketel whistling-kettle
fluks quickly

fluor fluoride
fluweel velvet
foedraal case, sheath
foei fy!, for shame!
föhn hairdryer
föhnen blow dry
fokken breed, rear
folder flyer
folteren put to the rack; *fig* torture, torment
foltering torture
fonds fund, stock
fondsdokter panel doctor
fondue fondue
fonkelen sparkle
fonkelnieuw brand-new
fontein fountain
fonteintje wash-basin
fooi tip
foppen fool, cheat, hoax
forceren force
forel trout
forens commuter
formaat size
formaliteit formality
formeel formal
formule formula
formulier form
fornuis kitchen-range; cooker
fors robust, strong
fort fort
fortuin fortune
fosfaat phosphate
fosfor phosphorus
foto photo, picture
fotograaf photographer
fotograferen photograph; take pictures
fotografie photography
fotokopie photocopy
fototoestel camera
fouilleren search
fout [de] mistake; *bn* wrong
foyer foyer
fraai beautiful, pretty, handsome, fine
fractie fraction; group
framboos raspberry

220

frame frame
Française Frenchwoman
franco postfree, carriage paid
franje fringe
frank Franc
frankeren stamp, post-pay, prepay
frankering postage
Frankrijk France
Frans French
Fransman Frenchman
fraude fraud
frauduleus fraudulent
fresco fresco
Fries Frisian
fris fresh, cool; refreshing
frisbee frisbee
frisdrank soft drink

frisheid freshness
frites chips, *Amer* French fries
frituren fry
fronsen frown
front front
fruit fruit
frustratie frustration
fuif spree, party
fuiven feast, revel
functie function
functioneel functional
fundament foundation(s)
fungeren officiate
fusie merger
fut spunk, spirit
fysiotherapie physiotherapy

g

gaaf sound, whole, entire
gaan go
gaanderij gallery
gaar (doorbakken) well-done
gaas gauze
gadeslaan observe, watch
gading liking, choice
gal gall, bile
galant gallant
galavoorstelling gala night
galbulten *mv* hives
galerie picture gallery
galerij gallery
galg gallows
galm sound, resounding
galmen sound, resound
galop canter
gammel ramshackle
gang corridor; (mijn) gallery; (loop) gait,
walk; (snelheid) speed, rate; (verloop,
maaltijd) course
gangbaar current
gangmaker pace-maker
gangpad path; gangway; aisle
gans *bn* whole, all; [de] (vogel) goose

(mv geese)
ganzenlever goose-liver
gapen yawn; *fig* gape
gaping gap, hiatus
gappen pinch
garage garage
garanderen guarantee
garantie guarantee
garantiebewijs warranty
garderobe (kleren) wardrobe; (theater)
cloakroom
garen thread, yarn
garnaal shrimp
garnituur set
garnizoen garrison
gas gas
gasfabriek gasworks
gasfles gas-container
gasfornuis gas-cooker
gashaard gas-fire
gaskomfoor gas ring
gaskraan gas-tap
gaspedaal accelerator
gasstel gas ring, gas burner
gast guest

221

gastarbeider foreign worker
gastenboek guest book
gastheer host
gasthuis hospital
gastvrij hospitable
gastvrijheid hospitality
gastvrouw hostess
gat hole, opening, gap
gauw soon
gauwdief thief
gave gift
gazon lawn, green
geacht dear
geadresseerde addressee
Geallieerden *de ~*, the Allied Forces
geanimeerd lively, vivid
gearmd arm in arm
gebaar gesture
gebabbel prattle, chit-chat
gebak pastry, cake
gebakje tartlet
gebakken baked
gebed prayer
gebedenboek prayer-book
gebeente bones
gebergte mountain range
gebeuren happen, occur, chance, come about
gebeurtenis event, occurrence
gebied territory, area; region
gebieden command, order
gebiedend imperative, imperious
gebit (set of) teeth
gebod command; (bijbels) commandment
geboeid spell-bound
gebonden bound, tied; (soep) thick
geboorte birth
geboorteakte birth-certificate
geboortebeperking birth-control
geboortedatum date of birth
geboorteplaats birth-place
geboren born
gebouw building, edifice
gebraden roasted
gebrek (tekort) want; (fout) defect, de-

222

fault; (lichaam) infirmity; ~ *aan*, shortage of, lack of, want of; ~ *lijden*, be in want
gebrekkig defective, faulty; (persoon) invalid, infirm
gebroken broken
gebruik use, usage; habit, custom; employment; *voor eigen ~* for personal use
gebruikelijk usual, customary
gebruiken use, employ; take
gebruiksaanwijzing directions *mv* for use
gebrul roaring
gecompliceerd complicated, complex
gedaagde defendant
gedaante shape, form, figure
gedaanteverwisseling metamorphosis
gedachte thought, idea
gedachtenis memory; (voorwerp) memento, keepsake
gedeelte part
gedeeltelijk *bn* partial; *bijw* partly, in part
gedenken remember
gedenkschrift memoir
gedenkwaardig memorable
gedeponeerd registered
gedeprimeerd depressed
gedeputeerde deputy
gedesoriënteerd disorientated
gedetailleerd detailed
gedicht poem
gedienstig obliging
gedijen thrive, prosper
gediplomeerd qualified
gedogen allow
gedrag behaviour, conduct, demeanour; bearing
gedragen (zich) behave
gedrang crowd, throng
gedrocht monster
gedrongen (stijl) compact; (mens) thickset
gedruis roar, roaring
gedrukt (boek) printed; (stemming) depressed
geducht formidable
geduld patience, forbearance
geduldig patiënt

gedurende during, for
gedurig continual
gedwee meek, submissive
geel yellow
geelfilter light-filter
geelzucht jaundice
geen no, none, not any, not one
geenszins not at all, by no means
geest spirit, soul, mind, genius; wit; ghost, spectre; *de Heilige G~*, the Holy Ghost
geestdrift enthusiasm
geestelijk spiritual, intellectual; ecclesiastic, clerical
geestelijke minister; priest
geestelijkheid clergy
geestes- mental
geestesstoornis mental derangement
geestesziek mentally ill
geestig witty, smart
geestkracht energy, strength of mind
geestverwant congenial spirit; (political) supporter
geeuwen yawn
gefeliciteerd! congratulations!
gefluister whispering
geforceerd forced
gegadigde interested party; candidate
gegarandeerd warranted
gegeneerd embarrassed
gegeven fact
gegevens *mv* details; data
gegoed well-to-do; well-off
gegrond (well) founded
gehaat hated, hateful
gehakt minced meat
gehaktbal meat-ball
gehalte quality; percentage; (good) alloy
gehandicapt handicapped
gehard hardened, hardy
gehecht attached (to)
geheel whole, all, entire, full
geheim *zn* mystery; secret; *bn* secret, hidden
geheimzinnig mysterious
gehemelte palate

geheugen memory
gehoor hearing; (toehoorders) audience, auditory
gehoorapparaat hearing aid
gehoorzaam obedient
gehoorzaamheid obedience
gehoorzamen obey
gehucht hamlet
gehuwd married
geïnteresseerd interested
geïrriteerd annoyed
geiser geyser
geit goat
geitenkaas goat cheese
gejaagd hurried, agitated
gejuich shouting, cheering
gek *[de]* fool, madman; *bn* foolish, mad; *~ op,* very fond of; *voor de ~ houden,* make a fool of
gekheid folly, foolery; madness
gekkenhuis madhouse
gekleed dressed; elegant
geklets twaddle, gossip
gekletter clattering
gekleurd coloured; stained (glass)
geknoei bungling; mess
gekoeld cooled; chilled
gekookt cooked; boiled
gekreukeld crumpled, creased
gekruid seasoned; spiced
gekunsteld artificial
gel gel
gelaat face, countenance
gelaatskleur complexion
gelach laughter, laughing
gelag *'t ~ betalen,* pay for the drinks; *fig* pay the piper
gelang *naar ~ van,* according to
gelasten order, instruct
gelaten resigned
gelatenheid resignation
geld money
geldautomaat cash dispenser
geldboete fine
gelden be worth; (geldig zijn) be in force; hold (good); (betrekking hebben)

concern, apply to
geldgebrek want of money
geldig valid
geldigheid validity
geldigheidsduur period of validity
geldstuk coin
geldswaarde money value
geleden past; ago, since; *een week ~* a
week ago
geleerd learned
geleerde scholar, learned man
gelegen situated; (passend) convenient
gelegenheid opportunity, occasion
gelegenheids- occasional
gelei jelly, jam
geleide guidance; escort
geleidehond guide-dog
geleidelijk gradual(ly)
geleiden lead, conduct, convoy
geleider conductor
geleiding leading, conducting; conducting wire
geletterd literary
geliefd beloved, dear
gelieve please
gelijk similar, alike, equal; (vlak) even,
level, smooth; *~ hebben*, be right
gelijken resemble, be like, look like
gelijkenis resemblance; (bijbels) parable
gelijkheid equality; parity; similarity
gelijkluidend identical, true
gelijkmaken level
gelijkmatig equable, even; uniform
gelijknamig of the same name
gelijkschakelen synchronize
gelijksoortig similar, homogeneous
gelijkstellen assimilate
gelijkstroom direct current
gelijktijdig simultaneous
gelijkvloers (on the) groundfloor
gelijkwaardig equivalent
gelinieerd ruled
gelofte vow, promise
geloof faith; belief; creed
geloofsbrieven credentials
geloofwaardig credible, trustworthy
224

geloven believe; think
gelovig faithful, believing
geluid sound, noise
geluidsbandje cassette tape
geluidsbarrière sound-barrier
geluidshinder noise pollution
geluimd in the mood for; *goed ~*, in a
good temper
geluk happiness; (bof) fortune, (good)
luck; *op goed ~*, on the off-chance, at
random
gelukken succeed
gelukkig happy; (v. kans) lucky; fortunate(ly), successful
gelukstelegram greeting telegram
gelukwens congratulation
gelukwensen congratulate
gemaakt made; *fig* affected
gemachtigde deputy, proxy
gemak comfort, ease, convenience; *op
zijn ~*, at ease
gemakkelijk easy
gemaskerd masked
gematigd moderate, temperate
gember ginger
gemeen (vals) dirty; (algemeen) common
gemeenschap community, society; communication
gemeenschappelijk *bn* common, joint;
bijw in common, jointly
gemeente municipality; (kerk) parish
gemeentebestuur municipality
gemeentelijk municipal
gemeenteraad town council
gemeenzaam familiar
gemenebest commonwealth
gemengd mixed, miscellaneous
gemeubileerd furnished
gemiddeld average
gemis want, lack
gemoed mind, heart
gemoedelijk kind
gemotoriseerd motorized
genaamd named, called
genade grace, mercy
genadeloos merciless

genadeslag finishing stroke
genadig merciful, gracious
gene that, the former; *aan ~ zijde van,* beyond
geneesheer doctor, physician
geneeskrachtig medicinal
geneeskunde medicine
geneeskundig medical
geneesmiddel medicine
genegen inclined, disposed to
genegenheid inclination
geneigd inclined to
generaal general
generaliseren generalize
generatie generation
generen, zich feel embarrassed
Genève Geneva
genezen *ww* (patiënt) cure; (wond) heal; (beter worden v. persoon) recover; (v. wond) heal; *bn* cured, better
genezing cure, recovery, healing
geniaal of genius, briljant
genie [*de*] *mil* egineering; [*het*] (begaafd persoon) genius
geniepig sneaky
genieten enjoy
genitaliën *mv* genitals *mv*
genius genius
genodigde guest
genoeg enough, sufficient(ly)
genoegdoening satisfaction
genoegen pleasure, delight; *het doet mij ~,* I am very glad to hear it
genoeglijk pleasant
genoegzaam sufficient
genoemd mentioned, said
genootschap society, corpora
genot enjoyment, delight
geoefend trained, expert
geografisch geographical
geoorloofd permitted
geopend open
gepast fit, proper, suitable; *~ geld* exact money; *the exact sum; met ~ betalen!* no change given; (in bus) exact fare
gepeins musing, pondering
gepensioneerd retired
gepeupel mob, rabble

gepraat talk
geraakt hit, touched; offended
geraamte skeleton; frame
geraas noise, clamour, din
geraffineerd refined
geraken come to, arrive
gerant manager
gerecht (court of) justice; tribunal; (eten) course, dish
gerechtelijk judicial, legal
gerechtigd authorized, qualified, entitled (to)
gerechtshof court of justice
gereed ready; *~ geld,* cash
gereedmaken make ready, prepare
gereedschap tools, utensils, instruments
gereformeerd Calvinist
geregeld regular, orderly
geremd inhibited
gereserveerd reserved; booked
gerief(e)lijk convenient, comfortable
gering slight; small; low
geringschatting disdain, disregard
gerinkel jingling
geritsel rustling
geroezemoes bustle
geronnen curdled, clotted
gerookt smoked
geroosterd roasted
geroutineerd expert
gerst barley
gerucht rumour, noise
geruim *~e tijd,* a long (considerable) time
gerust quiet, easy
geruststellen set at ease, reassure
gescheiden separated; divorced
geschenk present, gift
geschiedenis history
geschikt apt, fit, able, suitable, suited to, for
geschil difference, quarrel
geschoold trained, skilled
geschreeuw cries, shouts
geschrift writing
geschut artillery, guns

geselen whip, flog
geslaagd successful
geslacht generation, family; sex
geslachtsdelen *mv* genitals *mv*
geslachtsgemeenschap coition
geslachtsziekte venereal disease, sexually transmitted disease
geslepen sly, cunning; sharp
gesloten shut, closed; (mens) uncommunicative, close
gesorteerd assorted
gesp clasp
gespannen tight; tense
gespierd muscular, sinewy
gesprek conversation, talk; (tel) call; (tel) *in ~*, number engaged; *een ~ aanknopen* start a conversation
gespuis rabble, scum
gestadig continual, steady
gestalte figure, shape, stature, size
gesteente stone, rock
gestel constitution
gesteld (verondersteld) supposed; *~ op*, be fond of
gesteldheid nature; state, condition, situation
gestemd disposed
gesternte star(s), constellation
gesticht establishment; home
gestoffeerd furnished
gestolen stolen
gestommel noise
gestoord disturbed; *geestelijk ~*, mentally deranged
gestroomlijnd stream-lined
getailleerd waisted
getal number
getij tide
getikt nuts, daft
getiteld entitled
getrouw faithful, true, loyal; exact
getrouwd married
getuige witness; (huwelijk) best man
getuigen testify, witness
getuigenis evidence, testimony
getuigschrift certificate, testimonial; (ser-

vant's) character
geul channel, gully
geur smell, odour
geurig sweet-smelling, fragrant
gevaar danger, peril, risk; *~ lopen om*, run the risk of.. ing; *op het ~ af*, at the risk of
gevaarlijk dangerous, perilous
geval case, event; *in ieder ~*, in any case; *in geen ~*, on no account
gevangen imprisoned
gevangene prisoner, captive
gevangenis prison, jail
gevangennemen apprehend; capture
gevangenschap captivity, imprisonment
gevarendriehoek advance warning triangle (sign)
gevarieerd varied
gevat quick-witted, clever
gevecht fight, combat, action, battle
geveinsd feigned, simulated
gevel front, façade
geven give; present with; (kaartsp) deal
gever giver
gevestigd established
gevoel feeling, sentiment; (zin) feeling, touch
gevoelens *mv* sentiments *mv*
gevoelig sensitive
gevoelloos unfeeling, insensible, numb
gevogelte fowl, poultry
gevolg consequence; (personen) train, retinue; *ten ~e van*, in consequence of
gevolgtrekking conclusion
gevolmachtigde plenipotentiary; proxy
gevonden voorwerpen lost property
gevorderd advanced
gevreesd dreaded
gewaad garment, garb
gewaagd hazardous, risky
gewaarworden perceive
gewaarwording sensation; (vermogen) perception
gewapend armed; *~ beton*, reinforced concrete
gewas crop

geweer gun, rifle
gewei horns, antlers *mv*
geweld force, violence
gewelddadig violent
geweldig powerful, mighty; ~*!*, wonderful!, terrific!
gewelf vault, arched roof
gewend accustomed, used (to)
gewennen accustom (to)
gewenning habituation
gewenst wished for, desirable
gewest region, province
geweten conscience
gewetenloos unscrupulous
gewetensbezwaar scruple, conscientious objection
gewettigd justified
gewezen late, former
gewicht weight; *fig* importance; *soortelijk ~*, specific gravity
gewichtig weighty; important
gewijd consecrated, sacred
gewillig willing
gewis certain, sure
gewoel stir, bustle
gewond injured; wounded
gewonde injured person; wounded person
gewoon usual; common, ordinary, plain, normal
gewoonlijk usually, as a rule
gewoonte custom; habit
gewricht joint, articulation
gezag authority, power
gezagvoerder captain
gezamenlijk joint; *bijw* jointly, together
gezang song; (kerk) hymn
gezant minister
gezantschap embassy, legation
gezegde saying, expression
gezellig (persoon) sociable; (huis) homey; cosy
gezelschap company, society
gezelschapsspel round game
gezet corpulent, stout
gezeten well-to-do

gezeur complaining
gezicht (ogen) sight, look; (gelaat) face; (zicht) view, sight
gezichtsvermogen eye sight
gezien esteemed
gezin family
gezind disposed, inclined
gezindheid inclination; persuasion
gezindte sect
gezinshoofd head of the family
gezinshulp home help
gezinsverzorgster (trained) mother's help
gezocht (artikel) in demand, sought after; (argument) farfetched; (niet-natuurlijk) studied
gezond healthy, sound; (voedsel) wholesome
gezondheid health; *op uw ~* here's to you! cheers!
gezwel tumour; swelling
gezwollen swollen; bombastic
gids (persoon) guide; (boekje) handbook
giechelen giggle
gier vulture
gieren scream; (v. wind) whistle
gierig miserly, avaricious, stingy
gierigaard miser, niggard
gierigheid avarice
gieten pour, (ijzer) cast
gieter watering-can
gietijzer cast iron
gif poison
gift gift; present; donation
giftig poisonous, venomous
gijzelaar hostage
gil shriek, yell
gilde guild, corporation
gillen yell, shriek
giller *fig* scream
ginder (over) there
ginds yonder
gips plaster (of Paris)
giraf(fe) giraffe
gireren transfer
giro clearing; giro

girobetaalkaart Giro cheque
giropas Giro cheque guarantee card
girorekening transfer account, giro account
gissen guess, conjecture
gist yeast
gisten ferment, work
gisteren yesterday; ~*avond*, last night, yesterday evening; ~*morgen*, yesterday morning
gitaar guitar
glaasje small glass
glad smooth, polished; (straat) slippery; *fig* cunning
gladgeschoren clean-shaven
gladheid smoothness; slipperiness
glans (haar) gloss; (schoen) shine; *fig* splendour, brilliancy, glory, glamour
glas glass
glasblazerij glass-works
glashard hard as nails
glashelder crystal clear
glazen of glass
glazenwasser window-cleaner
glazig glassy
glazuur glaze, enamel
gletsjer glacier
gleuf groove, slot
glibberig slippery
glijbaan slide
glijden glide, slide, slip
glimlach smile
glimlachen smile
glimmen glimmer, glow, shine
glinsteren glitter, sparkle
globaal rough
gloed blaze, glow; *fig* ardour, fervour
gloednieuw brand-new
gloeien glow, be red-hot
gloeilamp glow-lamp, bulb
glooiing slope
glorie glory, splendour
gluiperig sneaky
glunderen beam
gluren peep, leer
goal goal

God God
goddelijk divine; heavenly
goddeloos impious, ungodly, unholy
godheid deity
godin goddess
godsdienst religion
godsdienstig religious
godsdienstoefening divine service
godslastering blasphemy
godvruchtig pious, devout
goed (waar) goods; (kleren) clothes, things; (landgoed) estate; *bn* good; (goedhartig) kind; *wees zo* ~, be kind enough; ~ *zo*, well done!; *zo* ~ *als*, all but, practically
goedemiddag good afternoon
goedemorgen good morning
goedenacht good night
goedenavond (bij aankomst) good evening; (bij vertrek) good night
goedendag (bij afscheid) goodbye; (begroeting) good day
goederentrein goods train
goedhartig kind-hearted
goedheid goodness
goedig good-natured
goedkeuren approve (of)
goedkeuring approval
goedkoop cheap
goedmaken repair; *fig* make (it) up
goedpraten gloss over
goedschiks willingly
goedsmoeds of good cheer
goedvinden approval
gokautomaat fruitmachine
gokken gamble
golf [*de*] wave, billow; (inham) bay, gulf; (spel) golf; *Golf van Biskaje*, Bay of Biscay
golfen play golf
golflengte wave-length
golfslag dash of the waves
golfterrein golf-links *mv*
golvend waving, undulating
gom gum
gonzen hum, buzz
goochelaar juggler, conjurer

goochelen show tricks
gooien cast, throw, fling
goor dingy, nasty
goot gutter, drain, gully
gootsteen sink
gordel girdle, belt
gordelroos shingles
gordijn curtain; *ijzeren* ~ iron curtain
gorgelen gargle
gort groats, barley
goud gold
gouden gold(en)
goudenregen laburnum
goudmijn gold-mine
goudsmid goldsmith
goudvis gold-fish
gouvernante governess
graad degree, rank, grade
graaf earl; (buiten Engeland) count
graafschap county, shire
graag bn eager; bijw gladly; willingly; *hij doet het* ~, he likes to do it; ~! yes, please; thank you
graan grain, corn
graat fish-bone, bone
grabbelen scramble for
gracht canal, ditch, moat
gracieus graceful
graf grave, tomb, sepulchre
grafkelder vault
grafschrift epitaph
grafsteen tombstone
gram gramme
grammatica grammar
grammofoon gramophone
grammofoonplaat (gramophone) record
granaat *mil* shell, (hand-) grenade
graniet granite
grap joke
grapefruit grapefruit
grappenmaker joker, buffoon
grappig funny, facetious, comic
gras grass
grasperk lawn, plot of grass
gratie pardon, grace
gratis gratis, free (of charge)

grauw grey
graven dig
graveren engrave, carve
gravin countess
gravure engraving
grazen graze
greep grip, clutch, handle
greintje particle, atom
grendel bolt
grendelen bolt
grens frontier, border; limit
grens border
grensgeval borderline case
grenspaal boundary-post, landmark
grensplaats border town
grenzeloos boundless, unlimited
grenzen border (on); verge (on), confine
greppel ditch, trench
gretig avid, eager, greedy
grief grievance
Griek Greek
Griekenland Greece
Grieks Greek, Grecian
griep influenza; flue
grieperig ill with flu
griesmeel semolina
grieven grieve, offend
griezelen shiver, shudder
griezelig gruesome, creepy
grif readily, promptly
griffier clerk (of the court), secretary, re-corder
grijns grin, grimace
grijnzen grin
grijpen catch, lay hold of, grasp
grijs grey
grijsaard old man
gril caprice, whim, fancy
grillig capricious, whimsical
grimas grimace
grimeren make up
grimmig grim
grind gravel
grindweg gravel-road
groef groove, furrow
groei growth

groeien grow
groen *bn* green; *~e kaart* green card; *[de]* (stud.) freshman
groente vegetables
groenteboer greengrocer
groenteman greengrocer
groentesoep vegetable soup
groentewinkel greengrocer's shop
groep group
groepering grouping
groet greeting, salutation, salute
groeten *ww* greet, salute; *mv* regards
grof coarse, rough
grommen grumble, growl
grond land; ground, earth, soil; bottom; *fig* reason, cause
grondbeginsel principle
grondgebied territory
grondig thorough, profound
grondlegger founder
grondpersoneel *luchtv* ground staff
grondslag foundation
grondstof raw material
grondverf primer
grondvesten found
grondwet constitution
grondwettig constitutional
grondzeil ground sheet
groot big, large, great, tall, high; *in 't ~,* wholesale
Groot-Brittannië Great Britain
grootgrondbezitter large landowner
grootheidswaanzin megalomania

grootmoeder grandmother
grootmoedig magnanimous
grootouders *mv* grand-parents
groots grand, grandiose, majestic; (trots) proud
grootspraak boast(ing)
grootste biggest; largest
grootte largeness, bigness; greatness; size, magnitude
grootvader grandfather
gros gross; *fig* main body
grossier wholesale dealer
grot grotto, cave
grotendeels greatly
gruis grit; coal-dust
gruweldaad atrocity
gruwelijk abominable, horrible
guit rogue
gul generous, liberal; (hartelijk) cordial, open-hearted
gulden (munt) guilder
gulp zip, fly
gulzig greedy, gluttonous
gulzigaard glutton
gummi (india-)rubber
gunnen grant; not envy
gunst favour; *te mijnen ~e,* in my favour
gunstig favourable, propitious
guur bleak, raw
gymnasium grammarschool
gymnastiek gymnastics
gympen *Br* trainers; *Amer* sneakers
gynaecoloog gynaecologist

h

Haag *Den ~,* The Hague
haag hedge
haai shark
haak hook
haakje (leesteken) bracket, parenthesis; *tussen twee ~s,* by the way
haakpen crochet-needle
haaks slanting
haakwerk crochet-work

haal stroke
haan cock; *~tje de voorste* the cock of the walk
haar *vnw* her; hair
haarborstel hairbrush
haard hearth
haardroger hair-drier
haarkloverij hair-splitting
haarlak hair spray

haarnetje hair-net
haarspeld hairpin
haarspeldbocht hairpin turn
haarstuk hairpiece, toupee
haarversteviger setting lotion
haas (dier) hare; (vlees) fillet, tenderloin
haasje-over leap-frog
haast (spoed) haste, speed, hurry; *bijw* (bijna) almost, nearly
haasten (zich) hasten, make haste, hurry up
haastig hasty, hurried
haat hatred
haatdragend resentful, rancorous
hachee hash
hachelijk precarious, perilous
hagedis lizard
hagel hail; (om te schieten) small shot
hagelbui hailstorm
hagelen hail
hak heel
haken hook; (handwerk) do crochet-work
hakkelen stammer, stutter
hakken chop, hew, hash, mince
hal hall; (hotel) lounge
halen fetch, get; draw; pull; (trein) catch
half half; ~ *acht*, half past seven
halfbloed half-caste
halfgaar half-done
halfpension half board
halfrond hemisphere
halfstok at half-mast
halfvol half-and-half
halfweg half-way
hallo! hello!
halm stalk, blade
hals neck, throat; (sul) simpleton; ~ *over kop*, head over heels
halsband collar
halsslagader carotid (artery)
halsstarrig headstron, obstinate
halswervel cervical vertebra
halt halt; ~ *houden*, halt
halte stop
halvemaan half-moon, crescent

halveren halve
halverwege half-way
ham ham
hamburger hamburger
hamer hammer
hamster hamster
hamsteren hoard
hand hand; *de ~ geven*, shake hands with; *van de ~ doen*, dispose of; *wat is er aan de hand?*, what is up?
handbagage hand luggage
handbal handball
handboek manual
handdoek towel
handdoekenrek towel-rack
handdruk handshake
handel trade, commerce; *zwarte ~*, black market; (kruk) handle
handelaar merchant, dealer, trader
handelbaar tractable, manageable
handelen act, do; ~ *in*, trade, deal (in)
handeling action, act; ~*en*, proceedings; *H~en der Apostelen*, Acts of the Apostles
handels- commercial
handelsbalans balance of trade
handelscorrespondentie commercial correspondence
handelsmerk trade mark
handelsreiziger commercial traveller, salesman
handelsverkeer commerce, trade
handelwijze proceeding, method
handenarbeid manual labour
handgebaar gesture
handgeklap applause
handgeld earnest-money, handsel
handgemaakt hand-made
handgemeen worden come to blows
handgranaat (hand-)grenade
handhaven maintain
handicap handicap
handig handy, skilful
handigheid skill, adroitness
handkar barrow, hand-cart
handlanger helper; accomplice
handleiding manual, guide

231

handrem hand brake
handschoen glove
handschrift handwriting; manuscript
handtas hand-bag
handtekening signature
handvat handle
handvol handful
handwerk trade, handicraft; (naaien) needlework
handwerksman artisan
handwijzer hand-post, sign-post
handzaam handy
hangen hang
hanger hanger
hangerig listless
hangkast hanging wardrobe
hangmat hammock
hangslot padlock
hansworst Punch, buffoon
hanteren handle
hap bit(e), morsel
haperen not function properly
hapering (bij het spreken) hesitation; (storing) hitch
hapje bite, snack
happen snap, bite
happig ~ *op*, keen upon
hard hard; (snel) fast; (woorden) harsh; (stem) loud
harddraverij trotting-race
harddrug hard drug
harde schijf hard disk
harden harden
hardgekookt hard-boiled
hardhandig hard-handed, rough, rude
hardheid hardness, harshness
hardhorend hard of hearing
hardlijvig constipated
hardnekkig obstinate, stubborn
hardop aloud
hardvochtig hard-hearted
harig hairy
haring (vis) herring; (voor tent) tent peg
hark rake
harken rake
harlekijn harlequin, buffoon

harmonica harmonica
harnas cuirass, armour
harp harp
hars resin
hart heart
hartaanval heart attack
hartelijk hearty; cordial
harten hearts
hartenaas ace of hearts
hartgrondig wholehearted
hartig salt, hearty
hartinfarct cardiac infarct
hartkloppingen palpitations of the heart
hartkwaal heart condition
hartpatiënt cardiac patient
hartroerend pathetic, moving
hartslag heart-beat
hartstocht passion
hartstochtelijk passionate
hartverlamming heart failure
hartverscheurend heart-rending
hasj hashish
hatelijk hateful, odious
haten hate, detest
hausse rise
haveloos ragged, shabby
haven port, harbour
havenen damage
havenhoofd pier, mole
haver oats *mv*
havermout rolled oats; oatmeal porridge
havik hawk
hazelnoot hazelnut, filbert
hazenpeper jugged hare
hazewind greyhound
hebben have (got)
hebzucht greed, covetousness
hebzuchtig greedy, covetous
hecht solid, firm, strong
hechten fasten, attach
hechtenis custody, confinement; *in ~ nemen*, arrest
hechtpleister sticking-plaster
heden *bijw* to-day, this day; the present
hedenavond this evening
hedendaags present, modern

heel (geheel) whole, entire; (erg) very; ~ *wat*, a good deal(of)
heelal universe
heelhuids unscathed
heen away; ~ *en terug*, there and back; ~ *en weer*, to and fro
heen-en-weer back-and-forth
heengaan go away, leave
heenreis outward journey
heer lord, gentleman, master; (kaartsp) king
heerlijk delicious
heerlijkheid (pracht) magnificence, glory; (landgoed) manor
heerschappij dominion, rule
heersen rule, reign
heerszuchtig dictatorial
hees hoarse
heester shrub
heet hot
heethoofd hothead
hefboom lever
heffen raise, lift; (belasting) levy
heffing raising; levying
hefschroefvliegtuig helicopter
heft handle, haft
heftig vehement
heg hedge
heide (landschap) heath, moor; (plant) heather
heiden heathen, pagan
heidens heathen, pagan
heien ram
heiig hazy
heil welfare; *rel* salvation; *veel ~ en regen!*, a happy New Year
heiland Saviour
heilig holy, sacred
heiligdom sanctuary
heilige saint
heiligheid holiness, sanctity
heiligschennis sacrilege
heilleger Salvation Army
heilwens felicitation
heimelijk secret, clandestine
heimwee home-sickness

heinde en ver far and near
hek fence, railing, gate
hekel dislike; *een ~ hebben aan*, dislike, hate
hekelen criticize
heks witch; *fig* vixen
hel [de] hell; *bn* bright, glaring
helaas! alas!, unfortunately held hero
held hero
heldendaad heroic deed
heldenmoed heroism
helder clear, bright; (rein) clean
helderziend clear-sighted; (medium) clairvoyant
heldhaftig heroic
heldin heroine
heleboel many, a lot
helemaal wholly, totally, entirely, quite
helen (beter maken) heal, cure; (beter worden) heal; (gestolen goed) receive
helft half
helikopter helicopter
hellen incline, slant, slope
helling slope
helm (hoofddeksel) helmet; (gras) bent-grass
help! help (me)!
helpen help, assist, aid, be of use; *wij kunnen het niet ~*, it is not our fault
hels hellish, infernal
hem him
hemd (overhemd) shirt; (ondergoed) vest
hemel sky; (godsd.) heaven; (troon) canopy
hemellichaam heavenly body
hemels divine
Hemelvaartsdag Ascension-day
hen [de] (kip) hen; *vnw* them
hengel fishing-rod
hengelen angle
hengelsport angling
hengsel hinge, handle
hengst stallion
heradmen breathe again
herberg inn, pub(lic house)
herdenken commemorate

233

herder shepherd
herdershond sheep-dog
herdruk reprint
herenboer gentleman-farmer
herenigen reunite
herenkleding men's wear
herentoilet gents
herexamen re-examination
herfst autumn
herfstdraden *mv* gossamer
herhaaldelijk again and again, repeatedly
herhalen repeat
herhaling repetition
herinneren *zich ~*, remember, recollect; *iem. ~ aan*, remind one (of)
herinnering memory, remembrance, recollection
herkauwer ruminant
herkennen know again, recognize
herkenningsmelodie signature tune
herkiezen re-elect
herkomst origin
herleiden reduce
herleiding reduction
herleven revive
herleving revival
hermelijn ermine
hermetisch hermetic
hernia slipped disc
hernieuwen renew
hernieuwing renewal
heroïne heroin
heroveren reconquer, recapture
herrie noise
herroepen recall, revoke
herscheppen regenerate, transform
hersenen *mv* brain(s)
hersenschudding concussion
hersenvliesontsteking meningitis
herstel repair; (zieke) recovery
herstellen mend, repair; (fout) correct; (schade) make good; (zieke) recover
herstelling repairing, recovery
herstellingsoord sanatorium
herstructurering restructuring

hert deer, stag
hertog duke
hertogdom duchy
hertogin duchess
hertrouwen marry again, remarry
hervatten resume
hervaarts hither, this way
hervormd reformed
hervorming reform; (kerk) reformation
herwaarts hither, this way
herzien revise
herziening revision het the, it, he, she heten
het the; it
heten name, call; be named, be called; *ik heet...* my name is ...; *hoe heet jelu?* what's your name?; *hoe heet het?* what's it called?
heterdaad *op ~*, red-handed
hetgeen what, which
hetzelfde the same
hetzij either... or; whether... or
heuglijk joyful; memorable
heulen be in league with
heup hip; (v. dier) haunch
heus *bn* courteous, kind; *bijw* really
heuvel hill
heuvelachtig hilly
hevel siphon
hevig vehement, violent
hevigheid vehemence
hiaat hiatus; gap
hiel heel; *iem. op de ~en zitten*, be close upon one's heels
hier here; *~ en daar*, here and there
hierbij enclosed, hereby
hierdoor by this
hierheen hither; this way
hiermede herewith, with this
hierna after this
hiernaast next door
hiernamaals hereafter
hierop upon this, hereupon
hiervan of that, about this
hij he
hijgen pant, gasp
hijsen hoist

hik hiccup, hiccough
hikken hiccup, hiccough
hinde hind, doe
hinder nuisance, trouble
hinderen hinder, impede, inconvenience, trouble
hinderlaag ambush
hinderlijk annoying, troublesome
hindernis obstacle, hindrance
hinderpaal obstacle
hinkelen (kinderspel) hop
hinken limp
hinniken neigh, whinny
historie history
historisch historic
hitte heat
hittegolf heat wave
hobbel bump
hobbelig rugged, uneven
hobbelpaard rocking-horse
hobby hobby
hockey hockey; (amer) field hockey
hoe how; ~ eerder ~ liever, the sooner the better; ~ langer ~ erger, worse and worse; ~ langer ~ meer, more and more
hoed hat
hoedanigheid quality, capacity
hoede guard, care; op zijn ~, on one's guard
hoef hoof
hoefijzer horseshoe
hoek corner
hoekplaats corner-seat
hoektand eye-tooth
hoen hen
hoepel hoop
hoer whore
hoera hurray
hoes cover, dust sheet
hoeslaken fitted sheet
hoest cough
hoestdrank cough mixture
hoesten cough
hoeve farm
hoeveel how much/many
hoeveelheid quantity

hoeven need
hoewel although
hof [de] (tuin) garden; [het] (v. vorst) court
hoffelijk courteous
hofhouding court
hofmeester steward
Hogerhuis House of Lords
hogeschool university
hogesnelheidstrein high-speed train
hok (hond) kennel; (varken) sty; (kolen) shed; (kamer) hole, den
hol cave; (dier) hole, den; bn hollow, empty
Holland Holland, the Netherlands
Hollander Dutchman; de ~s, the Dutch
Hollands Dutch
Hollandse Dutchwoman
hollen run
holletje op een ~, at a scamper
holte cavity; (hand) hollow
hom milt, soft roe
hommel drone, bumble-bee
homo gay
homoseksueel homosexual, gay
homp lump; (brood) chunk
hond dog
hondenhok (dog-)kennel
hondenweer beastly weather
honderd hundred
honderdste hundredth
honderdtal a (one) hundred
honds doggish; brutal
hondsdolheid rabies
honen jeer at, insult
Hongaar(s) Hungarian
Hongarije Hungary
honger hunger; ~ hebben, be hungry
hongerig hungry
hongersnood famine
honing honey
honing honey
honingraat honeycomb
honkbal baseball
honorarium fee

honoreren pay; honour
hoofd head; chief, leader; (school) head-master; (artikel) heading
hoofd- principal, main
hoofdarbeider brainworker
hoofdartikel leading-article, leader
hoofdbureau head-office; police office
hoofddeksel head-gear
hoofddoek scarf
hoofdeinde head
hoofdfilm feature, (main) film
hoofdgerecht main course
hoofdkussen pillow
hoofdkwartier headquarters *mv*
hoofdletter capital
hoofdpersoon principal person
hoofdpijn headache
hoofdpostkantoor main post office
hoofdredacteur editor-in-chief
hoofdrol leading part
hoofdstad capital
hoofdstuk chapter
hoofdverkeersweg mainroad, arterial road
hoofdweg major road
hoofdzaak main point
hoofdzakelijk principally, chiefly, mainly
hoofdzuster head-nurse
hoofs courtly, court
hoog high; tall, lofty; exalted
hoogachtend yours faithfully
hoogachting respect, esteem
hoogconjunctuur boom
hooggeacht ~e *heer*, Dear Sir
hooghartig proud, haughty
hoogheid highness
Hooglander Highlander
hoogleraar professor
hoogmis high mass
hoogmoed pride
hoogoven blast-furnace
hoogseizoen high season
hoogspanning high tension
hoogstaand superior
hoogstens at (the) most
hoogte height; elevation, hill; altitude;
236

op de ~ zijn, be well informed
hoogtepunt culminating point
hoogtevrees vertigo
hoogtezon sunlamp
hoogvlakte plateau, tableland
hooi hay
hooiberg haystack
hooien make hay
hooikoorts hayfever
hoon insult, taunt
hoop (stapel) heap, pile; (massa) crowd, multitude; (verwachting) hope
hoopvol hopeful
hoorbaar audible,
hoorn hom; bugle
hoorspel radio play
hopeloos hopeless
hopen hope (op, for)
horde *sp* hurdle; (troep) horde, troop, band
horeca hotel and catering industry
horen *ww* hear; *zn zie hoorn*
horizon horizon
horizontaal horizontal
horloge watch
horlogebandje watch-strap
horzel horse fly
hospita landlady
hospitaal hospital, infirmary
hossen jig
hostie host
hotel hotel
hotelier hotel-keeper
houdbaar tenable; ~ *zijn* (be) non-perish-able
houden hold; keep; ~ *van*, (iets) like, (iem.) love
houding bearing, carriage, posture, atti-tude
housen house dance
houseparty house party
hout wood; timber
houten wooden
houthakker wood-cutter
houtskool charcoal
houtsnede woodcut

houtvester forester
houvast hand hold; *fig* hold
houw cut, gash
houweel pickaxe
houwen hew
hozen scoop
huichelaar hypocrite
huichelachtig hypocritical
huichelen dissemble; feign
huid skin; hide
huidarts dermatologist
huidig present, modern; current
huig uvula
huilen (dier) howl, whine; (mens) cry, weep
huis house; home; *naar* ~, home
huisarts general practitioner
huisbaas landlord
huisbewaarder care-taker
huisdier pet
huisdokter zie *huisarts*
huiselijk domestic, homely
huisgenoot housemate
huisgezin family
huishoudelijk economical; domestic
huishouden household
huishoudgeld housekeeping money.
huishoudster housekeeper
huishuur house-rent
huiskamer sitting-room, living-room
huisknecht man-servant; (hotel) boots
huisraad furniture
huissleutel latchkey
huisvesting lodging, accommodation
huisvrouw housewife
huiswaarts homeward
huiswerk home tasks
huiveren shiver; (vrees) shudder
huiverig shivery; *fig* shy
huivering shiver(s), shudder
huiveringwekkend horrible
huizen house, live
hulde homage, tribute

huldigen do (pay) homage to
hullen wrap (up)
hulp aid, help, assistance; *eerste* ~, first-aid
hulpbehoevend needy, infirm
hulpbron resource
hulpeloos helpless
hulpmiddel expedient, makeshift
hulpvaardig helpful
hulpwerkwoord auxiliary verb
huls pod; cartridge-case
hulst holly
humeur humour, mood
humeurig moody
humor humour
hun *bez vnw* their, *pers vnw* them
hunkeren hanker after
huppelen hop, skip
hups nice, kind
huren rent; hire
hurken squat (down)
hut hut; cottage; *scheepv* cabin
hutkoffer cabin-trunk
huur rent, hire; lease; *te* ~, to let
huurauto rental car
huurder hirer, tenant
huurhuis rented house
huurkoop hire-purchase (system)
huurprijs rent
huwelijk marriage
huwelijksaanzoek proposal
huwelijksreis wedding-trip, honeymoon
huwelijksvoorwaarden *mv* marriage contract
huwen marry, wed
huzaar hussar
hyacint hyacinth
hygiëne hygiene
hygiënisch hygienic
hyperventilatie hyperventilation
hypotheek mortgage
hypotheekbank mortgage bank

ideaal ideal
idee idea, notion
idem the same, ditto, do
identificatie identification
identificeren identify
identiteitsbewijs identity paper
idioot *bn* idiot; *bijw* idiotic
idylle idyl
ieder (een ieder) each one; (elke) each;
every
iedereen everybody, everyone
iemand somebody, any body; someone
iep elm(tree)
Ier Irishman
Ierland Ireland
Iers Irish
iets something, anything
ijdel vain
ijdelheid vanity
ijken gauge
ijl thin, rare
ijlen basten, hurry on; (in koorts) rave,
wander
ijlings hastily
ijs ice; (consumptie~~) ice-cream
ijsbaan skating-rink
ijsbeer polar bear
ijsblokje ice-cube
ijsco ice-cream
ijscoman ice-cream vendor
ijselijk horrible, frightful
ijsje ice-cream, ice
ijskast refrigerator
ijskegel icicle
ijskoud cold as ice, icy
ijslolly ice lolly
ijssalon ice-cream bar
ijsschots floe
ijver zeal, diligence, ardour
ijverig diligent
ijzel black ice
ijzen shudder, shiver
ijzer iron
ijzerdraad iron wire

ijzeren iron
ijzergieterij iron-foundry
ijzerwaren *mv* hardware
ijzig icy; gruesome
ik I
illegaal illegal, clandestine
illegaliteit resistance movement
illusie illusion
illustreren illustrate
imitatie imitation
immers for
immuun immune
imperiaal roof-rack
imponeren impress
import import
importeren import
importeur importer
in (binnen) in; inside; (naar binnen) into
inademen breathe, inhale
inbeelding imagination; selfconceit
inbegrepen included
inbinden bind; *fig* climb down
inblazing instigation; suggestion
inboedel furniture
inboezemen inspire
inboorling native
inborst character, nature
inbraak burglary
inbreker burglar
inbreuk infraction; ~ *maken*, encroach
upon
incasseren cash, collect
incassobureau collection agency
incheckbalie check-in desk
inchecken check in
incident incident
inclusief including
inconsequent inconsistent
indachtig mindful of
indelen divide, group, class; incorporate
in
indeling division, classification
inderdaad indeed

indertijd at the time
indexcijfer index figure
Indiaan (Red) Indian
indien if, in case
indienen present; bring in
individu individual
individueel individual
indoctrinatie indoctrination
Indonesië Indonesia
indopen dip in(to)
indringen penetrate into
indringer intruder
indringerig intrusive
indruk impression
indrukwekkend impressive
industrialiseren industrialize
industrie industry
industrieel [de] manufacturer; *bn* industrial
ineens all at once, suddenly
ineenstorting collapse
ineenzakken collapse
inenten vaccinate
inenting vaccination
inentingsbewijs vaccination certificate
infanterie infantry, foot
infecteren infect
infectie infection
inflatie inflation
influenza influenza, flu
informatie information
informatiebureau inquiry-office
informeren inquire
ingaan enter, go into
ingang entrance; *met ~ van*, as from, with effect from
ingelegd (vloer) inlaid; (zuur) preserved, pickled
ingenaaid paper bound
ingenieur engineer
ingesloten enclosed; included
ingetogen modest
ingeval in case
ingeving prompting, suggestion, inspiration
ingevolge pursuant to

ingewanden *mv* bowels, entrails, intestines
ingewijde initiate, insider
ingewikkeld intricate, complicated
ingeworteld inveterate
ingezetene inhabitant
ingrediënt ingredient
ingrijpen intervene, encroach (upon)
ingrijpend radical
inhaalverbod overtaking prohibition
inhalen take in, haul in; (oogst) gather in; (verkeer) overtake; (tijd) make up for
inhaleren inhale
inhalig greedy, covetous
inham creek, bay
inhechtenisneming arrest
inheems native, indigenous; home-bred
inhoud contents
inhouden contain; hold, keep back
initiatief initiative
injectie injection
injectiespuit (injection) syringe
inkijken look into
inklaren clear
inkomen income; *ww* enter
inkomsten revenu
inkomstenbelasting income tax
inkoop purchase; *inkopen doen* shop
inkoopsprijs cost price
inkopen buy, purchase
inkt ink; *Oost-Indische ~*, Indian ink
inkt ink
inktkoker inkstand
inktvis octopus
inktvlek ink-blot, ink-stain
inkwartieren billet, quarter
inladen load; put on board
inlander native
inlands native, home-, home-made; home-bred
inlassen insert, intercalate
inleg stake, deposit
inleggen put in
inlegkruisje panty liner
inleiding introduction
inleveren deliver up, send in

239

inlichten inform
inlichting information; ~*en geven,* inform; ~*en inwinnen,* make inquiries; ~*en vragen* make inquiries
inlichtingenbureau inquiry-office
inlijsten frame
inlijving incorporation
inlopen enter; *schoenen* ~, break in shoes
inlossen redeem
inmaak preservation; preserves
inmaken preserve
inmenging meddling, interference; intervention
inmiddels in the meantime, meanwhile
innemen take (in); (medicijn) take; *fig* captivate, charm
innemend taking, winning
innen collect, cash
innerlijk inward, internal
innig tender, fervent
inpakken pack (up), wrap up
inpolderen reclaim
inprenten imprint, impress
inramen (dia's) mount
inrichten arrange; (huis) fit up; furnish; (winkel) fit
inrichting arrangement, layout; (huis) furniture; (gebouw) establishment
inrijden (auto) run in
inroepen invoke
inruilen exchange (for)
inschakelen throw into gear; *rtv* switch on; *fig* include (in), introduce (into)
inschenken pour out
inschepen embark, ship
inscheping embarkation
inschikkelijk obliging, compliant, accommodating
inschrijfgeld registration fee
inschrijven inscribe, book; enroll, enter
inschrijving subscription; enrollment; entry
insect insect
insectenpoeder insect powder
insgelijks likewise; ~*!,* the same to you!

insigne badge
inslaan (paal) drive in; (ruit) smash; (opdoen) lay in; (weg) take
inslapen fall asleep
inslikken swallow (down)
insluiten lock in; (brief) enclose
insmeren grease, smear
insnijding incision
inspannen *zich* ~, exert oneself, do one's utmost
inspanning exertion
inspecteren inspect
inspecteur inspector
inspectie inspection
inspraak participation
inspuiting injection
instaan voor answer for, guarantee, vouch tor
installeren install
instandhouding maintenance, preservation
instantie instance, resort
instapkaart boarding card
instappen get in, get on, take seats
instellen institute; make (inquiries to); establish
instelling institution
instemmen agree (with)
instemming approval
instituut institute
instorten pour in (into); fall down; collapse; (zieken) relapse
instorting collapse, relapse
instructie instruction
instrument instrument
instrumentenbord dash-board
integendeel on the contrary
integer honest, upright
intekenen (op) subscribe (to)
intellectueel intellectual
intelligent intelligent
intercity express (train)
interessant interesting
interest interest; *samengestelde* ~, compound interest
interlokaal gesprek trunk call

intern internal
internationaal international
internet Internet
internist specialist in internal medicine
interview interview
intiem intimate
intocht entry
intrede entrance; beginning
intrek *zijn ~ nemen in*, put up at
intrekken draw in; (order enz.) cancel; withdraw; (in huis) move in
intrigant intriguer
intrige intrigue; plot
introducé visiting member
introduceren introduce, present
intussen meanwhile, in the meantime
inval (v. vijand) invasion; (politie) raid; *fig* fancy, brainwave
invalide *bn* invalid; [*de*] disabled person
invalidenwagentje wheel chair
invallen fall; tumble down; (kou) set in; *mil* invade
invasie invasion
inventaris inventory
investering investment
invitatie invitation
nvloed influence
nvloedrijk influential
nvoegen insert
nvoer importation, import
nvoeren import; *fig* introduce
nvoerhandel import trade
nvoerrechten *mv* import duty
nvoervergunning import licence
nvorderen collect
nvulformulier (blank) form
nvullen fill in

inwendig internal
inwerking action, influence
inwijden inaugurate
inwijding consecration, initiation, inauguration
inwilligen grant
inwinnen (inlichting) gather; (raad) take
inwisselen change; exchange for
inwonend resident
inwoner inhabitant, lodger, resident
inwrijven rub (in)
inzage inspection; *ter ~*, on approval; open to inspection
inzakken collapse
inzamelen gather, collect
inzegenen bless, consecrate
inzenden send in, forward; *ingezonden stuk*, letter to the editor
inzepen lather
inzet first bid; stake(s)
inzicht insight, view
inzien look into, feel, consider; *mijns ~s*, in my opinion
inzittende occupant
inzonderheid especially
ironie irony
ironisch ironical
islam Islam
isolatieband insulating tape
isoleren isolate; *elektr* insulate
Israëliet Israelite
Israëlisch Israeli
Italiaan Italian
Italiaans Italian
Italië Italy
ivoor , ivoren ivory

j

yes
ar year
arbeurs industries fair
argang file, volume
argetij(de) season

jaarlijks yearly, annual(ly)
jaartal year, date
jaartelling era
jaarverslag annual report
jacht [*de*] (het jagen) hunting, shooting;

241

[*het*] (schip) yacht
jachtakte shooting-licence
jachthaven marina
jachtterrein hunting-ground
jack jacket
jacketkroon jacket crown
jagen hunt, chase; (haasten) race, rush
jager hunter; *luchtv* fighter
jaloers jealous
jaloezie jealousy; (zonneblind) window-blind, Venetian blind
jam jam
jammer misery; *het is* ~, it is a pity
jammeren lament, wail
jammerlijk miserable, piteous
janken yelp, whine
januari January
Japanner Japanese, Jap
Japans Japanese
japon dress, gown
jarig *ik ben* ~, it is my birthday
jarretel suspender
jas coat
Javaan(s) Javanese
jawel yes; indeed
je (jij) you; (jouw) your
jegens towards, to
jenever jenever
jengelen whine
jeugd youth
jeugdherberg youth hostel
jeugdig youthful, juvenile
jeuk itching
jeuken itch
jicht gout
jij you
jodin Jewess
jodium iodine
jodiumtinctuur tincture of iodine
Joegoslavië Yugoslavia

joggen jog
jokken fib, teil fibs (stories); lie, teil lies
jol yawl, dinghy
jolig jolly, merry
jong [*het*] young one; cub; *bn* young
jongeman young man
jongen boy
jongeren young people
jongst youngest, latest
jongstleden last
jood Jew
joods Jewish, Judaic
jou you
journaal news
journalist journalist
jouw your
jubelen jubilate
jubilaris person celebrating his jubilee
jubileum jubilee
juchtleer Russia leather
judo judo
juf miss
juffrouw miss
juichen shout, exult
juist just, exact, correct
juk yoke, cross-beam
juli July
jullie *pers vnw* you; *bez vnw* your
juni June
juni June
junkie junkie
juridische hulp legal aid
jurist barrister, lawyer
jurk dress
jus gravy
jus d'orange orange juice
juskom gravy-boat
justitie justice
juweel jewel, gem
juwelier jeweller

kaak jaw
kaal bald, bare, naked; (kleren) thread-bare; *fig* shabby
kaap cape, headland
kaars candle
kaart card; (land-) map; (plattegrond) plan; (entree-) ticket; (ansicht-) postcard
kaarten play at cards
kaartje (visite-)card; (toegangs-) ticket
kaartsysteem card index
kaarttelefoon card telephone
kaas cheese
kaasmarkt cheese-market
kaatsen play at fives
kabbelen ripple, babble
kabel cable
kabelbaan telpher; cable railway
kabeljauw cod(fish)
kabinet cabinet; (regering) cabinet, government
kabouter elf, gnome
kachel stove
kade quay
kader cadre, frame
kadetje French roll
kaf chaff
kaft wrapper, cover
kajuit cabin
kakelen cackle; *fig* chatter
kakkerlak cockroach
kalender calendar
kalf calf
kalfsgehakt minced veal
kalfsleer calf (leather)
kalfsoester veal escalope
kalfsvlees veal
kalfszwezerik sweetbread
kalk lime; plaster
kalkoen turkey(-cock)
kalksteen limestone
kalm calm, quiet
kalmeren *overg* soothe; *onoverg* calm own
kalmte calm, calmness

kam (haar) comb; (vogel) crest; (viool) bridge; (berg) ridge
kameel camel
kamer room, chamber; *K~ van Koophandel*, chamber of commerce
kameraad mate, comrade
kamerjas dressing gown
kamermeisje chambermaid
kamerscherm draught-screen
kamfer camphor
kamferspiritus camphorated spirits
kamgaren worsted
kamille camomile
kammen comb
kamp camp
kampeerbenodigdheden camping equipment
kampeerbus camper
kampeerterrein camping site
kampeerwagen caravan
kamperen camp
kamperfoelie honeysuckle
kampioen champion
kampioenschap championship
kampvuur campfire
kampwinkel camping shop
kan jug, can, mug
kanaal canal; *het K~*, the Channel
kanarie canary
kandelaar candlestick
kandidaat candidate; (voor betrekking) applicant; *~ in de letteren, rechten.* Bachelor of Arts (Laws)
kaneel cinnamon
kangoeroe kangaroo
kanker cancer
kano canoe
kanoën canoe
kanon gun, cannon
kans chance
kansel pulpit
kanselarij chancery
kanselier chancellor
kant (zijde) side, border, edge; (richting)

direction; (bladzijde) margin; (handwerk) lace

kantelen topple over, capsize

kantine canteen

kantonrechter justice of the peace

kantoor office

kantoorbediende office-clerk

kantooruren *mv* office-hours

kanttekening marginal note

kap cap, hood; cover; (laars) top; (auto) bonnet

kapel chapel; (vlinder) butterfly; (muziek) band

kapelaan curate

kapelmeester bandmaster

kapen hijack

kaping hijacking

kapitaal capital

kapitalisme capitalism

kapitein captain

kaplaarzen wellington boots

kapok capoc

kapot broken, gone to pieces; ~ *maken*, break

kappen chop; (boom) cut down; (haar) dress

kapper hairdresser

kapseizen capsize

kapsel head-dress

kapstok coat-stand, hall-stand; row of pegs

kaptafel dressing-table

kapucijner Capuchin, grey friar; (erwt) marrowfat pea

kar cart

karabijn carbine

karaf carafe

karakter character, nature

karakteristiek characteristic

karate karate

karavaan caravan

karbonade chop, cutlet

kardinaal cardinal

karig scanty, sparing

karikatuur caricature

karnemelk buttermilk

karnen churn

karper carp

karpet carpet

karrenspoor rut

kartel cartel

kartelen notch

karton cardboard, paste-board

kartonnen cardboard, paste-board

karwei job

kas case; (broei-) hothouse; (v. geld) cash; pay-office

kasboek cash-book

kasgeld till-money

kassa (cash-)desk, pay-desk; (schouwburg) box-office; *per* ~, net cash

kassabon receipt

kassier cashier

kast cupboard; (boeken) bookcase; (kleer-) wardrobe

kastanje chestnut

kasteel castle

kastekort deficiency, deficit

kastelein inn-keeper, landlord

kastijden chastise

kat cat

kater tom cat

katheder pulpit

kathedraal cathedral

katholiek catholic

katoen cotton

katrol pulley

kattenbak cinder tray

katterig ~ *zijn*, feel unwell

kauwen chew

kauwgom chewing gum

kazerne barracks *mv*

keel throat

keelgat gullet

keelpijn pain in the throat, sore throat

keep notch

keer turn; (maal) times

keerkring tropic

keerpunt turning-point

keerzijde reverse, back

keet shed; ~ *maken* make a mess

keffen yap

kegel cone; (spel) skittle, ninepin

kegelbaan skittle-alley, bowling-alley
kegelen play at skittles
kegelvormig conic(al)
kei boulder
keizer emperor
keizerin empress
keizerlijk imperial
keizerrijk empire
kelder cellar
kelk cup, chalice; (bloem) calyx
kelner waiter
kelnerin waitress
kenbaar knowable, recognizable
kengetal *tel* code number
kenmerk characteristic
kenmerkend characteristic
kennelijk apparent, evident
kennen know; be acquainted with
kenner connoisseur
kennis knowledge; (persoon) acquaintance, friend; ~ *maken*, meet, make someone's acquaintance
kennisgeving notice, notification
kennismaken meet; be introduced to
kenschetsen characterize
kenteken distinctive mark, badge, token
kentekenbewijs registration certificate
kentering turning, change
kerel fellow, chap
keren turn; (tegengaan) stop
kerk church
kerkdienst church service
kerkelijk ecclesiastical
kerker dungeon, prison
kerkgenootschap denomination
kerkhof churchyard
kerktoren steeple
kermen moan, groan
kermis fair
kern (noot) kernel; (perzik) stone; (cel, toom) nucleus; *fig* pith, core
kern- nuclear
kernachtig pithy, terse
kerndeling nuclear fission
kernenergie nuclear power
kernreactor atomic pile

kerrie curry (-powder)
kers cherry; *Oost-Indische* ~, nasturtium
kerstavond Christmas Eve
kerstboom Christmas-tree
kerstlied Christmas carol
Kerstmis Christmas, X-mas
kersvers quite fresh
kerven carve
ketel kettle; (groter) boiler
keten chain
ketter heretic
ketting chain; (hals-) necklace
kettingbeschermer chain guard
kettingbotsing pile-up
kettingkast gear case
keu (billiard-)cue
keuken kitchen
keukenmeisje cook
Keulen Cologne
keur choice; selection
keuren inspect, taste; (arts) examine
keurig nice, exquisite
keuring examination, inspection
keus choice, selection
keuvelen chat
keuze zie *keus*
kever beetle
kibbelarij squabble, quarrel
kibbelen bicker, wrangle
kiekje snap(shot)
kiel (hemd) blouse; (schip) keel
kiem germ
kiemen germinate
kier narrow opening; *op een* ~, ajar
kies [*de*] (back) tooth; *bn* delicate, considerate
kieskeurig dainty, particular
kiespijn tooth-ache
kiesrecht franchise
kietelen tickle
kieuw gill
kievit lapwing, pewit
kiezel gravel
kiezelsteen pebble
kiezen choose; (bij verkiezingen) elect
kiezer constituent, voter

kijf *buiten ~*, beyond dispute
kijk look, aspect
kijken look
kijker looker-on, spectator; (glas) telescope; opera-glass
kijkgat peep-hole
kijven quarrel, wrangle
kikker, kikvors frog
kil chilly
kilo, kilogram kilogram
kilometer kilometre
kilometerteller mileage recorder
kim horizon
kimono kimono
kin chin
kind child, infant, baby
kinderachtig childish
kinderarts pediatrician
kinderbed cot
kinderbijslag family allowance
kinderboerderij mini zoo
kinderfilm children's film
kinderjuffrouw nurse
kinderkamer nursery
kinderkleding children's clothes
kinderlijk childlike, childish
kindermenu children's menu
kinderspel children's game
kinderstoel high chair
kinderverlamming infantile paralysis, polio(myelitis)
kinderwagen pram
kinderzitje (op fiets) child's seat
kinds doting
kindsbeen *van ~ af*, from a
kinine quinine
kinkel clown; bumpkin
kinkhoest (w)hooping-cough
kiosk kiosk
kip hen; (gerecht) chicken
kipfilet chicken (breast) fillet
kippenhok hen-house
kippensoep chicken-broth
kippensoep chicken soup
kippenvel *fig* goose-flesh
kippig short-sighted
246

kist case; chest, box; (doodkist) coffin
kitsch kitsch
kittig smart
kiwi kiwi
klaar (af) ready; (helder) clear
klaarblijkelijk evident, obvious
klaarkomen get ready
klaarmaken make ready, prepare
klacht complaint
klachtenboek complaint book
klad [*de*] (vlek) stain, blot; [*het*] (ontwerp) rough draught
kladden stain, blot
klagen complain (of)
klakkeloos gratuitous
klam clan-imy, moist
klandizie custom, clientele
klank sound; ring
klant customer
klap slap, smack, blow
klapbes gooseberry
klappen smack, clap, applaud
klapper (vrucht) coco-nut; (register) index
klappertanden *hij klappertandt*, his teeth chatter
klaproos (corn)poppy
klapstoel folding chair, tip-up seat
klaren clarify; (goederen) clear
klarinet clarinet
klas(se) class; (op school) form; classroom
klassenstrijd class-war
klasseren classify
klassiek classic
klateren rattle; (water) splash
klatergoud tinsel, Dutch gold
klauteren clamber, climb
klauw clutch, paw
klavecimbel harpsichord
klaver clover, trefoil, shamrock
klaverblad clover-leaf
klaveren (kaartsp) clubs
klavier keyboard; piano
kleden dress, clothe; *geklede jas*, frock-coat

klederdracht costume
kleding clothes, dress
kledingzaak clothing shop
kleed (vloer) carpet; (tafel) tablecover; (kleding) garment, dress
kleedhokje changing cubicle
kleefstof glue, gluten
kleerborstel clothes-brush
kleerhanger coat-hanger
kleerkast wardrobe
kleermaker tailor
klei clay
klein little, small
Klein-Azië Asia Minor
kleinbeeldcamera 35 mm camera
kleindochter granddaughter
kleineren belittle
kleingeestig narrow-minded
kleingeld change
kleinigheid trifle
kleinkind grandchild
kleinood jewel, trinket, gem
kleinzerig squeamish about pain
kleinzielig small-minded
kleinzoon grandson
klem (val) catch, mantrap; (nadruk) stress, emphasis
klemmen pinch, clench, clasp
klemmend cogent
klemtoon stress; accent
klep (in motor) valve
kleren *mv* clothes *mv*
klerenhanger clothes-hanger
klerk clerk
kletsen talk (nonsense)
kletskous chatterbox
kletsnat soaking wet
kletspraat silly talk
kletteren clatter; (wapens) clash
kleumen shiver
kleur colour; (gelaats-) complexion
kleurboek painting-book
kleurecht sun-proof, fast-dyed
kleuren colour; (blozen) blush
kleurenblind colour-blind
kleurendiafilm colour slide film

kleurenfilm colour film
kleurenfoto colour print
kleurenfotografie colour photography
kleuren-tv colour TV
kleurig colourful, gay
kleurling coloured man
kleurpotlood coloured pencil
kleuter toddler
kleuterschool infant-school
kleven cleave, stick; adhere
kleverig sticky
kliek clique, set, coterie
kliekje(s) *mv* left-overs
klier gland
klieven cleave
klikken inform, tell tales
klimaat climate
klimmen climb, ascend, mount
klimop ivy
kliniek clinic
klink latch
klinken sound, clash, ring; touch (glasses); (klinknagels) rivet
klinker (letter) vowel; (steen) brick
klinknagel rivet
klip rock, crag, reef
klittenband velcro
kloek hen
klok clock; (toren-) bell; *op de ~ kijken* tell the time
klokhuis core
klokkenspel carillon, chimes *mv*
klokslag stroke
klomp lump; (goud) nugget; (schoeisel) wooden shoe, clog
klont lump
klontje (suiker) lump; *~ suiker* lump of sugar
kloof deft, gap, chasm
klooster cloister; (v. mannen) monastery; (v. vrouwen) convent
kloosterbroeder friar
kloostergang cloister
klop knock
kloppen knock, tap; beat; (op deur) rap; *~ met*, agree with, tally with

247

klos bobbin, spool; reel
kloven cleave; (hout) chop
klucht farce
kluchtig comical, droll
kluif bone
kluis safe
kluister fetter, shackle
kluit clod, lump
kluiven pick, gnaw
kluizenaar hermit
klus job
klutsen beat up (eggs)
kluwen ball
knaagdier rodent
knaap boy, lad, chap
knabbelen nibble
knagen gnaw
knak crack; blow, injury
knakken snap; crack
knakworst frankfurter
knal crack, bang, detonation, report
knaldemper, knalpot silencer
knap (intelligent) clever; (uiterlijk) handsome, good-looking
knarsen creak, grind
knarsetanden gnash one's teeth
knecht (man-)servant
kneden knead
kneep pinch
knel *in de ~,* in a scrape
knellen pinch, squeeze
knetteren crackle
kneuzen bruise
kneuzing bruise, contusion
knevel moustache; (van dier) whiskers
knibbelen haggle
knie knee
knielen kneel
knieschijf knee-cap
kniezen mope, fret
knijpen pinch; *fig* squeeze
knikken nod
knikker marble
knikkeren play at marbles
knip cut, dip; (slot) catch; (met vinger)
fillip

knipkaart ticket book
knipmes clasp-knife
knipogen wink, blink
knippen cut
knipperlicht flashing light
knipsel snippet
knobbel bump; knob, knot
knoeien mess, make a mess; tamper; *fig*
bungle
knoest knot, gnarl
knoflook garlic
knokkel knuckle
knol (gewas) turnip; (v. plant) tuber;
(paard) jade
knoop (in touw) knot; (aan kleding) button
knooppunt junction
knoopsgat buttonhole
knop (deur) knob; (v. bel, apparaat) button, push; (v. bloem) bud
knopen knot, tie
knopje button
knorren grunt; *fig* grumble
knorrig grumbling
knuffelen hug, cuddle
knuppel cudgel, club, bludgeon
knutselen potter
koddig droll, odd, funny
koe cow
koek cake
koekbakker confectioner
koekenpan frying-pan
koekje biscuit
koekoek cuckoo; skylight
koel cool
koelbloedig cool, level-headed
koelhuis cold store
koelkast refrigerator, fridge
koelte coolness
koeltje breeze
koelvloeistof coolant
koelwaterleiding coolant duct
koen bold, daring
koepel dome, cupola
koerier courier
koers (richting) course, direction;

(markt-) quotation; (geld) (exchange) rate
koerslijst list of quotations
koest quiet
koesteren cherish, nurse
koets coach, carriage
koetsier coachman, driver
koevoet crowbar
koffer trunk, suit-case
kofferbak boot
kofferruimte boot
koffie coffee; ~ *met melk* white coffee; ~ *met melk en suiker* coffee with milk and sugar; ~ *met room* coffee with cream; ~ *met suiker* coffee with sugar; *espresso* ~ espresso coffee; *zwarte* ~ black coffee
koffiebar coffee bar
koffiedrinken lunch
koffiehuis café
koffiemelk coffee cream
koffiemolen coffee grinder
koffiepot coffee-pot
koffiezetapparaat coffee machine
kogel (kanon) ball; (geweer) bullet
kogellager ball-bearing
kogelrond globular, spherical
kok cook
koken (water) boil; (eten) cook
koker case, sheath
koket coquettish
kokosnoot coco-nut
kolen *mv* coal(s)
kolendamp carbon monoxide
kolenkit coal-scuttle
kolenmijn coal-mine, coal-pit. colliery
kolf (geweer-) butt (-end)
koliek colic
kolom column
kolonel colonel
kolonie colony, settlement
kolos giant
kolossaal colossal(ly), huge
kom basin, bowl
komedie comedy
komeet comet
komen come, arrive; *kom hier!* come here!; *kom mee!* come along!

komfoor chafing-dish, brazier
komiek clown, comedian
komisch comic(al), funny
kommer cucumber
kommersla sliced-cucumber salad
komma comma
kommer trouble, sorrow
kompas compass
kompres compress
komst coming, arrival
konijn rabbit
koning king
koningin queen
koningsgezind royalist
koninklijk royal, regal
koninkrijk kingdom
konkelen plot, intrigue
kont behind; butt
konvooi convoy
kooi cage; (op schip) berth; bunk
kookboek cookery book
kookkunst cookery, art of cooking
kookpunt boiling-point
kool (groente) cabbage; (brandstof) coal; *rode* ~, red cabbage
koolhydraat carbohydrate
koolmonoxide carbon monoxide
koolstof carbon
koolzuur carbonic acid
koop purchase; *te* ~, for sale
koopje bargain
koopman merchant, dealer
koopvaarder merchantman
koopwaar merchandise, commodities
koor choir, chorus
koord cord, string, rope
koorddanser rope-dancer
koorts fever
koortsachtig feverish; hectic
koortsthermometer clinical thermometer
koorzang choral song
kop head; (verstand) brains, sense; (kom) cup; (in krant) head-line
kopen buy, purchase
kop-en-schotel cup and saucer
koper [*de*] (iem. die koopt) buyer; [*het*]

249

(metaal) copper; *geel~*, brass; *rood~*, copper

koperdraad brass-wire

koperen copper, brass

kopergravure copperplate

kopie copy; (v. kunstwerk) replica

kopiëren copy

kopij manuscript, copy

kopje cup

koplamp headlight

koppel (riem) belt; (paar) couple

koppelen couple

koppeling clutch

koppelingskabel clutch operating cable

koppelteken hyphen

koppig headstrong, obstinate; (v. dranken) heady

koptelefoon headphones

koraal (zang) choral; (stof) coral

koralen coral

koran Koran

kordaat resolute

koren corn, grain

korenbloem cornflower, bluebottle

korenschoof sheaf of corn

korf basket, hamper

korfbal korfball

korporaal corporal

korps corps, body

korrel grain

korrelig granular

korset corset, stays

korst crust; (op wond) scab; (v. kaas) rind

korstdeeg short pastry

kort short, brief; *te ~ komen*, be short of; *~e broek* shorts

kortademig short of breath

kortaf curt

kortegolf short-wave

kortheidshalve for the sake of brevity, for short

korting discount

kortom in short, in a word

kortsluiting short-circuit

kortstondig short, of short duration

kortwieken clip the wings

250

kortzichtig shortsighted

korzelig crabbed, crusty

kosmonaut cosmonaut

kost board, food; *~ en inwoning*, board and lodging; *aan de ~ komen*, make a living; *in de ~ doen*, put out to board

kostbaar expensive, costly, dear

kostbaarheden *mv* valuables

kostelijk exquisite

kosteloos free, gratis

kosten *mv* expenses, cost; *op mijn ~*, at my expense; *alle ~ inbegrepen*, all-in-cost; *ww* cost; *ww* cost; *hoeveel kost het?* how much does it cost?

koster sexton

kostganger boarder

kostgeld board

kosthuis boarding-house

kostprijs cost-price

kostschool boarding-school

kostuum costume; (v. man) suit; (v. vrouw) costume; (gemaskerd bal) fancy-dress

kostwinner bread-winner

kostwinning livelihood

kotelet chop

kou cold

koud cold

koudvuur gangrene

koukleum chilly body

kous stocking

kousen stockings

kousenband garter

kouvatten catch (a) cold

kouwelijk chilly, sensitive to cold

kozijn window-frame

kraag collar

kraai crow

kraaien crow

kraakbeen cartilage

kraal bead

kraam booth, stall

kraamvrouw woman in childbed

kraan (water enz.) tap; (hef-) crane, derrick

kraanvogel crane

kraanwagen breakdown lorry
krab (dier) crab, crab-fish; (haal) scratch
krabbelen scribble, scrawl
krabben scratch
kracht energy, power, strength, force
krachteloos powerless; invalid
krachtens by virtue of
krachtig powerful, strong
krakeling pretzel
kraken crack, creak
kram cramp(-iron)
kramp cramp, spasm
krampachtig spasmodic, convulsive
kranig brave
krankzinnig crazy, mad, lunatic
krankzinnigengesticht lunatic asylum
krankzinnigheid craziness, madness, lunacy
krans wreath
krant newspaper
krantenjongen newsboy
krantenknipsel press cutting
krap tight, narrow
kras [de] scratch; [bn] strong, vigorous; stiff
krassen scratch; scrape
krat crate
krater crater
krediet credit
kredietwaardig solvent
kreeft (zee-) lobster; (zoetwater-) craw-ish; (in dierenriem) Cancer
kreet cry, scream, shriek
kregel peevish, cross
krekel cricket
krenken hurt, offend, injure
krent currant
krentenbol currant-bun
krenterig mean, niggardly
kreuk crease
kreukelen crease, crumple
kreukvrij crease-resisting
kreunen moan, groan
kreupel lame
kreupelhout underwood
kriebelen tickle
krijgen get, receive, obtain

krijgsgevangene prisoner of war
krijgsgevangenschap captivity
krijgshaftig martial, warlike
krijgsman warrior
krijgsraad council of war; (recht) court-martial
krijgstucht military discipline
krijsen scream, shriek
krijt chalk; (teken-) crayon
krik screw-jack
krimpen (kromp; gekrompen) shrink; writhe (with pain)
krimpvrij unshrinkable
kring circle, ring
kringloop recycling
krioelen swarm
kristal crystal
kristallisatie crystallization
kritiek [de] criticism, critique; review; bn critical, crucial
kritisch critical
kroeg pub
kroes cup, mug; (smelt-) crucible
kroeshaar frizzled hair
kroket croquette
krokodil crocodile
krokus crocus
krom crooked, curved
krommen (zich) bend, bow, curve
kromming bend, curve
kronen crown
kroniek chronicle; (in krant) column
kroning coronation
kronkelen wind, meander
kronkeling winding, coil
kroon crown; (licht-) chandelier, lustre
kroos duckweed
kroost children mv, offspring
kropsla cabbage-lettuce
krot hovel, den, hole
kruid herb
kruiden mv spices
kruidenier grocer
kruidenierswaren mv groceries
kruidenrekje spice rack
kruidenthee herb-tea

kruidje-roer-mij-niet touch-me-not
kruidnagel clove
kruien trundle a wheelbarrow; (ijs) drift
kruier porter
kruik jar; pitcher; *warme ~*, hot-water bottle
kruimel crumb
kruin crown, top
kruipen creep; crawl
kruis cross; (v. broek) seat; *muz* sharp
kruisbeeld crucifix
kruisbes gooseberry
kruisen cross; (v. schip) cruise
kruiser cruiser
kruisiging crucifixion
kruising (v. rassen) cross, cross-breeding; (v. wegen) crossroads, crossing
kruispunt intersection; (v. spoorweg) crossing
kruissnelheid cruising speed
kruistocht crusade
kruisvaarder crusader
kruisverhoor cross-examination
kruisweg *rk* Way of the Cross
kruiswoordpuzzel crossword puzzle
kruiswoordraadsel crossword puzzle
kruit (gun)powder
kruiwagen wheelbarrow; *fig* protection
kruk (deur) handle; (v. invalide) crutch; (mach) crank; (mens) bungler, blunderer
krukas crank-shaft
krul curl; (hout) shaving
krullen *ww* curl
krulspeld curler
kubiek cubic
kubus cube
kuchen cough
kudde herd; (schapen) flock
kuieren stroll
kuif tuft, crest
kuiken chicken
kuil pit, hole
kuip tub
kuipbad tub-bath
kuipen cooper; *fig* intrigue
kuiperij intrigue

252

kuis chaste
kuisheid chastity
kuit (v. vis) roe, spawn; (v.h. been) calf
kunde knowledge
kundig able, clever, skilful
kunnen be able, can, may
kunst art; (kunstje) trick
kunstenaar artist
kunstgebit dentures
kunstgeschiedenis history of art
kunstgreep artifice, knack, trick
kunstig ingenious
kunstje trick
kunstleer artificial leather
kunstmatig artificial
kunstmest artificial manure; fertilizer
kunstnijverheid industrial arts *mv*
kunstrijden (schaatsen) figure-skating
kunstvaardig skilful
kunstwerk work of art
kurk cork
kurkentrekker corkscrew
kus kiss
kussen cushion; (bed) pillow; *ww* (zoenen) kiss
kussensloop pillowcase
kust coast, shore
kustplaats coastal town
kuststreek coastal region, littoral
kustvaarder coaster
kut cunt
kuur whim, freak, caprice
kwaad wrong, evil; mischief; harm, injury; *bn* (slecht) bad, ill; evil; (boos) angry
~ zijn op, be angry with
kwaadaardig ill-natured, malicious
kwaadspreken talk scandal, slander
kwaadwillig malevolent
kwaadwilligheid malevolence
kwaal disease
kwadraat (& bn) square
kwajongen mischievous
kwaken (kikker) croak; (eend) (naughty) boy
kwakzalver quack, charlatan quack
kwal jelly-fish

kwalijk nemen hold against; take amiss, take in bad part; *neem me niet ~,* beg your pardon, sorry
kwaliteit quality
kwantiteit quantity
kwark curds
kwart fourth (part), quarter; *~ over...* a quarter past ...; *~ voor...* a quarter to ...
kwartaal quarter of a year, three months
kwartel quail
kwartet quartet(te)
kwartier quarter (of an hour); *eerste, laatste ~,* first, last quarter
kwartje quarter (of a guilder)
kwarts quartz
kwast (verf-) brush; (v. gordijn) tassel; (in hout) knot; *fig* fop, fool
kweken (plant) grow; (groente) raise; *fig* breed, foster

kwekerij nursery
kwellen vex, tease, torment
kwestie question, matter
kwetsbaar vulnerable
kwetsen injure, hurt; *fig* offend
kwiek lively, spry
kwijlen drivel, slaver
kwijnen pine away, languish
kwijt *het ~ zijn,* (bevrijd) be rid of; (verloren) lost; *ik ben... ~* I've lost ...
kwijten (zich) acquit oneself (of)
kwijtraken lose, get rid of
kwijtschelden remit; let off
kwik quicksilver, mercury
kwikstaart wagtail
kwinkslag witticism, jest
kwispelstaarten wag the tail
kwistig lavish, liberal
kwitantie receipt

l

la drawer, till
laadbak carrier
laadvermogen carrying-capacity
laag [*de*] bed, layer, row; *bn* low, base, mean
laaghartig mean, base-minded
laagspanning low tension
laagte lowness; valley
laagvlakte low-lying plain
laagwater low tide
laakbaar blamable, condemnable
laan avenue, alley
laars boot
laat late; *hoe ~ is het?,* what time is it?; *e ~* (too) late
laatst last; *op zijn ~,* at the latest; (on-ngs) the other day
laatstgenoemd latter
label label
laboratorium laboratory
lach laugh, laughter
lachen laugh (om, at)
lachwekkend ludicrous

ladder ladder
lade drawer, till
ladekast chest of drawers
laden load, charge; *~ en lossen,* load and discharge
lading cargo, charge; load
laf (flauw) insipid; (niet moedig) cowardly
lafaard coward
lafenis refreshment, comfort
lafheid cowardice; insipidity
lagedrukgebied low-pressure area
lager *bn* lower, inferior; bearing(s)
Lagerhuis House of Commons
lagerwal lee-shore; downhill
lak (verf) lac(quer)
laken cloth; (bedden-) sheet; *ww* blame, censure
lakken lacquer
lakleer patent leather
laks indolent, lax
lam *zn* (dier) lamb; *bn* (verlamd) paralytic
lambrisering wainscot

253

lamp lamp; bulb
lampenkap lamp-shade
lampion Chinese lantern
lamsbout leg of lamb
lamskotelet lamb cutlet
lamsvlees lamb
lanceren launch
land land; (staat, platteland) country; (akker) field; *hier te ~e*, in this country; *het ~ hebben aan*, hate, dislike
landbouw agriculture
landbouwer farmer
landeigenaar landowner
landelijk rustic, rural
landen land; disembark, alight
landengte isthmus
landerig blue
landerijen *mv* landed estates
landgenoot fellow-countryman
landgoed estate, country-seat
landhuis country-house
landing landing; disembarkation
landingsbaan runway
landingsgestel (under) carriage
landkaart map
landklimaat continental climate
landloper vagebond, tramp
landmacht land-forces
landmeter surveyor
landschap landscape
landstreek region, district
landverhuizer emigrant
landverraad high treason
landvoogd governor
landweg country road
landwijn simple, regional wine
landwinning reclamation of land
lang long, tall, high
langdradig long-winded, lengthy
langdurig long; prolonged
langharig long-haired
langlaufen cross-country skiing
langlopend long-term
langparkeerder long-term parker
langs along
langspeelplaat long-playing record

languit full length
langwerpig oblong
langzaam slow
langzamerhand gradually, by degrees
lans lance
lantaarn lantern; (v. fiets) lamp
lantaarnpaal lamp-post
lap rag; patch; (poets-) cloth
lapje (vlees) collops
lappen *ww* mend; (sp) lap
larderen lard
larie nonsense, fiddle-sticks
larve larva, grub
lassen weld, join
last load, burden, weight; (overlast) trouble; *ten ~e leggen*, charge with; *~ hebben van* be troubled by
lastdier pack-animal
laster slander, calumny, defamation
lasterlijk slanderous, blasphemous
lastgever principal
lastig (moeilijk) difficult; (veeleisend) exacting; (moeilijk te regeren) troublesome; (vervelend) annoying; *~ vallen*, trouble
lastpost nuisance
lat lath
laten let; leave; (toelaten) let, allow, permit; (nalaten) omit; (gelasten) make, have... do, get... to; *~ vallen*, drop; *~ zien*, show
later later
Latijn(s) Latin
latwerk trellis, lattice
laurier laurel, bay
lauw tepid
lauwerkrans wreath of laurels
lava lava
lavement enema
laven refresh
lavendel lavender
laveren tack; *fig* manoeuvre
lawaai noise, tumult, din
lawaaierig noisy
lawaaiig noisy
lawine avalanche, snowslide

laxeermiddel laxative
laxeren purge
leasen lease
lectuur reading-matter
ledematen *mv* limbs
ledenlijst list of members
lederwaren leather goods
ledigen empty
ledikant bedstead
leed grief, sorrow
leedvermaak enjoyment of others' mishaps
leefregel regimen; diet
leeftijd age
leeg empty, vacant; (niets inhoudend) idle
leeghoofdig empty-headed
leeglopen deflate; empty out
leegloper idler, loafer
leegmaken empty
leegte emptiness
leek layman
leem loam, clay
leemte gap
leen loan
leengoed feudal estate
leep sly, cunning
leer [*de*] (theorie) doctrine; [*het*] (stof) leather
leerboek text-book
leergierig eager to learn
leerjongen apprentice
leerling pupil, disciple
leerling-verpleegster probationer
leerlooier tanner
leermeester teacher
leerplicht compulsory education
leerrijk instructive
leerstelling dogma, tenet
leerwaren *mv* leather goods *mv*
leerzaam (boek) instructive
leesbaar legible; readable
leesbibliotheek lending-library
leesboek reading-book
leest last, boot-tree
leeszaal reading-room; *openbare ~,*

public library
leeuw lion
leeuwerik (sky)lark
leeuwin lioness
lef guts
legaal legal
legaat legacy, bequest
legalisatie legalization
legateren bequeath
legatie embassy, legation
legen empty
legende legend
leger army; *L~ des Heils,* Salvation Army
legerafdeling unit
legeren encamp
legéring alloy
legerleiding (army) command
legerplaats camp
leggen lay; put; place
legging leggings
legioen legion
legitimatiebewijs identity card
legitimeren *zich ~,* prove one's identity
legpuzzel jigsaw puzzle
lei slate
leiden lead, guide, conduct,
leider leader, manager
leiding leadership, conduct, direction, management; (concreet) pipe
leidingwater tap water
leidraad guide(-book)
leidsel rein
lek leak; (band) puncture; *bn* leaky, punctured
lekkage leakage
lekken leak
lekker nice, delicious; (geur) nice, sweet
lekkerbek gourmand
lekkernij dainty, delicacy
lekkers sweets, sweetmeats
lelie lily
lelietje-van-dalen lily of the valley
lelijk ugly
lemmet blade
lende loin
lendenstuk loin

lendenwervel lumbar vertebra
lenen (aan) lend to; (van) borrow (from); *zich ~ tot*, lend oneself to...
lengen lengthen
lengte length; (aardrijkskunde) longitude
lenig lithe, supple, pliant
lenigen alleviate, relieve
lenigheid litheness
lening loan
lens lens
lente spring
lepel spoon; (om te scheppen) ladle
leraar teacher
lerares (woman) teacher
leren learn; study; (onderwijzen) teach; *bn* (of) leather
lering instruction
les lesson; ~ *geven*, give lessons, teach
lesbienne lesbian
leslokaal class-room
lessen quench, slake
lessenaar desk
let op! look out!
letsel hurt, damage, harm
letten mind, attend (to), pay attention (to)
letter letter, character, type
letteren *mv* literature
lettergreep syllable
letterkunde literature
letterkundige man of letters
letterlijk to the letter, literal(ly)
leugen lie
leugenaar liar
leugenachtig lying, mendacious
leugentje ~ *om bestwil*, white lie
leuk amusing, funny, nice
leunen lean (op, on)
leuning rail, banisters; (brug) parapet; (stoel) back, armrest
leunstoel easy chair
leus slogan, catchword
leuteren twaddle, drivel
leven life; (lawaai) noise; *ww* live, exist
levend alive, living

levendig lively, animated, vivacious, keen
levenloos lifeless
levens- vital
levensbehoeften *mv* necessaries of life
levensbeschrijving biography
levensduur lifetime
levensgevaar danger (peril) of life
levensgroot life-size(d)
levenslang for life, lifelong
levensloop course of life
levenslustig cheerful
levensmiddelen *mv* provisions, victuals, groceries
levensmiddelenbedrijf grocer's shop
levensonderhoud livelihood, living
levensstandaard standard of living
levensverzekering life insurance
levenswijze mode of life
lever liver
leverancier supplier, dealer, purveyor, contractor
leverantie supply(ing)
leveren supply, deliver, furnish
levering delivery, supply
leverpastei liver-pie
levertijd delivery period
levertraan cod-liver oil
leverworst liver sausage
lezen read
lezing reading, lecture
libel dragon-fly
liberaal liberal
lichaam body
lichaamsbeweging physical exercise
lichaamsbouw build, stature
lichaamsdeel part of the body
lichaamsoefening bodilby exercise
lichaamstemperatuur body temperature
lichamelijk corporal, bodily; *~e opvoeding* physical education
licht *bn* light; (kleur) pale; (tabak) mild; (helder) clear, bright; *bijw* lightly, slightl easily; light, lighting
lichtblauw light blue
lichtblond fair
lichtbundel pencil of rays, beam

lichten lift; raise, heave; (bus) clear; (anker) weigh; (weerlichten) lighten
lichterlaaie ablaze
lichtgelovig credulous
lichtgeraakt touchy
lichtgevend luminous
lichting (post) collection; (leger) draft, class
lichtmeter photometer
lichtnet (electric) mains
lichtpunt connection; *fig* bright spot
lichtreclame illuminated sign(s)
lichtsterkte light intensity
lichtstraal ray (beam) of light
lichtvaardig rash
lichtzinnig frivolous
lid limb; (vinger) phalanx; (vereniging) member; (gewricht) joint
lidmaatschap membership
lidwoord article
lied song; (in kerk) hymn
liederlijk dissolute; debauched
lief dear, beloved; (aantrekkelijk) sweet, pretty
liefdadig charitable
liefdadigheid charity
liefde love; (christelijk) charity
liefdeloos loveless
liefderijk charitable
liefelijk lovely, sweet
liefhebben love
liefhebbend affectionate, loving
liefhebber amateur, lover
liefhebberij hobby
liefje love, sweetheart
liefkozen caress, fondle
liefkozing caress
lieflijk lovely
liefst rather
lieftallig sweet
liegen lie
lies groin
lieveling darling, pet
liever rather; ~ *hebben*, rather have;
~ *iefer* (a thing)
lift lift, *Amer* elevator

liften hitch-hike
lifter hitch-hiker
liftjongen lift-boy
liggen lie, be situated
ligging situation; position
ligstoel deckchair
lijdelijk passive
lijden *ww* suffer, endure, bear; suffering
lijdend suffering; *taalk* passive
lijder sufferer, patient
lijdzaam patient, meek
lijf body
lijfrente life-annuity
lijfwacht bodyguard
lijk corpse, (dead) body
lijkdienst funeral service
lijken be like; seem, appear; (aanstaan) like; ~ *op* look like
lijkkoets hearse
lijkschouwing post mortem
lijkverbranding cremation
lijm glue
lijmen glue together
lijn line
lijndienst regular service
lijnolie linseed oil
lijnrecht straight
lijnvliegtuig air-liner, liner
lijnvlucht regular flight
lijst list; register; (v. schilderij) frame; (rand) border, edge
lijster thrush
lijsterbes mountain-ash
lijvig voluminous, bulky
lik lick
likdoorn corn
likeur liqueur
likken lick
lila lilac
limiet limit; reserve price
limonade lemonade
linde lime(-tree), linden
liniaal ruler
linie line
linker left
linkerhand left hand

linkerzij left side

links *bijw* left ; to, at the left; at the left-hand (side); *bn* left-handed; (politiek) left; (onhandig) clumsy, awkward

linksaf (to the) left; ~ *slaan* turn left

linnen linen

linnengoed linen

linoleumsnede linocut

lint ribbon; tape

lintbebouwing ribbon development

lintworm tapeworm

linze lentil

lip lip

lippenstift lipstick

lipssleutel Yale key

liquidatie liquidation, winding-up

liquideren wind up, liquidate

lispelen lisp

list craft, cunning; trick, ruse

listig cunning, sly, wily

liter litre

literatuur literature

lits jumeaux *mv* twin beds

litteken scar; cicatrice

locomotief engine

lodderig drowsy, lazy

loden lead(en)

loef luff; *iem. de ~ afsteken*, get the better of

loeien (runderen) low, moo, bellow; (wind) roar

loens squint-eyed

loep magnifying-glass

loer *op de ~ liggen*, lie in wait

loeren peer, spy

lof [de] praise; [het] Brussels ~, chicory

loffelijk laudable, praise-worthy

log heavy, unwieldy

loge (theater) box; (vrijmetselarij) lodge

logé guest

logeerkamer guest-room, spare room

logement inn, hotel .

logenstraffen give the lie to, belie

logeren stay

logies lodging, accommodation

logisch logical

loipe piste

lok lock, curl

lokaal room, locality; *bn* local; ~ *gesprek*, local call

lokaas bait, decoy

lokaliteit locality

loket (bank, postkantoor) window; counter; (station) ticket window; (v. kaartjes) booking/box office

lokken lure, decoy, entice

lol fun

lolly lolly

lommer shade; foliage

lommerd pawnbroker's shop

lomp [de] (vod) rag, tatter; *bn* clumsy, awkward; (v. gedrag) rude

lomperd boor, lout

Londen London

lonen pay

long lung

longarts lung specialist

longontsteking pneumonia

lonken wink

lont fuse; ~ *ruiken*, smell a rat

loochenen deny

loochening denial

lood lead; (dieplood) plumb; (schietlood) plumb-line

loodgieter plumber

loodlijn perpendicular

loodrecht perpendicular

loods *scheepv* pilot; (schuur) shed; hangar

loodvrij unleaded

loofboom foliage tree

looien tan

loom slow, heavy, dull

loon wages, salary; reward

loonbelasting pay-as-you-earn, income-tax

loonsverhoging rise in wages

loop run; (persoon) walk; (zaken) course; (geweer) barrel

loopbaan career

loopgraaf trench

loopjongen errand-boy

looppas double-quick (time)
loopplank gang-board
loos dummy, false; ~ *alarm*, false alarm
loot shoot; *fig* scion
lopen walk; (hard) run; (bewegen) go
lopend running; (jaar) current (year)
loper runner; (sleutel) masterkey; (schaak) bishop; (tapijt) carpet
lor rag, patch
los loose, free
losbandig licentious
losbarsten break out, explode
losbarsting explosion, outbreak
losbol loose liver
losgeld ransom
loslaten let loose, let go
loslippig indiscreet
losmaken loosen, untie
lossen unload; (wapen) discharge; fire
lot (noodlot) fate, destiny, lot; (in loterij) lottery-ticket
loten draw lots
loterij lottery
lotgenoot, -genote companion in distress
lotgeval adventure
loting drawing of lots
lotion lotion
lounge lounge
louter pure, mere
loven praise
lozen (water) drain; (zucht) heave; (persoon) get rid of
PG LPG
lucht air; (hemel) sky; (reuk) smell, scent
luchtaanval air-raid
luchtalarm air-raid warning
luchtballon balloon
luchtband pneumatic tyre
luchtbasis air-base
luchtbed air-bed
luchtdicht air-tight
luchtdruk atmospheric pressure
luchten air, ventilate
luchtfilter air filter
luchtfoto air photograph
luchthartig light-hearted

luchthaven airport
luchthavenbelasting airport tax
luchtig airy, light
luchtje *een ~ scheppen*, take an airing
luchtkasteel castle in the air
luchtklep air-valve
luchtlandings- airborne
luchtledig void of air; *-e ruimte*, vacuum
luchtlijn air line
luchtmacht air force
luchtpijp windpipe; (in lichaam) trachea
luchtpost air mail
luchtstreek climate, zone
luchtstrijdkrachten *mv* air force
luchtvaart aviation
luchtvaartmaatschappij airline (company)
luchtverversing ventilation
luchtvervuiling air pollution
luchtziek air sick
lucifer match
lucifersdoosje match-box
luguber sinister
lui *bn* lazy; *mv* (mensen) people
luiaard sluggard, lazy-bones
luid loud
luiden sound; ring, be ringing
luidkeels aloud
luidruchtig loud, noisy
luidspreker loudspeaker
luier napkin; nappy
luieren be idle, idle
luifel awning
luik (v. raam) shutter; (v. vloer) trapdoor; batch
Luik Liege
luilak lazy-bones
luilekkerland land of plenty
luim humour, mood; whim, caprice, freak; temper
luipaard leopard
luis louse
luister lustre, splendour
luisteraar listener
luisteren listen
luisterrijk glorious, splendid

luistervergunning radio licence
luistervink eavesdropper
luit lute
luitenant lieutenant
luitenant-generaal lieutenant-general
luitenant-kolonel lieutenantcolonel
lukken succeed, do
lukraak at random
lul dick
lullig *Da's ~*, that's too bad
lummel lout
lunapark fun fair; amusement park
lunch lunch
lunchen have lunch
lunchpakket packed lunch

lus (v. touw) noose; (in tram) strap
lust desire, appetite; (neiging) inclination, liking
lusteloos listless
lusten like; enjoy
lustig cheerful, merry
luthers Lutheran
luttel little, few
luwen abate; calm down
luxe luxury
luxueus luxurious
lynx lynx
lyriek lyric poetry, lyrics
lyrisch lyric(al)

m

m.a.w. in other words
m.i. in my opinion
ma mum, mom
maag stomach
maagd maid(en), virgin
maagdelijk maidenly, virgin
maagkramp spasm of the stomach
maagpijn stomach-ache
maagzuur gastric acid
maagzweer gastric ulcer
maaien mow, cut
maak *in de ~ hebben*, have... made
maaksel make
maal *[de]* (keer) time(s); *[het]* (maaltijd) meal
maaltijd meal
maan moon; *halve ~*, crescent; *nieuwe, volle ~*, new, full moon
maand month
maandag Monday
maandblad monthly
maandelijks monthly
maandverband sanitary towel
maar (doch) but; (slechts) only, merely
maarschalk marshal
maart March
maas (v. net) mesh
260

maat (vriend) mate, comrade; (om te meten) measure; (muz en vers) measure; (grootte) size; *de ~ slaan*, beat time; *maten en gewichten*, weights and measures
maatafdeling bespoke department
maatregel measure
maatschappelijk social; *~ werk*, welfare work
maatschappij society; (handel) company
maatstaf standard; measure
macaroni macaroni
machinaal mechanical
machine engine, machine
machinist engine-driver; (schip) engineer
macht power; authority; might, force(s)
machteloos powerless; impotent
machtig mighty, powerful; (v. eten) rich
machtigen authorize
machtiging authorization
madelief daisy
madeliefje daisy
magazijn storehouse, warehouse; (winkel) store(s)
mager lean, thin
magie magic
magistraat magistrate

magneet magnet; (v. motor) magneto
magnetisch magnetic
mahoniehout mahogany
maillot leotard
maïs maize, (Indian) corn; *gepofte ~,* popped corn, popcorn
majesteit majesty
majoor major
mak tame; gentle, meek
mak meek
makelaar broker
maken make, manufacture; (repareren) mend, repair; *niets te ~ met,* nothing to do with
maker maker
make-up make-up
makkelijk easy
makker comrade, mate
makreel mackerel
mal model, mould; *bn* foolish
malaise depression, slump
malaria malaria
malen grind; (geven om) care; (gek zijn) be mad, crazy
mals tender
mama mam(m)a
man man; (echtgenoot) husband
manchet cuff; (vast) wristband
manchetknoop sleeve-button; (dubbele) sleeve-link
mand basket, hamper
mandarijn tangerine
manege riding-school
manen *ww* dun; *mv* mane
maneschijn moonlight
mango mango
manhaftig brave
manicuren manicure
manie mania
manier fashion, way
manieren manners
manifestatie demonstration
mank lame, crippled
mankement defect
mankeren fail
mannelijk male, masculine

mannelijkheid manliness; masculinity, manhood
mannequin (fashion) model
mannetje (v. dier) male
manoeuvre manoeuvre
manschappen *mv* men
mantel coat
mantelpak coat and skirt
manufacturen *mv* drapery, soft goods *mv*
map portfolio; folder
maquette model
marathon marathon
marcheren march
marechaussee constabulary
margarine margarine
margriet ox-eye (daisy)
Maria-Hemelvaart Assumption
marihuana marihuana
marine navy
marineofficier naval officer
marinier marine
mark Deutschmark
markies (edelman) marquis; (scherm) awning
markt market
marktprijs market-price
marmelade marmalade
marmer marble
marmot marmot
Marokko Morocco
mars march
marsepein marchpane
marskramer pedlar, hawker
martelaar martyr
martelen torment, torture
marteling torture
marter marten
masker mask
maskerade masquerade, pageant
maskeren mask
massa mass
massage massage
masseren massage
massief solid, massive
mast mast; pole
mat [*de*] (kleed) mat; *bn* (moe) tired,

261

weary; [*het*] (schaken) checkmate
match match, game
materiaal material(s)
materieel material(s); *bn* material
matglas ground glass
matig sober, moderate; (prijs) reasonable
matigen temper, moderate
matigheid moderation, temperance
matras mattress
matrijs matrix
matroos sailor, blue-jacket
maximaal maximum
maximum maximum
maximumprijs maximum price
maximumsnelheid maximum speed
mayonaise mayonnaise
mazelen *mv* measles *mv*
me (mij) me
mecanicien mechanic
mechaniek mechanism
mechaniseren mechanize
Mechelen Mechlin, Malines
medaille medal
mede also
mede- zie ook *mee-*
medeburger fellow citizen
mededeelzaam communicative
mededelen inform, tell
mededeling announcement
mededingen compete
mededinger competitor, rival
mededogen compassion, pity
medeklinker consonant
medeleven sympathy
medelijden pity, compassion
medelijdend compassionate
medemens fellow-man
medeminnaar rival
medeplichtige accomplice, accessory
medewerken cooperate
medewerker associate
medewerking cooperation
medeweten knowledge
medezeggenschap right of say
medicijn medicin
medio ~ *mei*, mid-May

medisch medical
medische hulp medical assistance
mee also, along
meebrengen bring along; *fig* entail
meedoen ~ *aan*, join in
meedogenloos pitiless
meegaan go along (with), accompany
meegaande yielding, compliant
meehelpen help out
meel flour
meeldauw mildew
meeldraad stamen
meelopen (vergezellen) walk with
meelspijs spoon-meat
meenemen take away, take along
meer *telw* more; (waterplas) lake
meerdere superior
meerderheid majority; *fig* superiority
meerderjarig of age
meerijden ride along
meermalen repeatedly
meermin mermaid
meerstemmig polyphonic
meervoud plural
mees titmouse
meeslepen drag along
meespelen play along
meest most
meestal mostly, usually
meestbiedende highest bidder
meester master; teacher; *iets ~ zijn*, have... in hand
meesteres mistress
meesterlijk masterly
meesterstuk masterpiece
meetbaar measurable
meetkunde geometry
meetlat ruler
meetlint measuring tape
meeuw (sea-)gull
meevallen turn out better than was expected, exceed expectations
meevaller piece of good luck
meewarig compassionate
mei May
meid girl; (dienstmeisje) maid-servant

meidoorn hawthorn
meikever cockchafer
meineed perjury
meisje girl; (vriendin) girl-friend; (dienst-bode) maid-servant
meisjesnaam maiden name
mejuffrouw miss, lady
melaats leprous
melaatsheid leprosy
melancholiek melancholy
melden mention; inform of
melding mention; report
melk milk
melkboer milkman
melken milk
melkinrichting dairy
melkkan milk-jug
melksalon creamery
melktand milk-tooth
melkweg Milky Way
melodie melody, tune
meloen melon
memorie (geheugen) memory; (geschrift) memorial
men one, they, we, people
meneer Mr ...; Sir
menen mean; (denken) suppose, think
mengeling mixture
mengelmoes medley, jumble
mengen mix, blend; *zich ~ in*, meddle with, interfere
mengsel mixture
mengsmering two-stroke mixture
menie red-lead
menig many, several, quite a few
menigeen many a man
menigmaal many times
menigte (mensen) multitude, crowd; abundance
mening opinion
mennen drive
mens man, woman, person
mensdom mankind
menselijk human
mensen people
mensenhater misanthrope

mensenkennis knowledge of men
mensenliefde philanthropy
mensenschuw shy
mensheid mankind
menslievend philanthropic, humane
menstruatie menstruation
mentaliteit mentality
menu menu; *~ van de dag* today's special
menukaart menu
merel blackbird
merendeels mostly
merg marrow; *door ~ en been*, to the very marrow
mergel marl
meridiaan meridian
merk mark; (fabrieks-) brand
merkbaar perceptible, noticeable
merken mark; (bemerken) perceive
merkteken mark, sign, token
merkwaardig remarkable
merrie mare
mes knife
messenlegger knife-rest
messing brass
mest dung, manure
mesten dung, manure; (dieren) fatten
mesthoop dunghill
met with, by, at, on, upon, of
metaal metal
metaalindustrie metal (of. metallurgic) industry
metalen metal
meteen at once; at the same time
meten measure, gauge
meteoor meteor
meter metre
meter metre; (gas)meter
metgezel companion, mate
methode method
metro Underground
metselaar bricklayer
metselen lay bricks
mettertijd in (course of) time
meubel piece of furniture
meubelmaker furniture-maker, joiner
meubilair furniture

meubileren furnish
mevrouw Mrs ...; madam
miauwen mew, miaow
microfoon microphone
microscoop microscope
middag noon, midday; afternoon; *'s ~s* in the afternoon
middageten lunch
middagmaal dinner
middel means, expedient, (genees-) remedy; (taille) middle; waist; *door ~ van*, by means of; *een ~ tegen* a remedy for
middelbaar middle, middling; *van ~bare leeftijd*, middle-aged; *~bare school*, secondary school
middeleeuwen *mv* middle ages *mv*
middeleeuws medieval
middelen *mv* means *mv*
Middellandse Zee Mediterranean
middellijn diameter
middelmaat medium size
middelmatig moderate, mediocre
middelpunt centre
middelste middle
midden middle, midst; centre
middenberm centre strip
middenin in the middle
middenrif diaphragm
middenstand middle class
middenvinger middle finger
middenweg middle course, middle ground
middernacht midnight
mie noodles
mier ant
migraine migraine
mij me; *van ~* me, mine
mijden avoid, shun
mijl mile (1609 m)
mijlpaal milestone
mijmeren muse, dream; brood
mijn *vnw* my; *[de]* (explosief; v. delf-stoffen) mine
mijnbouw mining
mijnenlegger mine-layer
mijnenveger mine-sweeper

mijnerzijds on my part
mijnheer Mr ...; sir
mijnwerker miner
mijt (insect) mite; (hooi) stack
mikken aim (op, at)
mikpunt aim; target
Milaan Milan
mild liberal, generous; soft, genial
milddadig liberal, generous
milieu milieu, surroundings
milieubescherming environmental control (protection)
milieuhygiëne environmental sanitation
milieuverontreiniging environmental pollution
militair military
miljard milliard
miljoen a million
millimeter millimetre
milt spleen, milt
min *bn* (gemeen) mean; *~ of meer*, more or less
minachtend disdainful
minachting contempt, disdain
minder less, fewer; inferior
mindere inferior (to)
minderheid minority
minderjarig minor, under age
minderjarigheid minority; infancy
minderwaardig inferior
mineraal mineral
mineraalwater mineral water
miniatuur miniature
minimaal minimal
minimum minimum
minirok mini-skirt
minister minister, secretary; *~-president*, prime minister
ministerie ministry; department, Office; *~ v. Binnenlandse Zaken*, Home Office; *~ v. Buitenlandse Zaken*, Foreign Office; *(Amer)* State Department; *~ v. Financiën*, The Treasury
ministerraad cabinet
minnaar lover
minst least; *ten ~e*, at least

minstens at least
minuut minute
minvermogend poor, indigent
minzaam affable
mis [de] rk mass; bn amiss, wrong
misbaar uproar, clamour
misboek missal
misbruik abuse, misuse; ~ maken van, abuse
misdaad crime
misdadig criminal
misdadiger criminal
misdragen zich ~, misbehave
misdrijf crime, offence
misgreep mistake, error
misgunnen grudge
mishandelen ill-treat, maltreat
mishandeling ill-treatment
miskenning lack of appreciation
miskoop bad buy
miskraam miscarriage, abortion
misleiden mislead; deceive
mislukken miscarry, fail
mislukking failure
mismaakt deformed, mis-shapen
mismoedig disheartened, dejected
misnoegd discontented, displeased
misnoegen discontent
misplaatst out of place; fig misplaced, mistaken
misrekening miscalculation
misschien perhaps, maybe
misselijk sick; fig disgusting
missen miss; fail; lack; do without
missie mission
misstand abuse
misstap false step
mist fog; mist
misten be misty
misthoorn siren, fog-horn
mistig foggy, misty
mistlamp fog lamp
mistroostig disconsolate
misvatting misapprehension
misverstand misunderstanding
misvormd deformed, mis-shapen

mitrailleur machine-gun
mits provided, on condition that
mixen mix
mixer mixer
mobiel mobile
mobilisatie mobilization
mobiliseren mobilize
mobilofoon radiotelephone, walkie-talkie
modder mud, mire
modderig muddy
modderpoel puddle
mode fashion
model model, pattern
modern modern
moderniseren modernize
modeshow fashion show
modezaak fashion business
modieus fashionable
modiste milliner
moe tired, weary (of)
moed courage, heart, spirit
moedeloos dejected, spiritless
moeder mother
moederlijk maternal, motherly
moedertaal mother tongue
moedervlek mole, birth-mark
moedig courageous, brave
moedwil wantonness; uit ~, wantonly
moedwillig wanton
moeilijk difficult
moeilijk difficult, hard
moeilijkheid difficulty, trouble
moeite trouble, pains, labour, care; ~ hebben met find it difficult to; het is de ~ waard, it is worthwhile
moer nut
moeras marsh, swamp
moerassig marshy
moerbei mulberry
moes pulp
moesson monsoon
moestuin kitchen garden
moeten must, have to, be obliged
Moezelwijn Moselle
mogelijk possible, may be; bijw possibly;

zo ~, if possible
mogelijkheid possibility
mogen be allowed to, may; like
mogendheid power; *grote ~*, great power
mohammedaan Mohammedan
mok mug
mokken sulk
mol mole; *muz* flat
molecule molecule
molen mill
molenaar miller
molensteen millstone
molenwiek wing of a mill, vane
mollig plump, chubby
molm mould
molshoop mole-hill
molton swanskin
moment moment
mompelen mutter, mumble
mond mouth
mond- en klauwzeer foot-and-mouth disease
mondeling oral, verbal
mondheelkunde dental surgery
mondig of age
monding delta
mond-op-mondbeademing mouth-to-mouth resuscitation
mondstuk mouthpiece; (cigarette) tip
mondvoorraad provisions
monnik monk, friar
monopolie monopoly
monotoon monotonous
monster (gedrocht) monster; (proef) sample; *~ zonder waarde*, sample of no value
monsterachtig monstrous
monsteren muster
montage mounting, assembly
montagewoning prefabricated house; *gemeenz* prefab
monter brisk, cheerful, lively
monte'ren erect; (auto) assemble
monteur mechanic
montuur frame

monument monument
mooi beautiful, fine, nice; lovely
moord murder
moorddadig murderous
moordenaar murderer
moot slice; (vis) fillet
mop (grap) joke; (vlek) blob
mopperen grumble (at)
moraal moral
moreel moral
morfine morphine
morgen [de] morning; *bijw* tomorrow; *'s ~s*, in the morning; *tot ~* see you tomorrow
morgenavond tomorrow evening
morgenmiddag tomorrow afternoon
morgenochtend tomorrow morning
morgenrood dawn
morren grumble, murmur
morsen make a mess
morsig dirty, untidy
mortier mortar
mos moss
moskee mosque
moslim, moslem Muslim
mossel mussel
mosterd mustard
mot moth
motel motel
motie motion, vote; *~ van wantrouwen*, vote of no-confidence
motief motive; (in kunst) motif
motiveren motivate; account for
motor engine
motorboot motorboat
motorfiets motor cycle, motorbike
motorkap bonnet
motorolie engine oil
motorophanging engine mounting
motorpech engine trouble
motorrijder motor cyclist
motregen drizzling rain
motto motto, device
mountainbike mountain bike
mousseren effervesce; *~de wijn*, sparkling wine

mouw sleeve; *iem. iets op de ~spelden*,
make one believe something
mozaïek mosaic (work)
mud hectolitre
muf dingy
muffig musty, fusty
mufheid fustiness
mug mosquito
muggenzifter hair-splitter
muil mouth; (pantoffel) slipper
muildier mule
muilezel hinny
muilkorf muzzle
muilpeer box on the ears
muis mouse
muiten mutiny, rebel
muiter mutineer, rebel
muiterij mutiny
muizenval mousetrap
mul loose
mummelen mumble
mummie mummy
munitie ammunition
munt coin, money; (gebouw, plantje)

mint
munten coin
munttelefoon payphone
murmelen murmur
murw soft, tender, mellow
mus sparrow
museum museum; (schilderijen) gallery
musicus musician
muskaatnoot nutmeg
muskiet mosquito
muskietennet mosquito-net
muts beret
muur wall
muurbloem (ook *fig*) wallflower
muurschildering mural painting
muze muse
muziek music
muziekkorps band
muzikaal musical
muzikant musician
mysterie mystery
mystiek mysticism
mythe myth

n

n.l. = namelijk namely, viz.
na after
naad(je) seam
naaf hub
naaidoos sewing-box
naaien sew
naaigaren sewing-thread
naaimachine sewing-machine
naaister seamstress, needlewoman
naakt naked, bare, nude
naaktheid nakedness, nudity
naaktstrand nudist beach
naald needle
naam name, (roep, ook) reputation
naambordje name-plate
naamgenoot namesake
naamkaartje visiting-card
naamval case

naamwoord noun; *bijvoeglijk ~*, adjec-
tive; *zelfstandig ~*, substantive
na-apen ape, imitate
naar *vz* to, according to, after; *op weg ~*
on the way to; *bn* disagreeable, unpleasant, nasty; (ziek) queer
naarmate according as
naarstig diligent, assiduous
naast *bn* next, nearest; *vz* next (to), beside
naaste neighbour, fellowcreature
naasten nationalize; seize
nabestaande relative
nabestelling repeat order
nabij near, close to
nabijgelegen adjacent
nabijheid vicinity, neighbourhood, proximity

nabootsen imitate, mimic
naburig neighbouring
nacht night; 's ~s, at night, in the night-time, during the night; per ~ per night
nachtbus night bus
nachtclub night club
nachtegaal nightingale
nachtelijk nocturnal
nachthemd nightshirt
nachtjapon nightdress, nightie
nachtmerrie nightmare
nachtpon night gown
nachtrust night's rest
nachttarief night rate
nachttrein night train
nachtverblijf accommodation for the night
nachtvlucht night flight
nadat after
nadeel disadvantage; harm, hurt, loss
nadelig disadvantageous; detrimental (to)
nadenken ww think (about), reflect (upon); reflection
nadenkend thoughtful, pensive
nader nearer; further
naderbij nearer
naderen approach, draw near
naderhand afterwards, later on
nadering approach
nadien since, afterwards
nadoen imitate, mimic
nadruk emphasis, stress
nadrukkelijk emphatic(ally)
nagaan follow, trace; go through, look into
nageboorte placenta
nagedachtenis memory
nagel nail
nagelborstel nail-brush
nagellak nail polish
nagelschaar nail scissors
nagelvijl nail-file
nagemaakt counterfeit, forged, faked
nagenoeg almost, nearly
nagerecht dessert

nageslacht posterity
nagesynchroniseerd dubbed
naïef naive, artless
naijver emulation, jealousy
najaar autumn
najagen chase, pursue; hunt for
najouwen call after
nakijken check
nakomeling descendant
nakomen come afterwards; follow; (belofte) fulfil
nalaten leave (behind); (nietdoen) omit, neglect, fail
nalatenschap inheritance, estate
nalatig negligent, careless
naleven observe, fulfil
nalopen run after, follow
namaak imitation
namelijk namely, viz
namens in the name of, on behalf of
namiddag afternoon
naoorlogs post-war
napraten echo; remain talking
nar fool, jester
narcis narcissus, daffodil
narcose anaesthesia
narcotiseur anaesthetist
narekenen check
naseizoen late season
naslagwerk book of reference
nasleep train (of consequences); after-math (of war)
nasmaak after-taste
nasnuffelen search; ferret (in)
nasporen trace, investigate
nastaren gaze after
nastreven strive after; pursue
nat wet, liquid; bn wet, moist, damp
natie nation
nationaal national
nationaliteit nationality
naturalisatie naturalization
naturaliseren naturalize
natuur nature
natuurbehoud conservation of nature
natuurbescherming preservation of nat-

ural beauty
natuurgebied scenic area
natuurkunde physics *mv*
natuurkundige natural philosopher, physicist
natuurlijk *bn* natural; *bijw* naturally; of course
natuurramp natural disaster
natuurreservaat nature reserve
natuurverschijnsel natural phenomenon
natuurwetenschappelijk scientific
nauw *bn* narrow, tight, close; *bijw* narrowly, closely, strictly; *in het ~ brengen*, press hard
nauwelijks scarcely, hardly
nauwgezet punctual, conscientious
nauwkeurig exact, accurate
navel navel
navolgen imitate, follow
navorsen investigate, search into
navraag inquiry, demand
naweeën *mv* after-pains *mv*; *fig* after-affects *mv*
nawerking after-effect(s)
nazaten *mv* descendants
nazenden send after, forward
nazien look after; examine; (machine) overhaul; (schoolwerk) correct, mark
nazomer Indian summer
nazorg after-care
neder- zie ook *neer-*
nederig humble, lowly
nederlaag defeat
Nederland The Netherlands, Holland
Nederlander Dutchman
Nederlands Dutch
Nederlandse Dutchwoman
nederzetting settlement
nee no
neef (neefzegger) cousin; (oomzegger) nephew
neer, neer- down
neerdalen come down, descend
neerhalen pull down
neerhurken squat (down)
neerknielen kneel (down)

neerkomen land
neerleggen lay down; (ambt) resign; (werk) strike; *zich ~ bij*, accept
neerslachtig dejected
neerslag precipitation; fall (of rain, snow etc.)
neerstorten fall down; *luchtv* crash
neerzetten put down
negatief *bn* negative
negen nine
negende ninth
negentien nineteen
negentig ninety
neger negro
negeren cut, ignore
negerin negress
neigen (tot) incline, tend to
neiging inclination, bent
nek neck
nemen take, accept; *op zich ~*, undertake to do it
nep swindle, fake
nerf rib, vein; grain
nergens nowhere
nerts mink
nerveus nervous, agitated
nest nest; (roofvogel) aerie
nestel tag, lace
nestelen nest; *zich ~*, nestle
net (vis-) net; (boodschappen) string bag; (in trein) rack; (spoorweg, telefoon enz.) network; *bn* neat; (proper) tidy; (fatsoenlijk) decent, respectable; clean; *bijw* just, precisely
netelig thorny, ticklish
netheid neatness, tidiness
netjes neatly, nicely; tidy
netnummer dialling code
netto net
netvlies retina
netwerk network
neuken fuck
neuriën hum
neuroloog neurologist
neus nose; (schoen) toe-cap
neusbloeding nosebleed

269

neusgat nostril
neushoorn rhinoceros
neusklank nasal sound
neutraal neutral
neutraliteit neutrality
neuzen look around
nevel haze
nevelig hazy, misty
nicht (neefzegster) cousin; (oomzegster)
niece
niemand nobody, no one
nier kidney
niersteen renal calculus
niesen sneeze
niet not; ~ *meer*, no more, no longer
nietig (onbelangrijk) insignificant, paltry;
null
nietje staple
niets nothing
nietsnut good-for-nothing
nietszeggend meaningless; inexpressive
niettegenstaande notwithstanding
niettemin nevertheless
nieuw new
nieuweling novice; new-comer; new boy
nieuwerwets new-fashioned
nieuwigheid novelty, innovation
nieuwjaar New Year; *gelukkig* ~!, I wish
you a happy New Year!
nieuwjaarsdag New Year's Day
nieuws news, tidings
nieuwsberichten *mv* news
nieuwsgierig curious, inquisitive
nieuwsgierigheid curiosity
nieuwtje novelty; piece of news
niezen sneeze
nijd envy
nijdig angry
nijlpaard hippopotamus
nijpend biting; acute
nijptang (pair of) pincers
nijver industrious, diligent
nijverheid industry
nikkel nickel
niks nothing
niksen slack (out)

nimmer never
nippertje *op het* ~, touch-and-go, in the
nick of time
nis niche
niveau level
nivelleren level
noch... noch neither... nor
nochtans yet, nevertheless
nodeloos needless
nodig necessary, needful; ~ *hebben*,
need, want; ~ *zijn* be needed
noemen name, call
noemenswaard(ig) worth mentioning
noemer denominator
nog yet, still, besides, further
noga nougat
nogal rather, fairly
nogmaals once more
nok ridge
nokkenas camshaft
nominaal nominal
non nun
non-alcoholisch non-alcoholic (drinks)
nonchalant careless
nonsens nonsense, rot
non-stop non-stop
non-stopvlucht direct flight
nood need, necessity, distress, want
nooddeur emergency door
nooddruftig needy, indigent
noodgeval emergency (case)
noodhulp temporary help
noodkreet cry of distress
noodlanding forced landing
noodlijdend indigent; poor
noodlot fate, destiny
noodlottig fatal
noodrem safety brake
noodsein distress-signal
noodstop emergency stop
noodtoestand emergency
nooduitgang emergency exit
noodvulling temporary filling
noodweer *uit* ~, in self-defence
noodwoning temporary house
noodzaak necessity

noodzakelijk necessary
noodzaken oblige, compel, force
nooit never
Noor Norwegian
noord north
noordelijk northern
noorden north
noordenwind north wind
noorderbreedte North latitude
noorderlicht northern lights
noordoost north-east
noordpool north pole
noordwest north-west
Noordzee North Sea
Noors Norwegian
Noorwegen Norway
noot (vrucht) nut; (anders) note
nootmuskaat nutmeg
nop nothing; *voor ~*, free
nopen induce, oblige
norm norm
normaal normal
nors gruff, surly
nota (rekening) bill; note, memorial; *~ nemen van*, note, take note of
notabelen *mv* notabilities
notarieel notarial
notaris notary
notenbalk staff, stave

notenboom walnut-tree
notendop nutshell
notenhout walnut
notenkraker (pair of) nutcrackers
noteren write down
notering *handel* quotation
notie notion
notitie note, memorandum; notice
notitieboekje note-book
notulen *mv* minutes *mv*
nou well; now
novelle short novel
november November
nu now
nuchter sober
nudistenkamp nudist camp
nuffig affected
nuk freak, whim, caprice
nul naught, zero; (in telefoonnummers) o; *fig* nonentity, mere cipher
nummer number; (kledingstuk) size
nummerbord number-plate
nummerschijf *tel* dial
nut use, profit, benefit
nutteloos useless; in vain
nuttig useful, profitable
nuttigen take; partake of
nuttigheid utility
nylon nylon

O

o.a. = *onder andere* among other things
oase oasis
ober waiter
obligatie bond, debenture
obsceen obscene
obstakel obstacle
oceaan ocean
och oh!, ah!
ochtend morning; *'s ~s* in the morning
ochtendblad morning-paper
ochtendjas dressing gown
octaaf octave
octrooi patent

odeur perfume, scent
oedeem oedema
oefenen exercise, practise, train
oefening exercise, practice
oeroud ancient
oerwoud primeval forest
oester oyster
oeuvre body of work
oever (zee) shore; (rivier) bank
of or; if, whether; *of... of*, either... or
offer offering, sacrifice
offeren sacrifice
offerte offer

271

officieel official
officier officer; ~ *van gezondheid*, army surgeon; ~ *van justitie*, Public Prosecutor
officieus semi-official
ofschoon (al)though
oftewel or
ofwel or
ogenblik moment
ogenblikkelijk immediate
ogenschijnlijk apparent
ogenschouw *in* ~ *nemen*, inspect, have a look at
o.i. = *ons inziens* in our opinion
oké okay
oksel armpit
oktober October
olie oil; ~ *en azijn* oil and vinegar; ~ *verversen* change the oil
olie- en azijnstelletje cruetstand
olieachtig oily
oliebol ± fried, round cake
oliedrukmeter oil-pressure gauge
oliefilter oil filter
oliegoed oilskins
oliepeil oil level
oliepomp oil pump
oliesel *rk* extreme unction
oliespuit oil syringe
olieverf oil-paint
olifant elephant
olijf olive
olijfolie olive-oil
olijk roguish
olm elm
om round, at, about, for; to, in order to, of, on; (*voorbij*) up; (*opdat*) in order to
oma granny
omarmen embrace
ombrengen kill
ombuigen bend
omdat because
omdraaien turn
omelet omelet
omgaan go about; ~ *met*, associate with; (*v. voorwerp*) handle
omgaande *per* ~, by return (of post)
272

omgang (social) association, company; (*toren*) gallery
omgekeerd turned upside down; reversed
omgeven surround
omgeving surroundings *mv*
omgooien knock over, overturn
omhaal ceremony, fuss
omheen (round) about
omheining fence, enclosure
omhelzen embrace
omhoog on high; aloft; up
omhullen envelop, wrap round
omhulsel wrapping, cover
omkeer change, turn; reversal; revolution
omkeren turn round
omkijken look back
omkomen perish
omkopen bribe, corrupt
omlaag below, down
omlegging (*weg*) diversion
omleiding diversion (of traffic)
omliggend surrounding
omloop (*bloed*) circulation; (*aarde*) revolution; (*toren*) gallery; *in* ~ *brengen*, put into circulation
omlopen go round; (*make a*) detour
ommezien *in een* ~, in a trice
ommezijde back; *zie* ~, please turn over; P.T.O.
ompraten talk round
omrastering railing
omreis detour
omrijden make a detour
omringen surround, encircle
omroep broadcast(ing)
omroeper *rtv* announcer
omroepstation broadcasting station
omroeren stir
omscholen retrain
omschrijven define, describe; circumscribe
omschrijving definition
omsingelen surround
omslaan overthrow, overset, turn over; throw on (a cloak); (*weer*) change, break

omslachtig cumbersome
omslag (boek) cover, wrapper; (v. mouw) cuff; (v. broek) turn-up; (*med*) compress; *fig* fuss, ado; *hoofdelijke* ~, poll-tax
omspoelen rinse, wash up
omstander bystander
omstandig circumstantial
omstandigheid circumstance
omstreden disputed; controversial
omstreeks about
omstreken *mv* surroundings *mv*
omtrek circumference, contour, outline; (omstreken) environs, neighbourhood
omtrent about, concerning, with regard to
omvallen fall down, be upset
omvang compass, extent; (stem) range; (boom) girth
omvangrijk voluminous, extensive
omvatten span; include, embrace
omver down, over
omverwerpen upset; (regering) overthrow
omweg roundabout way; detour
omwenteling revolution, rotation
omwerken remould; rewrite
omwisselen change
omzet turnover, sale
omzichtig circumspect, cautious
omzien look back (about); ~ *naar*, look out for
naangenaam disagreeable, unpleasant
naantrekkelijk unattractive
naardig unpleasant, unkind
nachtzaam inattentive, negligent, careless
nafgebroken uninterrupted
nafhankelijk independent
nafscheidelijk inseparable
nbaatzuchtig disinterested, unselfish
nbedaarlijk uncontrollable, inextinguishable
nbedachtzaam inconsiderate, thoughtless
nbedorven unspoiled, innocent
nbeduidend insignificant

onbedwingbaar uncontrollable
onbegaanbaar impassable
onbegonnen ~ *werk*, an endless task
onbegrensd unlimited
onbegrijpelijk inconceivable, incomprehensible
onbehaaglijk uncomfortable, uneasy
onbeheerd ownerless
onbeholpen awkward, clumsy
onbehoorlijk unseemly, improper, indecent
onbehuisd homeless
onbekend unknown; *Ik ben hier* ~, I'm a stranger here
onbekookt inconsiderate
onbekrompen unsparing, lavish; (v. geest) broad-minded
onbekwaam incapable, unable
onbeleefd impolite, uncivil
onbelemmerd unimpeded
onbelicht unexposed
onbemiddeld without means
onbenul nonentity
onbenullig fatuous
onbepaald indefinite
onbeperkt unlimited
onbereikbaar unattainable
onberekenbaar incalculable
onberispelijk blameless, irreproachable, flawless
onbeschaafd ill-bred; uncivilized
onbeschaamd impudent, bold, impertinent
onbescheiden impudent
onbeschoft impolite
onbeschrijfelijk indescribable
onbeslist undecided; *sp* drawn
onbesproken blameless
onbestelbaar undeliverable
onbestemd indeterminate, vague
onbestendig unstable, inconstant, variable
onbestuurbaar unmanageable
onbesuisd rash, hot-headed
onbetaalbaar priceless, invaluable; (grap) capital

273

onbetamelijk unbecoming, indecent, improper
onbetekenend insignificant
onbetrouwbaar unreliable
onbetwist undisputed
onbevaarbaar innavigable
onbevoegd incompetent
onbevooroordeeld unprejudiced, unbiassed
onbevreesd fearless
onbewaakt unattended
onbeweeglijk motionless
onbewoond uninhabited, unoccupied, not occupied
onbewust unconscious; unaware (of)
onbezoldigd unsalaried
onbezorgd care-free
onbillijk unjust, unfair
onbrandbaar incombustible
onbreekbaar unbreakable
onbruik in ~ geraken, go out of use
onbruikbaar useless; (persoon) inefficient
ondank ingratitude
ondankbaar ungrateful
ondanks in spite of
onder under, among, during; bijw down
onderaan at the bottom (the foot) of
onderaards underground
onderafdeling subdivision; subsection
onderarm fore-arm
onderbelicht under-exposed
onderbewust subconscious
onderbreken interrupt, break
onderbreking interruption, break
onderbroek pants
onderdaan subject
onderdak shelter
onderdanig submissive
onderdeel part, fraction, section
onderdirecteur sub-manager
onderdompelen submerge, immerse
onderdrukken keep down, oppress, suppress
onderdrukking oppression; suppression
onderduiken dive; fig go into hiding
ondereinde lower end

ondergáán undergo, suffer
óndergaan go down; (zon) set
ondergang ruin
ondergeschikt subordinate; minor; inferior
ondergetekende undersigned
ondergoed underwear
ondergronds underground; ~e spoorweg, the Underground; (amer) subway
onderhandelen negotiate
onderhandeling negotiation
onderhands private
onderhevig subject, liable (to)
onderhorig dependent, subordinate
onderhoud (v. weg enz.) upkeep; (levens-) maintenance, support, sustenance; (gesprek) conversation, talk, interview
onderhouden (in 't leven) support; (aan de gang) keep up, maintain; (praten) entertain
onderhoudend entertaining, amusing
onderhoudsbeurt overhaul
onderhuurder subtenant
onderin at the bottom
onderjurk petticoat
onderkaak lower jaw
onderkant bottom
onderkin double chin
onderkomen shelter, lodging
onderkruiper blackleg
onderlijf belly, abdomen
onderling mutual
onderlip lower lip
ondermijnen undermine, sap
ondernemen undertake, attempt
ondernemend enterprising
ondernemer owner
onderneming undertaking, enterprise; (zaak) concern; (plantage) estate, plantation
onderofficier non-commissioned officer (marine) petty officer
onderpand pledge, guarantee, security
onderricht instruction
onderschatten undervalue, underrate
onderscheid difference; distinction

274

onderscheiden *ww* discern, distinguish; *zich ~*, distinguish oneself; *bn* different, various; distinct

onderscheiding distinction; decoration

onderscheidingsteken badge

onderscheppen intercept

onderschrift subscription; signature

ondershands privately, by private contract

onderstaand undermentioned

onderste lowest, bottom, undermost

ondersteboven upside down

onderstel (v. vliegtuig) undercarriage

onderstelling supposition, hypothesis

ondersteunen support

ondersteuning support, relief

onderstrepen underline

ondertekenen sign

ondertekening signature

ondertiteld subtitled

ondertrouw betrothal

ondertussen meanwhile

onderverhuren sublet

ondervinden experience

ondervinding experience

ondervoeding malnutrition

ondervoorzitter vice-chairman

ondervragen interrogate, question

ondervraging interrogation, examination

onderweg underway

onderwerp subject; topic

onderwerpen subject; submit

onderwerping subjection, submission

onderwijl meanwhile, the while

onderwijs education

onderwijzen teach

onderwijzer teacher; instructor

onderworpen submissive; subject (to)

onderzeeboot submarine

onderzeeër submarine

onderzoek inquiry, investigation, examination

onderzoeken investigate; examine

ondeskundig inexpert

ondeugdelijk defective

ondeugend naughty, mischievous; wicked

ondiep shallow

ondier brute, monster

onding absurdity

ondoenlijk impracticable, unfeasible

ondoordacht inconsiderate, thoughtless

ondoordringbaar impenetrable

ondoorgrondelijk inscrutable

ondoorschijnend opaque

ondraaglijk unbearable, intolerable, insupportable

ondrinkbaar undrinkable

ondubbelzinnig unequivocal

onduidelijk indistinct; obscure

onecht not genuine, false; forged; (kind) illegitimate

oneens *het ~ zijn*, disagree

oneerbaar indecent

oneerbiedig irreverent

oneerlijk dishonest, unfair

oneindig endles, infinite

onenigheid discord, disagreement

onervaren inexperienced

oneven odd

onevenredig disproportionate

onfatsoenlijk indecent, improper

onfeilbaar unfailing, infallible

ongaar underdone

ongaarne unwillingly

ongeacht regardless of

ongebaand unbeaten, untrodden

ongebonden dissolute, loose

ongebruikelijk unusual

ongedeerd unhurt

ongedierte vermin

ongeduld impatience

ongeduldig impatient

ongedurig restless

ongedwongen unconstrained, unrestrained, free

ongeëvenaard unequalled

ongegeneerd unceremoniously

ongegrond groundless

ongehoord unheard of

ongehoorzaam disobedient

275

ongehuwd unmarried
ongekuist unexpurgated
ongekunsteld ingenuous
ongeldig invalid, not valid
ongelegen inconvenient
ongelijk ~ *hebben*, be wrong; *bn* unequal, uneven
ongeloof unbelief, disbelief
ongelooflijk incredible
ongelovig unbelieving
ongelovige infidel, unbeliever
ongeluk (pech) misfortune; (gemoedstoestand) unhappiness; (ongeval) accident, mishap; (toeval) bad luck; *bij* ~, accidentally
ongelukkig unhappy, unfortunate, unlucky
ongeluksvogel unlucky person
ongemak inconvenience; (gebrek) trouble
ongemakkelijk not easy, uncomfortable
ongemanierd ill-mannered
ongemerkt unperceived, imperceptible; unmarked
ongemoeid undisturbed, unmolested
ongenaakbaar inaccessible, unapproachable
ongenade disgrace
ongeneeslijk incurable
ongenegen disinclined
ongenoegen displeasure
ongeoorloofd illicit, unallowed
ongepast unseemly, improper
ongeregeld irregular
ongerept untouched; pure
ongerief inconvenience
ongerijmd absurd, preposterous
ongerust uneasy
ongerustheid uneasiness, anxiety
ongeschikt unfit, inapt; unsuitable, improper
ongeschonden undamaged, unviolated
ongeschoold unskilled
ongesteld indisposed, unwell; ~ *zijn* (v. vrouwen) menstruate, have one's period
ongesteldheid indisposition; (v. vrouwen)
276

menstruation
ongestoord undisturbed
ongetwijfeld undoubtedly, doubtless
ongevaarlijk harmless, safe
ongeval accident, mishap
ongevallenverzekering accident insurance
ongevallenwet employers' liability act
ongeveer about
ongeveinsd unfeigned
ongevoelig unfeeling, insensible
ongewoon unusual, uncommon
ongezellig unsociable; cheerless; (huis) not cosy
ongezond (klimaat) unhealthy; (voeding) unwholesome; (lucht) insalubrious
onguur inclement, rough
onhandelbaar intractable **onhandig** awkward, clumsy
onhebbelijk unmannerly, rude
onheil calamity, disaster
onheilspellend ominous
onherbergzaam inhospitable
onherkenbaar unrecognizable
onherroepelijk irrevocable
onherstelbaar irreparable; (verlies) irrecoverable
onheuglijk immemorial
onhoorbaar inaudible
onhoudbaar untenable
onhygiënisch insanitary **onjuist** inaccurate; inexact
onjuist incorrect
onkies indelicate
onkosten *mv* charges, expenses *mv*
onkruid weeds *mv*
onkunde ignorance
onkundig van ignorant of
onkwetsbaar invulnerable
onlangs the other day, lately, recently
onleesbaar (schrift) illegible; (boek) unreadable
onlogisch illogical
onlusten *mv* troubles, disturbances, riots *mv*
onmacht impotence; (flauwte) swoon,

fainting fit
onmatig immoderate, intemperate
onmeetbaar immeasurable
onmens monster, brute
onmenselijk inhuman, brutal
onmerkbaar imperceptible
onmetelijk immense, immeasurable
onmiddellijk immediate; *bijw* directly, immediately, at once
onmin in ~, at variance (with)
onmisbaar indispensable
onmogelijk impossible
onnadenkend thoughtless, inconsiderate
onnauwkeurig inaccurate
onnodig needless, unnecessary
onnozel simple, silly
onomstotelijk irrefutable
onomwonden explicit, plain
onontbeerlijk indispensable
onooglijk unsightly
onopgevoed ill-bred
onophoudelijk incessant, ceaseless, unceasing
onoplettend inattentive
onopvallend inconspicuous
onopzettelijk unintentional
onordelijk disorderly, unruly
onovergankelijk intransitive
onoverwinnelijk invincible
onoverzichtelijk unclear; complex, intricate
onpartijdig impartial
onpasselijk sick
onraad trouble, danger; *ik ruik ~*, I smell a rat
onrecht injustice, wrong; *ten ~e*, wrongly
onrechtmatig unlawful
onrechtvaardig unjust
onredelijk unreasonable
onregelmatig irregular
onrein unclean, impure
onrijp unripe, immature
onroerend *~e goederen, mv* real property, real estate
onrust restlessness, unrest
onrustbarend alarming

onrustig restless, unquiet
ons *pers vnw* us; *bez vnw* our; *van ~* ours; 100 grams
onsamenhangend incoherent
onschadelijk harmless, inoffensive
onschatbaar invaluable
onschendbaar inviolable
onschuld innocence
onschuldig innocent
onsterfelijk immortal
onstuimig boisterous *fig*, impetuous, dashing
onsympathiek uncongenial
ontaard degenerate
ontactvol tactless
ontberen be in want of, lack
ontbering want, privation
ontbieden summon, send for
ontbijt breakfast
ontbijten have breakfast
ontbinden undo; (huwelijk enz.) dissolve; (lichaam) decompose
ontbinding dissolution, decomposition
ontbloot bare; devoid (of)
ontboezeming effusion
ontbranden take fire, ignite
ontbreken be wanting, be absent; miss
ontdaan disconcerted; upset; taken aback
ontdekken discover; find out
ontdekking discovery
ontdoen *zich ~ van*, get rid of, dispose of, part with
ontdooien thaw, *fig* melt
ontduiken (slag, wet) elude; (moeilijkheid) evade
ontegenzeglijk incontestable, unquestionable
onteigenen expropriate
ontelbaar countless, innumerable
ontembaar untamable, indomitable
onteren dishonour
onterven disinherit
ontevreden discontented (with)
ontevredenheid discontent
ontfermen *zich ~ over*, take pity on

277

ontgaan escape
ontginnen (bossen) clear; (land) reclaim; (mijn) work, exploit
ontginning reclamation, exploitation
ontgoochelen disillusion(ize)
ontgroeien outgrow
onthaal treat, entertainment
onthalen treat (to)
ontharden soften
ontharen depilate
ontheemde displaced person
ontheffen relieve (of)
ontheffing exemption, dispensation, exoneration
onthouden withhold, keep from; (niet vergeten) remember; *zich ~ van*, abstain from
onthouding abstinence; (bij stemming) abstention
onthullen reveal, disclose; (standbeeld) unveil
onthutst disconcerted, upset
ontijdig untimely, premature
ontkennen deny
ontkenning denial, negation
ontketenen unchain; (aanval) launch
ontkiemen germinate
ontkleden undress
ontkomen escape
ontkoppelen declutch; disconnect
ontladen unload
ontlasting (uitwerpselen) stools; (leniging) relief
ontleden dissect, anatomize; (redekundig) analyse; (taalkundig) parse
ontleding analysis; (anatomie) dissection; (taalkundig) parsing
ontlenen borrow, derive (from)
ontluiken open, expand
ontmaskeren unmask
ontmoedigen dishearten, discourage
ontmoeten meet; encounter
ontmoeting meeting; encounter
ontnemen take away, deprive
ontoegankelijk inaccessible
ontoelaatbaar impermissable

ontoereikend inadequate
ontoerekenbaar not imputable, irresponsible
ontoonbaar not fit to be seen
ontploffen explode, detonate
ontploffing explosion, detonation
ontplooien unfold
ontraden dissuade from
ontroerd moved
ontroering emotion
ontroostbaar disconsolate
ontrouw *zn* unfaithfulness; infidelity; *bn* disloyal, unfaithful
ontruimen evacuate, vacate
ontruiming evacuation, clearing
ontscheping disembarkation
ontsieren disfigure, mar
ontslaan discharge, dismiss; *~ van*, release, free (from)
ontslag discharge, dismissal
ontslagaanvrage resignation
ontsmetten disinfect
ontsnappen escape
ontsnapping escape
ontspannen unbend, relax
ontspanning relaxation; distraction; relief
ontsporing derailment
ontspringen rise, originate
ontstaan arise, proceed; *~*, origin
ontsteken kindle, light; become inflamec
ontsteking (ziekte) inflammation; (auto) ignition; (vuur) kindling
ontsteld alarmed
ontstellend terrible, awful
ontsteltenis consternation, dismay, alarn
ontstemd out of tune; *fig* put out
ontstemming displeasure
ontstentenis default
onttrekken withdraw from; *zich ~ aan*, withdraw from
ontucht lewdness
ontvangbewijs receipt
ontvangen receive
ontvanger (goederen) consignee, recipient; (belasting) tax-collector

ontvangst receipt, reception
ontvelling abrasion
ontvlambaar inflammable
ontvlekken clean, remove stains from
ontvluchten fly, escape
ontvoering abduction, kidnapping
ontvouwen unfold
ontvreemden steal
ontwaken awake, get awake, wake up
ontwapenen disarm
ontwapening disarmament
ontwarren untangle
ontwerp project, plan
ontwerpen draft, draw up, design, project
ontwijfelbaar unquestionable
ontwijken evade; (iem.) avoid
ontwikkelaar developer
ontwikkeld *fig* educated
ontwikkelen develop
ontwikkeling development; *algemene ~,* general education
ontwikkelingshulp developing aid, development aid
ontwikkelingsland developing country, development country
ontwrichten dislocate
ontzag awe, respect
ontzaglijk awful, tremendous
ontzeggen deny
ontzet relief; rescue
ontzettend dreadful, terrible, appalling
ontzetting (uit ambt) dismissal; (schrik) horror
ontzien respect, spare
onuitputtelijk inexhaustible
onuitsprekelijk unspeakable, inexpressible
onuitstaanbaar insufferable; intolerable
onuitvoerbaar impracticable
onvast unstable, unsteady
onvatbaar immune (from)
onveilig unsafe, insecure; *~!,* danger!
onveranderlijk unchangeable, unalterable
onverantwoordelijk not responsible; injustifiable, irresponsible
onverbeterlijk incorrigible
onverbiddelijk inexorable
onverdraaglijk intolerable
onverdraagzaam intolerant
onverenigbaar incompatible
onverflauwd unabated
onvergankelijk imperishable, undying
onvergeeflijk unforgivable, unpardonable
onvergelijkelijk incomparable, matchless
onvergetelijk unforgettable
onverhoeds sudden, unexpected
onverhoopt unexpected
onverklaarbaar inexplicable
onverkoopbaar unsal(e)able
onvermijdelijk unavoidable; inevitable
onvermoeibaar indefatigable
onvermoeid untired, tireless
onvermogen inability, impotence; (geld) indigence
onverrichter zake without success
onverschillig indifferent, careless
onverschrokken intrepid, undaunted, dauntless
onverslijtbaar everlasting
onverstaanbaar unintelligible
onverstandig unwise
onverstoorbaar imperturbable
onvertogen unseemly, indecent
onvervaard undaunted
onverwacht(s) unexpectedly, suddenly, unawares
onverwijld immediate
onverzadigbaar insatiable
onverzettelijk immovable, stubborn, obstinate
onverzoenlijk irreconcilable, implacable
onverzorgd (arm) unprovided for; (slordig) untidy
onvoldaan unsatisfied
onvoldoend insufficient(ly); *~e* (school) unsufficient mark
onvolkomen imperfect
onvolledig incomplete
onvoltooid unfinished, incomplete

279

onvoorbereid unprepared
onvoordelig unprofitable
onvoorstelbaar incredible
onvoorwaardelijk unconditional
onvoorzichtig imprudent
onvoorzien unforeseen, unexpected
onvriendelijk unkind
onvruchtbaar infertile; sterile, barren
onwaar untrue
onwaardig unworthy
onwaarheid untruth, lie
onwaarschijnlijk improbable; unlikely
onwankelbaar unshakable, unwavering
onweer thunder-storm
onweersbui (thunder-)storm
onweerstaanbaar irresistible
onwel indisposed, unwell
onwelvoeglijk indecent
onwetend ignorant
onwetendheid ignorance
onwettig unlawful, illegal
onwijs unwise, foolish
onwil unwillingness
onwillekeurig involuntary
onwrikbaar immovable; *fig* unshakable
onze our; *de ~*, ours
onzedelijk immoral
onzeker uncertain; insecure; (hand, stem) unsteady
onzekerheid uncertainty, insecurity
onzerzijds on our part
onzevader the Lord's Prayer
onzichtbaar invisible
onzijdig neutral; *taalk* neuter
onzijdigheid neutrality
onzin nonsense
onzindelijk uncleanly, dirty
onzinnig absurd, nonsensical
onzuiver impure
oog eye; *met het ~ op*, in view of; *onder vier ogen*, in private
oogarts ophthalmologist, eye-doctor
oogbol eye-ball
oogdruppels *mv* eye drops *mv*
ooggetuige eye-witness
ooghaar eyelash

ooglid eyelid
oogluikend *iets ~ toestaan*, connive at
oogmerk aim, intention, purpose
oogpunt point of view
oogst harvest, crop
oogsten reap, gather, harvest
oogwenk wink
ooievaar stork
ooit ever
ook also, too
oom uncle
oor ear
oorarts otologist, ear specialist
oorbel earring, eardrop
oord place, region
oordeel judgment, sentence, opinion, discretion
oordeelkundig judicious
oordelen judge (*over*, of); think
oorkonde charter, deed, document
oorlelletje earlobe
oorlog war
oorlogsinvalide disabled exsoldier
oorlogskerkhof war cemetery
oorlogsschip man-of-war, warship
oorlogsverklaring declaration of war
oorlogszuchtig bellicose, eager for war
oorlogvoerend belligerent
oorontsteking inflammation of the ear, otitis
oorpijn ear-ache
oorsprong origin, source
oorspronkelijk original
oorverdovend ear-deafening
oorvijg box on the ears
oorworm earwig
oorzaak cause, origin
oost east
oostelijk eastern
oosten East, Orient
Oostenrijk Austria
Oostenrijks Austrian
oostenwind east wind
oosterlengte East longitude
oosters oriental, eastern
Oostzee, de The Baltic (Sea)

op on, upon, at, in about, up; *hij is ~*, he is out of bed; he is finished; *mijn geld is ~*, my money is spent; *de wijn is ~*, the wine is finished; *~ en neer*, up and down

opa granddad

opbellen ring; phone

opbergen put (stow) away

opblazen blow up

opbouwen build up

opbrengen bring in; (dief) run in

opbrengst produce, proceeds *mv*

opdat that; *~ niet*, lest

opdienen serve

opdoen (voorraden) lay in; buy; (opdissen) bring in; (krijgen) get, gain, acquire

opdracht dedication; (last) charge, mandate, commission; *~ geven*, instruct

opdrijven force up

opdringen thrust, force upon

opdringerig obtrusive, intrusive

opdrinken drink, finish

opdrogen dry up

opeen together, in a heap

opeenhoping accumulation, congestion, agglomeration

opeens suddenly, all at once

opeenvolgend successive

opeenvolging succession

opeisen claim, summon

open open; (betrekking) vacant; *~ haard*, open hearth

openbaar public; *~ vervoer* public transport

openbaarmaking publication

openbaring revelation

opendoen open; answer the bell

openen open

opengaan open

openhartig frank, openhearted

opening opening; (gat) aperture; hole

openingstijden opening-hours

openlijk open, public

openluchttheater open-air theatre

openmaken open

opentrekken open; (gordijn) draw back

opera opera

operateur operator

operatie operation

operatiekamer operating room, operating theatre

opereren operate

operette operetta, musical comedy

opeten eat

opfrissen refresh; freshen, brush up; have a wash

opgaan rise, go up; run out

opgang rise; *~ maken*, catch on

opgave statement; (taak) task; (school) exercise

opgeblazen *fig* bumptious, inflated

opgebroken (weg) road works

opgeruimd cheerful, in high spirits

opgetogen elated (*van*, with)

opgeven give up; (vermelden) mention; state; *zich ~ voor* enrol for

opgewassen a match for; equal to

opgewekt cheerful; in high spirits; (gesprek) animated

opgewonden excited

opgezet stuffed

opgraving exhumation; (archeologisch) excavation

opgroeien grow up

ophaalbrug drawl ridge

ophalen draw up, pull up; pick up; (schouders) shrug; (inzamelen) gather

ophangen hang (up); suspend

ophef fuss

opheffen lift up, raise; (afschaffen) abolish

opheffing elevation; (afschaffing) abolition, closing

ophelderen clear up, explain

opheldering explanation, elucidation

ophijsen hoist (up)

ophitsen set on; incite

ophogen heighten

ophopen heap up, accumulate

ophoping accumulation

ophouden hold up; (afhouden v.) detain; (eindigen) cease, stop

opjagen rouse, start; *fig* run up

opkijken look up
opklapbed folding bed
opklaren clear up
opklimmen climb, mount; *fig* rise
opknappen tidy up; patch up; (beter worden) regain strength
opkomen get up; rise; ~ *tegen*, protest against
opkomst rise; (van vergadering) attendance
opkweken breed, bring up
oplaag impression
opleggen lay on, impose, charge with
oplegger trailer
opleiden bring up, train
opleiding education, training
opletten pay attention, attend
oplettendheid attentiveness, attention
opleven revive
opleveren produce, yield; (moeilijkheden) present; (afleveren) deliver
opleveringstermijn term of delivery
opleving revival
oplichter swindler
oplichting fraud
oploop tumult, riot, row
oplosbaar (vloeistof) soluble; (vraag) solvable
oploskoffie instant coffee
oplossen (in vloeistof) dissolve; (vraag) solve
oplossing solution
opluchting relief
opluisteren add lustre to
opmaken (verteren) spend; (haar) dress; (verslag) draw up; (gelaat) make-up
opmars advance
opmerkelijk remarkable
opmerking observation, remark
opmerkzaam attentive, observant
opmeten measure
opname record(ing)
opnemen take up; (reiziger) pick up; (patiënt) admit; (voedsel) take; (geld) draw up
opnieuw again
opnoemen name, mention
282

opoffering sacrifice
oponthoud delay
oppakken pick up, take up; (arresteren) run in
oppas babysitter
oppassen take care, be careful (*of, voor*); *pas op!*, take care!, beware of...!
oppassend well-behaved
oppasser attendant; caretaker
opper upper, chief, superior
opperbevelhebber commander-in-chief
opperen propose, suggest
opperhoofd chief, head
oppermacht supremacy
oppermachtig supreme
oppersen press
opperste uppermost, supreme
oppervlak surface
oppervlakkig superficial
oppervlakte surface
oppompen pump up
oppositie opposition
oprapen pick up, take up
oprecht sincere, straightforward
oprechtheid sincerity
oprichten set up, erect; *fig* establish, found
oprijlaan drive
oprisping belch
oprit drive
oproep *tel* call; summons
oproepen call up; convoke, summon
oproer insurrection, revolt
oproerig rebellious
oproerling rebel, insurgent
oproerpolitie riot police
oprollen roll up
oprotten get lost
opruien incite
opruier agitator, inciter
opruimen clear away; (voorraad) clear off
opruiming clearing away; (uitverkoop) sales
opscheppen (eten) serve out; boast, bra⟨
opschieten get on; hurry up

opschik finery, trappings
opschorten suspend, adjourn
opschrift inscription; heading
opschrijfboekje note-book
opschrijven write down
opschudding bustle, tumult; commotion
opschuiven push up; move up
opslaan put up; (boek) open; (tent) pitch; (prijs) raise; (inslaan) lay in; store; (hoger worden) rise
opslag rise; (in pakhuis) storage
opslagplaats store
opsluiten lock up; confine
opsluiting confinement
opsnij(d)er braggart
opsnijden brag
opsommen enumerate, sum up
opsporen trace, find out
opspraak *in ~ brengen*, compromise
opspringen jump (leap) up
opstaan get up, stand up, rise; revolt
opstand insurrection, revolt
opstandeling insurgent, rebel
opstanding resurrection
opstapelen heap up, pile up
opstappen get on board
opsteken hold up, lift; (paraplu) put up; (sigaret) light; (geld) pocket
opstel composition; paper; essay
opstellen (instrument, machine) mount; (soldaten) post; (redigeren) draft, draw up
opstijgen rise; ascend, mount; (v. vliegtuig) take off
opstoken poke (up); *fig* incite, instigate
opstootje riot
opstopper cuff, slap
opstopping congestion
opstropen tuck up
opsturen send on, forward
optekenen note (down)
optellen cast up, add (up)
opticien optician
optillen lift up
optocht parade
optreden appear; *~ tegen*, take action

against
optrekken draw up, raise; march; (auto) accelerate; (van mist) lift
opvallend striking
opvangen catch; (woorden) overhear; *rtv* pick up
opvatten *fig* understand
opvatting conception, idea, view, opinion
opvegen sweep up
opvliegend short-tempered
opvoeden educate, bring up
opvoeding education
opvoedkunde pedagogy
opvoeren carry up, raise; increase; (motor) speed up; (toneel) perform
opvoering performance
opvolgen follow; succeed
opvolger successor
opvouwbaar collapsible, folding
opvouwen fold up
opvrolijken brighten, cheer up
opvullen fill up, stuff
opwaarts upward
opwachten wait for
opwachting *zijn ~ maken*, pay one's respects to
opwegen tegen counterbalance
opwekken excite, stimulate
opwekkend exciting, stimulating
opwekking stimulation; (v. stroom) generation
opwelling outburst
opwinden wind up; *fig* excite
opwinding excitement
opzeggen say, recite (a lesson); (intrekken) denounce; (uit betrekking) give notice
opzegging denunciation, withdrawal; (ontslag) notice
opzenden send
opzet design, intention; *met ~*, on purpose
opzettelijk intentional, wilful; *bijw* designedly, purposely
opzetten put on; (v. tent) set up, pitch;

283

(v. dier) stuff

opzicht supervision; *in alle ~en,* in every respect; *ten ~e van,* with respect to

opzichter overseer; superintendent

opzichtig gaudy, showy, garish

opzien look up; *~ tegen,* shrink from; *~ baren,* make a stir

opzienbarend sensational

opzij aside, to the side

opzoeken seek; look up; (bezoeken) call on

opzwellen swell

oranje orange

orde order; *aan de ~ zijn,* be under discussion; *in ~,* all right; *niet in ~* out of order; *in ~ brengen,* put right; *in ~ komen,* come right

ordelijk orderly

ordeloos disorderly

order order, command

ordinair cheap

orgaan organ

organisatie organization

organisch organic

organiseren organize, arrange

orgel organ

origineel *zn bn* original

orkaan hurricane

orkest orchestra, band

orthopedisch orthopaedic

os ox

ossenhaas fillet of beef

ossenvlees beef

otter otter

oud old, aged; (antiek) antique, ancient; *hoe ~ bent u?* how old are you?

oudbakken stale

oudejaarsavond New Year's Eve

ouder *bn* older; *zn* parent

ouderdom (old) age

ouderling elder

ouders *mv* parents *mv*

ouderwets old-fashioned

oudheid antiquity

oudoom great-uncle

ouds *van ~,* of old

284

oudste oldest; eldest

oudtante great-aunt

ouverture overture

ouvreuse usherette

ouwel wafer; (om poeder) cachet

ouwelijk oldish

ovaal oval

oven oven, furnace

over over; (aan overzijde v.) beyond; opposite; *~ en weer,* to and again

overal everywhere

overal(l) dungarees

overbelichten over-expose

overbevolking surplus population

overblijfsel remainder, remnant, remains, rest

overblijven be left; remain

overbluffen bluff

overbodig superfluous

overboeken transfer

overboord overboard

overbrengen carry, transfer, transport

overbuur opposite neighbour

overcompleet surplus

overdaad excess

overdadig superabundant; excessive

overdag in the daytime

overdenking consideration, reflection, meditation

overdoen do over again; (wegdoen) part with

overdracht transfer

overdragen carry over; *fig* hand over, transfer

overdreven exaggerated

overdrijven exaggerate

overdrijving exaggeration

overeenkomen agree, harmonize (with)

overeenkomst (gelijkenis) resemblance; conformity; (verdrag) agreement

overeenkomstig *bn* corresponding; similar; *vz* in accordance with

overeenstemming harmony, agreement *in ~ met,* in accordance with

overgaan go; (voorbijgaan) pass off, wear off; (op school) be removed; *~ tot,*

proceed to
overgang transition; change; (spoorweg) crossing
overgankelijk transitive
overgave surrender; delivery
overgeven hand over; pass; (afstaan) give over, yield; (braken) vomit; *zich ~*, surrender
overgooier pinafore dress
overgordijn curtain
overgrootvader great-grandfather
overhaasten hurry
overhalen fetch over; (overreden) persuade, gain over
overhand *de ~ hebben*, have the upper hand, prevail
overhandigen hand over
overheen over, across
overheersing domination
overheid the authorities, the Government
overhellen incline (to), hang over (to), lean over (to)
overhemd shirt
overhemd shirt
overhoop in a heap; *~ halen*, turn over; *~ liggen met*, be at variance with
overhouden save
overig other
overigens for the rest
overijld rash, in a hurry
overjas overcoat
overkant other side
overkant (aan de -) across the street
overkapping roof
overkómen befall, happen to
overkomen come over; get across
overkomst visit, coming
overladen transship
overláden overload; (maag) surfeit, overeat
overlast inconvenience, annoyance
overlaten leave
overleden deceased
overleg deliberation
overléggen deliberate, discuss, consider

óverleggen (tonen) hand over, produce
overleven survive, outlive
overleveren transmit, deliver
overlevering tradition
overlijden death, decease; *ww* die
overlijdensakte death certificate
overlijdensdatum date of death
overloop landing; (water) overflow
overlopen run over; (deserteren) go over, desert
overmaat excess
overmacht superior power; force majeure
overmaken do over again; (geld) remit, make over
overmeesteren overpower, overmaster, conquer
overmoedig reckless
overmorgen the day after tomorrow
overnachten spend the night
overnachting stay
overname takeover
overnemen take over
overoud very old, ancient
overpeinzing meditation
overplaatsen transfer
overreden persuade
overreiken hand, reach
overrijden run over
overrompeling surprise
overschakelen switch over; (auto) change gear, shift
overschatten overrate, overestimate
overschieten remain, be left
overschoen overshoe, galosh
overschot remainder, rest; surplus; *handel* balance; *het stoffelijk ~*, the mortal remains
overschrijden *fig* exceed
overschrijven write out, copy out; (geld) transfer
overslaan omit, pass over
overspannen overstrung, overstrained, overwrought
overspel adultery
overstapje correspondence-ticket, trans-

fer
overstappen cross, step over; (trein) change
overste lieutenant-colonel; (v. klooster) prior
oversteekplaats zebra-crossing
oversteken cross
overstelpen overwhelm
overstromen inundate, flood
overstroming inundation, flood
overstuur upset
overtocht passage; crossing
overtollig superfluous
overtreden contravene, break
overtreding contravention; transgression, trespass
overtreffen surpass, excel, outdo
overtrek case, cover
overtrekken cross; pull across
overtroeven overtrump
overtuigen convince (one of)
overtuiging conviction
overuren *mv* overtime
overval raid
overvalwagen police van

overvloed abundance, plenty
overvloedig copious, abundant, profuse
overvracht excess luggage
overvragen ask too much, overcharge
óverweg level crossing
overwegen consider
overwegend preponderant
overweging consideration; *in ~ geven*, suggest
overweldigen overpower
overwerk extra work, overwork
overwérken *zich ~*, overwork oneself
óverwerken work overtime
overwicht overweight
overwinnaar conqueror
overwinnen conquer, vanquish; overcome
overwinning victory
overwinteren winter
overzee overseas
overzees oversea(s)
overzetten take across
overzicht survey; general view
overzichtelijk clearly (arranged)
overzijde other side

p

p.a. = per adres (to the) care of, c/o
pa dad
paal stake, pile, pole; *~ en perk stellen aan*, set bounds to
paar (twee) pair, couple; (enkele) some; a few
paard horse; *te ~*, on horseback
paardebloem dandelion
paardenkracht (pk) horsepower (HP)
paardenslager horse butcher
paardensport equestrian sport
paardrijden horseback riding
paarlemoer mother of pearl
paars purple
paarsgewijs two and two
paasdag Easter Day
paasvakantie Easter holidays *mv*

pacht rent; lease
pachter tenant-farmer
pad [*de*] (dier) toad; [*het*] (weggetje) path
paddestoel toadstool; (eetbare) mushroom
padvinder (boy-)scout
padvindster (girl) guide
page page; foot-boy
pagina page
pairschap peerage
pak package, bundle, parcel; (kostuum) suit
pakhuis warehouse
pakje parcel, packet
pakken (inpakken) pack; (grijpen) size
pakket packet, parcel

pakketpost parcel post
pakking packing
pakpapier packing paper
pal *zn* click, pawl; *bn* firm
paleis palace
paling eel
paljas clown, buffoon
palm (boom) palm; (hand) palm
Palmzondag Palm Sunday
pamflet pamphlet
pan (frying-)pan; saucepan; (dak-) tile; (herrie) row; *in de ~ hakken*, cut up; wipe out
pand (onder-) pawn, pledge, forfeit; (aan jas) flap, tail; (huis en erf) premises
pandbrief mortgage bond
pandjeshuis pawnshop
paneel panel
paneermeel breadcrumbs *mv*
paniek, panisch panic
panne (car-) trouble
pannenkoek pancake
pannenlap potholder
pannenspons scourer
pantalon trousers *mv*
panter panther
pantoffel slipper; *onder de ~ zitten*, be enpecked
pantoffelheld henpecked husband
pantser armour
panty pair of tights
pap porridge; dad
papa dad
papaver poppy
papegaai parrot
papier paper
papieren paper
papiergeld paper currency
papiermand waste-paper basket
paplepel dessertspoon
paprika sweet pepper
paraaf paraph, flourish; initials
paraat ready
parachute parachute
parachutist parachutist, paratrooper
parade parade, show

paradijs paradise
paraferen initial, paraph
paragraaf paragraph
paraplu umbrella
parasiet parasite
parasol parasol
parcours circuit, course
pardon pardon; *~!*, sorry, beg pardon! excuse me!
parel pearl
parelmoer mother of pearl
parelsnoer pearl-necklace
paren couple, match, unite; (v. dieren) mate
parfum perfume, scent
parfumerie (zaak) perfumery
pari par; *a ~*, at par; *beneden, boven ~*, below par, above par
Parijs Paris; *bn* Parisian
park park, gardens
parkeerautomaat parking ticket dispenser
parkeergarage parking garage
parkeerlicht parking light
parkeermeter parking meter
parkeerplaats car park
parkeerschijf parking disk
parkeerverbod no parking
parkeerwacht car park attendant
parkeren park
parket parquet; public prosecutor's department
parketvloer parquet floor(ing)
parlement parliament
parmantig pert
parochie parish
parodie parody, skit
parool parole; password
part part, portion, share
parterre (huis) ground floor; (in theater) pit
particulier *zn* private person; *bn* private
partij party; (goederen) lot; *sp* game; *~ kiezen voor*, take part with
partijdig partial
partijdigheid partiality, bias

287

partituur score
partner partner
party party
parvenu upstart
pas *zn* (stap) pace, step; (berg-) pass; (paspoort) passport; *bijw* scarcely, hardly, only
pas op! careful! look out!
pascontrole passport-control
Pasen Easter
pasfoto passport-photo
paskamer changing room
pasklaar ready for trying on
paspoort passport
passage passage; (winkelgalerij) arcade
passagebureau booking-office
passagier passenger
passen (juiste maat zijn) fit, become, suit; (kleding proberen) try on; (geld) give exact change
passend suitable, fit
passer (pair of) compasses
passerdoos case of mathematical instruments
passeren pass (by); happen
passief passive
pasta pasta
pastei pastry, pie
pasteitje patty
pastoor parish priest
pastorie parsonage, rectory, vicarage; *rk* presbytery
patat *Br* chips, *Amer* fries
patates frites chips
paté pâté
patent licence, patent
patiënt patient
patrijs partridge
patrijspoort port-hole; (oorlogsschip) scuttle-port
patriot patriot
patroon [*de*] (chef) employer, master, principal; (beschermheer) patron; (vuurwapen) cartridge; [*het*] (model) pattern, design
patrouille patrol
pauken *mv* kettledrums

paus pope
pauselijk papal
pauw peacock
pauze break, pause
pauzeren take a break
paviljoen tent, pavilion
pech car trouble / bad luck
pedaal pedal
pedant *zn* pedant; *bn* pedantic
pedel beadle
pedicure chiropodist
peen carrot
peer pear
pees tendon, sinew, string
peetoom godfather
peettante godmother
pegel *Amer* buck
peignoir dressing gown
peil gauge, water-mark; *fig* standard
peilen gauge, sound, fathom
peinzen ponder, meditate, muse (upon)
pek pitch
pekel pickle, brine
pelgrim pilgrim
pellen peel, hull
pels fur (coat)
peluw bolster
pen pen; (brei-) needle
pendelen commute
penhouder penholder
penicilline penicillin
penis penis
pennenmes pen-knife
penning medal; badge
penningmeester treasurer
pens paunch; (gerecht) tripe
penseel paint-brush, pencil
pensioen pension; *met ~ gaan*, retire
pension boarding house
pensioneren pension off
peper pepper
peperbus pepper-box
pepermunt peppermint
pepmiddel stimulant
peppil pep pill
per by

perceel (huis) premises; (grond) plot
percent per cent; percentage
percentage percentage
perenboom pear-tree
perfect perfect
periode period
periodiek *bn zn* periodical
perk (bloem-) bed; (grens) bound, limit
perkament parchment
permanent *bn* permanent, lasting, standing; permanent wave
permanenten *zich laten ~*, have one's hair permed, have a perm
permissie permission; (voor soldaten) leave
perplex perplexed
perron platform
Pers Persian
pers press
persconferentie press conference
persen press, squeeze
personeel servants, staff, personnel
personenauto car
persoon person
persoonlijk personal; in person
persoonsbewijs identity card
perspectief perspective
pertinent positive
Perzië Persia
perzik peach
Perzisch Persian
pessarium pessary, diaphragm
pest plague, pestilence
pesten tease
pet cap
petekind godchild
peterselie parsley
petroleum petroleum, oil
petroleumblik oil-tin
petroleumkachel oil-stove
peuk cigarette
peul husk; shell
peultjes *mv* podded peas *mv*
peuter toddler
peuteren niggle, fumble
piano piano

pianostemmer piano-tuner
piccolo (in hotel) buttons
picknick picnic
pick-up record player
piek pike; (top) peak; (haar) wisp
piekeren brood
piekfijn spick and span
piekuur peak hour, rush hour
pienter clever, smart
piep (v. muizen) squeak; (v. scharnier) creak
piepen peep, chirp, squeak
pier (dier) earth-worm; (havendam) pier, jetty
pierenbadje paddling pool, wading pool
piesen pee
pijl arrow
pijler pillar, column; pier
pijn pain
pijnbank rack
pijnboom pine, pine-tree
pijnigen torture, torment
pijniging torture
pijnlijk painful
pijnloos painless
pijnstillend soothing
pijnstiller painkiller
pijp (orgel-, rook-) pipe; (buis) tube; (schoorsteen) funnel
pijpleiding pipe-line
pijptabak pipe tobacco
pik dick
pikant piquant, spicy
pikdonker pitch-dark
pikken pick, peck
pil pill (ook anticonceptie-)
pilaar pillar
piloot pilot
pils lager
pin peg
pincet tweezers
pincode PIN
pinda peanut
pindakaas pea-nut butter
pinguïn penguin
pink little finger

289

pinksterbloem cuckoo-flower
Pinksteren Whitsuntide
pinnen use one's PIN
pinpas PIN card
pioenroos peony
pion pawn
pionier pioneer
piraat pirate
piramide pyramid
pis piss
pisang banana
pissebed woodlouse
pistool pistol
pit (noot) kernel; seed, stone; *fig* pith; (lamp) wick
pittig pithy; lively; (v. smaak) strong
pizza pizza
pizzeria pizzeria
plaag plague; nuisance
plaat (prent) print; picture; (grammofoon-) record; (ondiepte) shoal; sands; (ijzer e.d.) sheet, plate
plaatijzer sheet-iron
plaatje picture; plate
plaats place; (binnen-) court, yard; (betrekking) place, situation; (in boek) passage; (trein, bus, theater) seat; ~ *bespreken* book seats; *in ~ van*, instead of
plaatsbespreking booking
plaatsbewijs ticket
plaatsbureau booking-office; (theater) box-office
plaatselijk local
plaatsen place, put, set; (geld) invest; (advertentie) insert
plaatshebben take place
plaatsing placing; insertion
plaatskaart ticket
plaatsvervanger substitute
plaatsvinden take place
plafond ceiling
plagen tease; (boosaardig) vex
plaid plaid
plak (kaas) slice; (chocola) slab
plakband adhesive tape
plakboek scrap-book

plakken stick; paste, glue; *blijven* ~, stay long
plan plan, intention; project; *van ~ zijn*, plan, intend
planeet planet
plank plank; (dunner) board; (in kast e.d.) shelf
plankzeilen surf
plant plant
plantaardig vegetable
plantage plantation, estate
planten plant
plantengroei vegetation
plantentuin botanic garden
planter planter
plantkunde botany
plantsoen park
plas puddle, pool
plassen (urineren) make water, pee; (in water spelen) splash
plastic (van -) plastic (made of -)
plat flat; *bn* flat; level; *fig* broad, trivial; vulgar
plateau plateau
platform platform
platina platinum
plattegrond map
platteland (op het -) country (in the -)
plaveisel pavement
plechtig solemn, stately
plechtigheid ceremony
pleegkind foster-child
pleegmoeder foster-mother
pleegvader foster-father
plegen (gewoon zijn) use, be accustomed;(een misdrijf) commit, perpetrate
pleidooi pleading, plea
plein square; (rond) circus
pleister plaster
pleisterplaats pull-up
pleiten plead
pleiter pleader, barrister
plek spot; (vlek) stain
plenzen splash
pletten crush
pleuris, pleuritis pleurisy

plezier pleasure
plicht duty, obligation
plichtsbesef sense of duty
plichtverzuim neglect of duty
ploeg plough; (groep) shift, gang; *sp* team
ploegbaas foreman
ploegen plough
ploert snob, cad
ploertendoder bludgeon
ploeteren toil (and moil), drudge, plod
ploffen flop
plomberen (goed) lead; (tand) fill a tooth
plomp clumsy
plonzen flop; splash
plooi fold; (in broek) crease; (in voorhoofd) wrinkle
plooibaar pliable
plotseling sudden(ly)
pluche plush
pluim plume, feather
pluimpje compliment
pluimvee poultry
plukken (bloemen) pick, gather; (vogel) pluck
plunderen plunder; pillage
plunjezak kit
plus plus
plusminus about
pluspunt advantage
po chamber-pot
pochen boast, brag
pocketboek paperback
podium platform; stage
poedel (hond) poodle; (misgooi) miss
poeder powder
poederdons powder-puff
poederdoos powder-box
poederen powder
poedermelk powdered milk
poel puddle, pool
poelier poulterer
poep shit
poepen poo
poes cat, puss(y)
poes pussy-cat

poëtisch poetic(al)
poets trick; prank; *een ~ bakken*, play a trick upon
poetsen polish
poëzie poetry
poffertje fritter
pogen endeavour, try
poging endeavour, attempt, effort
poken poke
pokken *mv* smallpox
pol clump (of grass)
polaroidfilm Polaroid film
polder polder
polemiek polemic, controversy
Polen Poland
poliep (dier) polyp; (gezwel) polypus
polijsten polish, burnish
polikliniek policlinic
polis policy
politicus politician
politie police
politieagent policeman, constable
politiebureau police station
politiek politics *mv*
pollepel ladle
pols (polsslag) pulse; (gewricht) wrist
polsen sound
polshorloge wrist-watch
polsslag pulsation
polsstok leaping-pole
pomp pump
pompen pump
pompoen pumpkin
pond (munt en gewicht) pound
ponsen punch
ponskaart punched card
pont ferry
pony pony
pook poker
Pool Pole
pool pole
poolcirkel polar circle
poolster polar star
poort doorway, gate(way)
poos while, time
poot paw, foot, leg

pop (speelgoed) doll, puppet
popconcert pop concert
popcorn popcorn
popmuziek pop music
poppenhuis doll's house
poppenkast puppet-show
poppenwagen doll's carriage
populair popular
populier poplar
poreus porous
porie pore
porno porn
porren poke, stir; (wekken) knock up, call up
porselein china(-ware), porcelain
port [*de*] port(-wine); [*het*] postage
portaal landing; porch, hall
portefeuille wallet; (v. minister) portfolio
portemonnee purse
portie portion
portiek porch
portier [*de*] (persoon) door-keeper, porter; [*het*] (v. auto) door
portierslot door lock
porto postage
portret portrait, photo(graph)
Portugees Portuguese
portwijn port(-wine)
poseren pose; sit
positie position
positief positive
post (betrekking) post, office; (schildwacht) sentry; (posterijen) post
postauto postal van
postbode postman
postbus (post-office) box
postcheque postal check
postcode postcode
postduif carrier-pigeon
poste restante post restante
postelein purslane
posten (brief) post; (bij staking) picket
poste-restante to be called for
postgirorekening postal clearing account, giro account
postkantoor post office

postpakket parcel
postpapier note-paper
postrekening *Br* current account; *Amer* checking account
postspaarbank post-office savings-bank
postwissel post-office order
postzegel (postage) stamp
postzegelautomaat stamp machine
postzegelverzamelaar stamp collector
pot pot; jar; (speelpot) stakes, pool; *wat de ~ schaft*, potluck
potdicht close(-shut)
poten (planten) plant; (vis) set
potig strong, robust
potlood pencil
potsierlijk ludicrous
pottenbakkerij pottery
pousseren push
pover poor, shabby
Praag Prague
praal pomp, magnificence
praalgraf mausoleum
praatje talk; *een ~ maken*, have a chat; *~s*, fiddlesticks
praatpaal emergency telephone
praatziek talkative
pracht splendour, magnificence
prachtig magnificent, splendid, beautiful
praktijk practice
praktisch practical
pralen shine, glitter; *~ met*, make a show of
prat proud
praten talk
precedent precedent
precies exactly
predikant clergyman, minister; vicar
prediken preach
prediker preacher; *P~*, Ecclesiastes
preek sermon
preekstoel pulpit
prefereren prefer
prei leek
preken preach
premie premium, bonus
premier Prime Minister

292

première première, first night
prent print, picture
prentbriefkaart picture postcard
prentenboek picture-book
preparaat preparation
present *bn* present; (cadeau) present
presenteerblad salver, tray
presenteren offer; present
presentielijst attendance register
president president
pressen press (into the service)
presse-papier paper-weight
pressie pressure
prestatie performance, achievement
presteren achieve
prestige prestige
pret pleasure, fun
pretendent pretender, claimant
pretentieus assuming
pretpark theme park
prettig pleasant, nice
preuts prudish, demure
prevelen mutter, mumble
preventief preventive
prieel bower, arbour
priem pricker, awl; bodkin
priester priest
prijken shine, glitter, blaze
prijs (waarde) price; (beloning) prize; 'of) praise
prijscourant price-current, price-list
prijslijst price list
prijsnotering quotation
prijsstijging rise in prices
prijsverhoging increase, rise in prices
prijsverlaging price-reduction; price-cut-ng
prijsvraag competition
prijzen (prees; geprezen) praise, com-end
prijzenswaardig praiseworthy, com-endable
rik prick, sting
rikkel *fig* stimulus
rikkelbaar irritable
rikkeldraad barbed wire

prikkeldraadversperring wire entangle-ment
prikkelen prickle; *fig* stimulate; (irriteren) irritate
prikken prick
priklimonade aerated lemonade
prima fine
primitief primitive
primus primus stove
principe principle
principieel fundamental
prins prince
prinses princess
print printout
printer printer
prisma prism
privaat privy; *bn* private
privaatles private lesson
privé private, personal
privé-secretaresse private (confidential) secretary
pro pro
proberen try
probleem problem
procédé process
procederen be at law
procent per cent
proces lawsuit
processie procession
proces-verbaal official report
procuratie proxy, procuration
procuratiehouder proxy, confidential clerk
procureur solicitor, attorney
procureur-generaal Attorney General
producent producer
product product
productie production, output
productief productive
proef proof; (experiment) trial, test; ex-periment; (monster) sample
proefkonijn experimental rabbit; *fig* guinea-pig
proefmonster (testing) sample
proefnummer specimen copy
proefondervindelijk experimental

293

proefrit trial run
proefschrift thesis
proeftijd probation
proefvlucht test flight
proefwerk (test) paper
proesten sneeze
proeven taste, try
profeet prophet
professor professor
professoraat professorship
profiel profile
profiteren van profit by
programma programme; (schouwburg) play-bill.
progressief progressive
projecteren project
projectiel projectile, missile
projector projector
proletariër proletarian
promotie promotion; *univ* graduation
promoveren *sp* be promoted; *univ* take one's doctoral degree
prompt ready, prompt
pronk show, ostentation
pronken show off
prooi prey
proost! cheers!
prop stopple, stopper; (van papier) pellet; (van watten) wad; (in keel) lump
propaganda propaganda
proper neat, tidy, clean
proportie proportion
propvol crammed
prospectus prospectus
prostituee prostitute
protest protest(ation)
protestant(s) protestant
protesteren protest (against)
prothese prosthesis
proviand food
provinciaal provincial
provincie province
provisie (voorraad) stock, supply; (loon) commission
provisiekamer pantry, larder
provisorisch provisional

294

provoceren provoke
proza prose
prozaïsch prosaic
pruik wig
pruilen pout, sulk, be sulky
pruim plum
pruimen chew (tobacco)
prul bauble, trash
prullenbak waste basket
prullenmand wastepaper basket
prutsen potter, tinker (at)
pruttelen simmer; *fig* grumble
psalm psalm
psychiater psychiatrist
psychoanalyse psychoanalysis
psychologie psychology
puber adolescent
publicatie publication
publiceren publish, make public
publiek *bn* public; public; (toneel enz.) audience
pudding pudding
puik choice, excellent
puimsteen pumice-stone
puin rubbish
puinhoop heap of rubbish; ruins
puist pimple, pustule, boil
pul jug, vase
punaise drawing-pin, thumbtack
punt point; (neus) tip; (schoen) toe; (leesteken) full stop; (op i) dot; point; *dubbele* ~, colon; *op het* ~ *staan*, be about to
puntenslijper pencil-sharpener
puntig pointed, sharp
puntje point; (neus, tong) tip; *in de* ~*s*, shipshape
pupil pupil, ward; (van oog) pupil
puree puree; (van aardappelen) mashed potatoes
purgeermiddel purgative
purper purple
put well; (kuil) pit, hole
putten draw
puur pure, plain; *fig* mere
puzzel puzzle
pyjama pyjamas

q

qua as (in)
quantum quantity
quarantaine quarantine
quasi quasi

queue *Br* queue; *Amer* line
quitte quits
quiz quiz
quotiënt quotient

r

ra yard
raad (advies) advice; (lichaam) council;
iem. om ~ vragen, ask someone's advice
raadgevend advisory, consultative
raadhuis town hall
raadplegen consult
raadsel riddle, enigma
raadselachtig enigmatic
raadsheer councillor
raadslid (town-)councillor
raadsman counsel
raadzaam advisable
raaf raven
raak telling; effective
raakvlak tangent plane
raam window
raap turnip
raar strange, odd
raaskallen rave, talk nonsense
rabarber rhubarb
race race
racebaan race-course
racen race
racewagen racing-car
rad (wiel) wheel; *bn* (van tong) glib
radar radar
raddraaier ringleader
radeloos desperate
raden (raad geven) advise; (goed gissen)
guess
raderen erase
raderwerk wheel-work
radiaalband radial tyre
radiateur radiator
radiator radiator
radicaal radical

radijs radish
radio radio
radioactief radioactive
radio-omroep broadcasting
radiotoestel wireless set
radiozender radiotransmitter
rafel ravel
rafelen fray, unravel
raffinaderij refinery
rag cobweb
ragout ragout
rails rails
rakelings ~ *gaan (strijken) langs* graze
raken hit, touch; *fig* concern
raket racket; rocket
rakker rascal, rogue
ram ram; (dierenriem) Aries
ramen estimate (at)
raming estimate
rammelen rattle, clatter
ramp disaster, calamity, catastrophe
rampzalig wretched; fatal
rancune rancour, grudge
rand (hoed) brim; (boek) margin; (tafel)
edge; (afgrond) brink; (bos) skirt, border;
fig verge
randweg ring road
rang rank, degree, grade
rangeerterrein shunting-yard
rangeren shunt
ranglijst army list
rangorde order
rangschikken arrange, range
rangschikking classification
ranja orangeade
rank *zn* tendril; *bn* slender

ransel knapsack; (slaag) flogging, drubbing
ranselen wallop, drub
rantsoen ration
rantsoeneren ration
rap nimble, quick, agile
rapen pick up, gather
rapport statement, report
rapporteren report
rariteit curiosity, curio
ras (mensen) race; (dieren) breed; *bn* quick, swift; *bijw* soon, quickly
rashond pedigree dog
rasp rasp, grater
raspaard thorough-bred
rassendiscriminatie racial discrimination
rasterwerk trellis-work
rat rat
ratel rattle
rationeel rational
rattenkruit arsenic, rat's bane
rauw raw, uncooked; (stem) raucous, hoarse
rauwkost raw vegetables
ravage havoc; wreckage
ravijn ravine
ravotten romp
rayon area; territory
razen rage, rave
razend raving, mad; wild
razernij rage; frenzy
reactie reaction (to)
reactionair reactionary
reageerbuisje test-tube
reageren react (to)
realiseren realize
realiteit reality
rebel rebel, mutineer
rebus picture puzzle
recensent critic, reviewer
recensie criticism, critique, review
recept recipe; *med* prescription
receptie reception
receptionist receptionist
receptioniste receptionist
recherche detective force

rechercheur detective
recht *bn* right; (lijn) straight; right; (rechtspraak) law, justice; (belasting) duty, custom; ~ *hebben op*, be entitled (have a right) to
rechtbank law court
rechtdoor straight ahead
rechter judge, justice
rechterhand right hand
rechterlijk judicial; legal
rechterzij right side
rechterzijde right side
rechthoek rectangle
rechthoekig right-angled, rectangular
rechtmatig rightful, lawful, legitimate
rechtop upright, erect
rechts *bn* right; right-handed; *bijw* (on, at) the right
rechtsaf to the right
rechtsbijstand legal assistance
rechtschapen honest, upright
rechtsgeleerde lawyer
rechtsgeleerdheid jurisprudence
rechtsom to the right
rechtsomkeert ~ *maken* turn about
rechtspersoonlijkheid incorporation
rechtspraak jurisdiction
rechtstreeks direct
rechtuit straight on; *fig* frankly
rechtvaardig righteous, just
rechtvaardigen justify
rechtvaardigheid justice, righteousness
rechtvaardiging justification
rechtzetten straighten; *fig* correct
reclame advertising, publicity
reclamebiljet poster
reclameren complain; claim
record record
recreatie recreation
rector headmaster; ~ *magnificus*, vice-chancellor
reçu (luggage)ticket; receipt
redacteur editor
redactie editorial staff
reddeloos not to be saved
redden save, rescue

redding saving, rescue; deliverance, salvation
reddingsboei life buoy
reddingsboot lifeboat
reddingsbrigade rescue party
reddingsgordel lifebelt
rede (toespraak) speech, discourse; (verstand) reason, sense; (ankerplaats) road(s), roadstead
redelijk rational, reasonable; moderate
redeloos irrational
reden reason, cause, motive; (verhouding) ratio
redenaar orator
redeneren reason, argue
redenering reasoning
reder (ship-)owner
rederij shipping company
redetwisten argue, dispute
redevoering speech, address
redmiddel remedy, expedient
reduceren reduce
reductie reduction
ree roe, hind
reeds already
reëel real
reeks series, sequence, train; (wiskunde) progression
reep rope, strip, string, line; bar (of chocolate)
reet (kier) cleft, crack, split; (achterwerk) ass
referentie reference
refrein chorus, refrain
regel rule; line; *in de ~*, as a rule
regelen arrange, order, settle
regeling regulation, arrangement, settlement
regelmatig regular
regelrecht straight
regen rain
regenachtig rainy
regenboog rainbow
regenbui shower of rain
regenen rain
regenjas raincoat

regent regent; (v. inrichting) governor
regeren rule, govern, reign over
regering government; reign
regie (toneel) staging; (film) direction
regime regime
regiment regiment
regionaal regional
regisseur stage-manager; (film) director
register register; (van een boek)index
registratie registration
reglement regulation(s), rules *mv*
reglementair prescribed
reiger heron
reiken reach, extend
rein pure, clean; chaste
reinigen clean(se), purify
reiniging cleansing
reis journey; (zee- ook) voyage; trip; *op ~*, on a journey; *op ~ gaan*, go on a journey; *goede ~!*, have a good trip! a pleasant journey!
reis- en verblijfkosten *mv* hotel and travelling expenses
reisbenodigdheden travel items
reisbureau travel agency
reischeque traveller's cheque
reisgeld travelling-money
reisgids guide-book, travel guide
reiskosten *mv* travelling-expenses
reiskredietbrief circular letter of credit
reisleider tour manager
reisroute route, itinerary
reisvaardig ready to set out
reisverzekering travel insurance
reiswagen touring-car
reizen travel
reiziger traveller
reizigersverkeer passenger traffic
rek clothes-horse; (v. borden enz.) rack; (in elastiek) spring
rekbaar extensible, elastic
rekenen count, reckon, calculate; *~ op*, depend upon, rely upon
rekening bill, account; (het rekenen) calculation; reckoning; *in ~ brengen*, charge; *~ houden met*, take into account

297

rekening-courant account current
rekeningnummer account number
rekenkunde arithmetic
rekenmachine calculator
rekenschap account; *zich ~ geven van*, realize
rekest petition
rekken stretch; draw out
rekruut recruit
rekstok horizontal bar
rekwest petition
rel riot, row
relaas account, story
relatie relation
reliëf relief
religie religion
religieus religious
relikwie relic
reling rail(s)
rem brake
remblokken brake pads
rembours cash on delivery
remise *sp* draw, drawn game; (loods) shed; (van tram) depot
remkabel brake cable
remlicht brake light
remmen brake
remming *fig* inhibition
remolie brake oil
remover (nagellak) remover
rempedaal brake
remschijf brake disc
ren run, course
renbaan race-course
rendabel paying, remunerative
rendement yield; output
rendier reindeer
rennen run, race
renoveren renovate
renpaard race-horse
renstal racing-stable
rente interest
renteloos without interest
rentevoet rate of interest
rentmeester steward, bailiff
reorganisatie reorganization

reorganiseren reorganize
reparateur mechanic
reparatie repairs
repareren repair
repertoire repertory
repeteren repeat; (les) go over; (toneel) rehearse
repetitie repetition; (toneel) rehearsal; (op school) test-paper; *generale ~*, dress rehearsal, final rehearsal
reportage reporting
reporter reporter
reppen *~ van*, make mention of; *zich ~*, hurry
represaille reprisal
reptiel reptile
republiek republic
republikein(s) republican
reputatie reputation
reservaat reservation
reserve reserve(s)
reserveonderdeel spare part
reserveren reserve; book
reservering reservation
reservewiel spare wheel
reservoir tank, container
residentie residence
resp., respectievelijk respectively
respect respect
ressorteren onder come within, fall under
rest rest, remainder
restant remainder, remnant
restaurant restaurant
restauratie (herstel) restoration, renovation; (restaurant) restaurant; (op station) refreshment room; buffet
restauratierijtuig dining-car
restauratiewagen buffet car
restaureren restore
restitutie repayment
resultaat result, outcome
resumeren sum up, summarize
retour return
retourbiljet return ticket
reu (male) dog

reuk smell, odour, scent
reukloos scentless, inodorous
reuma reumatism
reumatiek reumatism
reus giant
reusachtig gigantic; enormous
reuzel lard
revalidatie rehabilitation
revaluatie revaluation
revisie revision; (v. drukproef) revise; (v. auto) overhaul(ing)
revolutie revolution
revolutionair revolutionary
revolver revolver
revue (toneel) revue
riant comfortable
rib rib; (kubus) edge
ribbel ridge
ribfluweel corduroy
richel ledge, border, edge
richten direct, point, aim
richting direction
richtingaanwijzer indicator
richtlijn directive
ridder knight
ridderlijk chivalrous
ridderorde decoration, order of knighthood
rieken smell
riem (leren band) strap; (gordel) belt; (roei-) oar
riet reed, cane; (voor daken) thatch
rietje (drinking) straw
rietsuiker cane sugar
rij row, range, series, file; *in de ~ staan*, queue
rijbaan carriage-way, lane
rijbewijs driving licence
rijden drive
rijden (te paard, fiets) ride; (rijtuig, auto) drive
rijexamen driving-test
rijgen lace; (op koord) string; (naaiwerk) baste
rijk (land) empire; realm; *bn* rich; wealthy; copious; *~e landen*, affluent

countries
rijkaard rich fellow
rijkdom riches, wealth
rijkelijk richly, copiously
rijksambtenaar civil servant, government official
rijlaars riding-boot
rijles (auto) driving lesson; (paard) riding lesson
rijm rhyme
rijmen rhyme
Rijn Rhine
Rijnwijn Rhine-wine, hock
rijp (ijzel) hoar-frost; *bn* ripe, mature
rijpaard riding-horse
rijpen ripen, mature
rijpheid ripeness, maturity
rijschool riding-school; driving-school, school of motoring
rijst rice
rijstebrij rice-milk
rijsttafel rice-table, tiffin
rijtoer drive
rijtuig carriage, coach
rijweg carriage-road
rijwiel (bi)cycle
rijwielhandel bicycle shop
rijwielhersteller cycle repairer
rijwielpad cycle-track
rijwielstalling bicycle-shelter
rijzen rise
rijzig tall
rijzweep horsewhip
rillen shiver (van, with), shudder (at)
rilling shiver, shudder
rimboe jungle
rimpel wrinkle
ring ring
ringvinger ring-finger
ringvormig ring-like, ring-shaped
rinkelen jingle, tinkle
riolering sewerage
riool sewer, drain
risico risk
riskant risky, hazardous
rit ride

ritme rhythm
ritmisch rhythmic
ritselen rustle
ritssluiting zip
ritueel ritual
rivaal rival
rivier river
robbedoes tomboy
robber rubber
robijn ruby
roddelen gossip
Rode Kruis Red Cross
rodehond German measles *mv*
rodekool red cabbage
roe(de) (straf-) rod, birch
roeiboot row boat
roeien row
roeiriem oar, scull
roeitocht row
roeiwedstrijd boat-race
roekeloos reckless, rash
roem glory, renown, fame
roemen praise; boast
roemrijk illustrious, glorious
roep call, cry
roepen call, cry
roeping call, calling, vocation
roepstem call
roer rudder, helm
roereieren *mv* scrambled eggs *mv*
roeren stir; (*fig* ook) touch, move
roerend moving, touching
roerganger helmsman
roerloos motionless
roes drunken fit; *fig* intoxication
roest rust
roesten rust
roestig rusty
roestvrij rust-proof, stainless
roestwerend anti-corrosive
roet soot
roffel roll (of drums)
rogge rye
roggebrood rye-bread
rok (heren) dress-coat; (vrouwen) skirt
roke smoke; *niet* ~ no smoking
300

rol roll; (toneel-) part, role
rolgordijn roller-blind
rollade collared beef
rollager roller-bearing
rollen roll, tumble
rolluik rolling-shutter
rolmops collared herring
rolpens minced meat in tripe
rolschaatsen rollerskates
rolstoel wheel-chair, Bath chair
roltrap escalator
rolveger carpet sweeper
roman novel
romanschrijver novelist
romantisch romantic
Romein(s) Roman
rommel lumber, rubbish
rommelig untidy
romp (lichaam) trunk; (schip) hull
rond round; circular
rondborstig candid, frank
rondbrengen take round
ronddolen, ronddwalen wander, roam (about)
ronde round; (v. politieagent) beat
rondgaan go about
rondgang circuit, tour, round
rondje round
rondkijken look round
rondkomen make (both) ends meet
rondleiden lead about, take round
rondleiding guided tour
rondom round about
rondreis (circular) tour
rondrijden drive about
rondrit sightseeing-tour
ronduit frankly, plainly
rondvaart boat trip
rondvlucht circuit
rondzenden send out
rondzwerven wander (roam) about
ronken snore; (machine) roar
ronselen recruit
röntgenfoto X-ray photograph
röntgenstralen *mv* X-rays *mv*
rood red

roodborstje robin
roodharig red-haired
roodhuid redskin, red Indian
roodvonk scarlet fever
roof robbery, plunder; (op wond) scab
roofdier beast of prey
roofvogel bird of prey
rooien dig up; (bomen) pull up
rooilijn alignment
rook smoke
rookcoupé smoking-compartment, smoker
rookspek smoked bacon
rookvlees smoked beef
rookworst smoked sausage
room cream
roomboter dairy-fresh butter
roomijs ice-cream
rooms(-katholiek) Roman Catholic
roomservice room service
roos (bloem) rose; (op 't hoofd) dandruff; (op schijf) bull's eye
rooskleurig rosy
rooster gridiron, grill; (lijst) list, timetable
roosteren roast
ros steed; *bn* reddish
rosbief roast beef
rose pink
rosé rosé
rossig reddish, ruddy
rot rotten, putrid
rotonde roundabout
rots rock
rotsachtig rocky
rotten rot, putrefy
rotting putrefaction
rotzooi mess
route way
routine routine
rouw mourning
rouwbeklag condolence
rouwen be in mourning
roven rob, plunder; steal
rover robber
royaal liberal, handsome, generous

royeren cancel, strike off the list
roze pink
rozemarijn rosemary
rozenhout rose-wood
rozenkrans rosary
rozijnen raisins
rubber rubber
rubriek head, column
ruchtbaar ~ *maken*, make public, make known; ~ *worden*, get abroad
rug back; (berg-) ridge
rugby rugby
ruggelings backwards
ruggengraat backbone, spine
ruggenmerg spinal marrow
ruggensteun support
ruggespraak ~ *houden met*, consult
rugleuning back (of a chair)
rugpijn back-ache
rugwervel dorsal vertebra
rugzak rucksack
ruien moult
ruif rack, manger
ruig hairy, shaggy; rough
ruiken smell, scent
ruil exchange, barter
ruilen exchange
ruilhandel barter
ruim (schip) hold; *bn* large, wide, roomy, spacious; ample
ruimen empty, clear
ruimschoots largely, amply
ruimte space
ruimtevaart space travel
ruïne ruin
ruïneren ruin
ruisen (water) murmur; (bladeren) rustle
ruit *wisk* rhomb; (glass-) pane; (venster) window; (in stof) check
ruiten *kaartsp* diamonds
ruitensproeier windscreen washer
ruitenwisser windscreen wiper
ruiter horseman
ruiterlijk frank
ruk pull, tug, jerk
rukken pull, tug, jerk; (uit de handen)

301

snatch
rukwind gust of wind, squall
rum rum
rumoer noise, uproar
rumoerig noisy, tumultuous
rund cow, ox
runderlap beefsteak
rundvee (horned) cattle
rundvlees beef
rups caterpillar
Rus Russian
Rusland Russia

Russisch Russian
rust rest; quiet; tranquillity, *sp* half-time
rustbank couch
rustdag day of rest; holiday
rusteloos restless
rusten rest, repose, ~d, retired
rusthuis rest home
rustig quiet
rustplaats resting-place
ruw (stoffen) raw; (onbewerkt) rough;
(grof) coarse, crude; (oneffen) rugged
ruzie quarrel, brawl

S

's avonds in the evening
saai dull, tedious
sabbelen suck
sabel sabre, sword
saboteren sabotage
sacrament sacrament
safe strong room, safe-deposit
safeloket safe deposit
sage legend, tradition
sago sago
Saks Saxon
Saksen Saxony
Saksisch Saxon
salade salad
salami salami
salaris salary, pay
saldo balance; *batig* ~, credit balance;
nadelig ~, deficit
salon drawing-room; saloon
salueren salute
salvo volley, round, salvo
sambal chilli pepper sauce
samen together
samendrukken press together, compress
samengesteld compound
samenhang coherence, connection; (zin)
context
samenhangen cohere; be connected
samenkomst meeting
samenleving society
302

samenloop concourse; (rivieren) confluence, concurrence; ~ *van omstandigheden*, coincidence
samenscholing gathering, riot
samenspanning conspiracy, plot
samenspraak dialogue
samenstellen compose, compile
samenstelling composition; *taalk* compound (word)
samentrekken contract; concentrate
samentrekkend astringent, constringent
samentrekking contraction, concentration
samenvatten sum up
samenvatting résumé, summing up
samenvoegen join, unite
samenweefsel texture; (ook *fig*) tissue
samenwerking co-operation
samenwonen live together
samenzweren conspire, plot
samenzwering conspiracy
sanctie sanction
sandaal sandal
sandwich sandwich
saneren reorganize
sanitair plumbing
sap juice
sappig sappy, juicy
sarcastisch sarcastic
sardine sardine

sarren provoke, vex, tease
satelliet satellite
saucijsje sausage
saucijzenbroodje sausage-roll
sauna sauna
saus sauce
sauskom sauce-boat
savooiekool savoy (cabbage)
saxofoon saxophone
scène scene
scepter sceptre
sceptisch sceptical
schaaf plane
schaafwond abrasion of the skin, chafe, graze
schaak check; ~ *spelen*, play (at) chess
schaakbord chess-board
schaakmat checkmate
schaakspel (game of) chess; set of chessmen
schaaktoernooi chess-tournament
schaal (v. schaaldier) shell; (schotel) dish, bowl; (v. collecte) plate; (verhouding) scale; *op grote, ruime ~*, on a large scale
schaaldier crustacean
schaamte shame
schaamteloos shameless
chaap sheep
chaapherder shepherd
chaapskooi sheep-fold
chaar (knip-) (pair of) scissors; (v. schaen, gras) shears; (v. kreeft) pincer; (meigte) crowd
chaars scarce, scanty
chaarste scarcity; shortage
chaats skate
chaatsen ice-skating
chaatsenrijden ice-skating
chacht (mijn) shaft; (laars) leg; (pijl-) em
chade damage; harm; *tot ~ van*, to the etriment of; *~ lijden*, suffer a loss
chadelijk harmful, injurious; noxious
chadeloosstelling indemnification, comensation
chaden damage, hurt

schadevergoeding indemnification, compensation
schaduw shade, shadow
schaduwrijk shady, shadowy
schaduwzijde *fig* drawback
schaften eat
schafttijd meal-time
schakel link
schakelaar switch
schakelbord switch-board
schakelen switch; (auto) change gear
schaken play chess; (vrouw) run away with
schakering variegation, shade
schaking elopement, abduction
schalks arch, roguish
schallen sound
schamel poor
schamen *zich ~*, be ashamed, feel shame (*over*, of)
schamper scornful, sarcastic
schampschot grazing shot
schandaal scandal, shame, disgrace
schandalig disgraceful, scandalous
schande shame, disgrace; scandal
schandelijk disgraceful, shameful
schandvlek stain, blemish
schapenbout leg of mutton
schapenkaas sheep-cheese
schapenvlees mutton
schappelijk tolerable, moderate, reasonable
scharen *zich ~*, range oneself
scharenslijper knife-grinder
scharlaken scarlet
scharnier hinge
scharrelen scrape, rout, rummage
schat treasure
schateren roar with laughter
schaterlach burst of laughter
schatkamer treasury
schatkist exchequer, (public) treasury
schatplichtig tributary
schatrijk wealthy, very rich
schatten appraise; assess; value; estimate; (afstand) gauge

303

schattig sweet
schatting valuation, estimation
schaven plane; (zijn vel) abrade, graze
schavot scaffold
schavuit rascal, rogue
schede sheath; scabbard
schedel skull
scheef oblique; slanting
scheel squinting; *schele hoofdpijn*, migraine
scheen shin
scheenbeen shin-bone
scheep ~ *gaan*, go on board
scheepsarts ship's surgeon
scheepsbouw ship-building
scheepsbouwkunde naval architecture
scheepvaart navigation
scheerapparaat shaver
scheercrème shaving-cream
scheergerei shaving-tackle
scheerkwast shaving-brush
scheermes razor
scheermesje blade
scheerzeep shaving soap
scheiden divorce; separate
scheiding separation; partition; (haar) parting; (echt-) divorce
scheidsrechter *sp* referee, umpire; *recht* arbiter, arbitrator;
scheikunde chemistry
scheikundige chemist
schel *zn* bell; *bn* (geluid) shrill; (licht) glaring
schelden call names, scold; ~ *op*, abuse, revile
scheldnaam nickname
scheldwoord invective, term of abuse
schelen (verschillen) differ; (mankeren) want; *wat scheelt je?*, what is the matter with you?, what's wrong?; *het kan me niet* ~, I don't care a damn
schellen ring the bell
schellinkje the gallery, the gods
schelm rogue, knave, rascal
schelp shell
schelpdier shell-fish

schelvis haddock
schema diagram, outline
schematisch in outline
schemer(acht)ig dim, dusky
schemer(ing) twilight, dusk
schemeren ('s ochtends) dawn; ('s avonds) grow dusk
schemering twilight, dusk
schenden disfigure; damage; (wet, eed, heiligdom) violate
schenken (gieten) pour; (geven) give, present with; *aandacht* ~ *aan*, pay attention to
schenker donor
schenking donation, gift
schennis violation; outrage
schep spade, scoop, shovel
schepen alderman
scheppen create; ladle, scoop; *adem* ~, take breath; *een luchtje* ~, take an airing
schepper creator
schepping creation
schepsel creature
scheren (mensen) shave; (schapen) shear; ~ *over*, skim
scherf fragment, splinter
scherm screen; (bloem) umbel; (toneel) curtain; *achter de* ~*en*, behind the scenes
schermen fence
schermutseling skirmish
scherp sharp; keen, acute
scherpen sharpen
scherpschutter sharp-shooter
scherpte sharpness, edge
scherpziend sharp-sighted
scherpzinnig acute, sharpwitted
scherts jest, joke; pleasantry
schertsen joke, jest
schets draught, sketch; outline
schetsen sketch; draw, outline
schetteren (trompet) bray, blare
scheur tear, rent, slit; cleft
scheuren tear (up); rend
scheuring rupture, schism
scheut shoot; (v. vloeistof) dash; (v. pijn) twinge

304

scheutje dash
schichtig shy, skittish
schiereiland peninsula
schieten fire; shoot
schietlood plumb
schietschijf target
schiften sort, separate; (melk) curdle
schijf (vlees) slice, fillet; (dam-) man; (schiet-) target; (v. wiel) disc
schijn shine; appearance, show, pretence; *de ~ redden*, keep up appearances
schijnbaar seeming(ly), apparent(ly)
schijnen (v. zon) shine; (lijken) appear, seem, look
schijnheilig hypocritical
schijnsel glimmer; sheen
schijnwerper searchlight, projector; (v. auto) dazzle lamp
schik *~ hebben*, amuse oneself; *in zijn ~ zijn*, be pleased
schikken order, arrange; adjust; *zich ~ naar*, submit to; conform to
schikking arrangement, settlement, compromise
schil (aardappel, banaan) skin; (sinaasappel) peel; *~len*, *mv* peelings, parings *mv*
schild shield, buckler
schilder painter
schilderachtig picturesque
schilderen paint; picture; depict
schilderij painting, picture
schilderij painting
schilderkunst painting
schildklier thyroid gland
schildknaap squire
schildpad tortoise; (zee-) turtle
schildpadsoep turtle soup
schildwacht sentinel, sentry
schilfer scale, flake
schilferen scale (off), peel (off)
schillen (appels) pare; (sinaasappels, aardappelen) peel
schim shadow, shade; ghost
schimmel (paard) grey horse, grey; (zwam) mould
schimmelig mouldy

schimpen scoff (*op*, at)
schimpscheut taunt
schip ship, vessel; (kerk) nave
schip ship
schipbreuk shipwreck; *~ lijden*, be shipwrecked
schipbreukeling castaway
schipper bargeman, boatman; skipper
schitteren shine, glitter, sparkle
schitterend brilliant, glorious
schmink grease-paint; make-up
schoeisel shoes *mv*, foot-wear
schoen shoe
schoenborstel shoe-brush, blacking-brush
schoenenwinkel shoe shop
schoenlepel shoe-lift
schoenmaker shoemaker
schoenpoetser shoe-black; (in hotel) boots
schoensmeer shoe polish
schoenveter boot-lace
schoft (schurk) scoundrel, rascal
schok shock, jerk, jolt; (hevig) concussion
schokbreker, schokdemper shock-absorber
schokken shake, convulse
schol (vis) plaice; (ijs) floe
scholengemeenschap (ongeveer) comprehensive school
scholier, -e schoolboy, schoolgirl, pupil
scholing education
schommel swing
schommelen swing; (op stoel) rock; (koersen) fluctuate
schommeling fluctuation
schommelstoel rocking-chair
schoof sheaf
schooier tramp, beggar
school school; (vis) shoal; *basis~*, elementary school; *middelbare ~*, secondary school
schoolbord blackboard
schoolgeld school-fee
schoolhoofd head-master
schoolmeester schoolmaster

305

schoolrapport report
schools academic
schoolslag breast-stroke
schooltas (school-)satchel
schoon clean, pure; beautiful, fine
schoondochter daughter-in-law
schoonheid beauty
schoonheidsspecialiste beautician
schoonmaak cleaning, clean-up
schoonmaken clean
schoonmoeder mother-in-law
schoonouders *mv* parents-in-law
schoonvader father-in-law
schoonzoon son-in-law
schoonzus sister-in-law
schoonzuster sister-in-law
schoorsteen chimney; (schip) funnel
schoorsteenmantel mantelpiece
schoorsteenveger chimney-sweeper
schoorvoetend reluctantly
schoot lap; *fig* womb
schop (trap) kick; (spade) shovel, spade
schoppen *ww* kick; *zn kaartsp* spades
schor hoarse, husky
schorem scum
schorpioen scorpion
schors bark
schorsen suspend
schorsing suspension
schort apron
schot shot; (muur) partition; (schip) bulkhead
Schot Scot(chman)
schotel (schaal) saucer; (gerecht) dish; *vliegende ~*, flying saucer
schotelantenne satellite dish
Schotland Scotland
Schots Scotch, Scottish
schots *zn* floe of ice; *bn: ~ en scheef*, higgledy-piggledy
schouder shoulder
schouderbandje shoulder-strap
schouderblad shoulder-blade
schoudertas shoulder-bag
schouwburg theatre
schouwspel spectacle, sight

schraal thin, poor, scanty
schram scratch
schrander clever, intelligent
schrap scratch; *zich ~ zetten*, take a firm stand
schrapen scrape
schrappen cancel, strike out; (wortels) scrape
schrede pace, step, stride
schreeuw cry, shout
schreeuwen cry, shout, bawl
schreeuwerig clamorous; blatant; (kleur) loud
schreien cry, weep
schriel stingy, mean
schrift writing; (de letter) script; (schrijfboek) exercise book; *de Heilige S~*, Holy Writ, Holy Scripture
schriftelijk written, in writing; *~e cursus*, correspondence course
schrijden stride
schrijfbehoeften *mv* writing materials *mv*, stationery
schrijfblok writing-block
schrijfbureau writing-desk
schrijffout clerical error
schrijfgereedschap writing-materials
schrijfletters *mv* script
schrijfmachine typewriter
schrijfpapier writing paper
schrijfster author(ess)
schrijftafel writing-table
schrijlings astride
schrijnen smart
schrijven write
schrijver writer, author; (kantoor) clerk
schrik fright; terror
schrikaanjagend terrifying
schrikachtig easily frightened, jumpy
schrikdraad barbed wire
schrikkeljaar leap year
schrikken be frightened
schril shrill, strident
schrobben scrub, scour
schroef screw
schroefdraad screw-thread**

schroefsleutel monkey-wrench, spanner
schroeien scorch; singe
schroeven screw
schroevendraaier screwdriver
schrokken eat gluttonously
schromelijk grossly, awfully
schromen fear, dread
schrompelen shrivel
schroom fear, scruple
schroomvallig diffident; timid
schroot scrap
schub scale
schuchter timid, bashful
schudden shake; *kaartsp* shuffle
schuier brush
schuif (grendel) bolt; (doos) sliding lid
schuifdak sliding roof
schuifdeur sliding-door
schuifelen shuffle
schuifla drawer
schuifraam sash-window
schuilen take shelter; hide
schuilhoek hiding-place
schuilkelder underground shelter
schuilplaats hiding-place, shelter, refuge; *bomvrije ~*, dug-out
schuim foam; (op bier) froth; (zeep) lather; *fig* scum, dregs
schuimbad foam bath
schuimen foam, froth; lather
schuimrubber foam rubber
schuin slanting, sloping; oblique; *fig* broad, obscene
schuit boat, barge
schuiven shove, push; (opium) smoke
schuld (geld) debt; (verantwoordelijkeid) blame; (fout) fault, guilt
schuldbekentenis bond, I.O.U.
schuldbelijdenis confession of guilt
schuldbesef consciousness of guilt
schuldeiser creditor
schuldenaar debtor
schuldig guilty, culpable; *~ zijn*, be guilty; (geld) owe
schuldige culprit, delinquent
schunnig mean, shabby

schuren scour; (wrijven) rub against
schurft scabies, itch
schurftig scabby, mangy
schurk rascal, scoundrel
schurkenstreek roguery
schut screen, partition
schutkleur protective colouring
schutsluis lock
schutter marksman
schutting fence, hoarding
schuur barn, shed
schuurpapier emery-paper
schuw shy, timid, bashful
schuwen shun, avoid
scooter scooter
scoren score
scrupule scruple
seance seance
seconde second
secretaresse secretary
secretaris secretary; town clerk
sectie section; (v. lichaam) post-mortem
secuur accurate, precise
sedert since; for
sedertdien since
sein signal
seinen give a signal
seinhuis signal-box
seinpaal signal-post, semaphore
seizoen season
seks sex
sekse sex
seksshop sex shop
seksualiteit sexuality
seksueel sexual
sekte sect
selderie, selderij celery
selecteren select
selectie selection
seminarie, seminarium seminary
senaat senate
sensatie sensation, stir
sentimenteel sentimental
september September
sergeant sergeant
sergeant-majoor sergeant-major

serie series
serieus serious
sering lilac
serre (aan huis) closed veranda(h)
serveerster waitress
serveren serve
servet napkin
service service
servies (dinner-)service
sfeer sphere; *fig* atmosphere
shag rolling tobacco
shampoo shampoo
sherry sherry
shirt shirt
show show
Siberië Siberia
sidderen quake, shake, tremble
sieraad ornament
sieraden jewellery
sieren adorn, decorate
sierlijk graceful, elegant
sigaar cigar
sigarenwinkel tobacconist's
sigaret cigarette; ~ met filter filter cigarette
sigarettenaansteker cigarette-lighter
signaal signal; *mil* buglecall
signalement description
sijpelen ooze, trickle
sik goatee
sikkel sickle, reaping-hook
simpel silly; simple, plain
sinaasappel orange
sinaasappelsap orange juice
sinas orange soda
sinds since
sindsdien since
singel (gordel) girth; (om stad) moat
sintel cinder
sintelbaan *sp* cinder-track
Sinterklaas Saint Nicholas
sire Sire, your Majesty
sirene siren
siroop treacle; syrup
sissen hiss
situatie situation
308

sjaal shawl, scarf
sjacheren barter
sjerp sash, scarf
sjiek fancy
sjofel shabby
sjokken jog, trudge
sjorren lash
sjouwen carry; (sloven) drudge
skateboard skateboard
skeeler skates
skelet skeleton
ski ski
skiën, skilopen *ww* ski; skiing
skilift ski lift
skischans ski jump
skischoenen ski boots
skistok ski pole
sla (grecht) salad; (groente) lettuce
slaaf slave
Slaaf Slav
slaafs slavish, servile
slaag drubbing
slaan (ook v. klok) strike; (herhaaldelijk) beat
slaap sleep; (v. hoofd) temple
slaapcoupé sleeping-compartment
slaapkamer bedroom
slaapmiddel soporific
slaapmutsje night-cap
slaappil sleeping pill
slaapplaats sleeping-place
slaaptrein sleeper train
slaapwagen sleeper
slaapwandelaar sleep-walker
slaapzaal dormitory
slaapzak sleeping bag
slaatje salad
slabbetje bib
slachten kill, slaughter
slachting slaughter
slachtoffer victim
slag [de] stroke; blow; (v. h. hart) beat, beating; (v. klok, roeier) stroke; (donder) clap; (veldslag) battle; (kaartspel) trick; (haar) wave; *fig* blow; [het] (soort) kind, sort; class

slagader artery
slagboom barrier
slagen succeed (in ...ing)
slager butcher
slagerij butcher's shop
slagregen downpour
slagroom whipped cream
slagschip battleship
slagtand tusk, fang
slagvaardig quick-witted
slagveld battle-field
slagwerk percussion
slagzin slogan
slak (met huisje) snail; (zonder huisje) slug; (metaalslak) slag
slaken (kreet) utter; (zucht) heave
slalom slalom
slang serpent, snake; (v. brandspuit) hose; (rubber) tube
slangenbeet snake-bite
slank slender, slim
slaolie salad oil
slap slack, loose, flabby; (thee) weak; (karakter) weak, spineless
slapeloos sleepless
slapeloosheid insomnia
slapen sleep
slaperig sleepy, drowsy
slapte slackness; (handel) slack
slasaus salad-dressing
slavenhandel slave trade
slavernij slavery
slavin slave
slavisch Slav
slecht bad, evil; (mens) wicked; (kwaliteit) poor
slechten level, demolish
slechter worse
slechthorend hard of hearing
slechts only, merely
slechtziend weak-sighted
slee sledge
sleep train
sleepboot tug(boat)
sleepdienst towing-service
sleep-in sleep-in

sleepkabel tow rope
sleeptouw tow-rope; *op ~ houden*, keep on a string
slenteren saunter, lounge
slepen drag, trail; (schip) tow
slepend dragging; (ziekte) lingering
sleuf groove; slot, slit
sleur routine, rut
sleuren trail, drag
sleutel key; *muz* clef; *Engelse ~*, spanner, monkey-wrench
sleutelbeen collar-bone
sleutelbloem primula, primrose, cowslip
sleutelbos bunch of keys
sleutelgat keyhole
sleutelring key-ring
slib mud
sliert string
slijk mud, mire, dirt
slijm slime; mucus
slijmerig slimy
slijmvlies mucous membrane
slijpen whet, grind, sharpen
slijtage wear and tear
slijten wear out; (dagen) spend, pass
slijterij off-licence
slikken swallow
slim astute; sly, cunning
slimmerd, slimmerik sly dog
slinger (klok) pendulum; (pomp) handle; (versiering) festoon
slingeren (slinger) swing; (schip) roll; (pad) wind
slingerplant climber
slinken shrink; dwindle down
slinks crooked, artful, cunning
slipgevaar! slippery road
slipje (broekje) panties
slippen (auto) skid
slippers slippers
sloep longboat, sloop, shallop
slof slipper, mule; (sigaretten) carton
slok draught
slokdarm gullet, oesophagus
slokken guzzle, swallow
slons slut, sloven, slattern

sloof apron; (persoon) drudge
sloom slow
sloop pillow-case
sloot ditch
slopen demolish; (huis) pull down; (schip) break up
slordig slovenly, careless, sloppy
slot (vergrendeling) lock; (kasteel) castle; (eind) conclusion; *achter ~ en grendel*, under lock and key; *op ~* locked; *ten ~te*, finally, eventually
slotenmaker locksmith
slotsom conclusion
sluier veil
sluik lank
sluimeren slumber
sluimering slumber, doze
sluipen steal, sneak. creep into
sluipmoord assassination
sluipschutter sniper
sluis sluice, lock
sluiten (dichtdoen) shut; (op slot) lock; (een winkel) close; (beëindigen) conclude, close
sluiting shutting, closing, locking
sluitingsuur closing time
slurf (olifant) trunk
slurpen lap, sip
sluw sly, cunning, astute, artful
smaad revilement; libel
smaak taste; (zin) liking
smaakvol tasteful
smachten languish, long, pine (*naar*, after, for)
smadelijk opprobrious
smak smacking of the lips; heavy fall; thud
smakelijk savoury, tasty; *~ eten!*, good appetite
smakeloos tasteless; *fig* lacking taste; in bad taste
smaken taste (*naar*, of)
smal narrow
smalen rail (*op*, at)
smalfilm 8 mm film
smart pain, grief, sorrow

smartelijk painful, grievous
smartengeld compensation
smeden forge, weld; (plan) devise
smederij smithy, forge
smeedijzer wrought iron
smeekbede supplication
smeer grease, fat, tallow; smear, spot
smeerkaas cheese spread
smeerlap blackguard, skunk
smeerolie lubricating oil
smeerpunt lubrication point
smeken entreat; supplicate, implore, beseech
smelten melt, fuse
smeltkroes melting-pot
smeltpunt melting-point
smeren grease, oil, lubricate; smear; (boter) spread
smerig dirty
smering lubricant
smeris cop
smet spot, stain; *fig* blemish
smetteloos stainless, immaculate
smeulen smoulder
smid smith
smijten throw, fling, hurl
smoel mug; *zijn ~ houden*, hold one's jaw
smoesje pretext
smoezelig dingy, smudgy
smoking dinner-jacket; *Amer* tuxedo
smokkel smuggling
smokkelaar smuggler
smokkelen smuggle
smokkelhandel smuggling
smokkelwaar contraband
smoren smother, throttle
smullen feast, banquet
smulpartij banquet
snaar string, chord
snackbar snack bar
snakken *~ naar*, yearn for, die for
snappen understand
snateren chatter
snauwen snarl (at)
snavel bill, beak

edig witty; smart
ee cut; (plak) slice, rasher; (scherp)
ge
eetje slice
eeuw snow
eeuwen snow
eeuwjacht snowdrift, blizzard
eeuwketting snow chain
eeuwklokje snowdrop
eeuwstorm snow storm
eeuwvlok snowflake
el quick, swift; fast, rapid
elbinder elastic luggage binders
elblusser fire extinguisher
elbuffet snack-bar
elgoed fast goods
elheid swiftness, speed
elheidsmeter speedometer
elkoker quick heater
elkookpan pressure cooker
eller faster
eltrein express train
elweg motorway
ert pea-soup; *fig* trash
eu disappointing
euvelen be killed in action
ibbig snappy
ijboon haricot bean
ijbrander (oxygen) cutter
ijden cut; (vlees) carve; (kaartspel) fi-
sse
ijlijn secant
ijpunt (point of) intersection
ijtand cutting tooth, incisor
ik gasp, sob
ikken sob
ipper cutting; scrap; shred
ipperdag extra day off
it cut
obistisch snobbish
oeien prune; clip
oek pike
oekbaars pike-perch
oep sweets
oepen eat sweets
oer string; cord; flex

snoet snout, muzzle
snoever boaster, braggart
snoezig sweet, ducky
snor moustache
snorkel snorkel
snorken snore
snorren drone, whir
snot snot, mucus
snotneus snotty nose; *fig* whipper-snap-
per
snowboard snowboard
snuffelen nose, ferret
snugger bright, clever
snuif snuff
snuisterij knick-knacks *mv*
snuit snout, muzzle; (olifant) trunk
snuiten blow (one's nose)
snuiven sniff, snuffle, snort
snurken snore
sober sober, frugal
sociaal social; *sociaal werkster*, social
worker
sociaal-democraat social democrat
socialiseren socialize
socialisme socialism
socialist socialist
sociëteit club(-house)
sodawater soda-water
soebatten implore, beseech
soep soup
soepbord soup-plate
soepel supple, flexible
soeplepel soup-spoon; (groter) soup-
ladle
soepterrine soup-tureen
soes (cream) puff
soeverein sovereign
sof flop
sofa sofa, settee
sok sock; *fig* (old) fogey
soldaat soldier; *gewoon ~*, private; *gemeenz* Tommy *Eng*; G.I. *Amer*
soldeer solder
solderen solder
soldij pay
solidair solidary, mutually dependent

solide solid; (bedrijf) respectable; (belegging) sound, safe; (persoon) steady
solist soloist
sollicitant candidate, applicant
sollicitatie application
sollicitatiebrief letter of application
solliciteren apply (for)
solo solo
solvabiliteit ability to pay
som sum, amount; problem
somber gloomy; sad, dark
sommeren summon
sommige some
soms sometimes
sonderen sound, probe
sonnet sonnet
soort sort, kind; species
soortelijk specific
soortgelijk similar, suchlike
sop suds
sopraan soprano
sorbet sorbet
sorry sorry
sorteren (as)sort
sortering assortment
souffleur prompter
souper supper
souperen take supper
souterrain basement
souvenir souvenir, keepsake
Sovjet-Unie Soviet union
spa spa; mineral water
spaak spoke
spaander chip
Spaans Spanish
spaarbank savings bank
spaargeld savings *mv*
spaarpot money box
spaarrekening savings account
spaarzaam saving, economica
spaarzaamheid economy, thrift
spade spade
spaghetti spaghetti
spalk splint
span team, pair; *een aardig ~*, a nice couple
312

spanen chip
Spanjaard Spaniard
Spanje Spain
spannen (touw) stretch; tighten; (voor-) put to; (nauw zijn) be (too) tight
spannend (boeiend) exciting, thrilling
spanning tension; (banden) pressure; (v. brug) span; *elektr* tension, voltage; *fig* tension, strain; suspense
spar (boom) spruce-fir
sparen (geld)save; (verzamelen) collect; (ontzien) spare
spartelen sprawl
spastisch spastic
spat spot, speckle, stain
spatader varicose vein
spatbord mud-guard; splash-board; (v. auto ook.) wing
spatie space
spatten splash, spatter
specerij spice(s)
specht woodpecker
speciaal special
special special
specialiseren specialize
specialist specialist
specialiteit speciality; specialty
specificeren specify
spectrum spectrum
speculant speculator
speculatie speculation, stockjobbing
speeksel spittle, saliva
speelgoed toys *mv*
speelkaarten playing cards
speelruimte play; *fig* elbowroom, margin
speels playful
speeltuin playground
speen teat, nipple; *fop~* comforter
speenvarken sucking-pig
speer spear
spek bacon; (vers) pork
spektakel noise, hubbub
spel play; game; sport; (toneel) acting; *~ kaarten*, pack of cards; *de Olympische Spelen*, the Olympic games
speld pin

spelden pin
speldenknop pin's head
spelen play; (om geld) gamble; ~ *voor*, act
speling play; ~ *der natuur*, freak (of nature)
spellen spell
spelletje game
spelling spelling, orthography
spelonk cave, cavern, grotto
sperwer sparrow-hawk
sperziebonen string beans
spetter hunk
speuren trace, track
speurhond tracker dog, sleuth (-hound)
speurtocht search
spichtig lank, weedy
spie pin, peg, cotter
spiegel looking-glass, mirror, glass
spiegelbeeld image, reflection
spiegelei fried egg
spiegelglas plate glass
spiegelruit pane of plate glass
spieken crib, cheat
spier muscle
spiering smelt
spierkracht muscular strength, muscle
spiernaakt stark naked
spierpijn muscular pain(s)
spijbelen play truant
spijker nail
spijkerbroek pair of jeans
spijkeren nail
spijl bar; spike
pijs food
pijskaart menu
pijsvertering digestion
pijt regret; ~ *hebben van*, regret; be sorry for; *tot mijn* ~, to my regret
pijten be sorry; *het spijt me*, I am sorry, I regret
pikkel speck, speckle, spot
piksplinternieuw bran(d) new
pil pivot, spindle; *sp* centre-half
pin spider
pinazie spinach

spinnen (textiel) spin; (kat) purr
spinnenweb cobweb
spion spy
spionage spying, espionage
spioneren spy
spiraal spiral
spiraalveer coil-spring
spiritualiën *mv* spirits
spiritus methylated spirits
spiritusbrander methylated spirit stove
spit (braad-) spit; (in de rug) lumbago
spits point; (toren) pinnacle, spire; (berg) top, summit; *bn* pointed, sharp
spitsuren *mv* peak-hours, rush hours *mv*
spitsvondig subtle
spitten dig
spleet split, cleft, crevice
splijten cleave, split
splinter splinter
split split
splitpen split pin
splitsen split (up); (touw) splice; *zich* ~, split (up); (weg) bifurcate
splitsing splitting (up), division; (weg) bifurcation; (atoom) fission
spoed speed, haste; (v. schroef) pitch; ~*!*, urgent!
spoedbestelling express delivery
spoedeisend urgent
spoeden *zich* ~, make haste, hasten (to)
spoedgeval emergency (case)
spoedig speedy, quick; early (reply); *bijw* quickly; soon
spoel spool; (techn.) coil; reel
spoelen wash, rinse
spoelworm roundworm
spoken haunt
sponning rabbet, groove
spons sponge
spontaan spontaneous
spook ghost, phantom
spoor (v. ruiter) spur; (indruk) trace, track, foot-mark; (trein) railway, rails; (op station) rail; *per* ~, by rail
spoorbaan railroad
spoorboekje railway timetable

313

spoorboom gate
spoorkaartje railway ticket
spoorloos without a trace
spoorslags at full gallop
spoortrein train
spoorweg railway
spoorwegovergang level-crossing
spoorwegpolitie railway police
sporen go (travel) by railway
sport (lichaamsbeweging) sport; (v. ladder) rung
sportartikelen sports articles
sporten do sport
sportief sporting, sportsmanlike
sportschoenen sport shoes
sportterrein sports field
spot mockery
spotgoedkoop dirt-cheap
spotprent caricature
spotprijs nominal price
spotten mock, scoff (*met*, at)
spotvogel mocking-bird
spraak speec., anguage
spraakgebrek speech-defect
spraakgebruik usage
spraakkunst grammar
spraakzaam talkative
sprakeloos speechless, dumb
sprank spark
spreekkamer consulting-room, surgery
spreekkoor chorus
spreekuur consulting hours *mv*
spreekwoord proverb, adage
spreekwoordelijk proverbial
spreeuw starling
sprei bedspread, counterpane
spreiden spread; (v. bed) make
spreken speak, say, talk; *kan ik meneer X ~?*, can I see Mr. X?
spreker speaker; (redenaar) orator
sprenkelen sprinkle
spreuk motto, aphorism
spriet sprit; (v. insect) feeler; (gras) blade
springen jump
springen spring, leap, jump, bound; (glas) crack; (band) burst

springplank spring-board
springstof explosive
sprinkhaan grasshopper
sproeien sprinkle, water
sproeier sprinkler
sproet freckle
sprokkelen gather dead wood
sprong leap, jump; bound
sprookje fairy-tale
sprot sprat
spruit sprout; sprig; scion
spruitjes *mv* sprouts *mv*
spugen spit; vomit
spuien sluice; ventilate
spuit syringe, squirt
spuitbus aerosol(can)
spuiten spout, squirt
spuitje injection
spuitwater soda-water
spul stuff
spullen things
spuug spittle, saliva
spuwen spit; vomit
squash squash
squashen play squash
staaf (ijzer) bar; (goud) ingot
staak stake, pole
staal (model) sample, pattern; (metaal) steel
staaldraad steel-wire
staan stand; be; (passen) become
staangeld deposit
staanplaats stand
staar cataract
staart tail
staat (land) state; (toestand) state, condition; (lijst) statement, list; *in ~ stellen*, enable to; *in ~ zijn*, be able; *~ van beleg*, state of siege
staatkunde politics
staatsburger subject; citizen
staatsgreep coup (d'état)
staatshoofd chief of the state
staatsie state, pomp
staatslening government loan
staatsloterij state lottery

staatsman statesman
staatssecretaris minister of state
staatswetenschap political science
stabiel stable
stabiliteit stability, stableness
stad town
stadhuis town hall
stadion stadium
stadium stage, phase
stadsbestuur municipality
stadsbus local buss
staf staff; mace
stafkaart ordnance map
stage apprenticeship
staken stop, suspend; (werk) strike
staker striker
staking suspension; (werk-) strike
stakker poor wretch (thing)
stal stable; cow-house; (varkens) sty
stalen *bn* (of) steel; *fig* brazen; *ww* steel
stallen put up
stalles *mv* stalls *mv*
stalletje stall, stand, booth
stalling stable; garage; (fiets) shelter
stam stem; trunk; (volks-) race, tribe
stamboom family tree, pedigree
stamelen stammer
stamgast regular customer
stampen stamp; (schip) pitch; (machine)
thud
stamper stamper; pestle; (v. bloem) pistil
stamppot hotchpotch
stampvoeten stamp one's feet
stampvol crowded, chock-full
stamvader progenitor
stand attitude, posture; (hoogte) height;
'n maatschappij) status, position; (toe-
tand) situation, state; (sport) score; *tot ~*
rengen, bring about, accomplish
standaard standard
standbeeld statue
standhouden maintain; endure
standje reproof, scolding; *iem. een ~ ge-*
en, scold sbd.
standplaats standing-place, station; (v.
axi's) stand; (op camping) pitch

standpunt point of view
standvastig steadfast, firm, constant
stang bar, rod; (van bit) bridle-bit
stank bad smell, stink, stench
stap step
stapel pile, heap
stapelbed bunk bed
stapelen stack
stappen step, stalk
stapvoets at a foot-pace
star stiff, rigid; fixed
staren stare (at), gaze (at)
start start; take-off
startbaan runway
starten start
starter starter
startkabels jump leads
startmotor starter motor, starter
statief tripod
statiegeld deposit
statig stately; grave
station station
stationschef station master
statistiek statistics
status status
statuten *mv* regulations, articles of association
staven support; substantiate
stedelijk municipal
stedenbouw town planning
steeds *bn* town-; townish; *bijw* always,
continually, still, all the time; *~ hoger,*
higher and higher
steeg lane, alley
steek (naaien) stich; (dolk) stab; (wesp)
sting; (pijn) twitch; *~ onder water,* dig; *in
de ~ laten,* leave, fail
steekpenning bribe
steekproef random sample
steeksleutel spanner
steekvlam flash
steekvlieg gadfly
steel (bloem) stalk; (bloem, glas) stem;
(gereedschap) handle
steelpan saucepan
steen stone; *~ des aanstoots,* stone of

315

offence
steendruk lithography
steengroeve quarry
steenkool coal
steenpuist boil
steiger scaffold(ing); (haven) pier, jetty, landing-stage
steigeren rear
steil steep; precipitous
stek slip, cutting
stekeblind stone-blind
stekel prickle, sting; (stekelvarken) spine
stekelbaars stickleback
stekelig prickly; *fig* stinging
stekelvarken porcupine
steken (v. insect) sting; (met speld enz.) prick; (v. zon) burn; (v. wond) smart; *blijven* ~, stick (fast); *in zee* ~, put to sea
stekker plug
stel set
stelen steal
stellage scaffolding, stage
stellen set, place, put; (veronder-) suppose; (beweren) state
stellig positive; explicit
stelling theorem, problem; (stellage) scaffolding
stelpen staunch
stelregel maxim
stelsel system
stelselmatig systematical
stem voice; (bij stemming) vote; *muz* part
stembanden *mv* vocal chords *mv*
stembiljet voting-paper
stembureau polling-booth
stemgerechtigd qualified to vote
stemmen (een kandidaat) vote; (muziek) tune
stemmig demure, sedate
stemming voting; (humeur) frame of mind, mood; (v. markt) tone
stempel (voorwerp) stamp, die; (afdruk) stamp, impress; postmark; (v. bloem) stigma
stempelen stamp, mark
stemrecht right to vote
316

stemvork tuning-fork
stencil 'stencil
stenen stone, of stone
stengel stalk, stem
stenig stony
stenografie shorthand
stenotypist(e) shorthand typist
step (v. kinderen) scooter
step-in step-in
ster star; *vallende* ~, falling star
stereo stereo-
sterfbed death-bed
sterfelijk mortal
sterfgeval death
sterfte mortality
steriel sterile, barren
steriliseren sterilize
sterke strong
sterkedrank alcohol
sterkte strength
sterrenbeeld constellation
sterrenkers garden cress
sterrenkijker telescope
sterrenkunde astronomy
sterrenwacht astronomical observatory
sterretje asterisk (*)
sterveling mortal
sterven die
steun support
steunen support, back (up); (zuchten) groan; ~ *op*, lean on; *fig* lean upon
steunzool arch support
steur sturgeon
steven prow, stem
stevenen steer, sail
stevig solid, firm, substantial
stewardess (in vliegtuig) air hostess; stewardess
stichtelijk edifying
stichten found, establish
stichting foundation; (inrichting) institution
stiefkind step-child
stiekem on the sly, secretly
stier bull; (dierenriem) Taurus
stift pin, point

stijf stiff
stijfhoofdig obstinate
stijfkop obstinate person
stijfsel starch
stijgbeugel stirrup
stijgen rise, mount, go up
stijl (v. deur enz.) post; (trant) style
stijven (m. stijfsel) starch; (verstevigen) stiffen
stikdonker pitch-dark
stikken stifle, be stifled, choke, suffocate; (naaien) stitch
stikstof nitrogen
stil still, quiet, silent
stillen (pijn) alleviate; (dorst) quench; (honger) appease
stilletjes silently
stilleven still life
stilstaan stand still; stop
stilstand standstill; cessation; stagnation, stoppage
stilte silence
stilzwijgend silent, taciturn
stimulans stimulant; *fig* stimulus
stimuleren stimulate
stinken stink (*naar*, of)
stip point, dot (op de i)
tippel dot, speck
tippellijn dotted line
tipt punctual, precise
toeien romp
toel chair; seat
toelgang stool(s), motion(s)
toeltjeslift chair lift
toep (voor huis) steps; (trottoir) pavement
toer sturdy, stalwart, stout
toet train, procession
tof [*de*] matter; (weefsel) fabric, materi-; *fig* subject-matter; theme; [*het*] (vuil) ust
ofbril goggles
ofdoek duster
offeerder upholsterer
offelijk material
offen dust

stoffer duster; ~ *en blik* (dust)pan and brush
stoffig dusty
stofwisseling metabolism
stofzuigen vacuum
stofzuiger vacuum cleaner
stok stick; cane; (v. vlag) pole
stokbrood French bread
stokdoof stone-deaf
stoken (kachel) stoke; (drank) distil; *fig* stir up, brew
stoker stoker, distiller
stokerij distillery
stokoud very old
stokpaardje hobby
stokvis stockfish
stollen congeal, coagulate, curdle, clot
stolp glass-bell; cover
stom (niet sprekend) dumb, mute; (film) silent; (dom) stupid
stomdronken dead drunk
stomen steam; dry-clean
stomerij dry-cleaner's
stomheid dumbness; stupidity
stommelen clutter
stommeling blockhead
stomp *zn* (stoot) push, dig, thump, punch; (overblijfsel) stump; *bn* blunt, dull; (hoek) obtuse
stompzinnig obtuse
stomverbaasd stupefied
stoofpeer cooking-pear
stookgat fire hole
stookolie oil-fuel
stoom steam
stoomboot steamer, steam-ship
stoomketel steam-boiler
stoommachine steam-engine
stoornis disturbance
stoot push; (degen) thrust, (dolk) stab; (biljart) stroke
stootkussen buffer
stoottroepen *mv* shocktroops
stop (v. fles) stopper; (in kous) darn; (zekering) fuse; (in bad) put; ~! stop!
stopbord halt sign

stopcontact power-point
stoplicht traffic light
stopmiddel something for diarrhoea
stopnaald darning-needle
stoppel stubble
stoppen stop; (v. pijp) fill; (bergen) put; (herstellen) darn
stopplaats stop(ping-place)
stoptrein slow train
stopverf putty
stopwol darning-wool
stopzetten stop; close down
storen disturb, derange; interrupt; *zich ~ aan*, mind
storing disturbance; trouble, breakdown; *rtv* interference
storm storm, tempest, gale
stormachtig stormy, tempestuous, tumultuous
stormen storm; *het stormt*, it is blowing a gale
stortbui heavy shower
storten (tranen) shed; (vuilnis) dump; (geld) pay in, deposit
storting (geld) payment, deposit
stortkoker chute, shoot
stortregen heavy shower
stortvloed flood, torrent
stortzee sea
stoten push; (hoofd) bump; (tenen) stub; *fig* stock
stotteren stutter, stammer
stout (ondeugend) naughty
stoutmoedig bold, daring
stoven stew
straal ray; beam; (cirkel) radius; (bliksem) flash; (water) jet
straalvliegtuig jet plane
straat street; (zee-) straits
straatjongen street-boy, guttersnipe
straatkant street side
straatsteen paving-stone
straatverlichting street-light
straatweg road
straf *zn* punishment, penalty; *bn* severe; (v. drank) stiff

strafbaar punishable; penal
straffeloos unpunished, with impunity
straffen punish
strafport additional, extra postage, surcharge
strafrecht criminal law; *wetboek van ~*, penal code
strafschop penalty kick
strafwerk detention work
strafwet criminal law, penal law
strak tight, stiff, taut
strakjes in a moment
straks soon, later; *tot ~* see you later
stralen beam; radiate
straling radiation
stram stiff, rigid
strand beach; (kust) shore
stranden strand, run aground
strandstoel beach chair
strategie strategy; strategics *mv*
streber pusher, careerist
streek (met pen) stroke; (gebied) region, district, area; (list) trick; *van ~*, upset
streekvervoer regional transport
streep streak, stripe; stroke, dash, line
strekken stretch; reach; extend
strekking tendency, purport
strelen stroke, caress; *fig* flatter
stremmen (bloed) congeal, coagulate; (melk) curdle; (verkeer) stop, obstruct
streng *zn* (touw) strand; *bn* severe, stern, rigid
strengheid severity
stress stress
streven strive (after), aspire (to), aim (at)
striem stripe, weal
strijd fight, combat; struggle, strife; contention; *in ~ met*, contrary to
strijden fight, combat, battle
strijdig conflicting; *~ met*, contrary to
strijdkrachten *mv* armed forces *mv*
strijdlustig combative, militant
strijdvaardig ready to fight
strijkbout flat iron
strijken (kleren) iron; (vlag) strike; (met hand) smooth

318

strijkijzer iron
strijkje string-band
strijkorkest string-orchestra
strijkplank ironing-board
strijkstok bow, fiddlestick
strik knot; (das) bow; (val) snare
strikken tie; (vangen) snare
strikt precise, strict
strikvraag catch, poser
strip comic
striptease striptease
stripverhaal strip
stro straw
strodak thatched roof
stroef stiff; stern; harsh
strohoed straw-hat
stromen stream, flow; ~*d water* running
water
stroming current; trend
stronk stump; (v. kool) stalk
strooien strew, scatter
strook strip; slip
stroom stream; current; *elektr* electricity
stroomlijn stream-line
stroomverdeler distributor
stroomversnelling rapid
troop treacle
strooptocht raid
trop (ophanging) halter, rope; (v. wild)
nare; (pech) bad luck
tropdas tie
tropen poach; (villen) skin
troper poacher
trot throat
trottenhoofd larynx
trozak straw mattress
tructureel structural
tructureren structure
tructuur structure
ruik shrub, bush
ruikelblok obstacle
ruikelen stumble
ruikgewas shrubs, scrub
ruisvogel ostrich
udeerkamer study
udent student

studeren study
studie studies
studiebeurs scholarship
studieboek text-book
studio studio
stug stiff; surly
stuifmeel pollen
stuip convulsion, fit
stuiptrekking convulsion
stuiten stop, check; (v. bal) bounce; ~ *op*,
meet with
stuitend offensive, shocking
stuiven fly about, dash
stuiver five cents' piece
stuk piece, part; (papier) paper, document; (schaak-) piece; (kanon) gun; *bn*
(kapot) broken; *ingezonden* ~, letter to
the editor; *per* ~, apiece; ~ *voor* ~, one by
one
stukadoor plasterer
stukgaan break, go to pieces
stukmaken break, smash
stukscheuren tear to pieces
stumper wretch
stunt stunt
stuntelig clumsy
sturen send, direct; (schip, auto) steer
stut prop, support, stay
stuur (schip) helm, rudder; (fiets) handle
bar; (auto) wheel
stuurboord starboard
stuurhuis steering box
stuurhut cockpit
stuurinrichting steering
stuurman steersman, mate
stuurs surly, sour
stuurwiel steering wheel
stuw weir
stuwdam barrage
stuwen stow; (voort-) propel
stuwkracht driving power
subsidie subsidy
subtiel subtle
succes success; ~*!*, good luck!
successierechten *mv* death-duties *mv*
sudderen simmer

319

suède suede
suf dull; dazed; sleepy
suffen doze
sufferd duffer, stupid
suggestie suggestion
suiker sugar
suikerbiet sugar-beet
suikergoed confectionery
suikerpatiënt diabetic
suikerpot sugar-basin
suikerraffinaderij sugar-refinery
suikerriet sugar-cane
suikerziekte diabetes
suite suite of rooms
suizen buzz
sukade candied peel
sukkel crock
sukkeldraf *op een ~*, at a jog trot
sul soft Johnny, noodle
superbenzine super, four-star petrol
superieur superior
supermarkt supermarket

suppoost attendant, guard
surfen surf
surfplank surf board
Suriname Surinam
surplus surplus; margin
surrogaat substitute
surséance *~ van betaling*, letter of licence
sussen hush, soothe; (iets) hush up
syfilis syphilis
symbolisch symbolic(al)
symbool symbol
symfonie symphony
symmetrisch symmetric
sympathie sympathy (with)
sympathiek congenial; likable, nice
symposion symposium
symptoom symptom
synoniem synonymous
synthetisch synthetic
systeem system
systematisch systematic

t

t.z.t. = *te zijner tijd* in due time
taai tough
taak task
taal language; speech
taalfout mistake against the language
taalkundig grammatical
taart tart
taartje gateau
tabak tobacco
tabel table, index
tablet (medisch) tablet
tachtig eighty
tachtigste eightieth
tact tact
tactvol tactful
tafel table; *aan ~ gaan*, go to table, sit down to table
tafelkleed table-cover
tafellaken table cloth
tafelschuier crumb-brush

tafeltennis table-tennis
tafelwijn table wine
tafelzilver silver-plate, table silver
tafereel picture, scene
taille waist
tak bough, branch
takel pulley, tackle
takelwagen breakdown van
takkenbos faggot
tal number; *~ van*, numerous
talenpracticum language laboratory
talent talent
talk tallow; (steen) talc
talkpoeder talcum powder
talloos numberless, countless
talmen loiter, linger
talrijk numerous
tam tame, domestic
tamboer drummer
tamelijk rather

tampon tampon
tand tooth; (inkeping) notch; (v. rad) cog; (v. vork) prong
tandarts dentist
tandenborstel toothbrush
tandenstoker toothpick
tandpasta toothpaste
tandrad cogwheel
tandradbaan rack railway
tandvlees gums *mv*
tanen fade, pale, tarnish
tang (pair of) tongs; pincers, nippers
tank (reservoir) tank
tanken fill up, refuel
tankstation filling station
tante aunt
tantième bonus, royalty
tap tap
tapijt carpet
tapkast buffet, bar
tappen tap
taps tapering
taptoe tattoo
tarbot turbot
tarief tariff, rate
tarra tare
tartaar (gehakte biefstuk) raw minced beef
tarten challenge, defy
tarwe wheat
tas bag
tastbaar tangible, palpable
tasten feel, grope
taugé soya beans
taxatie appraisement; valuation
taxeren appraise, value (at)
taxfree tax free
taxi taxi
taximeter taxi meter
taxistandplaats taxi stand
tc TB
te *vz* at, to, in, on; *bijw* (al te) too
team team
technicus technician
techniek technics *mv*; engineering
technisch technical; ~e *hulp* technical assistance
teder tender
teef bitch
teek tick
teelt breeding, cultivation
teen (lichaamsdeel) toe; (takje) osier, twig
teer tar; *bn* delicate
tegel tile
tegelijk at the same time
tegemoet ahead
tegemoetgaan go to meet
tegemoetkomend accommodating
tegen against, to, for; (omstreeks) to-wards
tegenbericht message to the contrary
tegendeel contrary
tegengaan oppose, check
tegengesteld opposite, contrary
tegengif antidote
tegenhanger counterpart
tegenhouden stop, hold up
tegenkomen meet; encounter
tegenligger oncoming car
tegenlopen go against
tegenover over against, opposite (to)
tegenovergesteld opposed, opposite
tegenpartij adversary, opponent, other party
tegenpool antipole
tegenslag reverse, piece of bad luck
tegenspartelen struggle; jib
tegenspoed adversity, bad luck
tegenspraak contradiction
tegenspreken contradict
tegenstaan be repugnant
tegenstand resistance, opposition
tegenstander adversary, antagonist, op-ponent
tegenstelling opposition, contrast, an-tithesis
tegenstribbelen struggle; jib
tegenstrijdig contradictory
tegenvallen not come up to expecta-tions; find oneself mistaken
tegenvoeter antipode

tegenwaarde equivalent
tegenwerken counteract, oppose
tegenwerking opposition
tegenwerping objection
tegenwicht counterbalance
tegenwind adverse wind
tegenwoordig *bn* present; of today; *bijw* at present, nowadays; ~ *zijn bij*, be present at
tegenwoordigheid presence; ~ *van geest*, presence of mind
tegenzin antipathy, aversion, dislike
tegoed balance
tehuis at home; ~, home
teil basin, tub
teisteren harass, ravage, spoil
teken sign, mark, token, symptom
tekenaar drawer, designer
tekenboek sketch-book
tekenen draw, delineate; (ondertekenen) sign
tekenfilm cartoon
tekening drawing; (schets) design
tekort shortage; deficit, deficiency
tekortkoming shortcoming
tekst text; (bij muziek) words
tekstboekje book; (bij opera) libretto
tel count
telefoneren telephone, phone
telefonisch telephonic; *bijw* by telephone
telefoniste operator
telefoon telephone
telefoonboek telephone directory
telefooncel call box
telefooncentrale exchange
telefoongesprek telephone call
telefoongids telephone book
telefoonkaart phonecard
telefoonkantoor telephone company office
telefoonnummer telephone number
telegraaf telegraph
telegraferen telegraph, wire
telegram telegram, wire
telelens telephoto lens

322

telen (v. dier) breed, raise; (v. plant) grow, cultivate
teleurstellen disappoint
teleurstelling disappointment
televisie television
televisietoestel television set
telex telex
telg descendant
telkens at every turn; every time; ~ *wanneer*, whenever, every time
tellen count
teller (v. breuk) numerator
telwoord numeral
temen drawl
temmen tame
tempel temple
temperament temperament, temper
temperatuur temperature
temperen temper; damp; dim
tempo *muz* time; (snelheid) pace
ten at, to, in, at the; in the; ~ *behoeve van*, in behalf of; ~ *dele*, partly; ~ *eerste*, first; ~ *einde*, in order to; ~ *gevolge van* in consequence of; ~ *gunste van*, in favour of; ~ *huize van*, at the house of; ~ *koste van*, at the cost of; ~*minste*, at least; ~*slotte*, finally
tendens tendency, trend
teneinde in order to
tenger slender, slim
tenietdoen cancel, annul
tenminste at least
tennis tennis
tennisbaan tennis court
tennisbal tennis ball
tennissen play tennis
tenor tenor
tent tent; (kermis-)booth; (tentoonstellings-) marquee
tentharing tent peg
tentoonspreiden display
tentoonstelling exhibition
tentstok tent pole
tentzeil canvas
tenue dress, uniform
tenzij unless

tepel nipple
ter at, to, in, into
terdege thoroughly
terecht justly; ~ *zijn*, be found
terechtstelling execution
terechtwijzing reprimand
teren (touw) tar; ~ *op*, live on
tergen provoke, irritate
terloops incidentally
term term
termijn term; (v. betaling) instalment; *op korte* ~, at short notice
ternauwernood scarcely, barely
terpentijn turpentine
terras (op dak) terrace; (bij café) pavement
terrein site; ground, plot
terreur terrorism
terrine tureen
terrorist terrorist
terstond directly, immediately, at once
terug back
terugbetaling repayment
terugblik look backward, retrospect
terugbrengen bring back; ~ *tot op*, reduce to
terugdeinzen shrink from
terugdenken ~ *aan*, recall
teruggaan go back; return
teruggave return, restitution
teruggeven give back, return, restore
terughoudend reserved
terugkaatsen rebound; (geluid, licht) throw back, reflect
terugkaatsing reflection, reverberation
terugkeer coming back; return
terugkomen come back; ~ *op*, return to; *van*, give up
terugkomst coming back, return
terugreis return-journey
terugroepen recall, call back
terugslag repercussion
terugtocht retreat
terugtraprem back-pedalling brake
terugtrekken pull back, draw back, withdraw; (teruggaan) retire, retire

terugweg way back
terugwerkend ~*e kracht*, retroactive, back-date
terugzenden send back, return
terugzien see again
terwijl while; (als tegenstelling) whereas
terzijde aside
test (proef) test
testament last will; *het Oude en Nieuwe* ~, the Old and New testament
testen test (for)
teug draught
teugel rein, bridle
teuten dawdle
teveel surplus
tevens at the same time
tevergeefs in vain, vainly
tevoorschijn ~ *halen*, produce; ~ *komen*, appear
tevoren before
tevreden satisfied
tevredenheid contentment
tevredenstellen content, satisfy
tewaterlating launch(ing)
teweegbrengen cause, bring about
textiel textiles
tezamen together
thans now, at present
theater theatre
theatervoorstelling theatre show
thee tea
theeblad tea-tray
theedoek tea towel
theeketel teakettle
theekopje teacup
theelepel teaspoon
theemuts tea-cosy
theepot tea pot
theeservies tea-service, teaset
theezakje tea-bag
theezeefje tea-strainer
thema exercise; theme
theoretisch theoretical
theorie theory
therapie therapy
thermometer thermometer

thermosfles thermos (flask)
thermostaat thermostat
thuis (zijn) at home
thuisbrengen see home
thuisclub *sp* home-team
thuiskomst return
thuiswedstrijd home match
ticket ticket
tien ten
tiende tenth
tiendelig consisting of ten parts; ~**e**
breuk, decimal fraction
tiener teen-ager
tiental (number of) ten
tientallig decimal
tieren (gedijen) thrive; (razen) rage, bluster
tiet boob, tit
tij tide
tijd time; (terugkerend) season; *taalk*
tense; *op ~,* in time; *van ~ tot ~,* from
time to time
tijdbom time bomb
tijdelijk temporary
tijdens during
tijdgenoot contemporary
tijdig early, betimes, in good time
tijdopname time-exposure
tijdperk period
tijdrovend time-consuming
tijdschrift periodical, magazine, review
tijdsein *rtv* time-signal
tijdstip moment; date; time
tijdvak period
tijdverdrijf pastime
tijger tiger
tik touch, pat
tikfout typing mistake
tikken tap; (v. klok) tick; (typen)
type(write)
tillen lift, heave, raise
timmeren carpenter
timmerhout timber
timmerman carpenter
tin tin
tinnen pewter

tint tint, tinge, hue
tintelen sparkle (*van,* with); tingle (with
cold)
tip (vinger) tip; (v. doek) corner
tippelen hustle
tiran tyrant
tissue tissue
titel title
titelblad title-page
tjilpen chirp
tjokvol chock-full
tl-buis fluorescent tube, striplighting
toast toast
tobbe tub
tobben oil, drudge
toch yet, still, for all that; (zeker) surely,
to be sure
tocht (reis) trip; expedition, journey;
(wind) draught
tochtdeur swing-door
tochten *het tocht,* there is a draught
tochtig draughty
tochtje excursion, trip
tochtscherm screen
tochtstrip weather-strip
toe to, on, towards, in addition; (gesloten) shut
toebehoren belong to; *met ~,* with accessories
toebereidsel preparation
toebrengen inflict
toeclip toe clip
toedekken cover up; (kind) tuck in
toedienen administer; give
toedoen shut; *door zijn ~,* through him
toedracht particulars *mv,* the way it happened
toe-eigenen appropriate
toegang access, entrance, admittance
toegangsbewijs ticket
toegangskaart admission ticket
toegangsnummer admission number
toegangsprijs price of admission
toegankelijk accessible, open
toegedaan attached to; *een mening ~
zijn,* hold an opinion

toegeeflijk indulgent
toegenegen affectionate
toegeven (erkennen) admit, grant
toegift extra
toehoorder auditor, listener
toejuichen applaud, cheer
toekennen adjudge, award
toekijken look on
toekomen be due to; have enough; *doen ~*, send
toekomst future
toekomstig future
toelaatbaar admissible
toelage allowance
toelaten admit; (dulden) permit, tolerate, suffer
toelating admission, allowance
toelatingsexamen entrance examination
toeleg attempt, design, purpose
toeleggen *het ~ op*, be driving at; *zich ~ op*, apply oneself to
toelichten clear up, elucidate, explain
toelichting explanation
toeloop concourse
toen *bijw* then, at that time; *voegw* when, as
toenadering approach
toenemen increase; grow
toeneming increase, rise
toenmalig then, of the time
toepasselijk applicable (to), appropriate, suitable
toepassen apply (to)
toepassing application
toer (draai) turn; (tocht) tour, trip; (kunststuk) feat, trick; *een hele ~*, quite a job
toerbeurt *bij ~*, by turns
toereikend sufficient, enough
toerekenbaar accountable, responsible
toeren tour
toerenteller revolution counter
toerisme tourism
toerist tourist
toeristenbelasting tourist tax
toeristenkaart tourist card

toeristenklasse tourist class
toeristenmenu tourist menu
toeristisch touristy
toernooi tournament
toeschietelijk friendly
toeschijnen seem to
toeschouwer looker-on, spectator
toeschrijven attribute, ascribe (to)
toeslag extra charge
toespeling allusion
toespraak allocution, address
toespreken speak to, address
toestaan permit, allow; (verlenen) grant, concede
toestand state, situation; condition
toestel apparatus; (foto-) camera
toestemmen consent (to), grant
toestemming consent
toesturen send; (geld) remit
toetakelen damage, knock about; (met kleding) accoutre
toeter horn
toeteren toot
toetje dessert
toetreden join; accede to
toetreding *~ tot de EU*, entry into the EU
toets touch; (piano) key
toetsen try, test
toeval accident, chance; (ziekte) fit of epilepsy; *bij ~*, by chance
toevallig accidental, casual; by chance
toeverlaat refuge, shield
toevertrouwen entrust
toevloed affluence; concourse
toevlucht refuge, recourse
toevluchtsoord refuge
toevoegen add, join (to)
toevoeging addition
toevoegsel supplement
toevoer supply
toewensen wish
toewijding devotion
toewijzen allot, assign, award
toewijzing allotment, assignment, allocation
toezeggen promise

325

toezenden send, forward
toezicht supervision, superintendence, inspection
toezien look on; superintend, survey, keep an eye on
toga gown, robe, toga
toilet toilet, dress; (wc) toilet, lavatory
toiletpapier toilet paper
toiletten toilets
toiletzeep toilet soap
tol (speelgoed) top;(bij in-, uitvoer) customs, duties; (bij doortocht) toll
tolerant tolerant; permissive
tolk interpreter
tolken interpret
tollen spin a top; tumble about
tolweg toll road
tomaat tomato
tombe tomb
ton cask, barrel; (maat) ton
tondeuse (pair of) clippers
toneel stage; theatre; (deel v. bedrijf) scene
toneelgezelschap theatrical company
toneelkijker opera-glass
toneelspeelster actress
toneelspeler actor
toneelstuk play
tonen show
tong tongue; (vis) sole
tongval accent; dialect
tonic tonic
tonijn tuna
tooi attire, array
tooien adorn
toom bridle, reins
toon tone, sound
toonaangevend leading
toonbaar presentable
toonbank counter
toonbeeld model, paragon
toonder bearer
toonkunstenaar musician
toonladder gamut, scale
toonzaal show-room
toorn wrath, anger

toornig angry, wrathful, irate
toorts torch, link
toost toast
top top, summit; (vinger-) tip; (v. driehoek) apex; *van ~ tot teen*, from top to toe
topconferentie summit meeting
topfunctionaris senior excutive
topje top
topless topless
topprestatie record
toppunt top, summit; *fig* acme; culminating point; zenith
topzwaar top-heavy
tor beetle
toren tower; steeple (met spits)
torenspits spire
torentje turret
tornen rip (up)
torpedojager destroyer
torsen carry, bear
tosti toasted sandwich
tot until, till; *~ nu toe*, up to now; *~ en met*, up to and including
totaal total (amount); *bn* total, entire
totdat till, until
toto pool
touperen backcomb
touringcar coach
tournee tour
tourniquet turnstile
touw rope; (dun) cord; (nog dunner) string; *op ~ zetten*, undertake
touwladder rope-ladder
tovenaar sorcerer, magician, wizard
tovenarij magic
toveren conjure, juggle
toverheks witch
toverlantaarn magic lantern
traag slow, indolent, tardy
traan tear; (olie) train-oil
trachten try, attempt, endeavour
tractor tractor
traditie tradition
traditioneel traditional
tragedie tragedy

tragisch tragic(al)
trainen train, coach
trainer trainer, coach
trainingspak track suit
traject section
traktaat treaty
traktatie treat
traktement salary, pay
trakteren treat, regale
tralie bar
tram tram
tramhalte tram stop
tramkaartje tramway ticket
transformator transformer
transistorradio transistor radio
transmissie transmission
transpireren perspire
transport transport, carriage; *per ~*, carried forward
transporteren transport; (in boeken) carry forward
trant manner, way, style
trap (reeks treden) stairs, staircase; (schop) kick; (graad) degree; *vergrotende ~*, comparative; *overtreffende ~*, superlative
trapas crankshaft
trapleuning banisters, rail
traploper stair-carpet
trappelen trample, stamp
trappen (met voet) kick (at); tread; (op fiets) pedal
trappenhuis staircase hall
trapper pedal
trapsgewijs gradually; terraced
traveller's cheque traveller's cheque
trechter funnel; (granaat) crater
trede step, pace; (trap) step
treden tread, step, walk; *in werking ~*, ome into force
treeplank footboard
treffen hit, strike; (aan-) meet (with)
treffend striking, touching
treffer hit
trefwoord head-word
trein train

treinconducteur (railway) guard
treinkaartje ticket
treinverbinding train connection
treiteren tease, nag
trek pull, tug; (v. lucht) draught; (aan sigaret) pull; (v. gezicht) feature; (lust) mind; (eetlust) appetite; *kaartsp* trick; *in ~ zijn*, be in demand
trekdier draught animal
trekhaak towing hook
trekken draw, pull, drag, tug; (gaan) go, march; (thee, lucht) draw; (v. kies) extract
trekker (persoon) hiker; (v. geweer) trigger
trekking drawing; (zenuw-) twitch, convulsion
trekpleister attraction
treksluiting zip fastener
trektocht hike
trekvogel bird of passage
trekzaag crosscut saw
treuren be sad, grieve; mourn (*over*, for)
treurig sad, mournful
treurspel tragedy
treurwilg weeping willow
treuzelen dawdle, loiter, linger
tribune tribune, platform, gallery
triest dreary, dismal, sad
trillen tremble; (v. stem) vibrate, quaver; (natuurk.) vibrate
trilling vibration
trimmen (oefenen) keep fit
triomf triumph
triomfantelijk triumphant
triomferen triumph
trip trip
triplex three-ply wood
trippelen trip along
troebel turbid, thick, cloudy; *in ~ water vissen*, fish in troubled waters
troef trump(s)
troep (rovers) band, gang; (toneel) troupe, company; *~en*, troops, forces
troetelkind darling, pet
troeven trump
troffel trowel

trog trough
trom drum
trombose thrombosis
trommel *muz* drum; (anders) box, case, tin
trommelen drum
trommelrem drum brake
trommelstok drumstick
trommelvlies eardrum
trompet trumpet
tronen throne, sit enthroned
tronie visage, face
troon throne
troonopvolger heir to the throne
troonsafstand abdication
troost comfort, consolation
troosteloos disconsolate
troosten comfort, console
tropen *mv* tropics *mv*
tropisch tropical
tros (druiven) bunch; (vruchten) cluster; (touw) hawser
trots *zn* pride; *bn* proud; *vz* in spite of
trotseren defy, brave
trottoir pavement, footway; *Amer* sidewalk
trottoirband curb(stone)
trouw *bn* faithful, loyal, trusty; [*de*] faith, faithfulness; loyalty, fidelity; *te goeder ~*, in good faith
trouwdag wedding-day
trouweloos faithless, perfidious
trouwen get married; *~ met* marry, wed
trouwens as a matter of fact
trouwring wedding-ring
truc trick, stunt, gadget
truck truck
trui jersey, sweater; (dik) pullover
T-shirt T-shirt
Tsjech(isch) Czech
tuba tuba
tube tube
tucht discipline
tuchtigen chastise, punish
tuffen motor
tuig tools, utensils *mv*; (schip) rigging; (v. 328

paard) harness; (v. volk) rabble
tuigage rigging
tuimelen tumble
tuin garden
tuinameublement set of garden furniture
tuinarchitect landscape gardener
tuinbank garden seat
tuinboon broad bean
tuinbouw horticulture
tuinder market-gardener
tuinhuis summer-house
tuinieren *ww* garden; gardening
tuinman gardener
tuinslang garden hose
tuinstad garden-city
tuit spout, nozzle
tuk *~ op*, keen on
tukje nap
tulband turban; (gebak) spongecake
tule tulle
tulp tulip
tunnel tunnel
turen peer
turf peat
turfmolm peat-dust
turfstrooisel peat-litter
Turk Turk
Turkije Turkey
Turks Turkish
turnen do gymnastics
tussen between; (v. meer dan twee) among
tussenbeide komen intervene; interpose; come between
tussendek steerage
tussenkomst intervention; *door ~ van*, through
tussenlanding stop-over
tussenpersoon agent, intermediary
tussenpoos interval
tussenruimte interspace
tussenschot partition
tussenstation intermediate station
tussenstop pit stop
tussentijd interim; *in de ~*, in the mean-

time
tussentijds *bn* interim; *bijw* between
times
tussenvoegsel insertion, interpolation
tussenwerpsel interjection
tv T.V.
twaalf twelve
twaalfde twelfth
twee two
tweedaags of two days
tweede second; ~ *klas* second class
tweedehands second-hand
tweedelig double, binary
tweederangs second-rate
tweedracht discord
tweegevecht duel
tweeling twin, pair of twins
tweelingbroer twin-brother
tweemaal twice
tweemotorig twin-engined
tweepersoons for two; (bed) double
tweepersoonsbed double bed
tweepersoonskamer double bedroom
tweeslachtig amphibious; bisexual

tweespalt discord
tweesprong cross-way, cross-road, bifurcation
tweestemmig for two voices
tweetakt motor two-stroke engine
tweetal two, pair
tweetalig bilingual
tweevoud double; *in* ~, in twofold
twijfel doubt; *zonder* ~, without (any)
doubt; *in* ~ *trekken*, call in question
twijfelachtig doubtful; dubious
twijfelen doubt (*aan*, of)
twijg twig
twintig twenty
twintigste twentieth
twist quarrel, dispute
twisten quarrel, dispute
twistpunt issue
twistziek contentious, quarrelsome
tyfus typhoid (fever)
type type
typen type(write)
typisch typical
typist typist

u

ı you
ɩi onion
ɩier udder
ɩil owl
ɩilskuiken owl, goose
ɩit *vz* out of, from; outside; *bijw* (voorbij)
ɩut; over; finished
ɩitademen expire
ɩitbarsting explosion, outburst; (vulkaan)
ɩruption
ɩitbetalen pay down
ɩitblazen blow out; (uitrusten) take
ɩreath
ɩitblinken shine, excel
ɩtbouw annex
ɩtbranden burn out
ɩtbrander scolding, wigging
ɩtbreiden spread; (vergroten) enlarge;

increase; (gebied) extend; *zich* ~, extend,
spread
uitbreiding enlargement, extension,
spreading
uitbreken break out
uitbroeden hatch
uitbuiten exploit
uitbundig exuberant
uitchecken check out
uitdagen challenge, defy
uitdaging challenge
uitdelen distribute, dispense; hand out
uitdeling distribution
uitdenken devise, contrive
uitdoen (licht) put out; (kleren) take off
uitdoven extinguish, put out
uitdraaien (licht) turn out, switch out
(off); ~ *op*, end in

329

uitdrager second-hand dealer; old-clothes man
uitdrogen dry up, desiccate
uitdrukkelijk express, explicit
uitdrukken express
uitdrukking expression; (term ook) term, locution, phrase
uiteen asunder, apart
uiteengaan part, separate
uiteenlopend divergent; different
uiteenvallen fall apart; break up
uiteenzetten explain, expound
uiteenzetting exposition
uiteinde end; extremity
uiteindelijk finally, eventually
uiten utter, express
uiteraard naturally
uiterlijk *bn, bijw* outward, external; at the latest; exterior, (outward) appearance
uitermate excessively, extremely
uiterst utmost, utter, extreme
uiterste extremity, extreme
uitgaaf expense; (v. boek) edition, publication
uitgaan go out
uitgaansagenda nightlife calendar
uitgaanscentrum entertainment centre
uitgang exit, way out; (v. woord) ending
uitgangspunt starting point
uitgave zie *uitgaaf*
uitgebreid extensive, wide
uitgelaten elated, exuberant
uitgeleide doen show out
uitgelezen select, choice
uitgeput exhausted
uitgeslapen wide-awake; (sluw) shrewd, cunning
uitgesloten out-of-the-question
uitgesteld postponed
uitgestorven (dieren) extinct; (plaats) deserted
uitgestrekt extensive, vast
uitgeven give out; (geld) spend; (boek) publish; (bankpapier) issue; *zich ~ voor*, pretend to be
uitgever publisher

uitgeverij publishing house
uitgewoond neglected
uitgezocht select, choice
uitgezonderd except, save
uitgifte issue
uitglijden slip
uithangbord sign(board)
uithangen hang out
uitheems foreign; (planten) exotic
uithollen hollow (out), excavate
uithongeren famish, starve
uithoren draw, pump
uithouden hold out; (verdragen) bear, suffer, stand
uithoudingsvermogen staying-power, stamina
uithuizig never at home
uiting utterance, expression
uitje trip
uitkering payment; (bij faillissement) dividend; (v. werklozen) dole
uitkiezen choose, select
uitkijk look-out
uitkleden undress; *zich ~*, undress
uitkomen come out; (in 't oog vallen) show; *sp* lead; (bekend worden) become known; (waar zijn) come true; (v. boek) come out, appear
uitkomst result, end, issue; (redding) relief
uitlaat exhaust
uitlaatgassen *mv* exhaust gases *mv*
uitlaatpijp exhaust pipe
uitlachen laugh at
uitladen unload
uitlating (gezegde) utterance; statement
uitleg explanation
uitleggen lay out; *fig* explain; (wijder maken) let out
uitlekken leak out, drain
uitlenen lend (out)
uitleveren extradite
uitlokken provoke, elicit
uitlopen run out; turn out; (knop) bud; *op*, result in
uitloven offer, promise

uitmaken (afmaken) finish; (vuur) put out; (relatie) break off; (vormen) form, constitute; (uitschelden) call names
uitmonden debouch (into)
uitmoorden massacre
uitmuntend excellent, first-rate
uitnodigen invite
uitnodiging invitation
uitoefenen exercise; practise; carry on
uitpakken unpack
uitpersen express, press out, squeeze
uitpikken select, single out
uitpluizen sift (out)
uitplunderen plunder, ransack
uitpuilend protuberant; (ogen) protuding
uitputten exhaust
uitputting exhaustion
uitreiken distribute; issue
uitreis outward journey; (v. schip) voyage out
uitrekenen calculate, work out
uitrekken stretch (out), draw out
uitrit drive
uitroeien *fig* exterminate; extirpate
uitroep exclamation, shout
uitroepen exlaim, cry out; (tot koning) proclaim
uitroepteken exclamation mark
uitrukken pull out; (v. troep) march (out); v. brandweer) turn out
uitrusten rest, take rest; (voorzien van) quip, fit out
uitrusting equipment, outfit
uitschakelen cut out, switch off; *fig* eliminate
uitscheiden stop, leave off
uitschelden abuse, call names
uitschot trash, refuse
uitschrijven write out, make out; (lening) ssue; (prijsvraag) offer a prize
uitslag outcome, issue, result; (huid-) ruption, rash
uitslapen lie in
uitsloven, zich lay oneself out
uitsluiten shut out, exclude

uitsluitend exclusive
uitsluiting exclusion; (v. arbeiders) lock-out
uitsmijter (persoon) bouncer; (gerecht) fried bacon and eggs on slices of bread
uitspansel firmament, sky
uitsparen save, economize
uitspatting dissipation, excess
uitspraak pronunciation; (oordeel) pronouncement; (vonnis) sentence, verdict
uitspreiden spread (out)
uitspreken pronounce
uitstaan endure, suffer, bear; (v. mens) stand
uitstallen display
uitstalling display
uitstapje excursion, trip; sightseeing tour
uitstappen get off, get out, step out, alight
uitsteeksel projection; protuberance
uitsteken stretch out; put out; stick out, protrude
uitstekend first-rate, excellent t
uitstel postponement, delay, respite; ~ *van betaling*, extension payment, extension of credit
uitstellen delay, put off
uitstorten pour out
uitstralen radiate; beam forth
uitstrekken stretch forth, extend
uitstrijkje smear
uittocht departure, exodus
uittrekken draw out; (kies e.d.) extract; (schoenen) pull off; (jas) take off
uittreksel extract; excerpt, abridgement
uitvaagsel scum, dregs
uitvaardigen issue, promulgate
uitvaart funeral, obsequies *mv*
uitval sally; *fig* outburst
uitvallen fall out (off); *mil* make a sally; *fig* turn out (well, badly); (tegen iem.) fly out (at)
uitvaren sail out, put to sea
uitverkocht sold out, out of stock; (v. boek) out of print
uitverkoop sales; selling-off, clearance

331

sale
uitverkoren chosen, select
uitvinden invent
uitvinding invention
uitvloeisel consequence, result, outcome
uitvlucht evasion, subterfuge
uitvoer export, exportation
uitvoerbaar practicable, feasible
uitvoeren (doen) carry out, execute, perform; (goederen) export
uitvoerhandel export trade
uitvoerig ample, circumstantial, minute
uitvoering execution; performance
uitvorsen find out, ferret out
uitwas outgrowth, excrescence
uitwaseming evaporation
uitwedstrijd away game
uitweg way-out, escape; *fig* outlet
uitweiden digress upon
uitwendig external
uitwerking effect
uitwerpsel excrement
uitwijken draw aside; make way, make room; give way
uitwisselen exchange
uitwissen efface, wipe out
uitwringen wring out
uitzendbureau employment agency
uitzenden send out; (radio) broadcast; (tv) transmit

uitzending (radio) broadcast; (tv) transmission
uitzet trousseau, outfit
uitzetten (groter worden) expand, dilate; (uitschakelen) switch off; (er~) turn out; (geld) invest
uitzicht view
uitzien look (out); *er* ~, look
uitzoeken select, choose, pick out
uitzondering exception
uitzonderlijk exceptional
uitzuigen suck out; *fig* extort
ultimatum ultimatum
unaniem unanimous
unie union
uniek unique
uniform uniform
universeel universal, sole
universiteit university
uranium uranium
urgent urgent
urine urine
urinoir urinal
urn urn
uur hour; *om drie* ~, at three o'clock; *een half* ~ half an hour
uurwerk clock, timepiece
uw your
uwerzijds on your part

V

vaag vague; indefinite
vaak often
vaal sallow; *fig* drab
vaandel flag, standard, banner, ensign, colours
vaandrig ensign
vaardig skilful, adroit, clever
vaargeul channel
vaart canal; (scheepvaart) navigation; (snelheid) speed; *in volle* ~, (at) full speed
vaartuig vessel
vaarwel farewell; ~ *zeggen*, say good-

bye
vaas vase
vaat the dishes
vaatdoek dish-cloth
vacant vacant
vacature vacancy, vacant place
vaccin vaccine
vaccineren vaccinate
vacht fleece
vacuüm vacuum
vader father
vaderland (native) country

vaderlandsliefde patriotism
vaderlijk paternal
vaderschap paternity, fatherhood
vadsig lazy, indolent
vagebond vagabond, tramp
vagevuur purgatory
vagina vagina
vak pigeon-hole, partition; (onderwijs) branch; (zaken) line; trade, branch, profession
vakantie holiday
vakantiehuis holiday home
vakantiekolonie holiday-camp
vakbond trade-union
vakkennis professional knowledge
vakkundig expert, professional
vakman professional, expert
vakmanschap craftsmanship
vakopleiding professional training
vakschool vocational school
vakterm technical term
vakvereniging trade-union
val fall; (vangknip) trap
valhelm crash helmet
valies traveling bag
valk falcon, hawk
vallei valley
vallen fall, drop; *laten ~*, drop; *~de ster*, falling star; *~de ziekte*, epilepsy
valluik trapdoor
valreep gangway
vals false; (schrift enz.) forged; (onorecht) false, perfidious
valsheid falsehood; *~ in geschrifte*, forgery
valsspeler (card-)sharper
valstrik snare, trap
valuta currency; rate of exchange
van of, from, with, by, for
vanaf from
vanavond this evening
vandaag today
vandaan *daar ~*, from there
vandaar hence
vangen catch capture
vangrail *Br* crash barrier, *Amer* guardrail

vangst catch, capture
vanille vanilla
vanmiddag this afternoon
vanmorgen this morning
vannacht to-night; (vorige nacht) last night
vanochtend this morning
vanouds of old
vanuit from
vanwaar from where, whence
vanwege on account of, because of
vanzelf of itself, of its own accord
vanzelfsprekend self-evident, natural, of course
varen *zn* (plant) fern
varen sail
variatie variation
variëren vary
variété music-hall
variété (theater) variety theatre
variëteit variety
varken pig
varkenskarbonade pork-chop
varkenskotelet pork-cutlet
varkenslapje pork-collop
varkensvlees pork
vast *bn* fast, fixed; firm, steady; (niet vloeibaar) solid; *bijw* certainly
vastberaden resolute, firm
vastbesloten determined
vasten *zn ww* fast
vastenavond Shrove Tuesday
vasthouden hold
vasthoudend tenacious
vastleggen fasten; record; (een schip) moor
vastlopen jam
vastmaken fasten, fix, tie
vastpakken take hold of, seize
vaststaan stand firm; be fixed
vaststellen (v. feit) establish, ascertain; (prijs) fix; (tijd) appoint
vat *[de]* grip, hold; *[het]* (ton) cask, barrel; drum
vatbaar capable (of), susceptible (to)

333

vatenkwast dish-mop
Vaticaan Vatican
vatten catch, seize; *fig* understand
vechten fight
vechtpartij fight, scrap
vee cattle
veearts veterinary surgeon
veeg wipe; *bn* ominous
veehandelaar cattle-dealer
veel much, *(mv)* many
veelal often, mostly
veelbelovend promising
veelbetekenend significant
veeleer rather
veeleisend exacting
veelomvattend wide
veelvoud multiple
veelvraat glutton
veelvuldig frequent
veelzeggend significant
veelzijdig many-sided, versatile
veemarkt cattle-market
veen peak-moor, peat
veenbes cranberry
veer *[de]* (vogel) feather; (v. metaal) spring; *[het]* (pont) ferry
veerboot ferry-boat
veerkracht elasticity
veerkrachtig elastic
veerman ferryman
veerpont ferry
veertien fourteen; ~ *dagen*, a fortnight
veertiende fourteenth
veertig forty
veestapel stock of cattle, livestock
veeteelt cattle-breeding
veevoer forage
vegen (vloer) sweep; (handen) wipe
veger (persoon) sweeper; (voorwerp) brush
vegetariër vegetarian
vegetarisch vegetarian
veilig safe, secure
veiligheid safety, security
veiligheidsgordel safety belt; (in vliegtuig) seat belt

veiligheidsklep safety-valve
Veiligheidsraad Security Council
veiligheidsriem safety belt
veiligheidsspeld safety pin
veiling public sale, auction
veinzen dissemble, feign, simulate
veinzerij dissimulation
vel (huid) skin, hide; (papier) sheet
veld field
veldbed camp-bed
veldfles flask
veldslag battle
veldtocht campaign
veldwachter county constable
vele many
velen *ww* stand
velerlei of many kinds
velg felly, rim
vellen (bomen) fell; (wapens) couch; (oordeel, vonnis) pass
Venetië Venice
venijn venom
venijnig venomous, vicious
vennoot partner; *stille ~*, silent (sleeping) partner
vennootschap partnership, company; *naamloze ~*, limited (liability) company; Ltd.
venster window
vensterbank window-sill
vensterruit (window-)pane
vent fellow, chap
venter hawker, pedlar
ventiel valve
ventielslangetje valve hose
ventilator fan
ventilatorriem fan belt
ventileren ventilate, air
ver far; distant, remote; ~ *weg*
verachtelijk despicable; contemptible; (verachtend) contemptuous
verachten despise
verachting contempt, scorn
verademing relief
verafgelegen remote, distant
verafgoden idolize

verafschuwen abhor, loathe
veranderen change; alter
verandering change
veranderlijk changeable, variable; inconstant
verantwoordelijk responsible, answerable, accountable; ~ *stellen*, hold responsible
verantwoordelijkheid responsibility
verantwoording justification; *ter ~ roepen*, call to account
verbaasd surprised, astonished
verband dressing, bandage; (samenhang) connection; *in ~ met*, in connection with
verbandgaas gauze bandage
verbandkist, -trommel first aid kit
verbandwatten *mv* medicated cotton-wool
verbannen banish, expel, exile
verbasteren degenerate
verbazen surprise, astonish, amaze; *zich ~*, be astonished
verbazing surprise, amazement, astonishment
verbazingwekkend astounding
verbeelden *zich ~*, imagine
verbeelding imagination; (eigenwaan) conceit
verbeeldingskracht imagination
verbergen hide, conceal
verbeten grim
verbeteren make better; improve; (fouten) correct
verbetering improvement; correction; rectification
verbeurdverklaring confiscation, forfeiture, seizure
verbieden forbid; (bij wet) prohibit; interdict
verbijsterd bewildered, perplexed
verbinden join, connect, link; (telefoon) connect, put through; (wond) dress
verbinding connection; (chemisch) combination; (spoorweg) junction; *zich in ~ stellen*, communicate with, contact
verbintenis engagement, bond; contract

verbitterd embittered; fierce
verbittering bitterness, embitterment, exasperation
verbleken grow pale; (kleuren) pale, fade
verblijf abode, residence, sojourn, stay; (ruimte) quarters
verblijfkosten *mv* lodging expenses
verblijfplaats (place of) abode
verblijfsvergunning residence permit
verblijven stay
verblinden blind
verbloemen disguise; palliate
verbluft dumbfounded
verbod prohibition, interdiction
verboden forbidden, prohibited
verbogen bent
verbolgen angry
verbond alliance, league, pact
verbonden allied
verborgen hidden, secret
verbouwen (huis) rebuild; (telen) cultivate, grow, raise
verbranden burn; (door zon) get sun-burnt
verbranding burning, combustion
verbreden widen, broaden
verbreiden spread; propagate
verbreken break (off), cut
verbrijzelen shatter, smash
verbroedering fraternization
verbroken cut off
verbrokkelen crumble
verbruik consumption, use
verbruiken consume, use, spend
verbruiker consumer
verbuigen bend; *taalk* decline
verbuiging *taalk* declension
verchroomd chromium-plated
verdacht suspect(ed), suspicious; ~ *zijn op*, be prepared for
verdachtmaking insinuation
verdagen adjourn
verdamping evaporation
verdedigen defend
verdediging defence

verdeeldheid dissension, discord
verdelen divide (among), distribute
verdelerkabels distributor cables
verdelging destruction
verdeling division, distribution
verdenken suspect (of)
verdenking suspicion
verder farther; (later) further
verderf ruin, perdition
verderfelijk pernicious, baneful
verdichtsel fable, fiction
verdienen earn; (lof enz.) deserve; (beloning, straf) merit
verdienste (loon) earnings, wages; (winst) profit; *fig* merit
verdienstelijk deserving, meritorious
verdiepen deepen; *zich ~ in*, lose oneself in, study
verdieping floor, story
verdikking thickening
verdoemenis damnation
verdoofd numb, stunned; anaesthetized
verdorren wither
verdorven depraved, wicked
verdoven numb; stun; (pijn) anaesthetize; *~de middelen* illicit drugs
verdoving stupor, torpor, stupefaction; anaesthesia
verdraagzaam tolerant
verdraagzaamheid tolerance
verdraaiing distortion, contortion
verdrag treaty; pact
verdragen suffer, endure, stand
verdriet grief, sorrow
verdrieten grieve, vex
verdrietig sad, sorrowful
verdrijven drive away, expel; (vrees enz.) dissipate, dispel; (tijd) pass
verdringen push away; *fig* oust, cut out; *zich ~*, crowd (*om*, round)
verdrinken (geld) spend on drink; (zorg) drink down; (dier) drown; (sterven) be drowned
verdrukken oppress
verdrukking oppression
verdubbelen double; *fig* redouble

verduidelijken elucidate, explain
verduidelijking elucidation, explanation
verduisteren darken, obscure; (ontvreemden) embezzle
verduistering obscuration; *mil* blackout; (zon, maan) eclipse; (diefstal) embezzlement
verdunnen dilute; (lucht) rarefy
verduren bear, endure
verdwalen lose (one's) way
verdwenen disappeared
verdwijnen disappear, vanish
vereenvoudigen simplify
vereenzelvigen identify
vereeuwigen perpetuate
vereffening settlement, adjustment
vereisen require, demand
vereiste requisite, requirement
verend elastic, springy
Verenigd *~ Koninkrijk* United Kingdom; *~e Staten*, United States; *~e Naties*, United Nations
verenigen join, unite; combine; *zich ~ met*, join hands with; *fig* agree with
vereniging union, society, club
vereren honour, worship, venerate
verergeren (erger worden) deteriorate, grow worse; (erger maken) make worse, aggravate
verering veneration, worship
verf paint, colour; (voor stoffen) dye
verfijning refinement
verfilmen mm
verfkwast paint-brush
verflauwen fade; *fig* slacken
verfoeien detest, abhor
verfoeilijk detestable
verfraaien embellish
verfrissen refresh
verfrissing refreshment
vergaan perish; pass away; (schip) be wrecked
vergaarbak receptacle, cistern
vergadering assembly, meeting
vergallen embitter, spoil
vergankelijk transitory, fleeting, perish

able
vergaren gather, collect
vergasten treat, feast (upon)
vergeeflijk pardonable
vergeefs *bn* useless, fruitless; *bijw* in vain; vainly
vergeetachtig apt to forget
vergeet-mij-niet forget-me-not
vergelden repay, requite
vergelding requital, retribution
vergeldingsmaatregel reprisal
vergelijk agreement, compromise, settlement
vergelijken compare (with)
vergelijking comparison; (wiskunde) equation
vergemakkelijken facilitate
vergen require, demand
vergenoegd contented
vergenoegen *zich ~ met*, content oneself with
vergetelheid oblivion
vergeten forget
vergeven forgive, pardon; (vergiftigen) poison
vergeving pardon
vergewissen *zich ~ van*, make sure, ascertain
vergezellen accompany; attend
vergezicht vista; prospect
vergezocht far-fetched
vergieten shed, spill
vergif poison
vergiffenis pardon
vergiftig poisonous, venomous
vergiftigen poison
vergissen (zich) be mistaken, make a mistake
vergissing mistake, error; *bij ~*, by mistake
vergoeden make good, compensate
vergoeding compensation
vergoelijken palliate, smooth over
vergrijp offence
vergrijsd grown grey
vergrootglas magnifyingglass

vergroten enlarge; increase; (fortuin) add (to); (foto) enlarge; (m. lens) magnify
vergroting enlargement
verguizen revile, abuse
verguld gilt; *~ op snee*, giltedged
vergunning permission, allowance, leave; (v. café) licence
verhaal story, tale; (recht) redress
verhaasten hasten, quicken
verhandelbaar negotiable
verhandelen deal in
verhandeling treatise, essay, dissertation
verhard hardened, obdurate; *~e weg* hard-surface road
verharen lose one's hair
verheerlijking glorification
verheffen lift, raise, elevate
verheffing exaltation, elevation, raising
verhelderen brighten, clear up; *fig* enlighten
verhelen conceal, keep secret
verhemelte palate
verheugd glad, plaid
verheugen delight; *dat verheugt me*, I am glad of that; *zich ~*, rejoice (in, at)
verheven elevated, exalted, lofty, sublime
verhevigen intensify
verhinderen prevent (from)
verhindering hindrance, impediment
verhitten heat; *fig* fire
verhoeden prevent, avert
verhogen heighten, (prijzen, lonen) raise; (in rang) promote; increase (*met, by*)
verholen concealed, hidden
verhongeren starve
verhoor interrogatory, hearing
verhouding proportion; (tussen personen) relation; *naar ~*, proportionately, relatively
verhuiskosten *mv* expenses of moving
verhuiswagen furniture-van, removalvan
verhuizen remove, move (into)
verhuizing removal

337

verhuren (huis) let; (anders) let out (on hire), hire (out)

verifiëren verify, check

verijdelen frustrate, foil, baffle

vering spring

verjaard superannuated

verjaardag (v. mens of dier) birthday; (v. feit) anniversary

verjagen drive (chase) away; drive out; (vrees) dispel

verjaren celebrate one's birthday; become superannuated

verjonging rejuvenation

verkalking calcification

verkavelen parcel out

verkeer traffic; intercourse; *veilig* ~, road safety

verkeerd wrong

verkeersagent policeman on point-duty

verkeersbord road sign

verkeerslicht traffic light

verkeersongeval road accident

verkeersopstopping traffic-jam

verkeersovertreding road offence

verkeersregel traffic rule

verkeerstoren control tower

verkeersveiligheid road safety

verkeersvliegtuig air-liner

verkeersvoorschriften *mv* traffic regulations

verkeersweg thoroughfare

verkeerszuil guard-post

verkennen navigate

verkenning reconnoitring

verkering ~ *hebben*, go steady

verkiesbaar eligible

verkieslijk preferable (to)

verkiezen choose, elect; ~ *boven*, prefer to

verkiezing (keus) choice; (politiek) election; preference

verklaarbaar explicable

verklappen blab, give away

verklaren explain; (zeggen, oorlog) declare

verklaring explanation; declaration; statement

verkleden disguise; *zich* ~, change clothes; (vermommen) dress up, disguise oneself

verkleinwoord diminutive

verkleumd benumbed, numb

verkleuren discolour, fade

verklikker telltale; (aan machine ook) indicator

verknocht attached, devoted (to)

verknoeien spoil, bungle; waste

verkoeling cooling; chill

verkolen char

verkondigen proclaim

verkoop sale

verkoopbaar sal(e)able

verkoopsprijs selling price

verkoopster sales-woman

verkopen sell

verkoper seller; salesman, vendor

verkoping sale, auction

verkorten shorten, abridge

verkouden ~ *zijn* have a cold; ~ *worden*, catch (a) cold

verkoudheid cold

verkrachting rape

verkreukelen (c)rumple (up)

verkrijgbaar obtainable, available

verkrijgen obtain, acquire, get

verkwisten waste, dissipate

verkwistend lavish (of), wasteful, extravagant

verkwisting waste, dissipation

verlagen lower; (prijs) reduce; *fig* debase, degrade

verlamd paralyzed

verlamming paralysis

verlangen desire, longing; *ww* desire, want, long (for)

verlanglijst list of the things one would like to have

verlaten *ww* leave, quit, abandon; *bn* abandoned, deserted; lonely

verleden past, last

verlegen shy, timid; confused, embarrassed; *erg* ~ *zijn om*, want badly

verlegenheid shyness, timidity; embarrassment; *in ~ brengen*, embarrass

verleidelijk alluring, tempting, seductive

verleiden seduce, tempt

verleiding temptation; seduction

verlenen grant; (toestemming) give

verlengen lengthen, prolong

verlenging lengthening; extension; (v. paspoort) renewal

verlengsnoer extension cord

verleppen wither, fade

verlichten (met licht) light, illuminate; (lichter maken) lighten; *fig* relieve, alleviate

verlichting lighting; illumination; lights; *fig* (v. geest) enlightenment; (pijn) alleviation, relief

verliefd in love (with); *~ worden op*, fall in love with

verlies loss; *mil* casualty

verliezen lose

verliezer loser

verlof leave; (v. drank) licence

verlofganger soldier (person) on leave

verlokken allure, tempt

verloochenen deny, disavow

verloochening denial

verloofd engaged to be married

verloofde fiancee

verloop course, progress

verlopen pass (away), elapse; (ongeldig worden) expire; (v. zaak) go down; *bn* seedy

verloren lost; *~ voorwerpen* lost property

verloskamer delivery room

verloskunde obstetrics *mv*

verloskundige obstetrician

verlossen deliver, rescue; (bij bevalling) deliver

verlosser the Redeemer

verlossing deliverance, redemption; (bevalling) delivery

verloten dispose... of by lottery

verloting raffle, lottery

verloven *zich ~*, become engaged

verloving betrothal, engagement

verlustigen *zich ~*, delight

vermaak pleasure, amusement

vermaard famous, renowned

vermagering slimming

vermageringskuur reducing cure, slimming course

vermakelijk amusing, entertaining, diverting

vermakelijkheid amusingness; amusement

vermaken amuse, divert; (nalaten) bequeath; (veranderen) alter

vermanen exhort, admonish

vermaning exhortation, admonition

vermannen *zich ~*, take heart, pull oneself together

vermeend pretended, supposed

vermeerderen increase, enlarge

vermeerdering increase, augmentation

vermelden mention, state; record

vermelding mention

vermengen mix; (thee) blend; (metaal) alloy

vermenging mixing, mixture

vermenigvuldigen multiply

vermenigvuldiging multiplication

vermicelli vermicelli

vermijden avoid; shun

verminderen lessen, diminish; (pijn) abate; (prijs) reduce

vermindering diminution, decrease; reduction

verminken maim, mutilate

vermissing missing person

vermist missing

vermoedelijk *bn* presumable; sunposed; *bijw* presumably, probably

vermoeden suspicion, surmise; *ww* suspect, suppose, presume

vermoeid tired, weary, fatigued

vermoeiend tiring

vermoeienis weariness, fatigue

vermogen power, faculty, ability; (fortuin) wealth; *ww* be able

vermogend wealthy

vermolmd mouldered

vermomd disguised
vermoorden murder
vermorzelen crush
vermout vermouth
vermurwen soften, mollify
vernauwing narrowing; *med* stricture
vernedering humiliation
vernemen hear, understand, learn
vernielen destroy; wreck
vernieling destruction
vernietigen annihilate, destroy; (nietig verklaren) annul
vernieuwen renew
vernieuwing renewal, renovation
vernis varnish; *fig* veneer
vernuft ingenuity, wit
vernuftig ingenious, witty
veronachtzamen neglect
veronderstellen suppose
verongelukken (v. persoon) meet with an accident, perish, come to grief; (schip enz.) be wrecked
verontreinigen defile, pollute
verontreiniging pollution, defilement
verontrusten disquiet, disturb
verontschuldigen *zich ~*, apologize, excuse oneself
verontschuldiging excuse, apology; *ter ~*, by way of excuse
verontwaardigd indignant (at)
verontwaardiging indignation
veroordeelde convict
veroordelen condemn
veroordeling condemnation; (straf) conviction
veroorloven permit, allow
veroorzaken cause
verordening regulation
verouderd out of date, antiquated; (woord) obsolete
veroveraar conqueror
veroveren conquer; capture
verovering conquest
verpachten lease
verpakking packing
verpanden pawn

verpersoonlijking personification
verpesten spoil
verplaatsen remove, transpose, displace; (ambtenaar) transfer
verplanten plant out, transplant
verpleegster nurse
verpleegtehuis nursing-home
verplegen nurse, tend
verpleging nursing
verpletteren crush, smash
verpletterend overwhelming
verplicht due (to); obligatory; compulsory; *zeer ~*, much obliged
verplichten oblige, compel; *zich ~ tot*, bind oneself to
verplichting obligation
verraad treason, treachery
verraden betray
verrader traitor
verraderlijk treacherous
verrassen surprise
verrassend surprising, startling
verrassing surprise
verregaand extreme, excessive
verreikend far-reaching, sweeping
verrekenen settle; *zich ~*, miscalculate
verrekijker telescope, glass
verrekken (arm) dislocate; (enkel) sprain; (spier) strain
verrekt damn; *~e enkel*, sprained ankle
verreweg by far
verrichten do, perform
verrichting action, performance
verrijken enrich
verrijzen rise; arise
verroeren (zich) stir, move
verroesten rust
verrot rotten, putrid
verrotten rot, putrefy
verrotting rotting, putrefaction
verruilen exchange, barter
verrukkelijk delightful, charming, delicious
verrukking delight; rapture
vers verse; (couplet) stanza; (gedicht) poem; *bn* fresh, new; (ei) newlaid

verschaald flat, stale
verschaffen procure
verschansing entrenchment; (schip) bulwarks *mv*, rails *mv*
verscheiden *telw* several; *bn* various, different; decease
verscheidenheid diversity, variety; range
verschepen ship
verscheping shipment
verscheuren tear, rend
verschiet distance
verschieten (v. ster) shoot; (stof) lose colour
verschijnen appear
verschijning appearance; (geest) apparition; (v. termijn) falling due
verschijnsel phenomenon
verschil difference
verschillen differ
verschillend different, various
verschonen change (underwear, sheets)
verschoppeling outcast
verschrikkelijk frightful, dreadful, terrible
verschrikken frighten, scare
verschroeien scorch
verschrompelen shrivel
verschuilen hide, conceal
verschuiven move, shift; *fig* put off
verschuldigd indebted, due
versie version
versieren (mooi maken) adorn, decorate; (meisje) seduce
versiering adornment, ornament, decoration
versiersel ornament
verslaafd addicted to
verslaafdheid addiction
verslaan (leger) beat, defeat; (wedstrijd) report
verslag account, report
verslagen beaten, defeated; *fig* dejected, dismayed
verslaggever reporter
verslapen *zich* ~, oversleep
verslapping slackening, relaxation

verslaving addiction
versleten worn out, threadbare
verslijten wear out, wear off
verslikken *zich* ~, choke
verslinden devour
versmachten languish, pine away
versmaden disdain, despise, scorn
versmelten melt
versnapering dainty, titbit; refreshment
versnellen accelerate
versnelling acceleration; (auto, fiets) gear, speed
versnellingsbak gear box
versnellingskabel gear cable
verspelen lose (in playing)
versperren obstruct, barricade, block, bar
versperring obstruction
verspieder spy, scout
verspilling waste, dissipation
versplinteren splinter
verspreiden distribute; (gerucht) spread; (menigte) disperse, scatter
verspreken *zich* ~, make a slip of the tongue
verspringen shift
vérspringen long jump
verst farthest
verstaan understand; hear
verstaanbaar intelligible
verstand understanding, intellect, intelligence; *gezond* ~, common sense
verstandelijk intellectual
verstandhouding understanding
verstandig wise, sensible, intelligent
verstandskies wisdom-tooth
verstandsverbijstering mental derangement
verstard *fig* petrified
versteend petrified
verstek *bij* ~ *veroordelen*, sentence by default
verstekeling stowaway
versteld (hersteld) mended, repaired; ~ *staan*, be taken aback
verstellen mend
verstelwerk mending

341

versterken strengthen, fortify
versterker *rtv* amplifier
versterking strengthening; *mil* reinforcement; *rtv* amplification
versteviger setting lotion
verstijfd stiff; benumbed
verstikkend suffocating, stifling
verstikking suffocation
verstokt ~ *vrijgezel*, confirmed bachelor
verstommen become speechless
verstoord disturbed; annoyed
verstoppen put away, hide
verstopping constipation
verstopt ~ *raken*, become clogged, be choked up, be stopped up
verstoren disturb; annoy
verstoring disturbance
verstoten repudiate, disown
verstrekken furnish, procure, supply
verstrijken expire
verstrikken entangle, trap
verstrooid scattered, dispersed; *fig* absent-minded
verstrooidheid absence of mind
verstuiken sprain
verstuiver spray
versturen send, post, mail
versuft stunned, dazed, dull
vertakking ramification
vertalen translate
vertaler translator
vertaling translation
verte distance
vertedering softening
vertegenwoordigen represent
vertegenwoordiger representative
vertegenwoordiging representation; *evenredige* ~, proportional representation
vertekenen *fig* distort
vertellen tell, relate; *zich* ~, make a mistake in adding up
vertelling tale, story
verteren spend, consume; (voedsel) digest
vertering (verbruik) consumption; (spijs-)

digestion; (gelag) expenses
verticaal vertical
vertier entertainment
vertolken interpret
vertolking interpretation
vertonen show; exhibit
vertoning show; performance, representation
vertragen delay, retard; (de gang) slow down
vertraging delay
vertrek departure; start; (kamer) room, apartment
vertrekken depart, start, leave
vertroetelen pamper
vertrouwd reliable, trusted; familiar
vertrouwelijk confidential
vertrouweling confidant
vertrouwen confidence, trust; faith; *ww* trust; rely (upon)
vertwijfeling despair
veruit by far
vervaardigen make, manufacture
verval decay, decline
vervaldag due date
vervallen *ww* decay; (termijn) expire; *bn* ruinous, ramshackle; (recht) lapsed
vervalsen falsify, forge; (geld) counterfeit
vervalsing falsification
vervangen replace; change
vervanging substitution
verven bore, tire; *zich* ~, be bored
vervelend tiresome, boring; dull, annoying
verveling boredom
vervellen (slang) slough; (neus) peel
verven paint; (kleren, haar) dye
verversen refresh, renew; change
verversing refreshment
vervliegen evaporate
vervloeken curse, execrate
vervoegen conjugate
vervoeging conjugation
vervoer transport
vervoeren transport

342

vervoering ecstasy
vervoermiddel means of transport
vervolg continuation, sequel; *in 't ~,* in future
vervolgen pursue, prosecute; (voortgaan) continue
vervolgens then, further
vervolging pursuit; prosecution
vervreemden alienate
vervroegen advance, move forward
vervuild filthy
vervullen (belofte) fulfil; (plaats) occupy; (plicht) perform; (taak) accomplish; (droom) come true
vervulling performance; fulfilment
verwaand conceited, arrogant
verwaandheid conceit(edness)
verwaardigen deign
verwaarlozen neglect
verwachten expect
verwachting expectation; *in ~ zijn,* be pregnant
verwant allied, related to, cognate; (geest-) congenial
verwantschap relationship, kinship; *fig* congeniality
verward entangled, confused
verwarming warming, heating; *centrale ~,* central heating
verwarren entangle; *fig* confuse, confound
verwarring entanglement; confusion
verweer defence
verweerd weathered; weatherbeaten
verwekken procreate, beget; *fig* raise, cause
verwelken fade, wither
verwelkomen welcome
verwennen spoil, pamper
verwensing curse
verweren *zich ~,* defend oneself
verwerken work up; *fig* cope with
verwerpelijk objectionable
verwerpen reject
verwerven obtain, acquire, gain
verwezenlijken realize

verwijden widen
verwijderd remote, distant
verwijderen remove; *zich ~,* withdraw, go away
verwijfd effeminate
verwijt reproach, blame
verwijten reproach, upbraid
verwijzen refer (to)
verwijzing reference
verwikkeling entanglement, complication
verwilderd (dieren, planten) run wild; (tuin) overgrown
verwisselen exchange; change
verwittigen inform (of)
verwoed furious, fierce
verwoesten destroy, devastate
verwoesting destruction, devastation
verwonden wound
verwonderen surprise, astonish; *zich ~,* be surprised, marvel, wonder (*over,* at)
verwondering astonishment
verwonderlijk astonishing, surprising
verwonding wound, injury
verwrongen distorted
verzachten soften; mitigate, alleviate
verzachtend softening; (omstandigheden) extenuating
verzadigen satisfy, satiate; *scheik* saturate
verzaken renounce, forsake; *kaartsp* revoke
verzakking sinking
verzamelaar collector
verzamelen gather, collect; store up; (troepen) rally
verzameling collection
verzegelen seal (up)
verzekerd insured
verzekeren assure; (inbraak enz.) insure; *zich ~ van,* secure
verzekering assurance; (inbraak enz.) insurance
verzekeringsmaatschappij insurance company
verzenden send

verzending sending; dispatch
verzengen singe, scorch
verzet opposition, resistance
verzetje distraction
verzetsbeweging resistance movement
verzetten move; *zich ~ tegen*, resist, oppose
verziend far-sighted
verzilveren encash, cash
verzinnen invent, devise
verzinsel invention
verzoek request, petition
verzoeken beg, request; (*uitnodigen*) ask, invite
verzoeking temptation
verzoekschrift petition
verzoenen reconcile with, to
verzorgen take care of
verzorging care, provision
verzot op fond of
verzuchting sigh
verzuim neglect, omission; (*op school*) non-attendance
verzuimen neglect; (*niet doen*) omit, fail (to)
verzwakken weaken, enfeeble
verzwaren make heavier; *fig* aggravate, increase
verzwelgen swallow up
verzwijgen not tell, conceal
verzwikken sprain
vest (*gebreid*) cardigan; (*jasje zonder mouwen*) waistcoat
vestiaire cloak-room
vestibule hall, vestibule
vestigen establish, set up; *de aandacht ~ op*, call attention to; *zich ~*, settle (down)
vesting fortress
vet fat, grease; *bn* fat, greasy; *~ gedrukt*, printed in bold type
vetarm low-fat
vete feud, enmity
veter boot-lace, shoe-lace
veteraan veteran
vetmesten fatten
veto veto

vetpuistje pimple
vetvlek grease-spot
veulen foal; colt
vezel fibre, filament
vezel(achtig) fibrous
vgl. = vergelijk confer, compare, cf.
via via, by way of
viaduct viaduct
vice-president vice-president
video video
videoband videotape
videocamera video camera
videocassette video cassette
videorecorder video recorder
videotheek video store
vier four
vierde fourth
vieren celebrate; (*Kerstmis*) keep; (*touw*) veer out, ease off
vierhoek quadrangle
viering celebration
vierkant square
vierling quadruplets *mv*
viervoeter quadruped
viervoud quadruple
vierzijdig four-sided, quadrilateral
vies dirty, nasty, filthy; (*kieskeurig*) particular
viewer viewer
viezerik pervert
viezigheid dirtiness; dirt, filth
vijand enemy
vijandelijk, vijandig hostile
vijandschap enmity
vijf five
vijfde fifth
vijfenzestigplusser senior citizen
vijftien fifteen
vijftig fifty
vijg fig
vijl file
vijlen file; *fig* polish
vijver pond
vijzel mortar; (*om iets te heffen*) jack
villa villa; country-house, cottage
villen skin

344

vilt(en) felt
viltstift felt-tip pen
vin fin
vinden find; (van mening zijn) think
vinder finder
vinding invention, discovery
vindingrijk inventive, ingenious
vinger finger
vingerafdruk finger-print
vingerhoed thimble
vingerkom finger-bowl
vingerwijzing hint, indication
vink finch
vinnig sharp, fierce; (wind) biting; (woorden) cutting
violet violet
violoncel (violon)cello
viool violin, fiddle
viooltje violet; *driekleurig ~*, pansy
virtuoos virtuoso
virus virus
vis fish
visakte fishing-licence
visgraat fish-bone
visie vision; outlook, view
visioen vision
visite visit, call; visitors
visitekaartje calling card
visiteren frisk
vismarkt fish-market
vissen fish (*naar*, for)
visser fisherman; angler
visserij fishery
issersboot fishing-boat
issershaven fishing-port
isum visa
isvergunning fishing permit
iswater fishing waters
iswinkel fishmonger
itaal vital
itamine vitamin
itrage glass curtain
itrine showroom
itten find fault (with), cavil (at)
izier (helm) visor; (geweer) sight
a custard

vlaag (regen) shower; (wind) gust; *fig* fit
Vlaams Flemish
Vlaanderen Flanders
vlag flag
vlak plane; *bn* flat, level; plane; *bijw* flatly; close; right
vlakbij close by
vlakgom india-rubber
vlakte plain; level
vlam flame
Vlaming Fleming
vlammen flame, blaze
vlas flax
vlecht braid, plait
vlechten (touw) twist; (haar, mat, lint) plait; wreathe
vleermuis bat
vlees flesh; (voedsel) meat; (vrucht-) pulp; *bevroren ~*, frozen meat
vleeswaren *mv* meat products
vlegel flail; *fig* boor
vleien flatter, coax, cajole
vlek spot, stain, blot
vlekkeloos spotless, stainless
vlekkenwater stain remover
vlektyfus typhus (fever)
vlerk wing
vleugel wing; grand piano
vleugelmoer wing nut
vlezig fleshy; (vrucht) pulpy
vlieg fly
vliegangst fear of flying
vliegbiljet air ticket
vliegbrevet flying certificate
vliegen fly
vliegenkast meat-safe
vlieger (speelgoed) kite; (piloot) airman, aviator
vliegtuig (aero)plane, airplane, aircraft
vliegveld airport
vliegwiel fly-wheel
vlier elder
vliering garret, loft, attic
vlies film; membrane
vlijen lay down; *zich ~*, nestle
vlijmscherp razor-sharp

vlijt industry, diligence
vlijtig diligent, industrious
vlinder butterfly
Vlissingen Flushing
vlo flea
vloed flood; flood-tide; high tide
vloedgolf tidal wave
vloeibaar liquid, fluid
vloeien flow; (v. inkt) run
vloeiend flowing, fluent; (spreken) fluently
vloeipapier blotting-paper
vloeistof liquid
vloeitje cigarette paper
vloeitjes cigarette papers
vloek curse; oath, swear-word
vloeken swear; (vervloeken) curse
vloer floor
vloerbedekking floor-covering
vloerkleed carpet; (klein) rug
vlok (wol) flock; (sneeuw) flake; (haar) tuft
vlooienmarkt flea market
vloot fleet, navy
vlot raft; *bn* (v. schip) afloat; (spreker) fluent; (makkelijk) easy
vlucht flight; *op de* ~ *slaan*, take to flight
vluchteling fugitive; refugee
vluchtheuvel island, refuge
vluchtig volatile; *fig* cursory, hasty
vluchtnummer flight number
vluchtstrook verge
vlug quick, nimble, agile
vocabulaire vocabulary
vocht fluid, liquid; (vochtigheid) wet, moisture, damp
vochtig moist, damp, humid
vod rag, tatter
voddenman ragman
voeden feed; nourish; *fig* foster, nurse
voederen feed
voeding feeding; nourishment
voedsel food, nourishment
voedselvergiftiging food poisoning
voedselvoorziening food supply

voedzaam nourishing, nutritive, nutritious
voeg joint
voegen (betamen) become; (metselwerk) point, joint; ~ *bij*, add to; *zich bij iem.* ~, join sbd.; *zich* ~ *naar*, conform to
voegwoord conjunction
voelbaar palpable, perceptible
voelen feel
voelhoorn feeler, tentacle
voeling ~ *houden met*, keep (in) touch with
voer fodder, forage
voeren (leiden) carry, take, bring, lead; (onderhandelingen) conduct; (jas) line; (eten geven) feed
voering lining
voerman driver; waggoner
voertuig carriage, vehicle
voet foot; *te* ~, on foot, walking; *op staande* ~, at once
voetbal *Br* football; *Amer* soccer
voetballen play football
voetballer football-player
voetganger pedestrian
voetlicht footlights *mv*
voetpad foot-path
voetrem foot-brake
voetstap (foot)step
voetstuk pedestal
voetzoeker squib, cracker
vogel bird
vogelkooi birdcage
vogelverschrikker scarecrow
vogelvlucht bird's eye view
vogelvrij outlawed
voile veil
vol full, filled; (hotel) no vacancies; *ten* ~*le* fully
volautomatisch fully automatic
volbloed thoroughbred; *fig* out-and-out
volbrengen fulfil, achieve
voldaan satisfied, content; (betaald) paid, received
voldoen satisfy; (betalen) pay
voldoende sufficient; enough

voldoening satisfaction; payment
voldongen accomplished
volgeling follower
volgen follow
volgend next; following
volgens according to
volgorde order (of succession)
volgzaam docile
volharden persevere, persist (in)
volharding perseverance
volhouden persevere; persist; maintain, keep up
volk people
volkenrecht international law
volkomen perfect; complete
volkorenbrood wholemeal bread
volksdans folk-dance
volksfeest national feast
volksgezondheid public health
volkslied popular song; (officieel) national anthem
volksstam tribe
volkstuintje allotment
volksvertegenwoordiging representation of the people
volledig complete, full; *~e vergunning*, fully licensed
volleerd accomplished; allround; proficient
volleybal volleyball
volmaakt perfect
volmacht power of attorney, procuration; proxy; *~ verlenen*, authorize
volmondig frank
volontair volunteer
volop plenty (of)
volpension full board
volslagen complete, total
volstrekt absolute
voltage voltage
voltallig complete, full
voltooien complete, finish
voltooiing completion
voltreffer direct hit
voltrekking execution
voluit in full

volume volume, size
volwassen grown-up, adult
volwassene adult
volzin sentence
vondeling foundling
vondst find, discovery
vonk spark
vonnis sentence, judgment
voogd custodial parent, uardian
voor *vz bijw* (iemand) for; (tijd, plaats) before; *tien minuten ~ zes*, ten minutes to six
vooraan in front
vooraanstaand prominent
vooraf beforehand, previously
voorafgaand foregoing, preceding, previous
vooral especially
voorarrest (detention on) remand
voorbaat *bij ~*, in advance, in anticipation
voorbarig premature, rash
voorbedacht premeditated; *met ~en rade*, of malice prepense
voorbeeld example, model
voorbeeldig exemplary
voorbehoed(s)middel preservative, contraceptive
voorbehoud reserve, reservation; *(z)onder ~*, with(out) reservations
voorbehouden reserve
voorbereiden prepare
voorbereiding preparation
voorbij past; beyond; (afgelopen) over; finished
voorbijgaan pass (by), go by
voorbijgaand passing; temporary
voorbijganger passer-by
voordat before
voordeel advantage, profit
voordelig profitable, advantageous
voordeur front door
voordoen show; (schort) put on; *zich ~*, present itself; arise
voordracht diction; (v. tekst) recitation, recital; *fig* discourse, lecture; (lijst) select

347

list, nomination
voordragen recite; propose
voordringen push in
voorfilm trailer
voorgaan precede, go before
voorganger predecessor; (predikant) pastor
voorgebergte promontory
voorgerecht starter
voorgevel (fore-)front
voorgeven pretend (to)
voorgevoel presentiment
voorgoed for good (and all), definitely
voorgrond foreground
voorheen formerly, before
voorhoede vanguard; *fig* fore front; *sp* forwards
voorhoofd forehead
voorin in front; at the beginning
voorjaar spring
voorkamer front room
voorkant front
voorkennis knowledge
voorkeur preference; *er de ~ aan geven om*, prefer to
voorkómen prevent
vóórkomen appearance, looks; *ww* happen, occur; (lijken) appear
voorkómend obliging, complaisant
voorletter initial
voorlezen read to
voorlichting advice, information (on); enlightenment
voorliefde predilection
voorlopen (klok) be fast
voorloper forerunner, precursor
voorlopig *bn* provisional; *bijw* for the present; for the time being
voormalig former, late
voorman foreman
voormiddag morning, a.m.
voornáám distinguished; important
vóórnaam christian name, first name
voornaamste chief, principal, leading
voornaamwoord pronoun
voornamelijk chiefly, mainly
348

voornemen intention; *zich ~*, resolve
voornoemd aforesaid
vooroordeel prejudice, bias
vooroorlogs pre-war
voorouders *mv* ancestors *mv*
voorover (bending) forward
voorpoot foreleg
voorpost outpost
voorproef foretaste
voorraad store, stock; provisions; *in ~*, in stock, on hand
voorraadschuur store-house
voorradig in stock
voorrang precedence, priority; (v. auto) right of way
voorrangsweg major road
voorrecht privilege
voorruit windscreen
voorschieten advance
voorschot advance, loan
voorschrift prescription; instruction; regulation
voorschrijven prescribe
voorseizoen early season
voorshands for the time being
voorsorteren get in lane
voorspel prelude; prologue
voorspellen predict, spell
voorspelling prophecy
voorspoed prosperity
voorspoedig prosperous
voorspraak intercession; (persoon) advocate
voorsprong start, lead
voorstad suburb
voorstander advocate, champion
voorste foremost, first
voorstel proposal
voorstellen propose; (uitbeelden) represent; (kennismaken) introduce, present
voorstelling idea, notion; (toneel-) performance
voorsteven stem
voort forward, on, along
voortaan in future, from now on
voortbewegen move; propel

voortbrengen produce, bring forth, breed

voortbrengsel product

voortdrijven drive on

voortdurend continual

voortduwen push on (forward)

voorteken sign, omen

voortgaan go on, continue, proceed

voortgang progress

voortijdig premature

voortmaken make haste

voortplanting propagation; (v. geluid) transmission

voortreffelijk excellent

voortrekken favour

voorts further, moreover, besides

voortschrijden proceed, advance

voortvarend energetic

voortvluchtig fugitive

voortzetten continue, carry on; proceed

voortzetting continuation

vooruit before(hand), in advance; ahead

vooruit! get moving!

vooruitbetaling prepayment

vooruitgang progress

vooruitkomen get on

vooruitlopen go first; ~ *op*, anticipate

vooruitstrevend progressive, go-ahead

vooruitzicht prospect, outlook

voorvader forefather, ancestor

voorval incident, event

voorvoegsel prefix

voorvork front forks

voorwaar indeed, truly

voorwaarde condition, term

voorwaardelijk conditional

voorwaarts forward

voorwendsel pretence, pretext

voorwereldlijk prehistoric

voorwerp object, article; *lijdend ~*, direct object; *meewerkend ~*, indirect object

voorwiel front-wheel

voorwoord preface

voorzetsel preposition

voorzichtig careful, prudent, cautious; ~! preful; caution!

voorzichtigheid prudence, care, caution

voorzien foresee (evil); ~ *van*, provide, supply with

voorzijde front, face

voorzitter president, chair-man

voorzorg precaution, provision

voorzorgsmaatregel precaution

voorzover as far as

voos spongy; woolly

vorderen (vooruitgaan) advance, make progress; (eisen) demand, claim

vordering progress, advance; (eis) demand, claim

vorig former, last, previous

vork fork

vorm form, shape

vormelijk formal

vormen form; constitute

vorming formation, moulding, cultivation

vorst sovereign; prince; (het vriezen) frost

vorstelijk princely, lordly

vorstendom principality

vorstin queen; princess

vos fox; (paard) sorrel

vouw fold, pleat

vouwen fold

vouwstoel folding-chair

vraag question, demand; ~ *en aanbod*, supply and demand

vraagbaak oracle

vraaggesprek interview

vraagstuk problem

vraagteken question mark

vraatzucht gluttony

vracht load; (v. schip) cargo; (prijs) fare

vrachtauto motor-truck, lorry

vrachtboot cargo-boat, freighter

vrachtbrief consignment note; bill of lading

vrachtwagen truck, van

vragen ask

vragenlijst questionnaire

vrede peace

vredelievend peaceful

349

vredesverdrag treaty of peace
vredig, vreedzaam peaceful, quiet
vreemd (onbekend) strange; (buitenlands) foreign; alien; (planten) exotic; (raar) odd, queer, strange
vreemdeling stranger, (buitenlander) foreigner
vrees fear (of), dread; *uit ~ dat*, (for fear) lest
vreesachtig timid, timorous
vrek miser, niggard
vrekkig miserly
vreselijk dreadful, terrible
vreten eat; feed; (mensen) feed, stuff, cram (down)
vreugde joy, gladness
vrezen fear; dread
vriend friend
vriendelijk kind; friendly
vriendin (girl)friend
vriendschap friendship
vriendschappelijk friendly; *bijw* in a friendly way
vriespunt freezing-point
vriezen freeze
vrij free; (niet bezet) not engaged; *~e tijd* free time
vrijaf holiday, a day off
vrijblijvend without engagement
vrijdag Friday; *Goede V~*, Good Friday
vrijen make love
vrijer suitor, lover, sweetheart
vrijetijdskleding casual wear
vrijgeleide safe-conduct
vrijgevig liberal
vrijgezel bachelor
vrijhandel free trade
vrijheid liberty; freedom
vrijheidsbeweging liberation movement
vrijkaart free-ticket
vrijlating release
vrijloop neutral (gear)
vrijmetselaar freemason
vrijmoedig outspoken, frank
vrijpostig bold, pert
vrijspraak acquittal

vrijstelling exemption, freedom (from)
vrijuit freely, frankly
vrijwaren safeguard against
vrijwel practically, almost
vrijwillig voluntary
vrijwilliger volunteer
vrijzinnig liberal
vroedvrouw midwife
vroeg early
vroeger former; *bijw* formerly, in former times, in the past; (eerder) earlier, sooner
vroegtijdig early
vrolijk merry, cheerful
vrolijkheid mirth; merriment; gaiety
vroom devout, pious
vroomheid devotion
vrouw woman; (echtgenote) wife; (kaartspel) queen
vrouwelijk female, feminine, womanly, womanlike
vrouwenarts gynaecologist
vrucht fruit
vruchtbaar fruitful; fertile; prolific
vruchtbaarheid fertility
vruchteloos fruitless, vain
vruchten fruit
vruchtensap fruit-juice
vruchtgebruik usufruct
vuil *bn* dirty; nasty, obscene; dirt
vuilnis refuse, dirt, rubbish
vuilnisbak refuse bin, dust-bin
vuilnisman dustman
vuist fist; *voor de ~*, off-hand; *in zijn ~je lachen*, laugh in his sleeve
vuistslag blow with the fist
vulkaan volcano
vulkaniseren vulcanize
vullen fill; (vogels) stuff; (eten) farce
vulling (kies) filling
vulpen fountain pen
vulpotlood propelling-pencil
vunzig dirty, smutty, obscene
vuren fire (*op*, at)
vurenhout deal
vurig fiery; *fig* fervent; (liefde) ardent
vuur fire; *fig* ardour

vuurpijl rocket
vuurproef (crucial) test
vuurrood scarlet
vuurscherm fire-screen
vuurspuwend fire-spitting; ~e berg, volcano
vuursteen flint

vuurtje (voor sigaret) light
vuurtoren lighthouse
vuurvast fire-proof
vuurwapen fire-arm
vuurwerk fireworks *mv*
VVV-kantoor Tourist Information Office

W

WA (wettelijke aansprakelijkheid) third-party liability
waag weighing-house
waaghals dare-devil
waagschaal *in de ~ stellen*, risk, venture
waagstuk venture
waaien (woei; gewaaid) blow
waaier fan
waakhond watch-dog
waakzaam watchful, vigilant
Waal (rivier) Waal; (persoon) Walloon
waan delusion, fancy
waanzin insanity, madness
waar *zn* ware, stuff; *bn* true; *bijw* where
waaraan on (to) which
waarachtig true, veritable; ~!, surely, certainly!
waarbij whereby
waarborg warrant, guarantee
waarborgsom security
waard landlord, innkeeper; *bn* worth; worthy
waarde worth, value; *ter ~ van*, to the value of
waardeloos worthless
waarderen value, appreciate
waardering valuation; appreciation
waardevol valuable
waardig worthy, dignified
waardigheid dignity
waardoor through which; by which
waarheen where to
waarheid truth
waarin in which
waarmerk stamp, hallmark

waarna after which
waarnemen observe; (tijdelijk) act as, fill a place temporarily
waarnemer (van dokter) locum tenens, substitute
waarneming observation; performance
waarom why
waarop upon which, whereupon
waarover *fig* about which
waarschijnlijk probable, likely
waarschuwen warn; let know
waarschuwing warning
waartegen against which
waaruit from which
waarvan of which, whereof
waarvoor for what, what for?
waarzegster fortune-teller
waas haze; mist
wacht watch, guard
wachten wait
wachtkamer waiting room
wachtwoord password
waden wade
wafel waffle, (dun) wafer
wagen *ww* risk; venture, hazard; *zn* car, coach
wagensmeer cart-grease
wagenspoor rut, track
wagenwijd very wide
wagenziek car sick
waggelen stagger, totter
wagon carriage
waken wake; watch; (bij zieken) sit up with
wakker awake; (waakzaam) vigilant;

351

(flink) smart, brisk; ~ **worden**, wake up
wal coast, shore; *mil* rampart; **aan ~ gaan**, go ashore; **aan lager ~ zijn**, be in low water, *fig* be broke
walg(e)lijk loathsome, disgusting; nauseous
walgen loathe, be disgusted (at)
walging disgust; nausea
walkman walkman
walmen smoke
walnoot walnut
wals (rol) roller; *muz* waltz
walsen waltz; (technisch) roll
walvis whale
wanbegrip false notion
wanbeheer mismanagement
wanbetaling non-payment
wand wall
wandelaar walker
wandelen take a walk, walk
wandeling walk, stroll
wandelkaart road-map
wandelpad footpath
wandelstok walking-stick
wandeltocht ramble
wandluis bug
wandtapijt tapestry
wanen fancy, think
wang cheek
wangedrag misbehaviour
wanhoop despair
wanhopen despair
wanhopig desperate
wankel unsteady, unstable
wankelen totter, stagger
wanklank dissonance
wanneer when; (indien) if
wanorde disorder; confusion; **in ~ brengen**, disarrange
wanordelijk disorderly
wansmaak bad taste
wanstaltig misshapen
want *zn* (handschoen) mitten; *scheepv* rigging; (*voegw*) for, because
wantoestand abuse
wantrouwen *ww* distrust; distrust; suspi-
352

cion
wanverhouding disproportion
wapen weapon, arm; (familie-) coat of arms; **onder de ~en zijn**, be under arms
wapenen zich ~, arm (against)
wapenrusting armour
wapenschild coat of arms
wapenstilstand armistice
wapperen wave, float, stream
war in de ~, confused; tangled
ware als het ~, as it were
warempel surely, certainly!
warenhuis department store
warenkennis knowledge of commodities
warhoofd muddle-head
warm warm, hot
warmlopen overheat
warmte warmth; heat
warrig chaotic
wars ~ van, averse to
wartaal incoherent talk
was (stof) wax; (wasgoed enz.) wash, laundry
wasautomaat washing-machine
wasbak wash-bowl
wasdoek oil-cloth
wasecht washable, fast-dyed
wasem vapour, steam
wasgoed laundry
washandje washcloth
wasknijper clothes peg
waskom wash-basin
waslijn clothes-line
waslijst laundry list
wasmachine washing machine
wasmiddel, waspoeder washing powder
wassen *ww* (schoonmaken) wash, clean; (groeien) grow; *bn* (van was) wax(en)
wasserette launderette
wasserij laundry
wastafel washbasin
wasverzachter fabric softener
wasvrouw laundress
wat what
water water; *warm en koud stromend ~*

warm and cold running water
waterdamp (water-) vapour
waterdicht waterproof; watertight
waterfiets water bike
watergolven wash and set
waterig watery
waterkan jug
waterkering dam
waterkoeling water-cooling
waterkraan water-tap
waterleiding waterworks *mv*; water-supply
waterlelie water-lily
watermerk watermark
waterpas level
waterplaats urinal
waterpokken *mv* chicken-pox
waterpomp coolant pump
waterpomptang universal pliers
waterreservoir water-tank
waterski water ski
waterskiën water-ski
watersnood inundation, flood(s)
waterspiegel water-level
watersport water sports
waterstand water-level
waterstof hydrogen
watertanden *ik watertand ervan*, it makes my mouth water
waterval (water)fall
waterverf water-colour(s)
watervliegtuig hydroplane
watervrees hydrophobia
watten *mv* wadding; (verband-) cotton-wool
wazig hazy
wc lavatory, w.c., toilets
wc-papier toilet paper
we (wij) we
web web
wecken preserve
wedden bet, wager
weddenschap wager, bet
weder(-) zie ook *weer(-)*
wederdienst service in return
wederdoper anabaptist

wederhelft better half
wederkerig mutual, reciprocal
wederom again, anew
wederopbouw rebuilding
wederrechtelijk illegal, unlawful
wederwaardigheid vicissitude, adventure
wederzijds mutual, reciprocal
wedijver competition
wedloop race, running-match
wedren race
wedstrijd match
weduwe widow
weduwnaar widower
wee woe
weeffout flaw
weefgetouw loom
weefsel tissue, texture
weegschaal scales, balance; (in dieren-riem) Libra
week *zn* (7 dagen) week; *bn* (zacht) soft, tender, weak
weekblad weekly (paper)
weekdag week-day
weekend weekend
weekhartig tender-hearted
weeklacht lamentation, wailing
weeklagen wail, lament
weekloon weekly wages
weelde luxury; wealth
weelderig luxurious
weemoed sadness, melancholy
weer weather; *bijw* again; *in de ~ zijn*, be busy; *zich te ~ stellen*, defend oneself
weer(-) ook *weder(-)*
weerbaar defensible; ablebodied
weerbarstig unruly, refractory
weerbericht weather-report, weather-forecast
weerga equal, match
weergalmen resound; re-echo
weergaloos matchless, unequalled
weergave reproduction; rendering
weergeven *fig* render; reproduce
weerhaak barb
weerhaan weathercock
weerhouden keep back, restrain, stop

353

weerkaatsen reflect; echo; be reflected
weerklank echo; *fig* response
weerklinken ring (out), echo
weerleggen refute
weerlicht sheet lightning
weerloos defenceless
weerschijn reflection
weersgesteldheid weather conditions *mv*
weerskanten *aan ~, van ~*, on both sides
weerslag reaction
weerspannig recalcitrant, refractory
weerspiegelen reflect
weerstand resistance
weersverwachting weather forecast
weerwil *in ~ van*, in spite of
weerzien meet again
weerziens *tot ~*, so long, till we meet again
weerzin aversion, reluctance
wees orphan
weeshuis orphanage
weeskind orphan
weetgierig desirous of knowledge
weg (route) way, road; path; (*bn bijw*) (verdwenen) away; (verloren) lost; (vertrokken) gone; *op ~*, on his way
wegbrengen take away, carry away; (persoon) see off
wegdek road surface
wegdoen put away; dispose of
wegen weigh, scale; (op de hand) poise
wegenbelasting road-tax
wegenkaart road map
wegens because of
wegenwacht AA (Automobile Association)
weggaan go away, leave
weggeven give away
weggooien throw away
weghalen take away, remove
wegjagen drive away, expel
wegkomen get away
weglaten omit, leave out
wegligging road-holding
weglopen run away
wegnemen take away, remove

354

wegomlegging diversion
wegraken be (get) lost
wegrestaurant *Amer* roadhouse
wegrijden drive away
wegruimen remove
wegsplitsing fork
wegsterven die away
wegsturen send away; dismiss
wegversmalling road narrowing
wegversperring roadblock
wegvoeren carry off
wegwerker road-maker
wegwerpfles non-returnable bottle
wegwijzer signpost
wegzenden send away; (ontslaan) dismiss
wegzetten put away
wei(de) meadow
weiden graze, feed
weids stately
weifelen waver, hesitate
weifeling wavering, hesitation
weigeren refuse
weigering refusal, denial
weiland pasture; meadowland
weinig *enk* little; *mv* few
wekelijks weekly
weken soak
wekken wake; awake, awaken, arouse
wekker alarm clock
wel *bijw tsw* well, right, why
welbehagen pleasure
welbespraakt well-spoken, fluent
weldaad benefit, benefaction
weldadig beneficial, charitable
weldoener benefactor
weldra soon; shortly
weleens occasionally
weleer formerly, of old
weleerwaard reverend
welgedaan portly
welgelegen well-situated
welgemeend well-meant
welgemoed cheerful
welgesteld well-to-do
welgevallen pleasure

welig luxuriant
welingelicht well-informed
weliswaar (it is) true
welk which; that
welkom welcome
wellevend polite, well-bred
wellicht perhaps
welluidend melodious
wellust voluptuousness
welnu well then
welopgevoed well-bred
weloverwogen deliberate
welp whelp, cub, young
welriekend sweet-smelling, fragrant
welslagen success
welsprekend eloquent
welsprekendheid eloquence
welstand well-being, health
welterusten goodnight
welvaart prosperity
welvarend prosperous
welving vault(ing)
welwillend benevolent, kind
welwillendheid benevolence
welzijn welfare, well-being
wemelen (van) swarm (with)
wenden turn; *zich ~ tot*, apply to; go to
wending turn
Wenen Vienna
wenen weep; cry
wenk wink, hint, nod
wenkbrauw eyebrow
wenken beckon
wennen accustom (to)
wens wish, desire
wenselijk desirable
wensen wish, desire
wentelen turn over; revolve
wenteltrap winding staircase, spiral staircase
wereld world
wereldbol globe
werelddeel part of the world
wereldlijk worldly; secular
wereldoorlog world war
wereldrecord world record

werelds worldly; mundane; frivolous
wereldschokkend worldshaking
wereldstad metropolis
wereldtentoonstelling world(s) fair
weren prevent; *zich ~*, exert oneself
werf ship-yard; dockyard
werk work, job; *aan het ~ gaan*, set to
work
werkdag work-day; *achturige ~*, eight-
hours' working day
werkelijk real, actual; really
werkeloos inactive, idle; out of work
werken work
werkgelegenheid employment
werkgever employer
werking action, effect; *in ~ treden*, come
into operation
werkkracht energy; (mens) hand, workman
werkkring sphere of activity
werkloos out-of-work, unemployed
werkloosheid unemployment
werknemer employee
werkplaats workshop
werkstaking strike
werkster charwoman; *maatschappelijk ~*,
social worker
werktuig tool; instrument
werktuigkunde mechanics *mv*
werkvergunning working permit
werkverschaffing relief works
werkwijze (working) method
werkwillige non-striker
werkwoord verb
werkzaam active, industrious
werkzaamheid activity, industry; *~heden*,
(ook) proceedings, operations
werpen throw, cast
werphengel fly rod
wervel vertebra
wervelkolom spine
wervelstorm tornado
wervelwind whirlwind
werven recruit, enlist
wesp wasp
west west; western

355

westelijk westerly, western
westen West, Occident
westenwind west wind
westerlengte West longitude
westers western
wet law; act
wetboek code; *burgerlijk ~*, civil code; *~ v. koophandel*, commercial code; *~ v. strafrecht*, penal code
weten know
wetenschap science; knowledge
wetenschappelijk scientific
wetenswaardig worth knowing
wetgevend legislative
wetgeving legislation
wethouder alderman
wetsontwerp bill
wettelijk legal
wettig legitimate, legal
wettigen legitimate, legalize
weven weave
wezel weasel
wezen being, creature, nature; *ww* be
wezenlijk real, essential
wezenloos vacant, blank
whisky whisky
wichelroede divining-rod
wie who
wiebelen wobble
wieden weed
wieg cradle
wiegen rock
wiek (vogel) wing; (molen) sail
wiel wheel
wielklem wheel clamp
wiellager wheel bearing
wielrennen cycle-racing
wielrenner racing cyclist
wielrijden cycle
wielrijder cyclist
wiens whose
wier seaweed; *vnw* whose
wierook incense
wig wedge
wij we
wijd wide, large, broad, ample; *~ en zijd*, 356

far and wide
wijdbeens straddle-legged
wijden (priester) ordain; (kerk) consecrate; *~ aan*, dedicate to, devote to
wijdte width, breadth, space; (spoorwijdte) gauge
wijdverbreid widespread
wijf woman
wijfje (van dieren) female
wijk district, quarter
wijken give way, yield
wijkverpleegster district nurse
wijlen late
wijn wine; *rode ~* red wine; *witte ~* white wine
wijngaard vineyard
wijnkaart wine list
wijnoogst vintage
wijnstok vine
wijs *bn* wise
wijs, wijze (manier) manner; *muz* tune, melody; *taalk* mood
wijsbegeerte philosophy
wijsgeer philosopher
wijsheid wisdom
wijsmaken make (sbd) believe (sth)
wijsneus wiseacre, pedant
wijsvinger forefinger, index
wijten impute (to); blame (for)
wijwater holy water
wijze zie *wijs*
wijzen show, point out; (vonnis) pronounce
wijzer hand
wijzerplaat dial
wijzigen alter, modify
wijziging alteration, modification, change
wikkelen wrap (up) (in); involve (in); envelop (in)
wil will, desire; *ter ~le van*, for the sake of
wild game; *bn* wild, savage
wildbraad game
wildernis wilderness, waste
wilg willow

willekeur arbitrariness
willekeurig arbitrary; any
willen will, be willing; want
willig willing; (markt) firm
wilskracht will-power
wimpel pennant, streamer
wimper (eye)lash
wind wind
windas windlass
windbuks air-gun
winden wind, twist
winderig windy
windhond greyhound
windkracht wind-force
windmolen windmill
windscherm windscreen
windstilte calm
windstreek point of the compass
windsurfen wind surfing
windvlaag gust of wind
windwijzer weathercock
wingerd vineyard; vine
winkel shop
winkelbediende shop-assistant
winkelcentrum shopping centre
winkelen go (be) shopping
winkelhaak (scheur) tear
winkelier shopkeeper
winkeljuffrouw shop-girl, saleswoman
winkelprijs retail price
winkelsluiting closing of shops
winkelstraat shopping street
winnaar winner
winnen win; (veldslag, proces) gain
winst gain, profit
winstdeling profit-sharing
winstgevend lucrative, profitable
winter winter
winterdienst winter time-table
winterhanden *mv* chilblained hands *mv*
winterhard hardy
winterjas, wintermantel winter coat
winterslaap hibernation
wintersport winter sports; skiing
wip *in een* ~, in a trice
wipneus turned-up nose

wippen seesaw
wirwar tangle
wiskunde mathematics
wispelturig inconstant, fickle
wissel bill (of exchange), draft; (spoor) switch
wisselbeker challenge cup
wisselen change; *fig* exchange
wisselgeld change
wisselkantoor exchange office
wisselkoers exchange rate
wisselstroom alternating current
wisselvallig precarious
wisselwerking interaction
wissen wipe
wit white; (v. mens) pale; ~*te bonen* white beans
witkalk whitewash
witkiel (railway-)porter
witlof chicory
wittebrood white bread
wittebroodsweken *mv* honeymoon
witten whitewash
wodka vodka
woede rage, fury
woeden rage
woedend furious
woeker usury
woekeraar usurer
woekerplant parasitic plant
woelen toss (about); (in de grond) grub
woelig turbulent
woensdag Wednesday
woest (onbebouwd) waste, desolate; (wild) wild, savage, fierce; (kwaad) mad; wild
woesteling brute
woestijn desert
wol wool
wolf wolf; (in tanden) caries
wolk cloud
wolkbreuk cloud-burst
wolkenkrabber sky-scraper
wollen woollen
wollig woolly
wond wound

357

wonder wonder, miracle
wonderbaarlijk miraculous, marvellous
wonderlijk strange, wonderful
wonderolie castor-oil
wonen live, dwell
woning house, dwelling
woningnood housing shortage
woonachtig resident, living
woonkamer living-room
woonplaats residence
woonruimte living accommodation
woonschuit houseboat
woonwagen caravan
woord word
woordbreuk breach of promise
woordelijk verbal, verbatim
woordenboek dictionary
woordenwisseling dispute
woordspeling pun
woordvoerder spokesman
worden become, get, grow, turn; *hulpww* be
worgen strangle, throttle
worm worm; (made) grub
wormstekig worm-eaten
worp (gooi) throw, cast; (v. dier) litter
worst sausage
worstelen wrestle (with); *fig* struggle
worsteling wrestling, wrestle; *fig* struggle

wortel root; (peen) carrot
wortelen take root
worteltrekking extraction of roots
woud wood, forest
wraak revenge, vengeance
wraakgierig revengeful, vindictive
wraakzucht revengefulness, vindictiveness
wrak wreck; *bn* rickety
wrang sour, acid; tart
wrat wart
wreed cruel
wreedheid cruelty
wreef instep
wreken revenge, avenge
wrevelig peevish, testy
wrijven rub
wrijving friction
wrikken joggle, jerk; (boot) scull
wringen wring, wrench; (was) wring (out)
wroeging remorse
wroeten root (rout) up the earth, grub
wrok grudge, rancour
wuft frivolous
wuiven wave
wulps wanton, lascivious
wurgen strangle
wurm worm; *fig* mite

x

x-benen *mv* turned-in-legs

xylofoon xylophone

y

yoga yoga

yoghurt yoghurt

z

z.g. = *zogenaamd* so-called
z.o.z. = *zie ommezijde*, please turn over; P.T.O.
zaad (planten) seed; (mensen & dieren) sperm
zaag saw
zaagsel sawdust
zaaien sow
zaak thing, affair, matter; (bedrijf) firm, business, concern; (*recht*) case
zaakgelastigde agent, proxy
zaakwaarnemer solicitor
zaal hall, room; (in ziekenhuis) ward
zacht soft, gentle; (niet streng) mild
zachtgekookt soft-boiled
zachtzinnig gentle, meek
zadel saddle
zadelen saddle
zadelpijn saddle-soreness
zagen saw
zak bag, sack; (in kleding) pocket
zakagenda pocket diary
zakdoek handkerchief
zakelijk matter-of-fact, business-like
zakenman business man
zakenreis business trip
zakgeld pocket-money
zakje paper bag
zakken fall; *laten* ~, lower, let down; (examen) fail
zakkenroller pickpocket
zaklantaarn torch
zakmes pocket-knife
zalf ointment
zalig (godsdienst) blessed, blissful; (heerlijk) lovely, heavenly
zaliger late, deceased
zaligmaker Saviour
zalm salmon
zand sand
zandbak sand-pit
zandbank sand-bank, shoal
zandkorrel grain of sand
zandstrand sandy beach

zandweg sandy road
zang singing, song
zanger singer
zangeres singer
zangerig melodious
zangles singing-lesson
zangvogel singing-bird
zaniken nag, bother
zat satiated; drunk
zaterdag Saturday
ze *enk* she; *mv* they
zebra zebra
zebrapad zebra crossing
zedelijk moral
zedelijkheid morality
zedeloos immoral
zeden *mv* manners, morals *mv*
zedenleer morality, ethics
zedenmisdrijf sexual offence
zedig modest, demure
zee sea; *over* ~, by sea; *ter* ~, at sea
zee-egel sea urchin
zee-engte strait(s), narrows
zeef strainer
zeehond seal
Zeeland Zealand
zeeleeuw sea lion
zeemacht naval forces, navy
zeeman seaman, sailor
zeemeeuw sea-gull
zeemlap wash-leather
zeemleer chamois-leather
zeep soap
zeepbakje soap-dish
zeeppoeder soap-powder, washing powder
zeepsop soap-suds
zeer (pijn) ache; *bn* (pijnlijk) sore; *bijw* (erg) very; much
zeereis (sea-)voyage
zeerover pirate
zeespiegel sea-level
zeester starfish
zeevaart navigation

zeevis marine fish
zeewaardig seaworthy
zeewier seaweed
zeeziek seasick
zeeziekte seasickness
zege victory, triumph
zegel (sluit-) seal; (post-, belasting-) stamp
zegelring signet-ring, seal-ring
zegen blessing, benediction
zegenen bless
zegevieren triumph (*over*, over)
zeggen say
zeggenschap (right of) say
zegsman informant
zegswijze saying, expression
zeil sail
zeilboot sailboat
zeildoek sailcloth, canvas
zeilen sail
zeilplank surfboard
zeilvereniging yacht-club
zeilwedstrijd regatta
zeis scythe
zeker certain, sure, secure; ~ *weten*, know for sure
zekerheid certainty; (veiligheid) safety
zekering fuse
zelden seldom, rarely
zeldzaam rare, scarce
zeldzaamheid rarity, scarceness
zelf self; *zich*~, oneself
zelfbediening self-service
zelfbeheersing self-control, self-command
zelfbewust self-conscious
zelfde same
zelfingenomen complacent
zelfkant selvage; *fig* fringe
zelfkennis self-knowledge
zelfkritiek self-criticism
zelfmoord suicide
zelfs even
zelfstandig independent
zelfstandigheid independency; (stof) substance

zelfverdediging self-defence
zelfverloochening self-denial
zelfvertrouwen self-confidence
zelfverzekerd self-confident
zelfwerkend self-acting, automatic
zelfzuchtig selfish, egoistic
zemelen *mv* bran
zemenlap wash-leather
zendeling missionary
zenden send (*om*, for)
zender transmitter
zending sending, consignment; (missie) mission
zenuw nerve
zenuwachtig nervous
zenuwinzinking nervous breakdown
zenuwslopend nerve-racking
zenuwziek suffering from nerves, neurotic
zenuwziekte nervous disease
zerk tombstone, slab
zes six
zesde sixth
zestien sixteen
zestig sixty
zet push; (schaak) move; (streek) move
zetel seat, chair
zetmeel starch
zetpil suppository
zetten set, put; (thee) make; (zetterij) compose
zetter type-setter, compositor
zeug sow
zeuren worry; tease
zeurkous bore
zeven *ww* (filteren) sieve, sift
zeven *telw* seven
zevende seventh
zeventien seventeen
zeventig seventy
zich oneself, himself, herself, themselves
zicht sight; *op* ~, on approval
zichtbaar visible
zichzelf oneself, himself, themselves, etc
zieden seethe, boil
ziek ill, sick, diseased

zieke patient, sick person
ziekelijk ailing; *fig* morbid
ziekenauto ambulance
ziekenfonds sick-fund; (in Engeland) National Health
ziekenhuis hospital
ziekenverpleegster nurse
ziekte illness, disease
ziekteverzekering health insurance
ziektewet health insurance act
ziel soul, spirit
zielig piteous, pitiable
zien see, look; *tot ~s*, see you again!, so long!
zienderogen visibly
zienswijze opinion, view
zier *geen ~*, not a whit
zigeuner gipsy
zigzag zigzag
zij *vnw* she; *mv* they
zij (kant) side
zijde (kant) side, flank; (stof) silk; *van verschillende ~n*, from various quarters
zijdelings sidelong, indirect
zijden silk; *fig* silken
zijderups silkworm
zijgang side-passage
zijkant side; *aan de ~* on the side
zijlijn side-line; branch line
zijn *vnw* his; *de ~e*, his; *ww* be
zijnerzijds on his part
zijspan side-car
zijspoor side-track
zijstraat side-street
zijwaarts sideward, lateral
zijweg crossroad
zilt saltish, briny
zilver silver; (eetgerei enz.) plate
zilverdraad silver thread
zilveren silver
zilvergeld silver
zilverpapier tinfoil
zin sense, meaning; (lust) mind; (volzin) sentence; *in engere ~*, in the strict sense of the word; *~ hebben* feel like; fancy
zindelijk clean, neat, tidy

zingen sing
zink zinc
zinken sink; *bn* (of) zinc
zinloos pointless
zinnebeeld emblem, symbol
zinnelijk sensual
zinnen please
zinsnede passage, clause
zinspelen allude (to)
zinspreuk motto, device
zinsverband context
zintuig organ of sense
zinvol meaningful
zit seat
zitje snug corner
zitkamer sitting-room
zitplaats seat
zitslaapkamer bed-sitting room
zitten sit; (passen) fit; *gaan ~* sit; sit down
zitting sitting; (v. comité) session; (v. stoel) seat
zitvlak seat, bottom
zo so, like that; (indien) if; (aanstonds) presently; *~ groot als*, as big as; *~ ja*, if so
zoals as, like
zodanig such (as); so; in such a manner
zodat so that
zode sod, turf
zodoende thus, so
zodra as soon as
zoek lost; *het is ~*, it has been mislaid, is not to be found; *~ raken*, be lost
zoeken look for; search
zoeklicht searchlight
zoel mild
zoemen buzz
zoemtoon *tel* dialling-tone
zoen kiss
zoenen kiss
zoet sweet; good
zoetje *Br* sweets, *Amer* candy
zoetjes (zoetstoffen) sweeteners
zoetsappig goody-goody
zoetstof sweetener
zoetvloeiend melodious
zoetwater freshwater

zoetwatervis freshwater fish
zo-even just now
zog suck, milk; (v. schip) wake
zogen suckle, nurse
zogenaamd so-called, would-be
zoiets such a thing
zojuist just now
zolang as long as
zolder garret, loft
zoldering ceiling
zolderkamer attic, garret
zomen hem
zomer summer
zomerdienst summer timetable
zomerhuisje cottage
zomerkleren *mv* summerclothes *mv*
zomersproeten *mv* freckles
zomervakantie summerholidays *mv*
zon sun
zo'n such a
zondaar sinner
zondag Sunday
zonde sin
zondebok scapegoat
zonder without
zonderling *bn* singular, odd, queer; *zn* eccentric
zondig sinful
zondigen sin
zondvloed deluge
zone zone
zonlicht sunlight
zonnebaden sunbathe
zonnebank sunbed
zonnebloem sunflower
zonnebrandcrème suntan cream
zonnebrandolie suntan lotion
zonnebril sunglasses
zonnehoed sun hat
zonnen sun oneself
zonnescherm (parasol) sunshade, parasol; (aan huis) sunblind; (winkel) awning
zonneschijn sunshine
zonnesteek sunstroke
zonnestelsel solar system
zonnestraal sunbeam

zonnig sunny
zonsondergang sunset
zonsopgang sunrise
zonsverduistering eclipse of the sun
zoogdier mammal
zool sole
zoom hem; margin; fringe
zoomlens zoom lense
zoon son
zorg care; (bezorgdheid) solicitude, anxiety; (last) trouble; ~ *dragen voor*, take care of
zorg(e)lijk precarious
zorgeloos careless
zorgen care, take care (of); ~ *voor* look after
zorgvuldig careful
zorgvuldigheid carefulness
zot *zn* fool; *bn* foolish
zout salt; *bn* salt(ish)
zoutarm low-salt
zouteloos saltless; *fig* insipid
zoutjes *mv* cocktail biscuits
zoutloos salt-free
zoutvaatje salt-cellar
zoutzuur hydrochloric acid
zoveel so much; so many; *vijf maal* ~, five times as much
zover so far
zowaar sure enough
zowat about; ~ *niemand*, hardly anyone
zowel as well; *~... als*, as well... as; both... and
zucht sigh; (begeerte) desire
zuchten sigh
zuid south; southern
Zuid-Afrika South Africa
zuidelijk southern, southerly
zuiden south
zuidenwind south wind
zuiderbreedte south latitude
zuidoost south-east
zuidpool south pole
zuidvruchten *mv* semi-tropical fruit
zuidwest south-west
Zuidzee *Stille* ~, Pacific

zuigeling baby; infant
zuigen suck
zuiger piston
zuigerklep piston-valve
zuigerstang piston rod, connecting rod
zuigerveer piston ring
zuigfles feeding-bottle
zuil pillar, column
zuinig economical, thrifty, frugal, saving
zuipen tipple, booze
zuivel dairy-produce
zuiver pure; clean
zuiveren clean; purify; purge
zuivering cleaning, purification;
(politiek) purge
zuiveringszout bicarbonate of soda
zulk such
zullen shall; will
zus sister
zuster sister; (ziekenverpleegster) nurse,
sister
zuur acid; (in de maag) heartburn; (inge-
maakt) pickles; *bn* sour, acid
zuurkool sauerkraut
zuurstof oxygen
zuurtje acid drop
zwaaien swing; (scepter) sway; (hamer)
wield; (vlag) nourish, brandish
zwaan swan
zwaar heavy, ponderous, weighty; difficult; (stem) deep; ~ *beschadigd*, badly
damaged
zwaard sword
zwaargewicht heavy-weight
zwaarlijvigheid corpulence
zwaarmoedig melancholy
zwaarte weight, heaviness
zwaartekracht gravitation
zwaartepunt centre of gravity
zwabber swab, mop
zwachtel bandage
zwager brother-in-law
zwak weak, feeble, tender
zwakstroom weak current
zwakte weakness, feebleness
zwakzinnig mentally deficient

zwaluw swallow
zwam fungus
zwammen talk rubbish
zwanger pregnant
zwangerschap pregnancy
zwart black
zwarte black
zwartehandel black market
zwartwitfoto black and white photo
zwavel sulphur
zwavelzuur sulphuric acid
Zweden Sweden
Zweed Swede
Zweeds Swedish
zweefvliegen gliding
zweefvliegtuig glider
zweem semblance; touch, shade
zweep whip
zweepslag lash
zweer ulcer, sore, boil
zweet perspiration, sweat
zwelgen swallow; *fig* revel (in)
zwellen swell
zwembad swimming-bath, swimming-
pool
zwemband rubber ring
zwembroek swimming trunks *mv*
zwemen (naar) be (look) like
zwemgordel swimming-belt
zwemmen swim
zwemvest life-belt
zwemvlies web
zwemvliezen flippers
zwendel scam
zwendelen swindle
zweren (etteren) ulcerate, fester; (een
eed doen) swear
zwerftocht wandering, peregrination
zwerm swarm
zwerven wander, roam, rove
zwerver wanderer, tramp
zweten perspire, sweat
zwetsen boast, brag
zweven be in suspension; float (in the
air); hover (over)
zwezerik sweetbread

zwichten yield (to)
zwiepen switch
zwierig dashing, jaunty
zwijgen be silent
zwijm *in ~ vallen,* faint, swoon
zwijn pig, hog; *mv fig* swine; *wild ~,* boar

Zwitser(s) Swiss
Zwitserland Switzerland
zwoegen toil (and moil), drudge
zwoel sultry
zwoerd rind

ENKELE GRONDSLAGEN VAN DE ENGELSE TAAL

ZELFSTANDIGE NAAMWOORDEN

Het Engels maakt geen onderscheid tussen mannelijke, vrouwelijke of onzijdige zelfstandige naamwoorden: er is één bepaald lidwoord, the (in het Nederlands de of het).
Het onbepaalde lidwoord (Nederlands een) is in het Engels a (of an als het volgende woord met een klinker begint). Bijvoorbeeld:

een huis – a house   een adres – an address

Het meervoud van zelfstandige naamwoorden wordt in het algemeen gevormd door s of es achter het zelfstandig naamwoord te zetten.
Voorbeelden:

boek(en) – book/books   hond(en) – dog/dogs
jongen(s) – boy/boys   jurk(en) – dress/dresses

Opmerkingen:
1. Eindigt het enkelvoud op een medeklinker + y, dan verandert de y in ies. Bijvoorbeeld: lady – ladies
2. Een aantal woorden heeft een onregelmatig meervoud, zoals:
   man(nen) – man/men   voet(en) – foot /feet
   vrouw(en) – woman/women   muis (muizen) – mouse/mice
   kind(eren) – child/children   tand(en) – tooth/teeth

Voor onbepaalde hoeveelheden (Nederlands enige, enkele, wat) is er het woord some; in ontkennende en vragende zinnen wordt dit any. Bijvoorbeeld:

Ik wil wat geld wisselen   – I want to change some money
Ik heb geen Engels geld   – I haven't any English money
Is er post voor me?   – Is there any mail for me?

BEPALINGEN

Bijvoeglijke naamwoorden staan, zoals in het Nederlands, vóór het zelfstandig naamwoord. Bijvoorbeeld:

een oud huis – an old house
een mooie stad – a beautiful city

De trappen van vergelijking (groot-groter-grootst en dergelijke) gaan als volgt:
   bijvoeglijke naamwoorden van één lettergreep en sommige van twee, krijgen de uitgang (e)r bij de vergrotende en (e)st bij de overtreffende trap
   bijvoeglijke naamwoorden van meer dan twee lettergrepen worden voorafgegaan door more en most. Bijvoorbeeld:

Dit huis is ouder dan dat   – This house is older than that
Jan is de langste van allemaal   – John is the tallest of all
Deze kat is mooier dan die   – This cat is more beautiful than that one

De aanwijzende voornaamwoorden (dit, deze, dat, die) zijn:
this (meervoud: these) voor alles wat dichtbij is;
that (meervoud: those) voor alles wat veraf is.

deze jongen – this boy/these boys   dat meisje – that girl/those girls
dit boek – this book/these books   die boom – that tree/those trees

365

Bezittelijke voornaamwoorden (mijn, jouw, van hem, enz.):

Ned.	Engels	Ned.	Engels
mijn	my	van mij	mine
jouw	your	van jou	yours
zijn	his	van hem	his
haar	her	van haar	hers
ons (onze)	our	van ons	ours
uw/jullie	your	van u/jullie	yours
hun	their	van hen	theirs

Voorbeelden:
Dit is mijn boek – *This is my book*
Dit boek is van mij – *This book is mine*
Deze pen is van u – *This pen is yours*

PERSOONLIJKE VOORNAAMWOORDEN (ik, jij, hij; mij, jou, enz.)

als onderwerp   **als voorwerp**

Ned.	Engels	Ned.	Engels
ik	I	(aan) mij	(to) me
jij	you	(aan) jou	(to) you
hij	he	(aan) hem	(to) him
zij	she	(aan) haar	(to) her
het	it	(aan) het	(to) it
wij	we	(aan) ons	(to) us
u/jullie	you	(aan) u/jullie	(to) you
zij	they	(aan) hen	(to) them

WERKWOORDEN

Om zelf zinnen te kunnen vormen is het van belang de drie voornaamste tijden van de werkwoorden te kennen, plus de hulpwerkwoorden *(to) be* (Ned.: zijn) en *(to) have* (hebben). Het vervoegen van de werkwoorden zelf is eenvoudig.

Nederlands	Engels	Nederlands	Engels
zijn	(to) be	**hebben**	(to) have
ik ben	I am	ik heb	I have
jij bent	you are	jij hebt	you have
hij is	he is	hij heeft	he has
zij is	she is	zij heeft	she has
het is	it is	het heeft	it has
wij zijn	we are	wij hebben	we have
jullie zijn	you are	jullie hebben	you have
zij zijn	they are	zij hebben	they have

Onvoltooid tegenwoordige tijd (o.t.t.) van hoofdwerkwoorden

Nederlands	Engels
praten	(to) talk
ik praat	I talk
jij praat	you talk
hij/zij praat	he/she talks
wij/jullie/zij praten	we/you/they talk

Opmerkingen:

1. de derde persoon enkelvoud (hij. zij, het) van de o.t.t. krijgt altijd de uitgang *s*.
2. er bestaat nog een vorm van de o.t.t., die gebruikt wordt om uit te drukken dat iets op het moment van spreken aan de gang is en nog niet is afgelopen; deze wordt gevormd met het hulpwerkwoord *be* en het hoofdwerkwoord met -*ing* als uitgang. Voorbeelden:

I am talking	– ik ben aan het/sta te praten
you are eating	– je bent aan het eten
he/she is crying	– hij/zij huilt

De **onvoltooid verleden tijd** (o.v.t.: wilde, ging, e.d.) van regelmatige werkwoorden wordt gevormd met het achtervoegsel *ed*, en is voor alle personen hetzelfde. Net als in het Nederlands zijn er veel onregelmatige verleden-tijdsvormen. Voorbeelden:

regelmatig	onregelmatig
willen: want – wanted	gaan: go – went
roepen: call – called	eten: eat – ate
vragen: ask – asked	zien: see – saw
ik wilde – I wanted	Hij ging – he went

De **voltooid tegenwoordige tijd** (v.t.t.) wordt gevormd met een vervoeging van het hulpwerkwoord *have* (Nederlands: *hebben* of *zijn*) plus het voltooid deelwoord van het hoofdwerkwoord. Het voltooid deelwoord kan regelmatig zijn en heeft dan dezelfde vorm als de onvoltooid verleden tijd, of het is onregelmatig. Voorbeelden:

ik heb hem geroepen	– *I have called him*
hij is vertrokken	– *He has left*

De o.v.t. wordt in het Engels veel meer gebruikt dan in het Nederland, en vooral wanneer er een tijdsduiding in de zin staat als *gisteren, vorig jaar* en dergelijke. Voorbeeld:

ik heb hem gisteren gezien – *I saw him yesterday*

Vragende en ontkennende zinnen

Om een zin vragend of ontkennend te maken moet het hulpwerkwoord *do* gebruikt worden, behalve als er al een hulpwerkwoord (will; must; can; be; have) in de zin staat. *do* wordt vervoegd (verleden tijd: *did*) en het hoofdwerkwoord niet. Een overzicht met als voorbeeld het werkwoord *willen*:

ik wil niet	*I do not want*
jij wilt niet	*you do not want*
hij/zij wil niet	*he/she does not want*
wij willen niet	*we do not want*
jullie willen niet	*you do not want*
zij willen niet	*they do not want*

367

wil ik?	*do I want?*
wil jij	*do you want?*
wil hij/zij	*does he/she want?*
willen wij	*do we want?*
willen jullie	*do you want?*
willen zij	*do they want?*
ik wilde niet	*I did not want*
jij wilde niet	*you did not want*
hij/zij wilde niet	*he/she did not want*
wij wilden niet	*we did not want*
jullie wilden niet	*you did not want*
zij wilden niet	*they did not want*
wilde ik?	*did I want?*
wilde jij	*did you want?*
wilde hij/zij	*did he/she want?*
wilden wij	*did we want?*
wilden jullie	*did you want?*
wilden zij	*did they want?*

Opmerking: *do not, does not* en *did not* worden in de spreektaal meestal samengetrokken tot *don't, doesn't, didn't.*

368